# Evaluation von Verwaltungsmodernisierung

# Beiträge zum Controlling

Herausgegeben von Wolfgang Berens

Band 16

PETER LANG

Frankfurt am Main · Berlin · Bern · Bruxelles · New York · Oxford · Wien

Christian Buschhoff

# Evaluation
# von Verwaltungsmodernisierung

Empirische Erkenntnisse
auf Grundlage der Binnenmodernisierung
in einer Landesverwaltung

PETER LANG
Internationaler Verlag der Wissenschaften

**Bibliografische Information der Deutschen Nationalbibliothek**
Die Deutsche Nationalbibliothek verzeichnet diese Publikation
in der Deutschen Nationalbibliografie; detaillierte bibliografische
Daten sind im Internet über <http://www.d-nb.de> abrufbar.

Zugl.: Münster, Univ., Diss., 2008

Logo auf dem Umschlag:
Logo des Lehrstuhls für Betriebswirtschaftslehre, insb. Controlling
der Westfälischen Wilhelms-Universität Münster.

Gedruckt auf alterungsbeständigem,
säurefreiem Papier.

D 6
ISSN 1618-825X
ISBN 978-3-631-58099-8

© Peter Lang GmbH
Internationaler Verlag der Wissenschaften
Frankfurt am Main 2009
Alle Rechte vorbehalten.

Das Werk einschließlich aller seiner Teile ist urheberrechtlich
geschützt. Jede Verwertung außerhalb der engen Grenzen des
Urheberrechtsgesetzes ist ohne Zustimmung des Verlages
unzulässig und strafbar. Das gilt insbesondere für
Vervielfältigungen, Übersetzungen, Mikroverfilmungen und die
Einspeicherung und Verarbeitung in elektronischen Systemen.

www.peterlang.de

# Geleitwort

Verwaltungsmodernisierungen nach den Vorstellungen des New Public Management haben mittlerweile eine weite Verbreitung im deutschen Behördenalltag gefunden. All diesen Ansätzen ist gemein, dass dabei vorhandene privatwirtschaftliche Managementkonzepte mit dem Ziel auf den öffentlichen Sektor übertragen werden, die Wirtschaftlichkeit der Behörden zu steigern und eine höhere Transparenz über das Verwaltungshandeln zu erreichen. Mit der zunehmenden Verbreitung steigt allerdings auch die Unzufriedenheit mit diesen Reformen. Neben den hohen Kosten für solche Projekte wird vermehrt auch die kontextlose Übertragung betriebswirtschaftlicher Prinzipien kritisiert. Umso mehr verwundert es diesbezüglich, dass breit angelegte empirische Untersuchungen bislang kaum vorliegen.

Genau an diesem Mangel setzen Evaluationen von Modernisierungsprojekten und damit die Arbeit von Herrn Buschhoff an. Dahinter steht das Ziel, einen wissenschaftlichen Beitrag zur Beurteilung und damit zur Optimierung dieser Reformkonzepte zu liefern. Dazu wird vom Autor ein methodisches Evaluationskonzept erarbeitet, das auf Grundlage der institutionellen und der ergebnisbezogenen Veränderungen möglichst pragmatische Handlungsempfehlungen zur Verbesserung der Modernisierungsergebnisse geben kann. Besonderes Augenmerk wird dabei auf die einzelnen Instrumente der Verwaltungsmodernisierung gelegt, die jeweils detailliert erläutert und mit Vor- und Nachteilen sowie mit ihren Anwendungsvoraussetzungen dargelegt werden.

Eine besondere Würdigung verdient die auf der Grundlage der theoretischen Vorüberlegungen vorgenommene empirische Studie in der größten Landesverwaltung der Bundesrepublik. Neben dem Umsetzungsstand werden auch die Einsatzrahmenbedingungen und die Ergebnisse der Reformen und der jeweiligen Instrumente untersucht. Die dabei erhaltenen - durchaus positiven - Resultate der bisherigen Projekte zeigen, dass die Neugestaltung und Einführung von betriebswirtschaftlichen Instrumenten in den Landesbehörden grundsätzlich Erfolg versprechend sind, es allerdings deutliche Unterschiede zwischen den angewendeten Einzelinstrumenten gibt. Vielfach ergibt sich erst durch die Kombination gewisser Elemente deren vollständige Wirksamkeit. Darüber hinaus wird vom Autor dargelegt, dass die Intensität der Umsetzung solcher Maßnahmen entscheidend von dem spezifischen Behördentypus abhängig ist. Über die erhobenen Daten lassen sich zudem mehrere Behördencluster bilden, die in Bezug auf die Modernisierung weitgehend homogen sind. Dies ermöglicht die Ableitung von spezifischen Handlungsempfehlungen für die verschiedenen Gruppen.

Vor diesem Hintergrund liefert Herr Buschhoff praxisgerechte Hinweise für die Behörden in den unterschiedlichen Landesverwaltungen, ist aber keinesfalls auf diese beschränkt; denn die ermittelten Gestaltungshinweise lassen sich unkompliziert auf den kommunalen und den staatlichen Sektor des Bundes übertragen. Es ist daher zu hoffen, dass die Ergebnisse bei weiteren Reformvorhaben Berücksichtigung finden und nicht die politische Komponente diese Reformen dominiert. Ich wünsche der Arbeit daher eine weite Verbreitung.

Münster, im November 2008                                 Prof. Dr. Wolfgang Berens

# Vorwort

Die vorliegende Arbeit entstand während meiner Tätigkeit als wissenschaftlicher Mitarbeiter am Lehrstuhl für Betriebswirtschaftslehre, insb. Controlling und als Berater bei der BMS Consulting GmbH, Düsseldorf. Sie wurde im Wintersemester 2007/08 als Dissertationsschrift an der Westfälischen Wilhelms-Universität in Münster angenommen. Zu dem Gelingen eines solchen Projektes tragen zahlreiche Personen bei, Ihnen gilt im Folgenden mein Dank.

Zunächst gilt der Dank meinem akademischen Lehrer und Erstgutachter Herrn Prof. Dr. Wolfgang Berens. Neben seiner Unterstützung bei der Themenfindung und der Durchführung der Arbeit ergab sich auf diesem Wege die Möglichkeit der Vereinbarung von Forschung, Beratung und Promotion. Bei Herrn Prof. Dr. Aloys Prinz bedanke ich mich für die unkomplizierte und freundliche Übernahme des Zweitgutachtens. Die Bereitschaft, das Gutachten auch in der relativ kurzen zeitlichen Frist zu übernehmen, hat mich sehr gefreut.

Bei Herrn Dr. Thomas Mosiek möchte ich mich besonders bedanken. Nicht nur für die zahlreichen Hilfestellung, begonnen bei der Themenwahl, über zahlreiche Anregungen, sondern auch für das tolle Arbeitsklima und die während der Promotionszeit eingeräumten Freiheiten. Zudem gilt mein Dank meinen Arbeitskollegen Herrn Dr. Andreas Röhrig und Dr. Thorsten Pieper, die mir in zahlreichen Diskussionen eine Vielzahl wertvoller Hinweise liefern konnten. Auch bei allen anderen Arbeitskollegen in Düsseldorf und den Mitarbeitern vom Lehrstuhl in Münster möchte ich mich für die hervorragende Arbeitsatmosphäre bedanken, die maßgeblich zum erfolgreichen Abschluss der Arbeit beigetragen haben.

Darüber hinaus möchte ich mich bei meinen Freunden Dipl.-Kfm. Dominik Kley und Dipl.-Kfm. René Aldach herzlich für die zahlreichen konstruktiven Anregungen bedanken. Ein ganz besonderer Dank gilt auch meiner Freundin Dipl.-Kffr. Daniela Schoeppe, die über fundierte fachliche Anregungen hinaus mein größter Rückhalt über die gesamte Dissertationszeit war und damit ganz entscheidend zum Gelingen dieser Arbeit beigetragen hat.

Der größte Dank geht an meine Eltern Margret und Werner Buschhoff, die mich während meines bisherigen Lebens wesentlich geprägt und mir auch während der Bearbeitungszeit stets hilfreich mit Rat und Tat zur Seite standen. Ihr Ansporn und ihr Engagement waren mir dabei immer eine große Hilfe. Meiner Mutter, die kurz nach Fertigstellung dieser Arbeit überraschend verstarb, möchte ich daher auch diese Arbeit widmen.

Ahlen, im November 2008                              Dipl.-Kfm. Christian Buschhoff

# Inhaltsverzeichnis

# Abbildungsverzeichnis

# Tabellenverzeichnis

## Abkürzungsverzeichnis

| | |
|---|---|
| AGEVAL | Arbeitsgruppe „Gesetztesevaluation" |
| BSC | Balanced Scorecard |
| bspw. | beispielsweise |
| BW | Baden-Württemberg |
| BWL | Betriebswirtschaftslehre |
| bzw. | beziehungsweise |
| CAF | Common Assessment Framework |
| CCT | Compulsory Competetive Tendering |
| DEA | Data Envelopment Analysis |
| DeGEval | Deutsche Gesellschaft für Evaluation |
| Difu | Deutsches Institut für Urbanistik |
| DIN | Deutsches Institut für Normung |
| E-Government | Electronic Government |
| EDV | elektronische Datenverarbeitung |
| EFQM | European Foundation of Quality Management |
| EPOS.NRW | Einführung von Produkthaushalten zur Outputorientierten Steuerung – Neues RechnungsWesen |
| et al. | und andere |
| f. | folgend |
| ff. | fortfolgend |
| FLAG | Führen mit Leistungsauftrag und Globalbudget |
| gem. | gemäß |
| ggf. | gegebenenfalls |
| H | Hypothese |
| Hrsg. | Herausgeber |
| inkl. | inklusive |
| IOP | Institut für Organisation und Personal |
| ISO | Internationale Organization for Standardization |
| IT | Informationstechnologie |
| KLR | Kosten- und Leistungsrechnung |
| KGSt | Kommunale Gemeinschaftsstelle für Verwaltungsvereinfachung |
| LDS | Landesamt für Statistik |
| LoHN | Leistungsorientierte Haushaltswirtschaft Niedersachsen |
| N | Stichprobe |
| NPM | New Public Management |
| NPR | National Performance Review |
| Nr. | Nummer |
| NRW | Nordrhein-Westfalen |
| NSI | Neues Steuerungsinstrumentarium |
| NSM | Neues Steuerungsmodell |
| NVS | Neue Verwaltungssteuerung |
| OECD | Organisation for Economic Co-operation and Development |
| p | Wahrscheinlichkeit |
| PPBS | Planning, Programming and Budgeting System |

| | |
|---|---|
| ProVi | Projekt Verwaltungsinnovation |
| resp. | respektive |
| S. | Seite |
| sog. | so genannte |
| Sp. | Spalte |
| u.a. | und andere |
| usw. | und so weiter |
| vgl. | vergleiche |
| WOV | Wirkungsorientierte Verwaltungsführung |
| z.B. | zum Beispiel |

# 1 Einleitung

## 1.1 Problemstellung und Motivation

Das Bedürfnis, Verwaltungen zu modernisieren, ist fast so alt wie die Verwaltung selber. Mit diesen Modernisierungsmaßnahmen soll den schleichenden Veränderungsprozessen gegenüber getreten werden.[1] Seit Beginn der 90er Jahre haben diesbezüglich Ansätze des New Public Management (NPM) Einzug in den deutschen Behördenalltag gehalten.[2] Hinter diesem Konzept steht die Grundidee, vorhandene privatwirtschaftliche Managementkonzepte auf den öffentlichen Sektor zu übertragen. Die Gründe für diese Entwicklung sind vor allem in einer lang anhaltenden finanziellen Krise der öffentlichen Haushalte und den gestiegenen Erwartungen der Bürger an die Verwaltungen zu suchen.[3]

Die Modernisierungsbestrebungen haben, ausgehend von der Kommunalverwaltung, mittlerweile sämtliche Ebenen des öffentlichen Sektors erfasst. Insgesamt wächst allerdings die zunächst zurückhaltend geäußerte Kritik an solchen Reformprojekten. Sie gelten als zu teuer[4], führen zu einer gewissen Unzufriedenheit der Mitarbeiter und unterliegen der Gefahr einer kontextlosen Übertragung betriebswirtschaftlicher Prinzipien.[5] Die Verwaltungsmodernisierung darf demnach nicht zu einem „blinden Aktionismus" in den Verwaltungen führen. Eine Modernisierung nach NPM-Vorstellungen soll Transparenz über das Verwaltungshandeln schaffen, die Ergebnisorientierung betonen und eine Messung der erzielten Wirkungen ermöglichen. Umso verwunderlicher ist es, dass die Projekte der Verwaltungsmodernisierung selber genau diesen Anforderungen nicht standhalten; denn eine transparente und nachvollziehbare Darstellung der Resultate und Wirkungen der Reformen wird bislang nicht mal ansatzweise erreicht.[6]

Während in der Privatwirtschaft bei solch umfassenden Veränderungsmaßnahmen Wirtschaftlichkeitsanalysen bzw. ein Projektcontrolling selbstverständlich geworden sind, liegt in diesen Bereichen für den öffentlichen Sektor noch immer ein erhebliches Defizit vor.[7] So werden geplante Modernisierungen nicht bzw. nur teilweise umgesetzt, oder die realisierten Vorhaben stimmen nicht mit den beabsichtigten Programmen überein. Vor allem findet aber kaum eine Überprüfung der erzielten Umsetzungs-

---

[1] Vgl. Bogumil, J. (2002), S. 43.
[2] Gerade die internationalen Ansätze firmieren unter diesem Begriff, während im Zusammenhang mit den kommunalen Institutionen vom Neuen Steuerungsmodell (NSM) gesprochen wird. Die Bezeichnung des Reformansatzes ist dabei allerdings nicht einheitlich. Vgl. dazu Hopp, H./Göbel, A. (1999), S. 42 f. Allgemein zum NPM und zum NSM sowie zu den Begriffen der Verwaltungsmodernisierung und der -reform. Vgl. ausführlich im Kapitel 2.1.
[3] Vgl. Hopp, H./Göbel, A. (1999), S. 24.
[4] Modernisierungen, die mit einer umfassenden Einführung moderner Informationssysteme einhergehen, müssen sich daher mitunter auch den Vorwurf gefallen lassen, ein „Fass ohne Boden" für die Verwaltungen zu sein. Vgl. Bartsch, M./Kaiser, S. (2007), S. 38.
[5] Vgl. Wallerath, M. (2001), S. 9.
[6] Vgl. Jann, W. (2004a), S. 10 sowie Pollitt, C./Bouckaert, G. (2004), S. 138.
[7] Vgl. Andersch, B./Belzer, V. (2005), S. 183.

erfolge statt, da die Politik häufig kein Interesse an den Ergebnissen der Modernisierungen hat und diese Projekte somit eher eine symbolische Bedeutung erfüllen sollen.[8]
Sofern Reformanalysen stattfinden, beschränken sich diese bislang vorwiegend auf die
institutionellen Veränderungen. Dabei sagt die reine Einführung der Instrumente relativ wenig darüber aus, ob sich das Verwaltungshandeln entsprechend verändert hat und
welchen Beitrag einzelne Elemente konkret dazu leisten.[9]

Es bestehen angesichts der aufgezeigten Probleme kaum noch Zweifel, dass empirische Untersuchungen für die öffentliche Verwaltung in der Zukunft immer wichtiger
werden. Hinzu kommt, dass die Aufgaben in den Behörden nicht nur komplizierter
werden, sondern sich die Abläufe auch beschleunigen. Dadurch wird die Evaluation
von Maßnahmen und Programmen unerlässlich. Während für den kommunalen Bereich mannigfaltige, auch empirische[10] Veröffentlichungen über die dortige Verwaltungsmodernisierung vorliegen, ist die öffentliche und wissenschaftliche Aufmerksamkeit in Bezug auf die Landesverwaltungen als vergleichsweise gering einzuschätzen.[11] Das überrascht angesichts der Bedeutung und des Ressourceneinsatzes. So beschäftigten die deutschen Bundesländer, bezogen auf alle Gebietskörperschaften, mehr
als die Hälfte des Personals. Sie sind für die Ausführung der meisten Bundesgesetze
zuständig und setzen überdies die wesentlichen Rahmenbedingungen für die Modernisierung der Kommunalverwaltungen. Zwar liegen einige Selbstdarstellungen der Lan-
desregierungen vor, aber es gibt kaum Untersuchungen von Modernisierungskonzep-
ten oder von der Modernisierungspraxis in den Bundesländern.[12] REICHARD stellt
daher fest, dass es bislang für die „Landesebene so gut wie keine verlässliche, wissenschaftlich neutrale Empirie über die Resultate durchgeführter Modernisierungsmaßnahmen" gibt.[13]

Die zuvor aufgezeigten Defizite in Bezug auf begleitende Projektanalysen und die bislang erzielten Wirkungen von Reformprojekten in Verbindung mit den fehlenden empirischen Studien für die Landesverwaltungen zeigen die Notwendigkeit einer entsprechenden Evaluation auf. Hierzu wird die Landesverwaltung Nordrhein-Westfalen
(NRW) mit ihren zahlreichen Behörden als Verwaltung des einwohnerstärksten Bundeslandes ausgewählt.

---

[8]    Solche Reformen nehmen damit vorwiegend den Status eines Marketinginstrumentariums ein. Vgl.
       Budäus, D. (2003), S. 310.
[9]    Vgl. Wutscher, W./Hammerschmid, G. (2005), S. 118 f.
[10]   Vgl. dazu bspw. Jaedicke, W./Thrun, T./Wollmann, H. (1999); KGSt (2007); Busch, V. (2005);
       Difu (2005) und Bogumil, J./Grohs, S./Kuhlmann, S. (2006).
[11]   Dies liegt allerdings auch an der besonderen Problemlage, die sich Verwaltungsstrukturen auf der
       Landesebene gegenüber sehen. Neben der Trennung zwischen fachlichen und zentralen Diensten
       und dem komplexen Geflecht aus Ministerien, Mittelbehörden, lokalen Verwaltungseinheiten und
       Sonderbehörden, ist auch der Modernisierungsdruck auf der Landesebene deutlich geringer, weil
       Bürgerkontakte seltener sind. Vgl. Bogumil, J. (1999), S. 131 f.
[12]   Vgl. Bogumil, J. (1999), S. 123.
[13]   Reichard, C. (2004a), S. 96.

## 1.2   Zielsetzung der Arbeit

Angesichts des aufgezeigten Mangels an übergreifenden empirischen Studien im Bereich der Verwaltungsmodernisierung in Deutschland allgemein und für den Bereich
der Landesverwaltungen speziell ist das wesentliche Ziel dieser Arbeit, die *Erarbeitung eines methodischen Evaluationskonzeptes*, das auf Grundlage der *institutionellen*
und der *ergebnisbezogenen Veränderungen* möglichst pragmatische *Handlungsempfehlungen* zur Verbesserung der Modernisierungsergebnisse geben kann. Ganz konkret
soll dies mittels einer Befragung in der Landesverwaltung NRW geschehen. Die An-
wendbarkeit der Ergebnisse soll aber nicht auf diese beschränkt bleiben.[14]

Um diesem Ziel gerecht zu werden, muss eine Vorgehensweise gefunden werden, die
einen ganzheitlichen Überblick über den Stand der Umsetzung, die geplanten Aktivitäten und die bislang erzielten Reformergebnisse ermöglicht. Dabei stellen die erreichten
Verbesserungen eine besondere Herausforderung dar; denn Modernisierungsprojekte
haben vielfach eine sehr heterogene und weitgehend qualitative Zielstruktur. Zudem
wird die Angabe der Ergebnisse durch unklare Ursache-Wirkungsbeziehungen und
zahlreiche externe Effekte erschwert.[15] Gleichwohl ist eine *über qualitative Angaben
hinausgehende Einschätzung* anzustreben, die unterschiedliche *Zieldimensionen* abbildet und letztlich auch quantitative Analysen ermöglicht. Für ein umfassendes Bild
können aber nicht nur einzelne „Best Practice"-Beispiele verwendet werden. Vielmehr
sind möglichst *viele Behörden* in diese Beurteilung aufzunehmen. Die Konzeption
muss demnach versuchen, alle notwendigen Daten zu erfassen, die zur Zielerreichung
notwendig sind. Demgegenüber sollte der Beantwortungsrahmen für die befragten Behörden einen *nicht zu großen Aufwand* bedeuten.

Die vielfältigen neuen Steuerungsinstrumente gelten als „unabdingbares Hilfsmittel
zum Management dieser Reformen".[16] Dabei ist allerdings den Behörden in NRW die
Auswahl der Instrumente weitgehend selber überlassen. Um den Verwaltungen Empfehlungen geben zu können, sollen die Instrumente identifiziert werden, die einen
überproportional *positiven Beitrag* für ein verbessertes Verwaltungshandeln versprechen.[17] Zu beachten ist hierbei allerdings, dass viele Instrumente nur über das Zusammenwirken mit anderen ihre volle Wirksamkeit entwickeln können. Daher wird mit
dieser Arbeit auch der Versuch unternommen, gewisse *Kombinationen von Instrumenten* theoretisch und empirisch zu ermitteln, die besonders positive Wechselwirkungen
versprechen. Für diese bietet sich ein gleichzeitiger sowie abgestimmter Einsatz in den
Behörden an.

---

[14]   Zwischen den unterschiedlichen Landesverwaltungen in Deutschland bestehen viele Gemeinsam-
       keiten. Daher versprechen nicht nur die Ergebnisse übertragbar zu sein, sondern auch das gesamte
       Evaluationsmodell sollte, zumindest mit gewissen Anpassungen, geeignet sein, in weiteren Bun-
       desländern durchgeführt zu werden.
[15]   Vgl. Wollmann, H. (2001), S. 5.
[16]   Speier-Werner, P. (2006), S. 7.
[17]   Das gilt dabei in besonderer Weise, wenn diese Instrumente bislang noch nicht ausreichend in den
       Verwaltungen implementiert sind.

Bei der eigenverantwortlichen Auswahl von Instrumenten durch die Behörden, ist zu
berücksichtigen, dass eine Landesverwaltung nicht einheitlich ist, sondern sehr unterschiedliche Behördengruppen aufweist.[18] Demnach erscheint eine identische Instrumentenauswahl für alle Behörden der Landesverwaltung NRW nicht zielführend. Es
soll daher ein Beitrag zur Einteilung von Behörden geliefert werden, anhand dessen
selektive Handlungsempfehlungen für *Behördengruppen* mit speziellen Merkmalen
abgegeben werden können. Diese Anregungen können sich für spezielle Behördengruppen dabei auf den dortigen Einsatz von Instrumenten oder Instrumentenkombinationen aber auch auf die Wirksamkeit der gesamten Modernisierung für diese Gruppen
beziehen. Insgesamt verfolgt die Arbeit damit eine Weiterentwicklung bisheriger Evaluationsansätze. Dabei wird vor allem an der instrumentellen Ebene angesetzt. Auf
dieser Grundlage wird die Ableitung von Handlungsempfehlungen angestrebt, die allerdings keinen normativen Charakter haben können.

## 1.3  Vorgehensweise der Untersuchung

Angesichts der Zielsetzung, auf der Grundlage bisheriger Erfahrungen mit der Verwaltungsmodernisierung in NRW entscheidungsrelevante Handlungsempfehlungen abgeben zu können, wird zunächst ein theoretisches Evaluationsmodell hergeleitet, das im
weiteren Verlauf der Arbeit empirisch angewandt wird. Der Aufbau gliedert sich in
sechs Kapitel.

Nach dem einleitenden *ersten* Kapitel werden im *zweiten* Kapitel die Grundlagen der
Verwaltungsmodernisierung und des NPM als eng verwandten Begriff der internationalen Ausprägungen dargelegt. Hierzu werden zunächst die dafür erforderlichen *Begriffe* definiert und abgegrenzt. Zudem werden die unterschiedlichen Reformphasen des
öffentlichen Sektors in Deutschland vorgestellt. Darauf aufbauend erfolgt die Darlegung der beiden *Theoriestränge* der Verwaltungsmodernisierung im Sinne der NPM-
Vorstellungen. Das ist auf der einen Seite die Public Choice Theorie und auf der anderen Seite der Managerialismus. Anschließend werden die *wesentlichen Ziele* erläutert,
da diese auch später den Bezugsrahmen für die Zieldimensionen bilden sollen. Es
schließt sich daran eine Analyse des bisherigen *Umsetzungsstandes* der Modernisierungen an. Dies geschieht sowohl auf nationaler wie auch auf internationaler Ebene,
wobei der Schwerpunkt auf der Betrachtung der Bundesländer liegen soll, um die gewonnenen empirischen Ergebnisse aus NRW später besser einordnen zu können. Das
Kapitel endet mit einer Beschreibung der wesentlichen *Probleme*, die sich in bisherigen Modernisierungsprojekten ergeben haben.

Das *dritte Kapitel* thematisiert, inwiefern der Ansatz der Evaluation in der Lage ist,
eine Reihe der zuvor aufgezeigten Reformprobleme abzuschwächen oder sogar zu lösen. Dazu wird zunächst dieser komplexe Begriff „Evaluation" spezifiziert. Dies bein-

---

[18]  Vgl. Ellwein, T. (1994), S. 90.

haltet neben einer Beschreibung der *Entstehung* auch die Abgrenzung gegenüber verwandten und teilweise synonym verwendeten Begriffen. Zu der sich anschließenden *Durchführung* der Evaluation gehört sowohl der Prozess mit seinen unterschiedlichen Phasen als auch die dafür den Rahmen bildenden Evaluationsstandards. Im weiteren Untersuchungsverlauf wird hierauf entsprechend Bezug genommen. Nach diesen eher allgemeinen Grundlagen der Evaluation folgt die *Anwendung* dieses Elementes *auf Modernisierungsprojekte* in der Verwaltung. Dazu sollen die entstehenden Probleme von solchen Reformevaluationen aufgezeigt werden. Idealerweise können auch zugleich Möglichkeiten zur Vermeidung dieser Schwierigkeiten abgeleitet werden, die es dann im Zuge der theoretischen Herleitung des Konzeptes zu berücksichtigen gilt. Das Kapitel schließt mit einer Vorstellung von *drei Evaluationsprojekten* aus dem deutschsprachigen Raum. Neben der Modernisierung der Schweizer Bundesverwaltung und der Landesverwaltung in Baden-Württemberg wird auch die Evaluation in deutschen Kommunalverwaltungen beschrieben. Diese praktischen Beispiele sollen Anregungen für das zu erstellende Evaluationskonzept und den bestehenden Forschungsbedarf geben.

Das *vierte Kapitel* beinhaltet die Konzeption für die Evaluation in der Landesverwaltung NRW erarbeitet werden. Nach einer Beschreibung der im Zeitablauf geänderten *Rahmenbedingungen der Reformen* und den dadurch vorhandenen Besonderheiten erfolgt dazu die Ableitung der durch die Befragung und die anschließende Analyse verfolgten *Evaluationsziele*. Aus den Zielen erwächst die Anforderung, Verwaltungstypen und Zielkategorien zu bilden. Auf der einen Seite sind dazu *Typisierungsmerkmale* abzuleiten, mit denen eine Einteilung in für die Modernisierung relevante Gruppen möglich erscheint. Auf der anderen Seite sind dazu *Zieldimensionen* zu finden, die eine umfassende Beurteilung der erzielten Verbesserungen in den Behörden möglich machen und zudem praktikabel zu erheben sind. Da die Analyse der instrumentellen Ebene eine wichtige Stellung innerhalb der Evaluationsziele einnimmt, sind anschließend die relevanten *Reforminstrumente auszuwählen* und näher vorzustellen. Ferner soll auf die jeweiligen *Besonderheiten* eingegangen werden. Zur Konkretisierung einiger der zuvor aufgestellten Evaluationsziele werden weitgehend *theoriebasierte Hypothesen* hergeleitet, die auf Basis der empirischen Ergebnisse untersucht werden sollen.

Nach dem Abschluss der theoretischen Grundlagen folgt die darauf aufbauende empirische Untersuchung in *Kapitel fünf*. Zunächst wird dazu das allgemeine *Vorgehen* der Erhebung erläutert, und die *erhaltenen Ergebnisse* der 106 teilgenommenen Behörden aus dem Bereich der Landesverwaltung NRW werden *deskriptiv* dargestellt. Dabei sollen aber nicht nur die Gesamtergebnisse und die Einzelinstrumente beschrieben, sondern es sollen vergleichende Instrumentenanalysen vorgenommen werden, um dadurch besonders Erfolg versprechende Instrumente zu identifizieren. Zudem erfolgt mit statistischen Verfahren eine *Verifizierung oder Falsifizierung* der am Ende des vierten Kapitels aufgestellten *Thesen*. Hierzu gehört auch die Ableitung von Verwaltungstypen, die in Bezug auf die Modernisierung weitgehend einheitliche Vorgehensweisen ermöglichen. Abschließend erfolgt die *Ableitung weiterer Handlungsempfehlungen*. Dies geschieht nicht nur auf der Grundlage der Evaluationsergebnisse und der überprüften Thesen, sondern auch durch die Identifizierung weiterer Besonderheiten, die sich durch die empirische Untersuchung ergeben haben.

Kapitel *sechs* beschließt die Arbeit mit einer Zusammenfassung der erzielten Ergebnisse und mit einem Ausblick auf den zukünftigen Forschungsbedarf. Der Gang der Untersuchung ist in Abbildung 1 zusammenfassend dargestellt.

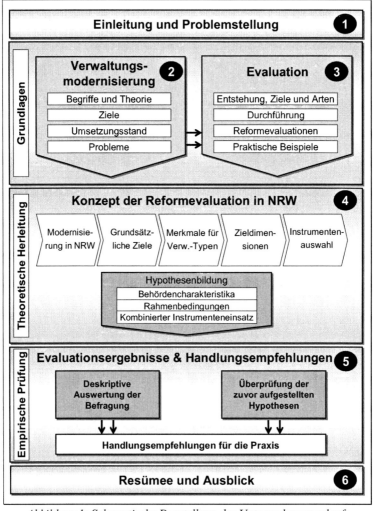

*Abbildung 1: Schematische Darstellung des Untersuchungsverlaufs*

## 2 Grundlagen der Verwaltungsmodernisierung

Der Gegenstand der Verwaltung unterliegt fortlaufenden Änderungen; diesen muss sich die Verwaltung – wenn auch mit einer gewissen zeitlichen Verzögerung - immer wieder anpassen.[19] Schon seit den 60er Jahren erfreuen sich Maßnahmen der Verwaltungsmodernisierung daher zunehmender Beliebtheit. Im Ergebnis führt dies dazu, dass die alten bürokratischen Systeme der Verwaltungsführung durch moderne zumeist managementorientierte Steuerungsmethoden ersetzt werden.

Im 2. Kapitel werden daher im Folgenden zunächst die *Begriffe* Verwaltung, Verwaltungsmodernisierung und -reform sowie NPM näher erläutert, dabei sollen auch die verschiedenen Entwicklungsstufen von Verwaltungsreformen in Deutschland betrachtet werden. Daran schließt sich eine Analyse der Entstehungsgründe und *Ursachen* der jüngeren Verwaltungsreform an; denn diese Entwicklungen haben den Instrumenteneinsatz speziell in Deutschland ganz entscheidend beeinflusst. Anschließend werden die *theoretischen Grundlagen* genauer vorgestellt, da sich über diese die beiden Hauptbestandteile (Binnenreform und externe Strukturreform) der Modernisierung besser erklären lassen. Im Zuge dessen werden die dahinter stehenden wissenschaftlichen Ansätze des Public Choice und des Managerialismus genauer erläutert. Die fünf zentralen *Ziele* des NPM bilden den Analyserahmen für die spätere Evaluation von Modernisierungsaktivitäten. Darauf folgt der Blick auf den *Umsetzungsstand* im In- und Ausland. Ein besonderer Schwerpunkt soll dabei auf den Reformen von ausgewählten Landesverwaltungen liegen. Abgeschlossen wird das 2. Kapitel mit einer Analyse der maßgeblichen Probleme, die sich im Rahmen der Verwaltungsmodernisierung ergeben können.

## 2.1 Begriffliche Abgrenzung

Aufgrund der Vielfalt und Komplexität öffentlicher Einrichtungen liegt eine umfassende und allgemein anerkannte Definition des Begriffs der *öffentlichen Verwaltung* in der Literatur nicht vor. EICHHORN/FRIEDRICH definieren drei wesentliche Elemente zur Charakterisierung: Die öffentliche Verwaltung besteht aus wirtschaftenden Einrichtungen, welche Ziele des Gemeinwohls verfolgen und sich im öffentlichen, also staatlichen Eigentum befinden.[20] Es lassen sich zwei wesentliche Arten der Verwaltung unterscheiden. Organisationseinheiten mit Verwaltungscharakter (Behörden im engeren Sinne), die planende, gesetzesvorbereitende und gesetzesvollziehende Aufgaben wahrnehmen, sowie Einheiten mit Betriebscharakter (Verwaltungsbetriebe), die marktgängige Güter oder Dienstleistungen erstellen.[21] Als tragendes Prinzip der öffent-

---

[19]  Vgl. Walkenhaus, R./Voigt, R. (2006), S. XI.
[20]  Vgl. Eichhorn, P./Friedrich, P. (1976), S. 56; Rupp, T. (2002), S. 96.
[21]  Im weiteren Verlauf der Arbeit wird der Begriff „Behörde" allerdings weitergehender verstanden. Hierzu können auch Organisationseinheiten gehören, die marktgängige Güter oder Dienstleistungen erstellen. Somit werden die Begriffe „Behörde" und „Verwaltung" in dieser Arbeit gleichbedeutend verwendet.

lichen Verwaltungen gilt der Grundsatz der Rechtmäßigkeit, wobei auch den Grundsätzen der Wirtschaftlichkeit und Sparsamkeit zunehmend mehr Bedeutung beigemessen wird. In der Bundesrepublik Deutschland kann gemäß dem föderalistischen Aufbau eine Dreiteilung[22] in Bundes-, Landes-[23] und Kommunalverwaltung vorgenommen werden.[24] Die Aufgabengebiete zwischen den einzelnen Trägern sind dabei grundsätzlich abgegrenzt.[25] Während in der Privatwirtschaft relativ homogene Zielsysteme mit einem dominierenden Gewinnstreben vorliegen, so sind die Ziele in der öffentlichen Verwaltung wesentlich uneinheitlicher, von höherer Komplexität und schwieriger zu operationalisieren. Hierbei lassen sich Formal- und Sachziele unterscheiden. Während Formalziele die monetären Konsequenzen der Leistungserstellung enthalten, erfassen Sachziele den Erfüllungsgrad des öffentlichen Auftrags in qualitativer und quantitativer Hinsicht.[26]

Hinter allen Überlegungen zur *Verwaltungsreform*[27] steckt das Ziel, mit politischen Reformen den schleichenden Wachstums- und Veränderungsprozessen gegenüber zu treten. Verwaltungsreformen können sich dabei auf geplante Veränderungen der organisatorischen, rechtlichen oder personellen Strukturen beziehen.[28] Der Begriff *Verwaltungsmodernisierung* wird bisweilen vom Begriff der Verwaltungsreform unterschieden. Während unter erstem die Ausrichtung des administrativen Systems auf veränderte Umweltbedingungen, ohne allerdings den Endzustand und das Ziel des Modernisierungsprozesses zu kennen, verstanden wird, wird demgegenüber bei Verwaltungsreformen das Ziel der Verwaltungsmodernisierung durch Leitbilder und Ziele festgelegt.[29] Hier soll allerdings dem Verständnis der Politik- und Verwaltungswissenschaft gefolgt werden, nach dem die Verwaltungsmodernisierung von der -reform nicht abgegrenzt, sondern vielmehr sollen die Begriffe synonym verwendet werden.[30]

Grundsätzlich lassen sich in Deutschland vier *Phasen von Verwaltungsreformen* und als Grundlage ihre Leitbilder unterscheiden. Von der Gründung der Bundesrepublik bis in die sechziger Jahre dominierte der „*demokratische Staat*". Rechtsstaatlichkeit und Demokratie waren die wesentlichen Prinzipien, während Effizienz und Effektivität eher von nachrangiger Bedeutung waren. Interne und externe Steuerungsmechanismen

---

[22]  Bisweilen wird auch noch die Verwaltung der Parafisci (bspw. Sozialversicherungen, Kirchen, Kammern) hinzugezählt. Vgl. Brede, H. (2005), S. 29.

[23]  Viele Flächenstaaten haben unterhalb der Landesministerien noch eine weitere Differenzierung vorgenommen und unterhalb dieser mit den Regierungsbezirken eine weitere Ebene eingeführt. Vgl. Schubert, K./Klein, M. (2003), S. 242.

[24]  Vgl. Lüder, K. (1989), S. 1152; Brede, H. (2005), S. 2. Man spricht hierbei auch auf der einen Seite von der staatlichen Ebene (Bund, Land) und auf der anderen Seite von der kommunalen Ebene.

[25]  Vgl. Eichhorn, P. (2003b), S. 761.

[26]  Vgl. Bertelsmann, R. (2005), S.12; Kosiol, E. (1976), S. 223.

[27]  Der Begriff „Verwaltungsreform" umfasst nicht alle Dimensionen von Reformen im öffentlichen Sektor. Im Gegensatz zu den Begriffen „Public Sector Reforms" oder „Staatsmodernisierung" sind damit z.B. Privatisierungen, Umbau des Sozialstaates und der Steuerpolitik nicht gemeint. Vgl. Blanke, B. (2005), S. XIV.

[28]  Vgl. Bogumil, J. (2002), S. 43.

[29]  Vgl. Thom, N./Ritz, A. (2003), S. 1143.

[30]  Vgl. bspw. Jann, W. (2004a), S. 9 ff.

waren geprägt durch Hierarchie, Recht und formelle Regeln.[31] Mitte der 60er begann unter dem Eindruck der ersten Rezession die Phase des „aktiven Staates", die sich durch eine umfassende Planung und aktive Politik auszeichnete. Verwaltungsorganisationen wurden parallel zum Wachstum der öffentlichen Aufgaben ausgebaut.[32] Vom Ende der 70er an bestimmte die Phase des „schlanken Staates" auch als Folge der Ölkrisen die Verwaltungsreformen. Dieser schlanke Staat zeichnete sich besonders durch Privatisierung, Vereinfachung, Aufgabenkritik und mitunter die Einführung von modernen Managementkonzepten des privaten Sektors (z.B. Controlling, Wettbewerb, Zielsteuerung, Budgetierung) aus.[33] Seit Ende der 90er folgt der „aktivierende Staat" oder „Governance". Dieses Leitbild greift verschiedene managerialistische Reformelemente auf, erweitert diese allerdings um Umweltbeziehungen zu Zivil- und Bürgergesellschaft.[34] Kennzeichen sind das wirksame, transparente und partnerschaftliche Zusammenwirken von Staat, Wirtschaft und Zivilgesellschaft und die angestrebte strategische Steuerung der Politik.[35]

International firmiert die jüngere Verwaltungsmodernisierung, die im Wesentlichen auf Ideen des schlanken und des aktivierenden Staates begründet ist, zumeist unter dem Stichwort „New Public Management" (NPM).[36] Erstaunlicherweise dauerte es relativ lange, bis die Wissenschaft begann, die verschiedenen internationalen Reformbewegungen empirisch aufzuarbeiten. Beim NPM handelt es sich allerdings weniger um eine eigene Theorie, als vielmehr um ein Konzept mit unterschiedlichen theoretischen und empirischen Einflüssen.[37] In den verschiedenen Nationen lassen sich jeweils eigene Ausgestaltungsformen finden. Diese tragen dann Bezeichnungen wie Privatisierung, Deregulierung und Entbürokratisierung, Good Government, Wirkungsorientierte Verwaltungsführung (WoV) oder Neues Steuerungsmodell (NSM).[38]

Das NPM ist eine Mischung von inner- und zwischenbehördlichen Managementreformen, von einer stärkeren Marktorientierung und einem zunehmenden demokratischen und bürgerschaftlichen Engagement.[39] Das wesentliche Ziel liegt darin, die Führung und die Leistungsprozesse in der öffentlichen Verwaltung zu verbessern, um eine effektivere und effizientere Aufgabenwahrnehmung durch den Staat zu erzielen. Dies

---

[31] Vgl. Jann, W. (2006), S. 40 f.
[32] Vgl. Walkenhaus, R./Voigt, R. (2006), S. XXVI f.
[33] Vgl. König, K. (1995), S. 358.
[34] In diesem Zusammenhang wird der Staat als Gewährleistungsstaat bezeichnet, der nicht mehr alleine für die Erfüllung von Aufgaben zuständig ist, sondern die gesellschaftliche Verantwortungsübernahme verschiedener Gruppen fördert. Vgl. dazu Schuppert, G. (2001), S. 399 ff.
[35] Vgl. Hill, H. (2000), S. 9 ff.; Löffler, E. (2001), S. 212.
[36] Wenn im weiteren Verlauf der Arbeit von Verwaltungsmodernisierung die Rede ist, sind damit ausschließlich Reformen aus der Gedankenwelt des NPM gemeint und nicht etwa Verwaltungsstruktur- oder Finanzreformen. Die beiden Begriffe sollen daher auch synonym verwendet werden. Vgl. Nöthen, J./Pichlbauer, M./Eisenstecken, E. (2004), S. 61 f.
[37] Vgl. Schedler, K. (2006), S. 101.
[38] Vgl. Sander, L./Langer, C. (2004), S. 88. Zum Umsetzungsstand im In- und Ausland siehe Kapitel 2.5.
[39] Vgl. Reichard, C. (1999), S. 50.

soll erreicht werden durch eine vermehrte Kunden-, Leistungs-/Wirkungs-, Qualitäts-
und Wettbewerbsorientierung unter Einbezug der Mitarbeiter in der Verwaltung.[40]

## 2.2 Ursachen der Verwaltungsreform

Anfang des 20. Jahrhunderts wurde das klassische Leitbild des traditionellen Verwaltungsmanagements bereits durch MAX WEBER[41] beschrieben. Das dadurch geprägte
*Bürokratiemodell* gilt als theoretische Erklärung und Begründung der damaligen Ma-
nagementstrukturen. Die spezifische Funktionsweise einer solchen Bürokratie umfass-
te einige besonders wichtige Elemente[42]:

- autoritärer Führungsstil, unabhängig von den Wünschen der Untergebenen

- festes System von Kommunikationswegen (Dienstwege)

- hoher Grad der Unpersönlichkeit

- Gebundenheit des Handelns an sachliche Regeln

- Schriftlichkeit und Aktenmäßigkeit des Handelns

- Arbeitsteilung beruhend auf der Grundlage von Spezialisierung

- strikt festgelegte Fachkompetenz ohne Ressourcenverantwortung

- starke Zentralisation von Führungsentscheidungen

- schematischer Verlauf der Karrierelaufbahnen nach Dienstalter

- leistungsneutrale Entlohnung

Das Modell stellte eine Weiterentwicklung im Vergleich zur feudalistischen Verwaltung dar. Statt der zuvor üblichen Willkürherrschaft trat fortan die Leistungsgewäh-
rung nach festen Prinzipien ohne Rücksicht auf persönliche Beziehungen oder politische Einstellungen. Dadurch war allerdings auch der konstruktive Handlungsspielraum
für Führungskräfte und Mitarbeiter stark eingeschränkt.[43] Diese Eigenheiten des Bürokratiemodells sind bis heute in den meisten öffentlichen Verwaltungen und Betrieben,
insbesondere im deutschsprachigen Raum, beobachtbar.[44] So findet sich die rationale
Berechenbarkeit staatlichen Handelns immer noch im Grundsatz der Gesetzmäßigkeit
und im Prinzip der Gewaltenteilung wieder.[45]

---

[40]   Vgl. Schedler, K./Proeller, I. (2006), S. 66 ff.; Sander, L./Langer, C. (2004), S. 88. Siehe hierzu
      Kapitel 2.4.
[41]   Vgl. Weber, M. (1976).
[42]   Vgl. Weber, M. (1976), S. 126 f.; Eichhorn, P./Friedrich, P. (1976), S. 56; Richter, M. (2000), S.
      24.
[43]   Vgl. Bertelsmann, R. (2005), S. 11.
[44]   Vgl. Thom, N./Ritz, A. (2006), S. 4 ff.
[45]   Vgl. Frey, H. (1994), S. 24.

Die Anforderungen, mit denen Verwaltungen konfrontiert sind, haben sich jedoch grundlegend geändert. Die Erwartungen der Bürger an die Verwaltung sind größer geworden, der öffentliche Dienst hat als Beschäftigungssystem an Attraktivität verloren, die Komplexität politisch-administrativer Problemstellungen ist deutlich gestiegen, und die Dynamik der Veränderungen in der Umwelt hat zugenommen. Die hierdurch entstandene Tendenzen zu mehr Pluralisierung, Individualisierung, Mobilität und Flexibilität machen die Grenzen des Bürokratiemodells deutlich. Diese sind insbesondere in der Inflexibilität gegenüber einer sich dynamisch verändernden Umwelt zu suchen.[46]

Um die Leitidee der Verwaltungsmodernisierung seit den frühen 90ern besser zu verstehen, ist es zunächst wichtig, die Ursachen und Herausforderungen genauer zu analysieren, denen sich die öffentliche Verwaltung zunehmend gegenüber sah. In den betroffenen westlichen Industriestaaten lassen sich vielfach sehr ähnliche ökonomische, politische und gesellschaftliche Kontextbedingungen als zentrale Ursachen identifizieren. Die wichtigsten Ursachen für die Verwaltungslandschaft in Deutschland sollen im Folgenden kurz vorgestellt werden (siehe auch Abbildung 2).

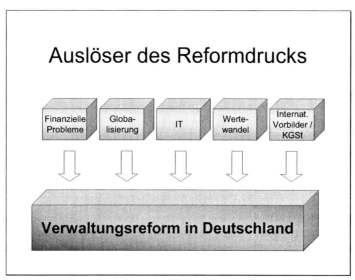

*Abbildung 2: Auslöser des Reformdrucks in Deutschland[47]*

Eine wesentliche Ursache, oftmals auch als Anstoß und Auslöser der jüngeren Modernisierungswelle bezeichnet, liegt in den gravierenden *finanziellen Problemen*, denen

---

[46]  Vgl. Thom, N./Ritz, A. (2006), S. 7.
[47]  In Anlehnung an Hopp, H./Göbel, A. (1999), S. 24.

sich die öffentliche Verwaltung schon seit Ende der 80er bzw. zu Beginn der 90er ausgesetzt sieht. Über Jahrzehnte verdeckte ein stetiges Wachstum und eine konstante
Ausdehnung des Staates[48] die abnehmende Problemlösungsfähigkeit bürokratischer
Organisationen. Doch die nachlassende Wirtschaftskraft mit den sinkenden Steuereinnahmen und einer höheren Arbeitslosigkeit sowie die vermehrten Anforderungen an
die Infrastruktur und notwendige Sozialleistungen führten zu einer schwerwiegenden
und immer noch anhaltenden Finanzkrise im öffentlichen Sektor. Erst durch diese Krise wurden bzw. werden die Politik und auch die Verwaltung zur Bestandsaufnahme
und Analyse von möglichen Reformpotenzialen bewegt.[49]

Auch die fortschreitende *Globalisierung* ist ein bedeutender Auslöser für den Reformprozess. Kommunen, Länder und auch Staaten treten zunehmend in einen Wettbewerb
untereinander, insbesondere um die Ansiedlung von Unternehmen und die Investition
von Kapital.[50] Ein Modernisierungsrückstand öffentlicher Verwaltungen gilt in der
Debatte hinsichtlich der Verbesserung ökonomischer Standortbedingungen häufig als
infrastruktureller Wettbewerbsnachteil, während bspw. zügige und kundenorientierte
Genehmigungsverfahren einem Land Vorteile im internationalen Standortwettbewerb
bringen.[51]

Die Steigerung der Leistungsfähigkeit bei einem gleichzeitigen Sinken der Kosten im
Bereich der *Informationstechnik* (IT) gilt ebenfalls als wesentlicher Reformtreiber für
die öffentliche Verwaltung. Durch die rasanten Entwicklungen im Bereich der IT eröffnen sich neue Gestaltungspotenziale zur Veränderung der Arbeitsabläufe und der
Kommunikation. So ermöglicht die neue Technologie die verstärkte Delegation auf
dezentrale Einheiten, da Informationen raum-, zeit- und hierarchieübergreifend ausgetauscht und auf breiter Ebene zur Verfügung gestellt werden können.[52] Obendrein
wurde die Kommunikation sowohl zwischen den verschiedenen Ebenen einer Organisation als auch zwischen Bürgern und der Verwaltung einfacher. Im Ergebnis führen
die Veränderungen der IT dazu, dass die Größenvorteile großer Bürokratien („Economies of scale") abnehmen und darüber hinaus die Kosten der Nutzung des Marktes
sinken.[53]

Auch „weichere" Faktoren wie der *gesellschaftliche Wertewandel* nehmen eine zunehmend wichtige Rolle als Änderungstreiber ein. Bürger betrachten sich gegenüber
der Verwaltung nicht mehr nur als klassische Antragsteller, sondern sehen die Verwaltung als Dienstleistungsunternehmen, das gewissen Qualitäts- und Serviceansprüchen
auch im Vergleich mit privatwirtschaftlichen Unternehmen genügen muss („value for
money"). Als Konsequenz daraus sollte sich eine verstärkte Abwendung vom „hoheit-

---

[48]  Es wird in diesem Zusammenhang auch vom „additiven Ressourcenmanagement" gesprochen.
      Parkinson, C. (1957), S. 5 ff. analysierte schon in den 50er Jahren, dass in öffentlichen Bürokratien die Anzahl der Stellen unabhängig vom Bestand der zu erledigenden Aufgaben steigt.
[49]  Vgl. Schedler, K./Proeller, I. (2006), S. 30.
[50]  Vgl. Günter, T./Niepel, M./Schill, O. (2002), S. 219.
[51]  Vgl. Schröter, E./Wollmann, H. (2005), S. 64.
[52]  Vgl. Rürup, B. (2000), S. 267.
[53]  Vgl. Reschenthaler, G.B./Thompson, F. (1996), S. 125 ff.; Budäus, D./Grüning, G. (1998), S. 5.

lichen" Auftreten hin zu einer stärkeren „Kundenorientierung" der öffentlichen Institutionen ergeben.[54] Dieser Wertewandel betrifft zudem das Personal im öffentlichen Dienst, welches sich nicht mehr nur mit einem gesicherten Einkommen und einem geregelten Arbeitsalltag zufrieden gibt, sondern eigenverantwortliche und interessante Tätigkeiten anstrebt. In Folge dieses Wandels der gesellschaftlichen Ansprüche von Bürgern und Verwaltungsangestellten kommt es zu einem Auseinanderklaffen zwischen externen Leistungsanforderungen und dem Leistungsvermögen von Verwaltungen.[55]

Zusätzlich zu diesen Faktoren, die sich in allen Industriestaaten in unterschiedlichen Ausprägungen ergeben haben, kamen für Deutschland noch zwei weitere Reformtreiber hinzu. Zum einen gab es einige positive *internationale Erfahrungen* mit einem veränderten Verwaltungsmanagement. Bereits Anfang der 80er Jahre wurden in einigen angelsächsischen Ländern (Großbritannien, Neuseeland, USA, Australien) Verwaltungsreformen auf unterschiedlichen staatlichen Ebenen, aber zu weitgehend einheitlichen Themen (Wettbewerbs- und Kundenorientierung, aussagefähiges Finanzmanagement usw.) durchgeführt und diese zeigten, dass durch die durchgeführten Reformen ein effizienteres und effektiveres Verwaltungshandeln möglich ist.[56] Zum anderen ist das *Engagement der Kommunalen Gemeinschaftsstelle* (KGSt)[57] als Schrittmacher der Modernisierung zu nennen. In Anlehnung an die erfolgreich gestaltete Verwaltungsreform der niederländischen Stadt Tilburg wurde versucht, das Modell auf die deutsche Kommunalverwaltung zu übertragen und mit Nachdruck bei den Kommunen durchzusetzen.[58] Mit zunehmender Verbreitung dieses Modells in den Städten und Gemeinden erhöhte sich auch der Druck auf die Länder und auf den Bund, die Reform der Verwaltung mit ähnlichen Inhalten anzugehen.

## 2.3 Theoretische Grundlagen

Auch wenn es sich beim NPM weitgehend um eine Praktiker-Bewegung handelte, die auf der Grundlage der zuvor beschriebenen Ursachen entstand, so sind sich die Verwaltungswissenschaftler weitgehend einig, dass vor allem zwei grundlegende theoretische Konzepte hinter diesem Modell stehen.[59] Das ist zum einen die *Public Choice Theorie*. Hierbei geht es um die Gestaltung der Rahmenbedingungen, unter denen öf-

---

[54]  Vgl. Nöthen, J./Pichlbauer, M./Eisenstecken, E. (2004), S. 60 f. Siehe hierzu Kapitel 2.4.2.
[55]  Vgl. Schröter, E./Wollmann, H. (2005), S. 64.
[56]  Vgl. Hopp, H./Göbel, A. (1999), S. 20. Mehr zu den internationalen Erfahrungen im Kapitel 2.5.1.
[57]  Die KGSt ist ein von den Städten, Gemeinden und Kreisen gemeinsam getragenes Entwicklungszentrum des kommunalen Managements. Zur Charakterisierung der KGSt vgl. stellvertretend Siepmann, H./Siepmann, U. (1992), S. 282.
[58]  Vgl. KGSt (1993), S. 7 ff. sowie Reichard, C. (1994), S. 29. Vergleiche dazu auch Kapitel 2.5.2.1.
[59]  Bisweilen werden auch noch weitere Theorien wie die Neoklassische Verwaltungstheorie, zusätzlich Elemente der Neuen Institutionenökonomie und Policy Analysis als theoretische Bezugspunkte genannt. Dieser Auffassung soll aber hier nicht gefolgt werden, weil die mit der Vorstellung der beiden Theorien verfolgten Zwecke sich mit der Konzentration auf die wesentlichen Theorien vertragen. Vgl. dazu Pede, L. (1999), S. 28; Vogel, R. (2006), S. 60. Eine ausführliche Darstellung der Theorien bei Ritz, A. (2003a), S. 115 ff. und die dort angegebene Literatur.

fentliche Verwaltungen ihre Leistungen erbringen, und zum anderen der *Managerialismus*, bei dem die situative Übertragung von privatwirtschaftlichem Management-
wissen auf den öffentlichen Sektor im Mittelpunkt steht.[60]

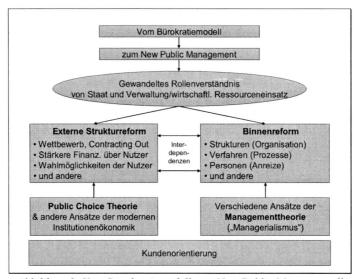

*Abbildung 3: Vom Bürokratiemodell zum New Public Management[61]*

Die Abbildung 3 gibt einen Überblick über Entstehung des NPM, die Elemente der
Reformzweige und die dahinter stehenden theoretischen Bezüge. Neben den Konzepten der Public Choice Theorie und des Managerialismus hat auch das *gewandelte Rollenverständnis* einen wesentlichen Einfluss auf die Ausgestaltung der Verwaltungsmodernisierung. Aufgrund der öffentlichen Finanzkrisen und der zunehmenden Zweifel
an der Problemlösungskompetenz des Staates ist eine Tendenz zum Zurückdrängen
des Staates zu verzeichnen. Hiermit ist ein Rollenverständnis vom produzierenden
zum gewährleistenden Staat verbunden. Dieses zeigt sich in einer Reduzierung der
staatlichen Handlungsfelder und einer Konzentration auf die Kernbereiche (bspw. über
Privatisierung von Staatsaufgaben, Aufgabenabbau und innovative Organisationsfor-
men von privaten und öffentlichen Einrichtungen).[62] Die beiden grundlegenden theoretischen Konzepte sollen im Weiteren kurz vorgestellt und ihr Einfluss auf die Verwaltungsreform dabei näher beleuchtet werden.

---

[60]  Vgl. Budäus, D./Grüning, G. (1998), S. 7.
[61]  In Anlehnung an Budäus, D. (1998), S. 6.
[62]  Vgl. Grüning, G. (2000), S. 25 ff.

## 2.3.1 Public Choice Theorie

Die Public Choice Theorie steht für eine Reihe theoretischer Ansätze, mit denen die Politik- und die Wirtschaftswissenschaft miteinander verbunden werden sollen. Dabei werden ökonomische Annahmen auf den politischen Willens- und Entscheidungsbildungsprozess übertragen. Menschliches Verhalten ist dabei charakterisiert als rationales und nutzenmaximierendes Verhalten von Individuen.[63] Politiker und insbesondere Exekutivkräfte verhalten sich nach dieser Theorie vor allem mit zunehmender Dienstdauer als „eigennutzen- resp. budgetmaximierende Bürokraten", die auf Grund der Marktunvollkommenheit[64] Qualitätsaspekte und Kostenbewusstsein vernachlässigen. Letztlich beeinflussen diese Bürokraten das Entscheidungsverhalten von Organisationen sogar stärker als die Verwaltungsspitze oder die Politiker selber.[65] Durch diese Informationsasymmetrien, die herrschende Intransparenz und die Mängel in der Kontrolle neigen bürokratische Systeme im Ergebnis häufig zu Überproduktionen und immanenten Expansionstendenzen, was letztlich immer zu Lasten des Gemeinwohls geht.[66]

Ausgehend von diesem pessimistischen Gesamtbild des bestehenden politischen-administrativen Systems gibt die Public Choice Theorie Empfehlungen zur geeigneten Organisation staatlicher Leistungen und zeigt damit auch noch Alternativen zwischen staatlicher und privater Leistungserbringung auf. Man spricht hierbei auch von der externen Strukturreform.[67] Das Ziel liegt in der Rückdrängung des Staates zugunsten des privaten Sektors. Bei den verbleibenden Bereichen soll es mehr marktorientierte und antibürokratische Reformen geben, zudem sollen die Wahlmöglichkeiten der Bürger vergrößert werden.[68]

Insgesamt lassen sich zwei wesentliche Stränge der Public Choice Theorie unterscheiden. Dahinter stehen jeweils verschiedene Vorgehensweisen und Instrumente, mit denen durch das NPM eine Verbesserung des Verwaltungshandelns erzielt werden soll.[69] Der erste Strang widmet sich den Beziehungen zwischen rationalen Wählern, Interessengruppen und Parteien im politischen Willensbildungs- und Umsetzungsprozess. Lösungsmöglichkeiten sind besonders im Bereich der größeren öffentlichen (Kosten-) Transparenz der Leistungserstellung und der vermehrten Informationen und Partizipation der Bürger zu sehen. Der zweite Strang widmet sich den Beziehungen zwischen Behörden und ihren Mitarbeitern sowie den Politikern. Dabei steht die Frage nach der

---

[63]  Vgl. Schröter, E./Wollmann, H. (2005), S. 65.
[64]  Diese Marktunvollkommenheit entsteht, wenn eine staatliche Behörde Informationsvorteile gegenüber „seiner Finanzierungsagentur" hat, weil die Behörde eine wesentlich genauere Kenntnis über die Höhe der eigenen Produktionskosten hat. Der Geldgeber kennt zwar die Höhe der Budgets, verfügt aber über keine Einsicht, mit welchem Budget die Leistungserbringung minimal möglich wäre. Zwar wäre es grundsätzlich möglich, die Leistungserstellung der Behörde zu überwachen, aber dazu bestehen kaum Anreize. Als möglicher Indikator zur Beurteilung steht nur das Aktivitätsniveau des Amtes zur Verfügung, nicht aber Input-Output-Relationen. Vgl. dazu Vogel, R. (2006), S. 67.
[65]  Vgl. Ritz, A. (2003a), S. 133.
[66]  Vgl. Niskanen, W. (1971), S. 227; Vogel, R. (2006), S. 67.
[67]  Vgl. Pede, L. (1999), S. 28.
[68]  Vgl. Reichard, C./Röber, M. (2001), S. 374.
[69]  Vgl. hierzu und im Folgenden Ritz, A. (2003a), S. 134 f., sowie Thom, N./Ritz, A. (2006), S. 16.

Rationalität des Handelns im Mittelpunkt. Hierbei sollen durch eine klare Zuordnung der strategischen Verantwortung zu der Politik, durch einen stärkeren Einbezug der Mitarbeiter sowie durch vermehrten internen sowie externen Wettbewerb Verbesserungen erzielt werden.

Letztlich zeigt sich in der Public Choice Theorie, dass sich das Personal in bürokratischen Verwaltungen und die Politiker nur dann für neue Steuerungsinstrumente einsetzen, wenn damit auch ihre individuelle Nutzenmaximierung gefördert wird.[70]

## 2.3.2 Managerialismus

Der zweite Teil des theoretischen Unterbaus des NPM findet sich im Bereich des Managerialismus[71]. Dahinter steckt die Annahme, dass die Aktivitäten der öffentlichen Hand als Produktionsprozess verstanden werden können und sich Managementaufgaben aus der Privatwirtschaft auf die Verwaltung übertragen lassen, wobei diese situativ anzupassen sind. Damit soll die rechtliche Steuerung des Verwaltungshandelns um eine ökonomische Komponente ergänzt werden.[72] Die Managementlehre selber ist allerdings keine in sich stimmige Theorie, sondern vielmehr eine Anwendung von Glaubenssätzen und Praktiken, sogenannte Managementprinzipien, auf spezifische Probleme.[73]

Für die Erzielung von steigenden Produktivitäten in einer Institution ist ein professionelles Management notwendig. Voraussetzung dafür ist gemäß den Gedanken des Managerialismus ein ausreichender Entscheidungsspielraum der Führungskräfte. Dieser zeigt sich durch Instrumente wie Zielvereinbarungen, Ergebnisverantwortung und die globale Zuweisungen von Mitteln. Führungskräfte werden hierbei als Erfolgsgaranten der Umsetzung von geplanten Modernisierungsmaßnahmen angesehen. Sie entwickeln klare Ziele für die Organisationseinheit, erzeugen Vertrauen in ihrem Umfeld und fördern ihre Mitarbeiter.[74] Diese etwas heroischen Annahmen der vorgesehenen Führungsleistung sollen durch geeignete Steuerungsinstrumente unterstützt werden. Dazu zählen Methoden zur Kosten- und Leistungserfassung wie ein modernes Rechnungswesen, ein aussagekräftiges Controlling und ein empfängerorientiertes Reporting.[75] Aber auch Reformen der Ablauf- und Aufbauorganisationen von Institutionen oder des Personalwesens gehören zum Rüstzeug moderner Managementsysteme, die auf den öffentlichen Sektor übertragen werden sollen.[76]

Die Interdependenzen der Managementkonzepte zur Public Choice Theorie zeigen sich insbesondere bei der Berücksichtigung von Ansätzen zu einer neuen Form des Personalmanagements für die öffentliche Verwaltung (bspw. individuelle Zielverein-

---

[70] Vgl. Speier-Werner, P. (2006), S. 23.
[71] Diesem zweiten Teil wird bislang der größere Einfluss auf die Verwaltungsmodernisierung in Deutschland zugewiesen. Vgl. Kapitel 2.5.2.
[72] Vgl. Pede, L. (1999), S. 29.
[73] Vgl. Kieser, A. (2006), S. 93.
[74] Vgl. Osborne, D./Gaebler, T. (1993), S. 260.
[75] Vgl. Schröter, E./Wollmann, H. (2005), S. 67.
[76] Vgl. Röhrig, A. (2008), S. 18 f.

barungen, Leistungsmessung, neue Führungsstile und leistungsorientierte Entlohnungssysteme).[77] Während allerdings managerialistische Ansätze insgesamt mehr an einer weiteren Stärkung der Freiräume der Bürokratie interessiert sind, indem Handlungsrestriktionen abgebaut und Anreize verstärkt werden sollen, fordern auf der Public Choice Theorie basierende Elemente tendenziell eine Beschränkung des Einflusses der Bürokratie auf die Politik durch Kontrollmechanismen und Wettbewerb.[78] Obwohl diese beiden theoretischen Ansätze auf den ersten Blick gegensätzlich erscheinen, schließen sie sich nicht aus, sondern ergänzen sich gegenseitig. Erst die selektive Auswahl und die Vernetzung einzelner Elemente dieser Theorien führen zu einer vollständigen Entfaltung von Wirkung des NPM.[79]

## 2.4 Strategische Ziele der Modernisierung

Wie zuvor festgestellt, ist der Zielkatalog der öffentlichen Verwaltung sehr heterogen. Dies spiegelt sich auch in den Zielen, die mit der Verwaltungsmodernisierung erreicht werden sollen, wider. Die wichtigsten, nicht immer überschneidungsfreien, teilweise widersprüchlichen strategischen Ziele sind die Leistungs- und Wirkungs-, Kunden-, Qualitäts- und die Wettbewerborientierung. Aber auch die Mitarbeiter als Ausführende nehmen eine bedeutsame Position im Zuge der Reformen ein.

In der Abbildung 4 sind die einzelnen Ziele und einige der vielfältigen Wechselwirkungen dargestellt.[80] Nachfolgend sollen die Ziele und ihr jeweiliger Ursprung genauer vorgestellt werden.

---

[77] Vgl. Budäus, D./Grüning, G. (1998), S. 7.
[78] Vgl. Reichard, C./Röber, M. (2001), S. 375.
[79] Vgl. Borins, S./Grüning, G. (1998), S. 24.
[80] Dabei kann keine Zielhierarchisierung vorgenommen werden, sondern diese muss behördenindividuell erfolgen. Die Mitarbeiter als Ausführende stehen aber stets im Mittelpunkt der Reformen.

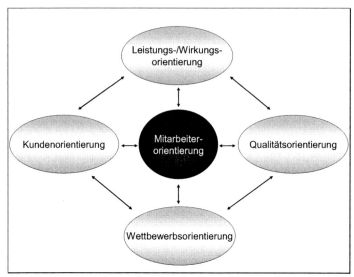

*Abbildung 4: Strategische Ziele der Verwaltungsmodernisierung*

## 2.4.1 Leistungs- und Wirkungsorientierung

Traditionell wird die öffentliche Verwaltung über *Inputgrößen* wie das zur Verfügung stehende Budget oder den Finanzhaushalt geführt und gesteuert. Die Zuweisung der Inputs orientiert sich im klassischen bürokratischen System an den vorhandenen finanziellen Ressourcen zudem an dem erwarteten oder tatsächlichen Aufwand für die Verwaltungstätigkeiten. Durch die Steuerung dieser Inputs entsteht allerdings eine problematische Anreizstruktur: Kann eine Behörde den Ressourcenverbrauch durch eine effiziente und effektive Arbeitsweise verringern, führt das traditionelle System zu geringeren Mittelzuweisungen im nächsten Haushaltsjahr.[81] Finanziert wird in diesem System also der Aufwand und nicht das daraus entstehende Ergebnis.[82] Ein zentrales strategisches Ziel der neueren Verwaltungsmodernisierung ist daher die Verschiebung der Steuerungslogik von dem Ressourceninput zu den Leistungsergebnissen und den damit verbundenen Wirkungen. Während *Leistungen* (Output) das Ergebnis der reinen Verwaltungstätigkeit aus Sicht eines externen Leistungsempfängers sind, versteht man

---

[81] Vgl. Schedler, K./Proeller, I. (2006), S. 71. In diesem Zusammenhang wird häufig das „Phänomen" Dezemberfieber genannt.
[82] Vgl. Sander, L./Langer, C. (2004), S. 90.

unter Wirkungen (Outcome) das mittelbare Ergebnis der Erbringung von Leistungen durch die Verwaltung.[83]

Die Umstellung aller Verwaltungsaktivitäten auf den beabsichtigten Output erfordert eine Zusammenlegung der vielen Einzelaktivitäten einer Verwaltung zu einer überschaubaren Anzahl von klar abgrenzbaren Leistungsbündeln, den Produkten. Diese können dann die Grundlage für die Ressourcenzuteilung bilden. Darüber hinaus ist es für jedes einzelne Produkt erforderlich, zu definieren, welche Ziele mit ihm erreicht werden sollen.[84] Die Orientierung an den Leistungen eignet sich als internes Steuerungsinstrument, mit dem die Leistungsziele konkretisiert und kontrolliert werden. Darüber hinaus können die Kosten den Produkten zugeordnet werden und bilden damit gleichzeitig einen gut messbaren Endpunkt des Verwaltungshandelns.[85]

Zunehmend wird versucht, sich nicht mehr nur an den Leistungen, sondern auch an den damit erzielten *Wirkungen* zu orientieren; denn grundsätzlich ist eine staatliche Aufgabe erst dann erfüllt, wenn die damit erwünschten Wirkungen eingetreten sind.[86] Problematisch bleibt dabei der Nachweis gültiger Ursache-Wirkungs-Beziehungen, da es teilweise unmöglich ist, bestimmte Wirkungen zu messen und diese auf eine bestimmte Ursache zurückzuführen.[87] Dennoch wird eine möglichst aussagekräftige Informationsbasis benötigt, die es politischen Entscheidungsträgern gestattet, die Verwaltungsleistungen aus ihrer Sicht zu beurteilen.[88]

Ein wichtiger Aspekt in diesem Zusammenhang ist die damit angestrebte Verantwortungsteilung zwischen Parlament und Behörden. Im traditionellen System tritt eine Verwaltungseinheit oftmals gleichzeitig als Geldgeber, Produzent und Käufer einer staatlichen Dienstleistung auf.[89] Mit Hilfe der zunehmenden Leistungs- und Wirkungsorientierung wird angestrebt, dass Parlamente und politische Gremien das „Was", also die strategischen Ziele, vorgeben und dass die Verwaltung das „Wie" der Ausführung der vorgegebenen Ziele bestimmt.[90] Durch die Orientierung an Produkten lassen sich die Ausgestaltung der Politik und deren Ausführung sinnvoll miteinander verbinden. Der Prozess der Politik endet mit der Bestellung der Leistungen bzw. der Leistungs-

---

[83] Vgl. Pieper, T. (2008), S. 36 f.
[84] Vgl. KGSt (1993), S. 20 ff.
[85] Vgl. Sander, L./Langer, C. (2004), S. 90.
[86] In der deutschen Reformdiskussion nahm allerdings zunächst die Leistungsorientierung eine wesentliche bedeutsamere Rolle im Vergleich zu den Wirkungen des Verwaltungshandelns ein. In der Schweiz sprach man hingegen von Beginn an von der „Wirkungsorientierten Verwaltungsführung". Vgl. Buschor, E. (1993), S. 9 ff.; Schedler, K./Proeller, I. (2006), S. 72.
[87] Vgl. Brinckmann, H. (1994), S. 173.
[88] Vgl. Ösze, D. (2000), S. 59 f.
[89] Vgl. Pede, L. (1999), S. 39.
[90] Vgl. Bühler, B. (2002), S. 274.

bündel. Die Verwaltung umfasst hingegen deren Herstellung und steuert diese wirtschaftlich. Die ausgelösten Wirkungen der Produkte müssen anschließend politisch bewertet werden (bspw. durch Leistungs- und Wirkungsindikatoren) und fließen anschließend wieder in die neuen Zielvorgaben ein.[91]

Beurteilen lassen sich Produkte vor allem nach zwei Maßstäben. Zum einen nach der *Effektivität* („do the right things") als Verhältnis von Zielerreichung und Zielvorgaben. Damit wird eine Beurteilung ermöglicht, ob das Parlament die richtigen Dinge bei der Verwaltung bestellt hat. Zum anderen nach der *Effizienz*[92] („do the things right"), die das Verhältnis von Verwaltungsoutput und -input beschreibt. Hiermit wird eine Beurteilung der Wirtschaftlichkeit des Verwaltungshandelns ermöglicht.[93]

## 2.4.2 Kundenorientierung

Ein weiteres strategisches Reformziel ist die Stärkung der Kundenorientierung in den öffentlichen Verwaltungen. Demnach sollen die Probleme, Wünsche und Bedürfnisse aktueller und potenzieller Kunden am Anfang der Überlegungen stehen nicht so sehr die Produkte der Verwaltung.[94] Die Gründe dafür liegen in den zunehmenden Vergleichen der Behörden mit privatwirtschaftlichen Dienstleistungsunternehmen hinsichtlich Kosten, Qualität und Service, da sich die Bürger gegenüber staatlichen Institutionen nicht mehr nur als „Bittsteller" sehen. Durch die Vergleiche ist ein gewisser Legitimationsdruck entstanden, der sich in einer zunehmenden „Verwaltungsverdrossenheit" der Bürger zeigt.[95]

Im Verwaltungsmanagement wird der Begriff „Kundenorientierung" häufig mit dem Begriff der „Bürgerorientierung" gleichgesetzt. Es ist allerdings zu beachten, dass sich hinter den Begriffen eine leicht unterschiedliche Schwerpunktsetzung des Zieles verbirgt. Die *Bürger* sind die indirekten Auftraggeber der staatlichen Leistungserstellung, während die *Kunden* nur die reinen Leistungsempfänger sind.[96] Dabei kann der Begriff des Kunden für die Verwaltung nicht ohne weiteres aus der Privatwirtschaft übertragen werden. Denn ein Verwaltungskunde kann nicht einfach den Anbieter wechseln, hat oftmals kein Wahlrecht, ob er eine Leistung beziehen möchte oder nicht, und unterliegt während des Dienstleistungsprozesses bisweilen unterschiedlichen Restriktio-

---

[91]   Vgl. Schedler, K./Proeller, I. (2006), S. 72; Sander, L./Langer, C. (2004), S. 91.
[92]   Zu den Begriffen der Effektivität und Effizienz im öffentlichen Sektor ausführlich im Kapitel 4.4.1.
[93]   Vgl. Eichhorn, P. (2001), S. 414 f.
[94]   Vgl. Schindera, F. (2001), S. 4.
[95]   Vgl. Vogel, R. (2006), S. 451; Klausegger, C./Scharitzer, D. (2000), S. 281 ff.
[96]   Vgl. Hill, H. (2000), S. 1; Schedler, K./Proeller, I. (2006), S. 68 f.

nen.[97] Es wird einfacher, die privatwirtschaftliche Kundensicht einzunehmen und die Austauschbeziehungen zu identifizieren, je weiter man sich vom protektiven dem produktiven Staat nähert.[98] KLINGEBIEL unterscheidet hinsichtlich Marktnähe und damit Relevanz der Kundenzufriedenheit drei verschiedene Kundengruppen der öffentlichen Verwaltung: die *Konsumenten* (bspw. Nutzer öffentlicher Einrichtungen), die *Klienten* als nicht gleichberechtigte Partner der Verwaltung (bspw. Steuerpflichtiger gegenüber dem Finanzamt) und die *Anspruchsberechtigten/-verpflichteten* (bspw. Strafgefangene).[99] Zudem kann der Kundenbegriff auch noch um die internen Kunden erweitert werden, also jene Verwaltungseinheiten, die auf Vorleistungen anderer Behörden angewiesen sind.[100]

Mit der Ausrichtung des Verwaltungshandelns auf die Kunden sind verschiedene Ansprüche verbunden. So ist der Bürger als Kunde möglichst frühzeitig und weitreichend in die Abläufe und die Entscheidungen der Verwaltung einzubeziehen (*Partizipation*), um damit eine verbesserte Ausrichtung der Verwaltungsleistungen auf den Bürger zu erreichen.[101] Die Erhöhung der *Transparenz* in den Augen der Bürger ist ebenfalls ein wesentliches Ziel der Kundenorientierung. Dabei geht es sowohl um die Rechenschaft darüber, was man als Behörde mit den zugewiesenen Ressourcen geleistet hat, als auch um die Zuweisung von direkten Verantwortlichkeiten. Auch der zunehmende *Service* ist ein wesentliches Element. Dieser zeigt sich in der verbesserten Ausrichtung auf die Bedürfnisse der Bürger als Kunden. Erreicht werden kann dies durch verlängerte Öffnungs- und verkürzte Wartezeiten, eine zunehmende Kunden-Freundlichkeit und die Bereitstellung neuer Kommunikations-Möglichkeiten wie das E-Government[102].[103]

All diese Maßnahmen bauen Vorurteile gegenüber den Behörden und dem Staat ab, führen zu besser nachvollziehbaren Entscheidungen und verringern somit die Legitimationslücke[104]. Die Orientierung an Kundenbedürfnissen in allen Phasen der Erstellung von öffentlichen Leistungen kann nicht genug betont werden. Dazu müssen allerdings die Bedürfnisse von Bürgerinnen und Bürger genau erkannt werden. Es darf nicht nur auf die möglichst günstige Bereitstellung von Gütern geachtet werden, son-

---

[97]  Vgl. Felix, J. (2003), S. 53; Paratsch, F./Theymann, W. (2002), S. 18.

[98]  Vgl. Borins, S./Grüning, G. (1998), S. 43.

[99]  Vgl. Klingebiel, N. (1997), S. 633 f.

[100] Wenn im Weiteren vom Begriff „Kunde" die Rede ist, sollen damit neben allen drei externen Kundentypen auch der interne Typ gemeint sein.

[101] Vgl. Pede, L. (1999), S. 31; Reichard, C./Röber, M. (2001), S. 374.

[102] Vgl. dazu ausführlich in Kapitel 4.5.19.

[103] Vgl. Pinkwart, A. (2000), S. 48.

[104] Diese Lücke entsteht, weil die Bürger zunehmende Ansprüche an die Verwaltung haben und die Institutionen weitgehend nicht in der Lage sind, nachzuweisen, dass die erbrachten Verwaltungsleistung tatsächlich ihr Geld wert sind. Vgl. dazu Jann, W. (2005), S. 75. Eine vertiefte Auseinandersetzung mit dem allgemeinen Legitimationsbegriff liefert bspw. Czybulka, D. (1989), S. 57 ff.

dem der Kunde kann auch genutzt werden, um das Dienstleistungsangebot und die
-ausgestaltung sowie die wahrgenommene Qualität der erbrachten Leistungen zu überprüfen.[105] Somit ersetzt das marktwirtschaftlich geprägte Kundenmodell nicht das
staatliche Bürgermodell mit seinen öffentlichen Bedürfnissen, sondern ergänzt dies
nur.[106] Es ist jedoch zu beachten, dass der Begriff der Kundenorientierung inhaltlich
unscharf und unklar ist, deshalb sollte die Verwaltungsführung gemeinsam mit den
Mitarbeitern definieren, welches Verständnis angebracht und erwünscht ist.[107] Besonders schwierig ist dies, wenn eine sehr heterogene Kundenstruktur vorliegt und im
Prinzip alle Beteiligten entsprechend Berücksichtigung finden müssen.[108] Darüber hinaus ist zu beachten, dass die Kundenorientierung häufig konfliktär zu anderen
Grundsätzen (Rechtsstaatlichkeit, Gleichheitsgrundsatz oder Wirtschaftlichkeit) steht.
Diese Grundsätze bilden den Rahmen, der bei der Konzipierung von Modernisie-
rungsprojekten berücksichtigt werden muss.[109]

Das strategische Ziel der Kundenausrichtung stärkt die Außenorientierung der Organisation und ist insgesamt gesehen weniger ein umfassendes Theorieelement, sondern
vielmehr ein Konstrukt, mit dem die öffentlichen Leistungen verbessert werden sollen.[110] Daher ist z.B. auch der Begriff der „Kunden in der Verwaltung" nicht so sehr im
strengen Wortsinn auszulegen, sondern vielmehr als „Interpretationsofferte zu verstehen, die wünschenswerte Veränderungen aufzeigt".[111]

### 2.4.3 Qualitätsorientierung

Traditionell wird der Begriff Qualität[112] im öffentlichen Dienst vor allem mit Rechts-
und Ordnungsmäßigkeit gleichgesetzt. Damit wird angestrebt, allen Bürgern die glei-
chen Rechte und Leistungen zu bieten. Neben der Definition der Leistungen werden
durch Verfahrensvorschriften auch der Leistungserstellungsprozess, die Zuständigkeiten und die Verantwortlichkeiten geregelt. Jedoch sind die Anforderungen an die Qualität, die die Verwaltungen erfüllen müssen, größer geworden. Das liegt zum einen
daran, dass die Anzahl der Gesetze und Vorordnungen deutlich zugenommen hat,
womit ihre Anwendung oftmals nur noch selektiv erfolgen kann. Zum anderen wurden

---

[105] Vgl. Schedler, K./Proeller, I. (2006), S. 70; Ösze, D. (2000), S. 99.
[106] Vgl. Felix, J. (2003), S. 52 f.
[107] Vgl. Schedler, K./Proeller, I. (2006), S. 71.
[108] Vgl. Heiß, H.-J. (2000), S. 203.
[109] Vgl. Richter, M. (2000), S. 27.
[110] Vgl. Ösze, D. (2000), S. 98 f.
[111] Vogel, R. (2006), S. 451.
[112] Gem. ISO 9000 bedeutet Qualität das Erfüllen von Erwartungen und Erfordernissen. Siehe dazu
     Kapitel 4.5.14.

auch die Probleme und Interessen der Gesellschaft deutlich komplexer. Eine zentrale rechtliche Lösung, die alle Beteiligten zufrieden stellt, ist daher kaum noch möglich.[113]

Die Qualitätsorientierung wird oftmals synonym mit dem zuvor erläuterten Begriff der Kundenorientierung verwendet. Dahinter steckt die Idee, dass von den *Kunden* und ihrer Zufriedenheit die notwenigen Impulse für Qualitätsverbesserungen der Verwaltung ausgehen. Um jedoch eine verbesserte Leistungserstellung nachhaltig zu erreichen, müssen auch die Rahmenbedingungen der Verwaltungsorganisation sowie die Optimierung der internen Vorgehensweisen und Strukturen selber Gegenstand der Modernisierung werden.[114] Neben den Dimensionen der Kunden und der *internen Prozesse* gibt es noch weitere Qualitätsaspekte, die für öffentliche Verwaltungen relevant sind und die zueinander in einem gewissen Spannungsverhältnis stehen.[115] Gemäß der *produkt*bezogenen Dimension zeigt sich die Qualität in verschiedenen Ausgestaltungsformen des Produktes, in den Standards der Erfüllung und ggf. in den damit zusammenhängenden Zusatzleistungen. Die *wert*bezogene Qualität beurteilt eine Leistung danach, ob sie ihren Preis wert ist. Messen lässt sich dies bspw. mit dem Kosten-Wirkungs-Verhältnis oder dem Kosten-Leistungs-Verhältnis (Effizienz). Die letzte Qualitätsdimension ist die *politische*, diese schätzt die Leistung nach ihrem Nutzen für die Politik ein. Häufig geht es dabei um die Frage nach dem sachlichen oder sozialen Nutzen für die Gesellschaft. In dem Zusammenhang wird oft von der Angemessenheit staatlicher Maßnahmen gesprochen. Durch eine zunehmende Qualitätsorientierung soll der Blick also sowohl auf den horizontalen Leistungserstellungsprozess wie auch auf die Ergebnisqualität der erstellten Leistungen gerichtet werden.[116] Demnach beinhaltet die Qualität Fragen zur Effektivität, Effizienz und zur Angemessenheit von staatlichen Leistungen.

Mit der Ausrichtung nach Qualitätsmaßstäben verpflichtet sich eine Organisation zu einem kontinuierlichen Prozess der Verbesserung und ist damit nicht mehr mit dem einmal erreichten Qualitätsniveau und dessen zukünftiger Sicherung zufrieden. Wichtig im Zusammenhang mit einer zunehmenden Qualitätssichtweise von Behörden ist es, übergreifende Ziele zu definieren, an denen sich die Mitarbeiter bei ihrem Handeln orientieren können. Selbstbewertungsinstrumente[117] betonen die Rolle der Mitarbeiter und deren Führung. Damit lassen sich Schwachstellen und wesentliche Ansatzpunkte innerhalb der Verwaltung erkennen. Die kreativen Potenziale der Angestellten können

---

[113]  Vgl. Bademer, S. von (2005), S. 452.
[114]  Dazu gehört auch das Ausmaß der Sicherheit der Prozesse (zur Vermeidung von Fehlern). Vgl. Schedler, K./Proeller, I. (2006), S. 77.
[115]  Vgl. hierzu und im Folgenden Oppen, M. (1995), S. 43 ff.; Schedler, K./Proeller, I. (2006), S. 77 f.
[116]  Vgl. Ösze, D. (2000), S. 61 f.
[117]  Selbstbewertungsinstrumente im öffentlichen Sektor sind bspw. das EFQM und das CAF. Vgl. dazu Kapitel 4.5.14.

zur Ideenfindung und Problemlösung genutzt werden. Ergänzend dazu ist es wichtig, den Beschäftigten genügend Raum für Individualität zu lassen und keine zu strikten Vorgaben zu machen.[118]

Bislang ist die Qualitätsorientierung im Modernisierungsprozess immer noch von zwei Extremansätzen geprägt. Auf der einen Seite wird der *Kundennutzen* und dessen Umsetzung in den Mittelpunkt gestellt; hier dient das Qualitätsbewusstsein oftmals als Akzeptanzschaffung der Verwaltung gegenüber dem Bürger. Auf der anderen Seite wird der *organisationsinterne Erstellungsprozess* einer Leistung als wichtigstes Qualitätsmerkmal gesehen. [119] Wie zuvor gezeigt, ist allerdings ein ganzheitliches Qualitätsmanagement wünschenswert, das neben den Kunden und den internen Prozessen auch die übergreifende Strategie, die Führungskultur und die Mitarbeiter berücksichtigt.

## 2.4.4  Wettbewerbsorientierung

Die öffentliche Verwaltung bewegt sich weitgehend in einem monopolistischen Markt, in dem wettbewerbliche Steuerungsmechanismen fehlen. Unabhängig von der Qualifikation des Personals fördert der bislang mangelnde Wettbewerb eine stärkere Ausrichtung an den behördlichen Interessen als an denen der Kunden. Zudem ändern die bisher beschriebenen strategischen Ziele (Leistungs-/Wirkungs-, Kunden- und Qualitätsorientierung), obwohl sie einen wesentlichen Beitrag zur Neuausrichtung der Verwaltung beitragen, nichts an der Monopolsituation der Verwaltung.[120] Die Verwaltungsmodernisierung kennzeichnet sich daher auch durch einen systematischen Einbezug des Wettbewerbsgedankens in alle Bereiche der staatlichen Tätigkeit, um damit eine Erhöhung der Effizienz, Produktivität, Flexibilität und Transparenz öffentlicher Leistungserstellung zu erzielen sowie ein unterstützendes Klima für Reformen und besseres Management zu schaffen.[121]

Dem Wettbewerb werden allgemein drei Funktionen zugeschrieben, die ihn als höchst vorteilhaft im Zuge der Modernisierung erscheinen lassen. Als erstes die *Allokationsfunktion*. Der Wettbewerbsgedanke führt demnach zu einem optimalen Einsatz der ökonomischen Ressourcen, bei dem die Präferenzen der Produzenten und der Nachfrager optimal zur Geltung kommen. Darüber hinaus erfüllt der Wettbewerb auch eine *Innovationsfunktion*. Diese führt zu Produktivitäts-, Qualitäts- oder Innovationseffek-

---

[118]  Vgl. Hopp, H./Göbel, A. (1999), S. 30.
[119]  Vgl. Schedler, K./Proeller, I. (2006), S. 80.
[120]  Vgl. Adamaschek, B. (1997), S. 25.
[121]  Vgl. Borins, S./Grüning, G. (1998), S. 28.

ten in allen Bereichen und Phasen der Güter- und Dienstleistungserstellung, um im Vergleich mit anderen bestehen zu können. Der dritte Aspekt ist die *Verteilungsfunktion*. Wettbewerb sichert ökonomisch leistungsgerechte Einkommen und beugt der Entstehung von Monopolen und Kartellen vor.[122]

Zwischen den beiden Polen des Wettbewerbs, der Eigenerstellung von Leistungen weitgehend ohne Wettbewerbselemente und der Privatisierung ganzer Leistungsbereiche gibt es noch eine Reihe unterschiedlicher Wettbewerbsvarianten.[123] Grundsätzlich lassen sich beim Wettbewerb die faktische und die virtuelle Form unterscheiden.[124] Bei der *faktischen* Variante wird der Wettbewerb aus Teilnehmerperspektive gesehen. Mehrere Akteure verhalten sich wie Konkurrenten und können sich dem Wettbewerbsumfeld nicht straflos entziehen, was letztlich zum Ausscheiden vom Markt führen kann. Die faktischen Formen lassen sich in drei Wettbewerbsausprägungen unterteilen: privatwirtschaftliche Wettbewerbsmärkte mit der Übertragung ehemals öffentlich wahrgenommener Aufgaben, Quasi-Wettbewerb[125] durch interne Leistungs- und Servicevereinbarungen und Ausschreibungswettbewerbe mit der Vergabe von Einzelaufgaben. Dem gegenüber stehen *virtuelle* Wettbewerbe, die sich durch den Vergleich von Daten, Abläufen und institutionellen Lösungen samt Bewertungen nach möglichst einheitlichen Leistungs- und Wertmaßstäben auszeichnen. Aus diesem nicht-marktlichen Wettbewerb sollen sich ebenso Anreize zur Verbesserung ergeben. Allerdings erfolgt bei diesen Formen auch bei suboptimalen Leistungen kein Ausscheiden vom Markt. Hier können ebenfalls drei Ausprägungen unterschieden werden: die Wettstreit-Elemente mit Prämierungen von „Höchst"-Leistungen, das systematische Benchmarking als organisierter Leistungsvergleich mit einem Lernen von den Besten und Kosten- und Leistungsvergleiche anhand spezifischer Kennziffern.

Die Effizienzergebnisse durch den virtuellen sind allerdings nicht ganz vergleichbar mit den Ergebnissen des faktischen Wettbewerbes. Gerade Aufgabenfelder mit hoheitlicher Prägung stehen der Einführung von echtem Wettbewerb entgegen. In diesem Fall bietet sich insbesondere das Benchmarking an. Dieser Leistungsvergleich erzeugt auch ohne echte Marktsituation einen Konkurrenzdruck und damit erhebliche Erkenntnisgewinne für mehr Wirtschaftlichkeit und eine bessere Leistungserstellung,

---

[122] Vgl. Nullmeier, F. (2005), S. 108.
[123] Vgl. Ösze, D. (2000), S. 68 f.
[124] Vgl. hierzu und im Folgenden: Nullmeier, F. (2005), S. 111; Busch, V. (2005), S. 63 f.
[125] Hierunter wird die Existenz von Wettbewerbsbedingungen innerhalb der öffentlichen Verwaltung durch Wettbewerbssurrogate verstanden, ohne dass dabei direkt auf Angebote des privatwirtschaftlichen Sektors zurückgegriffen wird. Der Quasi-Wettbewerb kann in die quasi-marktliche und die nicht-marktliche Variante unterteilt werden, wobei letztere eher dem virtuellen Wettbewerb zuzuordnen ist. Vgl. dazu Kapitel 2.4.4 und Busch, V. (2005), S. 83.

speziell, wenn die ermittelten Ergebnisse auch öffentlich bekannt gegeben werden.[126] Hingegen lösen formelle Privatisierungen[127] oder Änderungen der Rechtsform alleine noch keinen selbstregulierenden Wettbewerb aus, dazu bedarf es eines funktionierenden, dauerhaften Wettbewerbs, der dann zu mehr Effizienz und Effektivität führt. Dieser beinhaltet neben den externen Voraussetzungen auch noch interne, wie den Einbezug der Mitarbeiter oder behördeninterne Umstrukturierungen.[128]

Im Zuge einer zunehmenden Marktorientierung wird häufig vom modernen Staat als *Gewährleistungsstaat* gesprochen. Dabei konzentriert sich die öffentliche Hand auf die Steuerung von als öffentlich angesehenen Aufgaben, aber nicht unbedingt auch auf deren Erbringung. Durch dieses veränderte Rollenverständnis ergeben sich eine Reihe neuer Möglichkeiten der Zusammenarbeit von Staat und nicht-staatlichen Einrichtungen (bspw. durch Netzwerke und Partnerschaften).[129] Die Leistungserstellung wird eingeschränkt und konzentriert sich vor allem auf Aufgaben im Kernbereich der öffentlichen Verantwortung. Damit soll die höchste Bedürfnisbefriedigung bei einer wirtschaftlichen Erstellung erreicht werden, ohne dass diese durch Regulierungen des Staates erzwungen wird.[130]

### 2.4.5 Mitarbeiterorientierung

Mit der Abkehr von bürokratischen Strukturen und der Hinwendung zu unternehmensähnlichen Steuerungsmechanismen geht auch ein Aufgaben- und Funktionswandel bei den Mitarbeitern der öffentlichen Verwaltung einher, der neuartige Anforderungen an die Personalwirtschaft stellt.[131] Trotz der hohen Personalintensität liegt das größte Defizit im Führungsinstrumentarium des öffentlichen Dienstes immer noch im Bereich des Personalmanagements. Dies wird besonders im Vergleich mit „gut geführten" privatwirtschaftlichen Organisationen deutlich. Im Zuge der Verwaltungsmodernisierung sind daher die Mitarbeiter weniger als Kostenfaktor, sondern vielmehr als strategische Ressource anzusehen und einzusetzen, in der ein immenses Potenzial liegt.[132] Bislang

---

[126] Vgl. Vogel, R. (2006), S. 449; Banner, G. (1994), S. 8.
[127] Die Wettbewerbsorientierung ist auch geeignet, eine Privatisierungsdiskussion zu versachlichen. Dazu muss eine Behörde ermitteln, ob sie ihr erzeugtes Leistungen kosten, die sie auf dem Markt anbieten will. Wenn sie dann im Wettbewerb mit anderen Anbietern nicht konkurrenzfähig erscheint und wenig Chancen auf Produktivitätssteigerungen zu erwarten sind, sollte über Privatisierungen dieser Leistungen nachgedacht werden. Vgl. Banner, G. (1997), S. 29.
[128] Vgl. Musil, A. (2005), S. 26.
[129] Hierbei können insbesondere Public Private Partnership-Modelle (PPP) genannt werden Vgl. Ziekow, J./Windoffer, A. (2007).
[130] Vgl. Schedler, K./Proeller, I. (2006), S. 111.
[131] Vgl. Vogel, R. (2006), S. 453.
[132] Vgl. Naschold, F./Bogumil, J. (1998), S. 91 f.

besteht allerdings im Personalbereich oftmals noch das Problem der sog. *Rationalisierungsfalle*. Durch den Druck der Haushaltskonsolidierung werden die Reformansätze zur Haushaltssanierung genutzt, aber nicht für Verbesserungen der Mitarbeiterfortbildung oder für die materielle Ausstattung der Arbeitsplätze. Daraus entsteht ein sinkendes Vertrauen der Verwaltungsmitarbeiter in den Modernisierungsansatz und damit eine abnehmende Bereitschaft zur aktiven Mitwirkung an den Verwaltungsreformen.[133]

Zunehmend hat sich allerdings die Erkenntnis durchgesetzt, dass Verwaltungsreformen nicht nur „von oben" durchsetzbar sind, sondern eine Organisationsentwicklung innerhalb der einzelnen Behörden benötigt wird. Um eine größere Bürgerfreundlichkeit, eine verbesserte Qualität, mehr Effizienz und Effektivität zu erzielen, reicht es nicht aus, nur entsprechende Konzepte zu verabschieden, sondern diese Ziele lassen sich nur durch ein aktives Engagement und eigenverantwortliches Handeln der Beschäftigten konkretisieren und erreichen.[134] Dazu ist es zum einen wichtig, die Mitarbeiter für die Verwaltungsmodernisierung entsprechend zu qualifizieren, um sie auf die veränderten Aufgaben ausreichend vorzubereiten und die Vorteile der Reformen aufzuzeigen, um damit das Beharrungsvermögen zu durchbrechen. Zum anderen ergänzen Veränderungen der internen Arbeitsweise und der Verwaltungsstruktur die Reform.[135]

Die dafür notwendigen Modelle sind weitgehend der betriebswirtschaftlichen Theorie entnommen. Wesentliche Komponenten sind das Führen durch Zielvorgaben (Management by Objectives[136]). Aber auch die gesteigerte Übernahme von Verantwortung für Arbeitsaufgaben und für die Bereitstellung der dazu notwendigen Geldmittel (dezentrale Ressourcenverantwortung) stellt neben der Einführung leistungsorientierter Entgeltsysteme[137] einen wesentlichen Teil der modernen Mitarbeiterführung dar. Durch diese Maßnahmen sollen Effizienzgewinne realisiert werden, weil die Entscheidungswege kürzer werden und die Eigenverantwortung sowie die Motivation der Mitarbeiter gesteigert werden. Die Aneignung neuer Führungstechniken, der Einsatz von zeitgemäßen Informationssystemen[138] und die zunehmende strategische Arbeitsweise sind insbesondere für Führungskräfte relevant.[139] Durch personalwirtschaftliche Programme soll demnach eine vermehrte Orientierung an den Wünschen und Bedürfnissen der Mitarbeiter sowie deren aktive Beteiligung ins Zentrum der Modernisierung gerückt

---

[133] Vgl. Pinkwart, A. (2000), S. 50.
[134] Vgl. Stöbe-Blossey, S. (2005), S. 281.
[135] Vgl. Reichard, C. (2005), S. 231 f.
[136] Vgl. dazu ausführlich Adam, D. (1996), S. 144.
[137] Vgl. dazu stellvertretend Ridder, H.-G. (2005), S. 270.
[138] Zur Ausgestaltung eines Informationssystems mit Kennzahlen zur Mitarbeiterorientierung als strategisches Ziel vgl. Neubach, B. et al. (2001), S. 350 ff.
[139] Vgl. Bachmann, P. (2004), S. 31; Stöbe-Blossey, S. (2005), S. 281.

werden, auch um damit der abnehmenden Konkurrenzfähigkeit der öffentlichen Institutionen im Wettbewerb um qualifizierte Nachwuchskräfte entgegenzuwirken. Dabei
ist zu beachten, dass die verstärkte Mitarbeiterorientierung große Überschneidungen
mit anderen strategischen Zielbereichen hat; denn nur die Mitarbeiter können durch
ein verändertes Verhalten die ehrgeizigen Ziele im Behördenalltag umsetzen.[140] Vor
allem die verstärkte Qualitäts- und Kundenorientierung lässt sich nur durch qualifizierte und engagierte Mitarbeiter umsetzen.

## 2.5 Umsetzungsstand

Mit der Entwicklung des Neuen Steuerungsmodells durch die KGSt begann Anfang
der 90er auch die veränderte Ausrichtung des öffentlichen Sektors in Deutschland.
Jedoch begannen die Reformen im Vergleich zum Ausland mit einiger zeitlicher Ver-
spätung. Die Gründe lagen insbesondere in der hierzulande erst später einsetzenden
wirtschafts- und finanzpolitischen Krisenentwicklung und zudem in der Wiederverei-
nigung, die erhebliche politisch-administrative Kräfte in Anspruch nahm und darüber
hinaus die herkömmlichen Strukturen auf die neuen Bundesländer übertrug und so zu
deren Bewahrung beitrug. Ferner herrschte vielfach eine Reformmüdigkeit, die auf
erhebliche, aber doch unergiebige Modernisierungsbestrebungen in den 70er Jahren
zurückzuführen ist.[141] Im Weiteren sollen zunächst für mehrere ausländische Staaten
die wesentlichen Reformschwerpunkte aufgezeigt werden. Daran schließt sich eine
Betrachtung der Verwaltungsmodernisierung im Inland an. Hier wird zwischen Bund,
Ländern und Kommunen differenziert. Der Schwerpunkt soll auf der inländischen
Umsetzung und hier, entsprechend der geplanten Evaluation der Landesverwaltung
NRW, auf einer aktuellen Analyse verschiedener Reformaktivitäten in ausgewählten
Bundesländern liegen.[142]

### 2.5.1 Ausland

In den 90er Jahren haben Reformen die internationale Verwaltungslandschaft geprägt.
Als führend in Bezug auf die Verwaltungsmodernisierung wird *Neuseeland* angesehen.
Hier hielt man sich besonders konsequent an die Konzeptlogik des NPM, da die Regie-

---

[140]  Vgl. Palm, H. (2005), S. 297.
[141]  Vgl. Damkowski, W./Precht, C. (1998), S. 16 f. Siehe dazu auch Kapitel 2.2.
[142]  In der Betrachtung des Umsetzungsstandes werden die verschiedenen Instrumente nur genannt.
       Eine genauere Beschreibung und eine Analyse der damit verfolgten Ziele findet in Kapitel 4.5
       statt.

rung im staatlichen Sektor selber das eigentliche Hauptproblem sah.[143] Das Umsetzungsspektrum war von Beginn an sehr umfassend und galt sowohl für die kommunale als auch für die staatliche Ebene. Privatwirtschaftliche Strukturen, neuzeitliche Steuerungsmodelle und eine rigide Auslagerung von Aufgaben wurden seit Anfang der 80er Jahre umgesetzt.[144] Dabei gelang der Regierung durch eine Priorisierung der Reform die rasche Ablösung der bislang input-orientierten durch eine output-orientierte Steuerung, ohne dabei die Grundprinzipien wie die Rechtsgebundenheit oder die Gleichbehandlung zu vernachlässigen. Dazu wurde die politische Exekutive vom ausführenden administrativen System getrennt, um den Führungskräften mehr Freiheiten für eine wirtschaftlichere Leistungserstellung zu gewähren und für die politische Ebene eine verbesserte Steuerungsfähigkeit zu erreichen.[145] Diese Steuerung wird über „Statements of Intent" erreicht, nach denen die Ministerien mehrjährige strategische Ziele vorgeben und die operativen, weitgehend unabhängigen Einheiten diese in eigener Verantwortung ausführen.[146] Darüber hinaus wurde ein flexibleres Personalmanagement und ein kaufmännisches Rechnungswesen eingeführt, sowie eine stärkere direkte Beteiligung der Bürger durchgesetzt. Seit 2001/2002 wird unter dem Programm des „Management for Outcome" auch die wirkungsorientierte Steuerungsfähigkeit in Neuseeland vorangetrieben.[147]

Bereits seit den 70er Jahren laufen unterschiedliche Reformprojekte in den *USA*, zunächst vor allem auf kommunaler Ebene mit dem Ziel der Erhöhung von Produktivität und Effizienz.[148] Die Ansätze dazu lagen vor allem in der Intensivierung des Wettbewerbs mit dem privaten Sektor und der daraus entstehenden Vergabe öffentlicher Dienstleistungen an privatwirtschaftliche Unternehmen zudem in der erstmaligen Definition von Zielen für das kommunale Verwaltungshandeln.[149] Seit 1993 besteht auf Bundesebene das *National Performance Review* (NPR). Es wurde hauptsächlich von Al Gore initiiert und steht unter dem Motto „works better, costs less".[150] Verstärkt werden damit qualitative Verbesserungen mittels Leistungsmessung und Qualitätsmanagement sowie eine stärkere Bürgerorientierung in den Mittelpunkt gerückt. Aber auch in den USA traditionell wichtige Aspekte wie eine zunehmende Vernetzung mit

---

[143] Das wesentliche Ziel war daher die Implementierung eines Informationssystems, um die notwendige Transparenz über wesentliche Kostentreiber der Leistungserstellung und die Leistungsergebnisse zu erhalten. Vgl. Speier-Werner, P. (2006), S. 302.

[144] Vgl. Reichard, C. (1994), S. 26.

[145] Vgl. Matheson, A./Scanlan, G./Tanner, R. (1999), S. 86 f.

[146] Vgl. Kibblewhite, A./Ussher, C. (2002), S. 89.

[147] Vgl. Speier-Werner, P. (2006), S. 302.

[148] Ursächlich dafür war die Politik von Ronald Reagan, der mit dem Dezentralisierungsprogramm „*New Federalism*" Bundesgelder für die Kommunen kürzte und ihnen zusätzlich Bundesaufgaben übertrug. Vgl. Borins, S./Grüning, G. (1998), S. 13.

[149] Vgl. Buchholtz, K. (2001), S. 515. Diese Modelle orientierten sich häufig am „Reinventing Government"-Konzept. Vgl. dazu Osborne, D./Gaebler, T. (1993).

[150] Vgl. Kettl, D. (2000), S. 16.

der Privatwirtschaft, das „Downsizing" des Regierungsapparats und die Einführung
von modernen Managementmethoden werden durch das NPR betont.[151] Eine strategische, ergebnisorientierte Planung[152] auf Bundesebene soll durch die Verbindung von
finanziellen Ressourcen und den damit erreichten Ergebnissen erreicht werden, sowie
durch den Einsatz von Planungs- und Reporting-Systemen. Zunehmend fließen auch
Wirkungen in die Betrachtung ein.[153] Da auf kommunaler  Ebene kein staatlicher
Zwang zur Umsetzung bestimmter Reformkonzepte besteht, sind die in den Kommunen eingeführten Konzepte und der Umsetzungsstand nach wie vor sehr heterogen.[154]

Radikal waren auch die Reformen in *Großbritannien*. Mit Beginn der Regierung That-
cher im Jahr 1979 hat es erhebliche Reforminitiativen gegeben. Diese betrafen vor allem die Schwächung des kommunalen Sektors, in dem die Kernstruktur des Wohl-
fahrtstaates gesehen wurde. Wesentliche Ziele waren ein schlanker Staat, Kostensen-
kung, Marktliberalisierung, Wettbewerb und Privatisierung.[155] Maßgebliches Element
war das Konzept des *Compulsory Competetive Tendering (CCT)*, mit dem Kommunen
verpflichtet wurden, ihre Aufgaben in wettbewerbsorientierten Ausschreibungen zu
vergeben. Zunehmend erfolgte in diesem Zusammenhang auch die Gründung von
Agenturen, mit denen eine rationalere Verteilung der Ressourcen über interne Verträge
und objektive Leistungskriterien angestrebt wird.[156] Durch die Agenturen hat sich auch
ein immer größeres System des Benchmarking zwischen den Kommunen entwickelt,
bei dem die Ergebnisse landesweit von einer *Audit Commission* veröffentlicht werden.[157] Weiterhin wird bei der Verwaltungsmodernisierung in Großbritannien besonderer Wert auf die Beteiligung der Bürger (*Citizen Charter*) und auf eine leistungsabhän-
gige Entlohnung der Beschäftigten gelegt. Den erzielten beachtlichen Effizienzgewinnen standen teilweise Verschlechterungen bei der Qualität und der Steuerungsfähigkeit
gegenüber. Dies soll nun über eine stärkere strategische Ausrichtung und eine zunehmende Wirkungsorientierung erreicht werden.[158]

---

[151] Vgl. Schedler, K./Proeller, I. (2000), S. 271.
[152] Bei der Planung sollen zwar Stakeholder (Mitarbeiter, Kongress und seine Kommission) einbezo-
    gen werden, auf die Vorgabe von Zielen und das Abschließen von Kontrakten zwischen Institutio-
    nen wird allerdings weitgehend verzichtet. Vgl. Proeller, I. (2006), S. 18.
[153] Dazu wurden 1997 die Erfordernisse und Informationen des "Government Performance and Re-
    sults Act" erstmals allen Verwaltungseinheiten bereitgestellt. Siehe dazu ausführlicher: Proeller, I.
    (2006), S. 18 ff.
[154] Vgl. Buchholtz, K. (2001), S. 516.
[155] Vgl. Wollmann, H. (2004), S. 38.
[156] Vgl. Buchholtz, K. (2001), S. 516.
[157] Vgl. Cowper, J./Samuels, M. (1997), S. 9 ff.
[158] Das soll durch die beiden Kernelemente Joined-up Government-Programm (JUG) und Public Ser-
    vice Agreements (PSA) erreicht werden. Vgl. Proeller, I. (2006), S. 11 ff. sowie Ellis, K./Mitchell,
    S. (2002), S. 111 ff.

Ende der 80er begannen auch die *Niederlande* mit Reformen der öffentlichen Verwaltung, die dem Themengebiet des NPM zugeschrieben werden können. Dieses wurde auf zentralstaatlicher und auf kommunaler Ebene durchgeführt. Im Gegensatz zu den zuvor erläuterten Beispielen wurde die Reform hier eher langsam, konsensual und in kleinen Schritten eingeführt.[159] Die wesentlichen Probleme lagen in vielfältigen organisatorischen Problemen des Bürokratiemodells, die zu einem Ressortegoismus, zu viel Detailsteuerung der Politik, einer geringen Flexibilität und wenig Leistungsorientierung führten. Darüber hinaus waren die finanziellen Mittel knapp und die Bürger mit der Verwaltung unzufrieden. Zur Lösung wurden eine starke Dienstleistungsorientierung und ein ergebnisorientiertes Kontraktmanagement eingeführt. Den oftmals selbstständigen Fachbereichen wurden so weitreichende Freiräume in personellen, organisatorischen und finanziellen Angelegenheiten eingeräumt; die zentralen Einheiten legen in einem Verhandlungsprozess lediglich die Aufgaben und die dafür zur Verfügung stehenden Mittel fest.[160] Während in der 90ern der Schwerpunkt auf einer größeren Effizienz und einer starken Aufgabenkritik lag, rücken seitdem Effektivitäts- und Wirksamkeitsüberlegungen in den Mittelpunkt. Diese beziehen sich vor allem auf die Ministerien, die zentrale politische Handlungsfelder definieren müssen und die anschließend durch Wirkungsindikatoren überprüft werden.[161]

Das Verwaltungssystem in *Frankreich* zeichnet sich traditionell durch einen ausgeprägten Zentralismus aus. Auch wenn es durchaus Ansätze zu einer stärkeren Dezentralisierung gab, blieben diese überwiegend Stückwerk. Dennoch gab es zahlreiche Bürgermeister, die ab Mitte der 80er anfingen, die Städte wie Unternehmen zu führen (*villes entrepreneuriales*), Instrumente der Leistungsmessung und das Benchmarking zu implementieren sowie Aufgaben an Private auszulagern.[162] Auf staatlicher Ebene gab es lange Zeit nur wenige übergreifende Gesamtstrategien, sondern häufig nur Einzellösungen für spezielle Ministerien. Zudem wurden zwar viele Reformen begonnen, aber nur selten auch zu Ende gebracht.[163] Im Jahr 2001 wurde eine tiefgreifende Verfassungsänderung beschlossen. Danach wird das Budget in Zukunft nur noch nach Programmen strukturiert. Die Zielerreichung soll mit Leistungs- und Wirkungsindikatoren beurteilt werden. Durch diese größere Transparenz erhofft man sich in Zukunft eine verbesserte Steuerungsfähigkeit für das Parlament.[164]

---

[159] Vgl. Speier-Werner, P. (2006), S. 283 f.; Zimmermann, F. (2006), S. 364.
[160] Vgl. Buchholtz, K. (2001), S. 530.
[161] Grundlage für die Jahresberichte war der „From Policy Budget to Policy Accounting (VBTB)"-Bericht des Parlaments im Jahr 1998; übergreifend umgesetzt wurde dieser erstmalig 2002. Vgl. Kristensen, J./Groszyk, W./Bühler, B. (2002), S. 23; Speier-Werner, P. (2006), S. 283 f.
[162] Vgl. Wollmann, H. (2004), S. 46 f.
[163] Wesentliche Reformansätze in den 80er Jahren waren ein Qualitätsmanagement („cercles de qualité") und die verstärkte Ziel- und Ergebnisorientierung („project de service"). Vgl. Speier-Werner, P. (2006), S. 230 f.
[164] Vgl. Kristensen, J./Groszyk, W./Bühler, B. (2002), S. 20.

In der *Schweiz* ist seit 1990 die *Wirkungsorientierte Verwaltungsführung* (WoV) gestartet worden. Das Anwendungsgebiet erstreckt sich auf alle administrativen Ebenen und umfasst ein breites Modernisierungsspektrum.[165] Dazu gehören Personalreformen (Abschaffung des Beamtenstatus), ein verändertes Finanzmanagement (auf allen Ebenen kaufmännisches Rechnungswesen und Outputorientierung), die Bildung von dezentralen Einheiten, ein politisches Kontraktmanagement und eine zunehmende Kundenorientierung.[166] Herauszustellen ist, dass schon mit Reformbeginn eine Ausrichtung und Steuerung über Wirkungen und nicht nur über Leistungen propagiert und verfolgt wurde.[167]

Insgesamt lässt sich für die ausländischen Reformbemühungen festhalten, dass zwar die Probleme in den betrachteten Ländern vergleichbar waren und die Reformen zumeist aus dezentraler Verantwortung, Kontraktmanagement, Leistungsmessung, Wettbewerbsmechanismen, Einbezug der Bürger und neuen Steuerungsmechanismen bestehen, aber die gewählten Reformwege, der jeweilige Umsetzungsstand und die Schwerpunkte der Reformen durchaus verschieden sind.[168]

## 2.5.2 Inland

An der Entstehung der Verwaltungsmodernisierung in Deutschland hatten insbesondere die Niederlande einen großen Anteil. Die Gründe lagen in dem ähnlichen Staats- und Regierungssystem und in der kulturellen sowie regionalen Nähe zu Deutschland. So ließen sich die niederländischen Ergebnisse gut auf die hiesigen Verhältnisse übertragen.[169] Im Folgenden sollen nun die aktuellen Modernisierungsaktivitäten und ihre Entwicklung in Deutschland gegliedert nach Kommunen, Bundesländern und dem Bund näher vorgestellt werden.

### 2.5.2.1 Kommunen

Die Defizite der kommunalen Verwaltungen in Deutschland waren schon lange bekannt, aber bis zum Ende der 80er fehlte ein Führungsmodell, das in der Lage war, die

---

[165] Auf Bundesebene wurde Ende der 90er das Programm „Führen mit Leistungsauftrag und Globalbudget" (FLAG) ergänzt. Mit diesem sollten die Aufgaben des Bundes effizienter, wirksamer und kundenfreundlicher ausgeführt werden. Vgl. dazu auch Kapitel 3.6.1.
[166] Vgl. Reichard, C. (2001), S. 17.
[167] Vgl. Proeller, I. (2006), S. 22. Die Inhalte der WoV und die dadurch erzielten Ergebnisse werden ausführlicher in Kapitel 3.5.1 vorgestellt.
[168] Vgl. Bogumil, J. (2002), S. 47 f.
[169] Vgl. Reichard, C. (2001), S. 17.

vorhandenen Erkenntnisse zur Verbesserung der Verwaltungsarbeit zu einem durch-gängigen neuen System zusammenzuführen. In Anlehnung an die Erfahrungen der niederländischen Stadt Tilburg entwickelte die KGSt Anfang der 90er das *Neue Steue-rungsmodell* (NSM).[170] Verantwortlich für die Entstehung war das „System der organi-sierten Unverantwortlichkeit", bedingt durch die bisherigen Strukturen in der Kommu-nalverwaltung. In diesem System werden nicht die optimale Leistung, sondern der maximale Ressourcenverbrauch belohnt.[171] Mit dem NSM wurde in den Städten und Gemeinden eine dezentrale Organisationsstruktur nach dem Vorbild privatwirtschaftli-cher Unternehmen angestrebt. Das sollte vor allem durch klare Verantwortungsab-grenzung zwischen Politik und Verwaltung, durch eine dezentrale Ressourcen- und Ergebnisverantwortung und durch den Übergang von der Input- zur Outputsteuerung, verbunden mit den dafür notwendigen Instrumenten wie Produktdefinitionen, Kosten- und Leistungsrechnung (KLR) und Budgetierung erreicht werden.[172] Im Zentrum der Reformen standen also speziell Aspekte der Binnenmodernisierung der Verwaltung.

Nach den ersten Pilotversuchen der Einführung des NSM in einigen Großstädten kam es in den ersten Jahren nach der Entwicklung des Modells 1993 zu einer euphorischen Aufbruchstimmung. Das Modell wurde nicht mehr nur in großen und mittleren Städten deutschlandweit eingesetzt, sondern zunehmend auch in den Landkreisen. Damit wur-de das NSM zu einem grundlegenden Orientierungsmuster und einem Referenzmodell für alle Modernisierungsansätze auf kommunaler Ebene.[173] Da sich die gewünschten, meist finanziell-ausgerichteten Wirkungen vielfach nicht in dem Maße einstellten, kam es zu einer mehrjährigen Phase der Stagnation und Ernüchterung. Letztlich führte dies zu einer Ergänzung der einseitig binnenstrukturell angelegten Perspektive um weitere Kernelemente wie die stärkere Einbeziehung der Bürger und die Aktivierung von Wettbewerbselementen. Letzteres zeigte sich auch an dem steigenden Interesse der Kommunen an Leistungsvergleichen untereinander.[174] Mittlerweile wurden durch die Innenministerkonferenz auch die Leittexte für ein neues kommunales Rechnungswe-sen verabschiedet, damit ist die Aufstellung des Haushalts mit dem kaufmännischen Rechnungswesen zukünftig möglich. Einige Bundesländer haben für ihre Kommunen bereits deren Einführung zusammen mit einigen Elementen des NSM wie die KLR oder die Produktdefinition bindend beschlossen. Andere befinden sich noch in der Ge-setzesaufstellungsphase.[175] Gemäß einer Umfrage aus dem Jahr 2005 setzen mittler-weile 92,4% der Kommunen Maßnahmen des NSM ein, wobei die überwiegende

---

[170] Vgl. Bogumil, J. (2002), S. 53.
[171] Vgl. Banner, G. (1991), S. 6 f.
[172] Vgl. Bogumil, J./Kuhlmann, S. (2004), S. 52.
[173] Vgl. Bogumil, J. (2002), S. 54.
[174] Herauszustellen sind hier das IKO-Netz der KGSt und die Vergleichsringe der Bertelsmann-Stiftung. Vgl. Reichard, C. (2001), S. 27.
[175] Eine Übersicht bietet Budäus, D./Behm, C./Adam, B. (2005), S. 52.

Mehrheit nur einzelne Instrumente verwendet und das Modell eher als Werkzeugkasten begreift, aus dem sich je nach Problemstellung entsprechend bedient wird.[176] Der genaue Umsetzungsstand und die bislang erzielten Ergebnisse in den Kommunen werden in Kapitel 3.6.3 ausführlicher dargelegt.

### 2.5.2.2 Bundesländer

Bei der Verwaltungsmodernisierung kommt den Bundesländern eine Schlüsselrolle zu. Sie sind nicht nur für die Ausführung der meisten Bundesgesetze zuständig und sie beschäftigten die meisten Mitarbeiter in der deutschen Verwaltung, sondern ihnen obliegt zugleich die wesentlichen Rahmenbedingungen für die Modernisierung der Kommunalverwaltungen zu setzen.[177] Während die Aktivitäten der Länder zunächst als sehr zurückhaltend eingeschätzt werden konnten, begann Anfang des 21. Jahrhunderts eine verstärkte Diskussion und letztlich auch die Umsetzung von den Reformen. Neben den fortgeschrittenen Bemühungen der Kommunen lag der Hauptgrund für die Einführung von NPM-Elementen in der Finanzknappheit der öffentlichen Kassen.[178] Durch das föderale System in Deutschland ist allerdings diese Entwicklung in den Ländern sehr heterogen.

Einer der Vorreiter in der Entwicklung auf der Ebene der Bundesländer war *Hessen*. Schon 1995 wurde dort das Projekt „Hessische Landesverwaltung 2000" durch das Kabinett beschlossen. Damit sollte der Weg von der Inputsteuerung über zentrale Ressourcenzuteilung zu einer Outputsteuerung über außenwirksame Leistungen aufgezeigt und die Kosten der Produkte sollten als Steuerungsinformationen sichtbar werden.[179] Wenige Jahre später wurden die Reformbemühungen durch das Projekt der *Neuen Verwaltungssteuerung* (NVS) weiter konkretisiert. Neben der Einführung des kaufmännischen Rechnungswesens (Doppik) mit einer integrierten KLR standen die flächendeckende Einführung eines Kontraktmanagements zur Steuerung von ergebnisorientierten Budgets, die Produktdefinition und die Implementierung einer Balanced Scorecard[180] (BSC) für das strategische Controlling im Mittelpunkt.[181] Aber auch dem E-

---

[176] Vgl. Bogumil, J. et al. (2007), S. 37.

[177] Allerdings wird der Dispositionsspielraum der Länder auch durch bundesrechtliche Regelungen und rechtliche Verankerungen zur weitgehenden Einheitlichkeit der Bundesländer eingeschränkt. Vgl. Naschold, F./ Bogumil, J. (1998), S. 127.

[178] Vgl. Bogumil, J. (2007), S. 111.

[179] Vgl. Freudenberg, D. (1997), S. 76 f.

[180] Dabei handelt es sich um Kennzahlensysteme, die die Wechselwirkungen der Ziele transparent machen. Neben finanziellen Kennzahlen, werden auch Indikatoren zu den Mitarbeitern, den Kunden und der Innovationsfähigkeit der Organisation ergänzt. Vgl. dazu Kaplan, R./Norton, D. (1996), S. 76.

[181] Vgl. Brenski, C./Liebig, A. (2006), S. 184 ff.

Government und einem verbesserten Personalmanagement mit Hilfe von systematischer Personalentwicklung[182], Führungskräftefortbildungen und der Erprobung von Leistungsprämienelementen wurde ein großer Stellenwert zuteil. Die Ziele des NVS-Projektes waren ein kundenorientiertes Leistungsangebot, die bessere Steuerbarkeit der Verwaltung durch die Politik, motivierte Mitarbeiter, ein zielgerichteter Einsatz der Finanzmittel und nicht zuletzt auch Kostensenkungen. Produktivstart des NVS-Systems war im Jahr 2004, bis 2008 soll der gesamte Umstellungsprozess abgeschlossen sein.[183] Bislang konnten durch das NVS trotz hoher Einführungs- und Betriebskosten allerdings kaum Effizienzgewinne festgestellt werden.[184]

Auch das Land *Baden-Württemberg* startete frühzeitig mit dem Einsatz betriebswirtschaftlicher Instrumente in der Verwaltung. 1993 begann man erste Modellversuche, die Kameralistik zu flexibilisieren und die dezentrale Budgetierung einzuführen.[185] Nach den erfolgreichen Pilotversuchen wurde im Jahr 2000 das Projekt *Einführung neuer Steuerungsinstrumente in der Landesverwaltung* (NSI)[186] in allen Behörden des Landes gestartet und im Jahr 2004 mit Abschluss der zweiten Projektphase fertiggestellt. Es beinhaltet die dezentrale Budgetverantwortung, eine nach einheitlichen Rahmenbedingungen konzipierte KLR und ein kennzahlenorientiertes Berichtswesen unter Beibehaltung der Kameralistik.[187] Besonderer Wert wird auf die Ausgestaltung eines operativen und strategischen Controllings gelegt. Dieses „umfassende Führungsunterstützungssystem" soll die Auswirkungen von Entscheidungen in finanzieller wie auch in nichtfinanzieller Hinsicht rechtzeitig darstellen und ist damit eine wichtige Entscheidungs- und Umsetzungshilfe.[188] Weiterhin zeichnet sich die Landesverwaltung durch ein umfassendes Qualitätsmanagement mit Benchmarkingansätzen, ein Bürgerportal für ein Beschwerdemanagement und ein gemeinsam mit den Kommunen betriebenes E-Government-Portal aus.[189]

Die Verwaltung in *Rheinland-Pfalz* verfolgte einen etwas anderen Weg, auch wenn die ausgemachten Systemdefizite[190] der Verwaltung denen in anderen Bundesländern weitgehend entsprachen. Das Haushaltsrecht sollte mit dem Ziel weiterentwickelt wer-

---

[182] Die soll vor allem durch das Instrument „Job-Rotation" erreicht werden. Dazu ausführlich bspw. Breisig, T./ Krone, F. (1999), S. 410 ff.
[183] Vgl. Hessische Staatskanzlei (2005), S. 35 ff.
[184] Vgl. Bartsch, M./Kaiser, S. (2007), S. 38.
[185] Vgl. Becker, R./ Bögelein, T. (2001), S. 328.
[186] Eine Evaluation des Projektes NSI in Baden-Württemberg findet in Kapitel 3.5.3 statt.
[187] Vgl. Reiners, M. (2004), S. 98.
[188] Vgl. Innenministerium Baden-Württemberg (1999), S. 6 ff.
[189] Vgl. Brenski, C./Liebig, A. (2006), S. 184 ff.
[190] Es wurden drei wesentliche Defizite identifiziert. Erstens das Auseinanderfallen von Aufgaben und Finanzverantwortung, zweitens das kamerale Rechnungswesen, welches zu wenig Aussagen über den Verbrauch und die Schaffung von Vermögen zulässt, und drittens der mangelnde Wettbewerb innerhalb der Verwaltung. Vgl. Keilmann, U. (2005), S. 131.

den, die politischen und parlamentarischen Steuerungsmöglichkeiten zu verbessern
sowie die Transparenz zu erhöhen. Angesichts der knappen Mittel und der Erfahrungen in anderen Bundesländern verfolgt Rheinland-Pfalz die *Strategie der differenzierten Verwaltungsmodernisierung*, um Kosten zu sparen und die Mitarbeiter bei der Umstellung stärker einzubeziehen. Nach dieser Strategie wird gerade nicht vorgegeben,
dass ein doppisches Rechnungswesen bis zu einem bestimmten Endtermin in der gesamten Landesverwaltung einzuführen ist. Auch die KLR, Produkthaushalte und Leistungsaufträge müssen nicht flächendeckend und für jeden Prozess implementiert werden.[191] Falls aber Behörden die Vorteile von Instrumenten erkannt haben und diese
eingeführt werden sollen, bietet das Land den Behörden durch erarbeitete Standards
und eine Task Force praktische Unterstützung an. Zwar bleibt der Haushaltsplan ergänzt durch ein Bonus-Malus-System[192], das zentrale Steuerungsinstrument, aber er
kann um einen Leistungsauftrag ergänzt werden. In diesem können dann durch die
Politik Kosten- und Leistungsziele für bestimmte Aufgaben festgeschrieben werden.[193]
Weitere Schwerpunkte werden auf ein umfassendes Personalmanagement und ein
Benchmarking mit anderen Bundesländern gelegt.[194]

Seit Mitte der 90er Jahre strebt auch *Niedersachsen* eine umfassende Reform der Landesverwaltung an, die unter dem Begriff "Neue Steuerungsinstrumente Niedersachsen"
zusammengefasst wurde.[195] Ein wesentliches Element ist dabei das Projekt *Leistungsorientierte Haushaltswirtschaft Niedersachsen* (LoHN).[196] Dahinter steckt die Idee, die
Kosten der einzelnen Produkte mit einer integrierten KLR zu ermitteln und in künfti-
gen Haushalten transparent zu machen. Das LoHN-Konzept besteht aus mehreren aufeinander abgestimmten Bausteinen einer leistungsorientierten Budgetierung, Zielvereinbarungen, Controlling sowie eines entscheidungsorientierten Berichtswesens. Mittlerweile werden rund zwei Drittel des Haushaltsvolumens leistungsorientiert geplant,
eine Umstellung aller Behörden ist ebenso wie die Umstellung auf ein kaufmännisches
Rechnungswesen bislang nicht geplant. Ergänzt wird dieses System um ein Benchmarking für systematische Betriebs- oder Objektvergleiche und eine stärkere Qualitätsorientierung, die bspw. mittels einer BSC realisiert werden soll. Eine wichtige
Rolle spielt in Niedersachsen auch die Personalentwicklung und die systematische
Einführung von E-Government[197] in der Landesverwaltung.

---

[191] Vgl. Keilmann, U. (2005), S. 132.
[192] Damit lassen sich nicht in Anspruch genommene Haushaltsmittel teilweise ins nächste Jahr übertragen, während Mehrausgaben als Malus im nächsten Jahr zu erwirtschaften sind. Vgl. Schill,
S./Herle, H. (2005), S. 8.
[193] Vgl. Deubel, I./Keilmann, U. (2005). S. 241.
[194] Vgl. Keilmann, U. (2005), S. 138.
[195] Vgl. Homann, W. (1998), S. 67.
[196] Vgl. hierzu und im Folgenden: Niedersächsisches Finanzministerium (2005), S. 8 ff.
[197] Dazu wurde ein E-Government Masterplan des Landes Niedersachen entworfen. Vgl. Niedersächsisches Ministerium für Inneres und Sport (2005), S. 8 ff.

In *Nordrhein-Westfalen*[198] wurde 1995 ein verwaltungspolitisches Leitbild für die Modernisierung beschlossen und die Steuerungsgruppe „Verwaltungsreform" vom Kabinett eingesetzt. Das Ziel der Reform sollte eine lernende, zur Selbstinnovation fähige, schlanke, effektive und effiziente öffentliche Verwaltung sein.[199] Dabei existierte allerdings weder ein ressortübergreifendes Gesamtkonzept zur systematischen, flächendeckenden Einführung der neuen Steuerungsinstrumente, noch bestanden für die Einführung und Ausgestaltung eines Controlling konkrete Vorgaben, lediglich für den Teilbereich der KLR wurde 1997 ein Rahmenkonzept entwickelt. Die Einführungszeitpunkte und eingesetzten Instrumente wurden den jeweiligen Ministerien überlassen.[200] Erst Anfang 2003 wurde das Projekt "*Einführung von Produkthaushalten zur Outputorientierten Steuerung – Neues RechnungsWesen*" (EPOS.NRW) initiiert. Diese Reform umfasst die verbindliche Umstellung der Bereiche Produkthaushalt, Budgetierung, KLR sowie ein Finanz- und Wirtschaftlichkeits-Controlling. Es wird angestrebt, die komplette Landesverwaltung bis zum Jahr 2014 auf das kaufmännische Rechnungswesen und die zusätzlich dafür notwendigen Instrumente umzustellen.[201]

Am weitesten fortgeschritten bei der Entwicklung neuer Steuerungsmodelle sind die Stadtstaaten[202], hier ist vor allem *Hamburg* zu nennen. Ein breit angelegter Modernisierungsprozess läuft seit Mitte der 90er in der Hamburger Verwaltung unter dem Titel „Projekt Verwaltungsinnovation" (ProVi). Schon damals wurde der Haushaltsentwurf flächendeckend (90%) um Produktinformationen ergänzt.[203] Zunächst erfolgte dafür eine Pilotierungsphase, danach starteten weitere Behörden nach dem Prinzip der Freiwilligkeit und der eigenen behördlichen Dynamik mit der Implementierung. Die Produktbildung, die KLR sowie die Entwicklung von verschiedenen Kennzahlen sind dabei schon länger weit fortgeschritten, auch wenn letztere bislang relativ wenige Aussagen zu strategischen Zielen und Wirkungen enthalten.[204] Im Jahr 2003 wurde das Projekt Doppik gestartet und die zuvor genannten Instrumente wurden entsprechend integriert. Einen Schwerpunkt nimmt bei diesem Projekt neben der Umstellung auf das kaufmännische Rechnungswesen eine vermehrte Kundenorientierung und ein umfassendes Qualitätsmanagement in Hamburg ein.[205]

---

[198] Eine genauere Analyse der aktuellen Situation und die empirische Analyse der eingesetzten Instrumente in der Landesverwaltung NRW erfolgt in den Kapiteln 4.1 bzw. Kapitel 5.1.2.
[199] Vgl. Mariß, C. (1999), S. 65.
[200] Vgl. Bürsch, M./Müller, B. (1999), S. 66.
[201] Vgl. Finanzministerium NRW (2005a), S. 8 ff.
[202] Positiv wirken sich hier die kommunal-ähnlichen Strukturen und keine territorial bedingten Herausforderungen von Flächenstaaten aus. Vgl. Reichard, C. (2004a), S. 89.
[203] Vgl. Smeddinck, F. (1998), S. 117 f.
[204] Vgl. Budäus, J. (2002), S. 211.
[205] Vgl. Benzmann, H-G. (1999), S. 29 ff.; Wrage, C. (2005), S. 261.

Die Abbildung 5 zeigt den aktuellen Stand der Bundesländer zusammenfassend im Vergleich. Dabei ist ein auffälliges West-Ost-Gefälle zu bemerken, was vielfach damit begründet wird, dass dort die Verwaltungen noch mit der Implementierung des „alten" Steuerungsmodells westdeutscher Prägung beschäftigt seien. Zudem wird dort wegen der besonders drückenden finanziellen Engpässe stärker auf Haushaltskonsolidierungen und Personaleinsparungen abgestellt als im Westen, ohne dass dies bislang allerdings mit einer umfassenden Binnenmodernisierung einhergeht.[206]

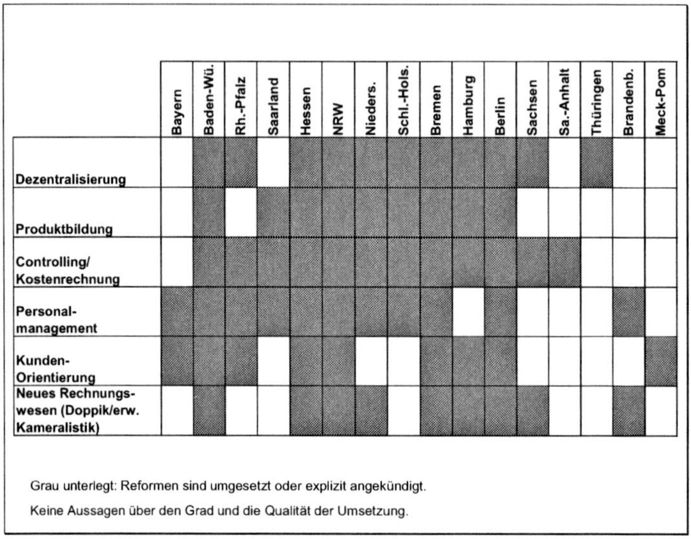

| | Bayern | Baden-Wü. | Rh.-Pfalz | Saarland | Hessen | NRW | Nieders. | Schl.-Hols. | Bremen | Hamburg | Berlin | Sachsen | Sa.-Anhalt | Thüringen | Brandenb. | Meck-Pom |
|---|---|---|---|---|---|---|---|---|---|---|---|---|---|---|---|---|
| Dezentralisierung | | | | | | | | | | | | | | | | |
| Produktbildung | | | | | | | | | | | | | | | | |
| Controlling/ Kostenrechnung | | | | | | | | | | | | | | | | |
| Personalmanagement | | | | | | | | | | | | | | | | |
| Kunden-Orientierung | | | | | | | | | | | | | | | | |
| Neues Rechnungswesen (Doppik/erw. Kameralistik) | | | | | | | | | | | | | | | | |

Grau unterlegt: Reformen sind umgesetzt oder explizit angekündigt.
Keine Aussagen über den Grad und die Qualität der Umsetzung.

*Abbildung 5: Verwaltungsmodernisierung in den Bundesländern[207]*

## 2.5.2.3 Bund

Der Bund gilt allgemein als Nachzügler bei der Verwaltungsmodernisierung. Das liegt zum einen daran, dass die Bundesverwaltung verhältnismäßig klein ist, und zum anderen daran, dass sie nur wenige unmittelbare Leistungen für die Bürger erbringt und deshalb deutlich weniger der Unzufriedenheit der Kunden ausgesetzt ist.[208] Unter dem Motto „*Moderner Staat – Moderne Verwaltung*" hat die Bundesregierung 1998 mit

---

[206] Vgl. Reichard, C. (2004a), S. 89 f.
[207] Abgeändert und aktualisiert in Anlehnung an Reichard, C. (2004a), S. 91. Dabei ist allerdings zu beachten, dass zum einen viele Maßnahmen bislang nur angekündigt oder gerade erst begonnen wurden. Zum anderen wurden häufig nur wenige hinter den Maßnahmen stehenden Instrumente umgesetzt und nicht alle möglichen Elemente.
[208] Vgl. Jann, W. (2004b), S. 100.

einer umfassenden Modernisierung der Bundesverwaltung begonnen. Wesentliche Zielsetzungen waren: eine größere Haushaltsflexibilität, eine stärkere Eigenverantwortung der dezentralen Bereiche zur Erhöhung der Motivation und des Eigeninteresses sowie eine höhere Kostentransparenz der öffentlichen Dienstleistungen.[209] Kernelement ist die standardisierte KLR, wobei deren Einsatz nur für „geeignete Bereiche" gefordert wird, also nicht flächendeckend für die gesamte Verwaltung. Jedes einzelne Ministerium kann daher selber entscheiden, welche Bereiche es als geeignet ansieht und welche nicht.[210] Auch bei Zielvereinbarungen, Leitbildern und Personalentwicklungskonzepten wird entsprechend verfahren. Die Daten der KLR dienen bislang nur der internen Steuerung der Behörden. Eine Integration dieser Daten in das Haushaltsverfahren soll beim Bund mittelfristig über Produkthaushalte erfolgen. In mehreren Pilotierungen wird dieses Verfahren bereits angewendet.[211] Während sich der Bund zunächst gegen die Einführung eines kaufmännischen Rechnungswesens und für die Beibehaltung der Kameralistik ausgesprochen hatte, wird dieses auf Anregung des Bundesrechnungshofs seit 2006 genauer überprüft.[212] Transparenz über die Qualität des Verwaltungshandelns soll bei Bundesverwaltungen insbesondere über Leistungsvergleiche hergestellt werden. Dort, wo es möglich ist, sollen sowohl ressortinterne als auch ressortübergreifende Benchmarking-Ringe Anreize zur stetigen Verbesserung schaffen.[213] Wichtige Eckpfeiler der Modernisierung sind darüber hinaus ein verbessertes Personalmanagement (mehr Eigenverantwortung, Mitarbeiterbefragungen und Zielvereinbarungen) und das E-Government (Projekt BundOnline 2005).[214]

Als Fazit lässt sich festhalten, dass zwar alle internationalen und nationalen Reformen mit den Kernprinzipien des NPM-Modells übereinstimmen, die konkreten Ausprägungen jedoch sehr unterschiedlich sind. Als Vorreiter der Reformentwicklung lassen sich die angelsächsischen Staaten Neuseeland, Großbritannien und USA nennen, bei denen die Einführung marktähnlicher Strukturen im Vordergrund stand.[215] Deutschland liegt auf staatlicher Ebene eher im unteren Mittelfeld der OECD-Staaten und wird auch als „vorsichtiger Modernisierer" bezeichnet.[216] Innerhalb der deutschen Verwaltungslandschaft kommt den Städten und Gemeinden immer noch die Vorreiterrolle bei der Modernisierung zu. Dahinter folgen die Länder, bei denen in den letzten Jahren ein ver-

---

[209] Vgl. Bundesrechnungshof (2006), S. 5.
[210] Vgl. Budäus, D./Behm, C./Adam, B. (2004), S. 232; Lüder, K. (2001), S. 58 ff.
[211] Vgl. Bundesministerium des Innern (2005), S. 39.
[212] Es wird aus wirtschaftlichen Gründen und wegen der zunehmenden Reformen auf der Ebene der Kommunen, der Länder und im internationalen Bereich ein möglichst einheitlicher Ansatz für das Haushalts- und Rechnungswesen von Bund und Ländern empfohlen. Vgl. Bundesrechnungshof (2006), S. 13.
[213] Vgl. Bundesministerium des Innern (2004), S. 9.
[214] Vgl. Bundesministerium des Innern (2004), S. 5.
[215] Vgl. Thom, N./Ritz, A. (2006), S. 13.
[216] Vgl. Jann, W. (2004a), S. 20.

stärkter Reformwille auszumachen ist. Hier sind neben den Stadtstaaten insbesondere die Bundesländer Hessen und Baden-Württemberg als führend hinsichtlich der Umsetzung zu nennen. NRW hat ein übergreifendes Steuerungskonzept erst deutlich später entwickelt, versucht aber mittlerweile verstärkt zu einem führenden Bundesland bei der Modernisierung zu werden. Wesentliche Unterschiede zwischen den Ländern sind der Fortschrittsgrad, das gewählte Rechnungslegungssystem und die Entscheidung, ob NPM-Elemente flächendeckend in der gesamten Landesverwaltung oder nur selektiv in ausgewählten Behörden eingesetzt werden sollen. Der Bund muss insgesamt nach wie vor als Schlusslicht der Verwaltungsmodernisierung in Deutschland bezeichnet werden.[217]

## 2.6  Grenzen und Probleme

Vor dem Hintergrund der zuvor erläuterten Ziele der Verwaltungsmodernisierung nach NPM-Gesichtspunkten und des beschriebenen Umsetzungsstandes sollen die Probleme der Reformbewegung näher betrachtet werden. Eine schlanke, nach unternehmerischem Vorbild geführte Organisation führt zum einen zu einer Betonung der wirtschaftlichen und kommerziellen Werte. Dies darf zum anderen allerdings nicht dazu führen, dass die *traditionellen Prinzipien* der öffentlichen Verwaltung wie Gleichheit, Rechtmäßigkeit und Verlässlichkeit dadurch in den Hintergrund rücken.[218] Da sich die Ziele, Aufgaben und Arbeitsweisen der Privatwirtschaft nicht unmittelbar auf den öffentlichen Bereich übertragen lassen, müssen demnach die Instrumente auf ihre Eignung untersucht und ggf. angepasst werden.[219] So gibt es bei der Zielformulierung kein dominantes Gewinnziel, sondern die Ziele der Verwaltung sind häufig plural, instabil und in einen sozialen Konflikt eingebettet, deshalb lassen sie sich oftmals nicht mit einem einfachen Instrumentarium abbilden.[220] Ebenso gewährleistet eine strikt betriebswirtschaftliche Ausrichtung nicht unbedingt, dass eine robuste und anpassungsfähige Organisation geschaffen wird, die ausreichend Reserven beim Auftreten von neuen Problemlagen und externen Effekten zu bieten hat.[221] Weiterhin scheint auch die Übertragung des Wettbewerbsgedankens auf die öffentliche Verwaltung nicht problemlos möglich, da quasi-marktlicher Wettbewerb nicht unmittelbar mit dem marktlichen Wettbewerb vergleichbar ist.[222]

---

[217] Vgl. Budäus, D./Behm, C./Adam, B. (2005), S. 51.
[218] Vgl. Reichard, C./Röber, M. (2001), S. 385.
[219] Vgl. Schmidt, J. (2006), S. 38.
[220] Vgl. Alonso, A. (2006), S. 15.
[221] Gem. PEDE kann das dazu führen, dass die Kosten in diesen Fällen deutlich über den eingesparten Beträgen liegen. Vgl. Pede, L. (1999), S. 38 . Siehe dazu auch Schröter, E./Wollmann, H. (2005), S. 73.
[222] Vgl. Steward, J./Walsh, K. (1992), 515 f.

Ein weiterer problematischer Punkt sind die häufig falschen und *übertriebenen Erwartungen*, die mit dem NPM verbunden werden. Die Sparpotenziale durch die Reform sind von Beginn an deutlich überschätzt worden, hingegen wurden die Haushaltsprobleme eher unterschätzt.[223] Das liegt vor allem daran, dass es bei der Verwaltungsmodernisierung häufig zu einer einseitig und kurzfristig ausgerichteten Kostenorientierung kommt und damit eine starke Konzentration auf die Binnenreform erfolgt. Aber als Folge daraus ergab sich eine Vernachlässigung von wesentlichen Elementen, wie die des Qualitätsmanagements, der Betrachtung von Bürgern als Kunden und von strategischen Aspekten.[224] So wird vom NPM auch behauptet, dass es vorwiegend ein „Festival der Visionen" sei, das zwar aus vielen Konzepten, Modellen und Versprechungen bestehen würde, aber nur wenig zu den Inhalten und der Umsetzung beitrage.[225] Von New Public-Reformen sollten daher keine Wunderlösungen in kurzer Zeit erwartet werden, sondern es sollte eher als ein längerfristiger Lernprozess aufgefasst werden, der kontinuierlich Verbesserungen mit sich bringt.[226]

In Zusammenhang mit den hohen Erwartungen steht auch ein weiteres Problem: Es liegen bislang relativ wenige *empirische Erkenntnisse* über den Erfolg von Modernisierungsprojekten vor. Zwar wird immer das Ziel der verbesserten Wirksamkeit und der gesteigerten Effizienz genannt, aber der Ursache-Wirkungs-Zusammenhang konnte bislang bei NPM-Projekten auch aufgrund von Messproblemen kaum nachgewiesen werden.[227] Teilweise sind sogar durch die Einführung neue Probleme entstanden und auch diese negativen Auswirkungen müssen kontrolliert werden.[228] Die wissenschaftliche Seite konzentrierte sich lange auf die Ausarbeitung von eher allgemeinen Konzepten und weniger auf konkrete Erfolgsfaktoren bei der Umsetzung. Dabei kann gerade die Identifizierung und Analyse von „best practices" ganz wesentlich zur Verbreitung der Modernisierungsidee beitragen. Die meisten Veränderungen beruhen nämlich weniger auf einer gründlichen Analyse des Ist-Zustandes einer Behörde, sondern mehr auf der Nachahmung von erfolgreichen Projekten.[229]

Ein immer noch vernachlässigter NPM-Bestandteil ist, dass die *Mitarbeiter* nicht frühzeitig einbezogen werden. Dazu sind allerdings auch Fortbildungen[230] in erheblichem

---

[223] Vgl. Reichard, C./Röber, M. (2001), S. 383.
[224] Vgl. Günter, T./Niepel, M./Schill, O. (2002), S. 225.
[225] Jann, W. (2005), S. 82.
[226] Vgl. Thom, N./Ritz, A. (2006), S. 37.
[227] Vgl. Alonso, A. (2006), S. 14 f.
[228] Bspw. entstanden durch die Reformen neue Probleme im Zuge der für die Reformen notwendigen Strategieformulierung. Vgl. Pede, L. (1999), S. 38.
[229] Vgl. Jann, W. (2004a), S. 17 f.
[230] So sind bspw. gemäß FIEBIG/JUNKER bei einigen Mitarbeitern, die darüber reden, die Grundbegriffe der Betriebswirtschaftslehre weniger im Wissens- als mehr im Vermutungsbereich zu finden. Vgl. Fiebig, H./Junker, H. (2004), S. 5.

Umfang notwendig. Schon bei der Planung und beim Einführungsprozess sollten sich
diese einbringen können, denn nur wenn sie von den neuen Steuerungsinstrumenten
überzeugt sind, werden sie diese auch bei der Implementierung unterstützen und entsprechend anwenden. Daraus resultiert allerdings in vielen Fällen eine kurz- bis mittel-
fristige Arbeitszunahme, weil parallel zur Alltagsarbeit Vorarbeiten erledigt werden
müssen oder zusätzliche Aufgaben, die sich durch die Einführung neuer Instrumente
ergeben, auf die Mitarbeiter zukommen. Erst nach Monaten des Wirkbetriebes der Instrumente kann es dann auch zu einer Arbeitsentlastung kommen.[231] Darüber hinaus
wird es auch Mitarbeiter geben, die dem Veränderungsprozess sehr kritisch gegenüberstehen und sich durch ein großes Beharrungsvermögen auszeichnen, weil die neue
Leistungstransparenz vielfach nicht gewünscht wird. Eine Verringerung der sich teilweise einstellenden Demotivation kann durch spezielle monetäre und nicht-monetäre
Anreizsysteme etwa im Rahmen des Kontraktmanagements erzielt werden, aber auch
die Unterstützung der Reformen durch die Verwaltungsspitze ist dafür wesentlich.[232]

Im Zusammenhang mit den in den Augen der Verantwortlichen nicht vollständig erreichten Zielen wird auch oft das Problem genannt, dass die *individuellen Gegebenheiten* in den Behörden nicht ausreichend berücksichtigt werden. Das traditionelle Modell
der weitgehend homogenen öffentlichen Verwaltung wird gerade vom NPM abge-
lehnt. Stattdessen soll die Entwicklung von aufgaben- und situationsspezifischen Or-
ganisationsformen und Steuerungsinstrumenten im Vordergrund stehen; denn das Modell scheint nicht für alle Umfeldbedingungen und Aufgabengebiete gleichermaßen
Erfolg versprechend zu sein.[233] Zudem ergibt sich die vollständige Wirksamkeit des
neuen Steuerungsmodells nur durch einen Reformansatz, bei dem die Instrumente aufeinander abgestimmt werden. Durch ein Zusammenwirken und durch die Abstimmung
von verschiedenen Instrumenten[234] können deutlich bessere Ergebnisse bezüglich der
Modernisierung erzielt werden als durch einen unsystematischen Einsatz von Einzelinstrumenten.[235] ALONSO spricht sogar vom NPM als „wahren Schmelztiegel von Theorien, die sich teilweise selbst widersprechen".[236] Ein deshalb gefordertes individuelles
und zugleich umfassendes Vorgehen hat allerdings den Nachteil der deutlich steigenden Komplexität und der hohen Kosten. Es müssen nicht nur die geeigneten Instrumente ausgewählt werden, sondern diese sind auch noch spezifisch anzupassen.

---

[231] Vgl. Speier-Werner, P. (2006), S. 104.
[232] Vgl. Bertelsmann, R. (2005), S. 35.
[233] Vgl. Brüggemeier, M. (2004), S. 334 f.; Schröter, E./Wollmann, H. (2005), S. 73.
[234] Zu den Instrumenten des NPM vgl. Kapitel 4.5.
[235] Vgl. Nöthen, J./Pichlbauer, M./Eisenstecken, E. (2004), S. 89.
[236] Vgl. Alonso, A. (2006), S. 20.

Die Ursachen der angesprochenen Probleme des NPM gehen vielfach auf die fehlenden Analysen bestehender Verwaltungsreformen zurück. Untersuchungen in diesem Rahmen beschränken sich häufig auf die institutionellen Veränderungen, ohne dadurch Hinweise für weitere Ausgestaltungsformen liefern zu können. Die umfassende Aufarbeitung bisher getätigter oder in Umsetzung befindlicher Modernisierungen liefert aber nicht nur empirische Erkenntnisse über den aktuellen Stand, die Probleme und mögliche Ursache-Wirkungs-Zusammenhänge, sondern kann zugleich auch den übertriebenen Erwartungen an solche Reformen Einhalt gebieten. Zudem erscheint es bei entsprechenden Fragestellungen möglich, die individuellen Gegebenheiten der Behörden ausreichend zu berücksichtigen und spezifische Handlungsempfehlungen auf dieser Grundlage ableiten zu können. Für eine bessere empirische Basis und darauf ausgerichtete weitere Ziele bietet sich eine Evaluation von Modernisierungsprojekten an. Diese Evaluation soll möglichst frühzeitig Hinweise auf die geeignete Vorgehensweise geben, damit die hierbei gewonnenen Ergebnisse in den weiteren Modernisierungsprozess einfließen können. Werden in diese Beurteilung auch die Mitarbeiter und die Qualität der Leistungserstellung mit einbezogen, lassen sich auch noch weitere Kritikpunkte an der Verwaltungsmodernisierung abschwächen oder sogar ganz beseitigen. Daher sollen im Weiteren die grundsätzlichen Inhalte und Vorgehensweisen der Evaluation vorgestellt und anschließend auf den speziellen Fall der Verwaltungsmodernisierung übertragen werden.

# 3   Grundlagen der Evaluation

In dem Maße, wie die zuvor erläuterte Verwaltungsmodernisierung mit dem Ziel verfolgt wird, die öffentliche Verwaltung umzugestalten, stellt sich notwendigerweise die
Aufgabe, den Verlauf, die Wirksamkeit und die Ergebnisse selber zum Gegenstand
einer Evaluierung[237] zu machen.[238] Daher sollen in diesem Kapitel die Grundlagen der
Evaluation von Verwaltungsreformen näher betrachtet werden. Dazu wird zunächst im
Kapitel 3.1 der allgemeine *Begriff* der Evaluation genauer definiert und die Entstehungsgeschichte beschrieben. Anschließend wird die Evaluation gegenüber verwandten und teilweise synonym verwendeten Begriffen zur Erfolgskontrolle wie Monitoring, Controlling, Qualitätsmanagement und Auditing abgegrenzt. Das Kapitel 3.2 behandelt die mit der Evaluation verfolgten Ziele, dazu werden die wesentlichen Funktionen näher betrachtet. Im Anschluss daran werden unterschiedliche *Arten der Evaluation* in Abhängigkeit von Gegenstand, Zeitpunkt, dem Design oder dem Durchführen beschrieben und ihre Besonderheiten sowie die jeweiligen Vor- und Nachteile erläutert. Das Kapitel 3.4 behandelt die Anforderungen, die an eine *Durchführung* gestellt werden, inkl. der häufiger verwendeten Evaluationsstandards und der verschiedenen Phasen des Prozesses mit ihren Spezifika. Danach werden die Möglichkeiten
und die entstehenden Probleme näher erörtert, die sich bei einer *Evaluation von Modernisierungsprojekten* in der Verwaltung ergeben können. Den Abschluss bildet die
Analyse von *drei Beispielen*, bei denen eine Evaluierung von NPM-Projekten durchgeführt wurde. Betrachtet wird das Projekt FLAG in der Schweizer Bundesverwaltung,
die Erfahrungen mit NSI in Baden-Württemberg und das eingeführte NSM in deutschen Kommunen. Neben den verwendeten Evaluationsarten sollen auch die Ergebnisse und die jeweiligen Besonderheiten im Mittelpunkt der Betrachtung stehen.

## 3.1   Entstehung der Evaluation und begriffliche Abgrenzung

Der Begriff der *Evaluation*[239] ist äußerst vielfältig und entzieht sich deshalb einer umfassenden und konkreten Definition. Die meisten Begriffsklärungen zur   „Evaluation"
haben allerdings drei Bestandteile gemeinsam. Erstens ist die Evaluation ein Prozess
der Informationsbereitstellung und -aufbereitung. Sie wird zweitens auf Grund dessen
meistens in den Entscheidungsfindungsprozess involviert, und drittens erfordern verschiedene Verwendungszwecke unterschiedliche Arten der Evaluation.[240] In Anleh-

---

[237]  Die Begriffe Evaluation und Evaluierung werden im Folgenden synonym verwendet.
[238]  Vgl. Wollmann, H. (2005), S. 502.
[239]  Ursprünglich stammt der Begriff der Evaluation aus dem Bildungsbereich und bedeutet dort eine
       sach- und fachgerechte Bewertung und Beurteilung. Vgl. dazu auch Vedung, A. (1999), S. 1.
[240]  Vgl. Pede, L. (1999), S. 153.

nung an VEDUNG wird die Evaluation als sorgfältige „Bewertung des Verdienstes, der Güte und des Wertes der Implementation, der Leistung und der Ergebnisse" von politischen Programmen und Projekten bezeichnet, um diese in zukünftige praktische Entscheidungen einfließen zu lassen.[241] Evaluationen werden daher auch als ein wichtiges Instrument zur Generierung von Erfahrungswissen verstanden. Dabei können sowohl die Programme selbst mit ihren Zielen und Maßnahmen bewertet werden als auch deren Umsetzung in der Praxis.[242] Weitgehend synonym zur Evaluation wird häufig der Begriff *Evaluationsforschung* verwendet.[243] Hierunter versteht man die „explizite Verwendung wissenschaftlicher Forschungsmethoden und -techniken für den Zweck der Durchführung einer Bewertung", dabei wird die Möglichkeit eines Beweises besonders betont.[244] Allerdings ist die Evaluationsforschung keine eigenständige Disziplin, sondern eine besondere Variante um empirische Forschungsmethoden auf eine spezielle Gruppe von Fragestellungen, darunter die Verwaltungsmodernisierung, anzuwenden.

### 3.1.1 Entstehung der Evaluation

Die *Entstehung* dieser Forschung fand schon um 1930 in den USA statt. Durch die Bewertung von Interventionen und Programmen im Bildungs- und Gesundheitswesen sowie durch die Identifizierung von Kriterien für die Erfolgs- und Wirkungskontrolle von diesen Maßnahmen wurde die Evaluation ein wesentlicher Bestandteil der amerikanischen Sozialpolitik.[245] An Bedeutung gewann die Evaluationsforschung in den 60er Jahren als Analyseverfahren zur Ermittlung der Wirkungen von Politik.[246] Zunächst setzte sich dieser Ansatz nur in den USA durch,[247] etwa zehn Jahre später auch in einigen europäischen Ländern, darunter auch Deutschland. Die Gründe dafür waren unterschiedlich. Zum einen wurden in dieser Zeit einige sozialpolitische Reformen durchgeführt, für die bis dato kaum Erfahrungswerte vorlagen. Vor diesem Hintergrund sollte die Evaluation die sich ergebende Informationslücke schließen. Zum anderen war auch die Einführung eines Planungs-, Programmgestaltungs- und Haus-

---

[241] Vedung, A. (1999), S. 2.
[242] Vgl. Knill, C./Riepe, M. (2006), S. 109.
[243] Siehe dazu bspw. Rossi, P./Libsey, M./Freemann, H. (2004), S. 2 oder Ritz, A. (2003a), S. 26.
[244] Thierau, H./Wottawa, H. (1998), S. 13.
[245] Vgl. Bortz, J./Döring, N. (2006), S. 96.
[246] Vgl. hierzu und im Folgenden Wollmann, H. (2004), S. 22 f.
[247] Ein Beispiel war das Programm zum „War on Poverty" mit dessen Verabschiedung 1964 gleichzeitig auch eine umfassende Evaluierung verbunden war. Vgl. Rossi, P./Libsey, M./Freemann, H. (2004), S. 9.

haltsplanungssystems[248] ausschlaggebend, dabei sollte der Evaluierung nicht nur die Aufgabe der Formulierung besserer, sondern auch die Korrektur laufender Politikrealisierung zukommen. Schließlich setzte sich in dieser Zeit auch mehr und mehr ein „politikexperimenteller" Ansatz durch, nach dem eine rationale Entscheidungsvorbereitung durch soziale Experimente und deren umfangreiche Begleit- und Evaluationsuntersuchungen erreicht werden sollte. In dieser Zeit wurde auch der Auftragsmarkt für die Evaluationsforschung zunehmend größer und konnte Ende der 60er als Wachstumsindustrie bezeichnet werden.[249]

Ab Mitte der 70er bis in die frühen 80er Jahre nahm die Kritik an staatlichen Sozial-, Bildungs- oder Infrastrukturprogrammen stetig zu. Dies führte dazu, dass die Bedeutung der Evaluationsforschung auch in dieser Zeit kaum zurückging. Allerdings verlagerten sich die Schwerpunkte. Während zuvor vor allem die Effektivität von Maßnahmen und deren mögliche Korrektur im Mittelpunkt standen, wurde von nun an der Betrachtung der Kosten und der Ausgaben von politischen Programmen mehr Aufmerksamkeit geschenkt. Evaluationen sollten dabei als rationale Entscheidungs- und Argumentationshilfe für die Auswahl und zur Priorisierung genutzt werden.[250] Seit Mitte der 80er lassen sich vor allem zwei wesentliche Evaluationsstränge unterscheiden. Der erste enthält die „klassische" Politik- und Programmevaluation mit dem haushaltsbedingten Fokus auf Input-Effizienz und Ausgabenreduzierung. Dieser Strang hat in der Europäischen Union durch die gesetzlich vorgeschriebene Evaluation von Strukturförderprogrammen noch eine weitere Aufwertung erfahren.[251] Auf der anderen Seite steht die Evaluation im Zusammenhang mit der Einführung des NPM in den Verwaltungen.[252] Dies kann durch eine „Evaluierung *in* der Verwaltungspolitik", die die Einführung und Anwendung von Verfahren der Evaluierung als maßgebliche Aufgabe der Verwaltungspolitik begreift, geschehen. Demgegenüber steht eine „Evaluierung *von* Verwaltungspolitik", bei der die Reform selber zum Gegenstand der Evaluierung wird, um damit Entscheidungen zu treffen oder eine Legitimation gegenüber Dritten zu bieten.[253]

---

[248] Im Jahr 1965 wurde das Planning, Programming and Budgeting System (PPBS) durch eine Verordnung bei allen US-Ministerien eingeführt. Auch wenn es schon 1971 wieder weitgehend zurückgenommen wurde, begründete das PPBS die Vorstellung eines Politikzyklusses der über mehrere Phasen geht. Vgl. dazu Wollmann, H. (2004), S. 23 und Deutscher, I./Ostrander, S. (1985), S. 18.

[249] Vgl. Rossi, P./Libsey, M./Freemann, H. (2004), S. 9.

[250] Vgl. Stockmann, R. (2000), S. 23.

[251] POLLITT stellte in diesem Zusammenhang fest: „These are grand days for European evaluators." Pollitt, C. (1998), S. 214.

[252] Diese Variante soll im Folgenden näher betrachtet werden. Vgl. dazu auch Wollmann, H. (2004), S. 25 f.

[253] Vgl. Promberger, K./Bernhard, J./Niederkofler, C. (2006), S. 20.

## 3.1.2 Abgrenzung gegenüber anderen Ansätzen der Erfolgskontrolle

Mit der zunehmenden Verbreitung und der thematischen Ausbreitung der Evaluation stellt sich die Frage nach der Abgrenzung zu anderen Forschungsbereichen oder zu teilweise für ähnliche Zwecke eingesetzten Instrumenten. So kann die Evaluationsforschung von der *Grundlagenforschung* abgegrenzt werden. Zwar verwenden beide Ansätze wissenschaftliche Methoden, die entsprechenden Kriterien genügen müssen, aber die Grundlagenforschung fragt nicht nach dem Nutzen oder den Anwendungsmöglichkeiten ihrer Forschungsergebnisse, sondern möchte Hintergrundwissen generieren, dessen Wert nicht direkt erkennbar sein muss und daher auch von untergeordneter Bedeutung ist. Die Evaluationsforschung ist zunächst lediglich an dem Erfolg oder Misserfolg einer konkreten Maßnahme oder eines Programms interessiert.[254] Die Ergebnisse sind hier wesentlich spezifischer und detailgetreuer auf die jeweilige Untersuchung ausgerichtet. Die Übertragbarkeit beschränkt sich höchstens auf ähnliche Ziel-Mittel-Kombinationen. Zu unterscheiden ist darüber hinaus der Einfluss auf die Forschungsaktivitäten. Während die Grundlagenforschung eine relativ große Unabhängigkeit ermöglicht und sie nur einem geringen Zeitdruck ausgesetzt ist, steht die Evaluationsforschung immer im Spannungsverhältnis zwischen Forschungserfordernissen und Dienstleistungsanforderung sowie zwischen Objektivität und Beratungsinteresse. Problematisch kann auch die Tatsache sein, dass das Programm eine höhere Priorität genießt als die Evaluation und der Programmverantwortliche den Zugang zu Daten und Personen steuern kann.[255]

Bei den Ansätzen zur Erfolgskontrolle besitzt das *Monitoring* die wohl größte Ähnlichkeit zur Evaluation. Der Schwerpunkt liegt beim Monitoring auf der Kontrolle der Durchführung und der Leistungen bestehender Programme, um damit eine stetige Verbesserung zu erreichen. Es wird dabei untersucht, ob Programmbeschlüsse auf den operativen Ebenen der Behörden planmäßig umgesetzt werden. Fallen bei der Beobachtung der Ausführung Fehler oder Unterlassungen auf, können diese entsprechend korrigiert werden.[256] Im Wesentlichen beschränkt sich das Monitoring auf die deskriptive Darstellung der Informationen, im Gegensatz zur Evaluation werden also keine kausalen Zusammenhänge erfasst, auch wenn erahnte Wirkungsbeziehungen der Analyse zu Grunde liegen. Die Aufsichtsfunktion steht im Mittelpunkt, nicht so sehr die Beurteilung.[257] Evaluationen sind hingegen breiter angelegt und tiefer ausgerichtet als

---

[254] Vgl. Bortz, J./Döring, N. (2006), S. 99.
[255] Vgl. Ritz, A. (2003a), S. 33 f.; Vedung, A. (2000), S. 104 f.
[256] Vgl. Vedung, A. (1999), S. 123.
[257] Vgl. Ritz, A. (2003a), S. 38.

das Monitoring, haben unterschiedliche Schwerpunkte, hinterfragen das Gesamtkonzept und sind somit grundsätzlicherer Natur.[258]

Die Aufgaben des Monitoring sind denen des *Controlling* ähnlich. Unter Controlling soll hier[259] die „Beschaffung, Aufbereitung, Analyse und Kommunikation von Daten zur Vorbereitung zielsetzungsgerechter Entscheidungen" verstanden werden.[260] Es wird häufig zwischen strategischem und operativem Controlling unterschieden. Letzteres beinhaltet die mittel- bis kurzfristige Planung, Kontrolle und Steuerung mit dem Ziel, z.B. die Wirtschaftlichkeit von Prozessen, die Produktqualität und die erforderliche Liquidität sicherzustellen. Mit dem strategischen Controlling wird die Sicherstellung zukünftiger Erfolgspotenziale angestrebt sowie die Unterstützung der Verwaltungsführung und der Politik bei der Formulierung und Überprüfung längerfristiger Ziele und Strategien.[261] Beim Controlling findet eine Konzentration auf strukturelle, im Vergleich zur Evaluation also weniger auf prozessuale und systemische Fragestellungen statt. Evaluationen zeigen dabei auf, warum etwas geschieht und nicht nur, wie das System reagiert. Insbesondere die Erfassung von ungewollten Wirkungen oder Nebenwirkungen kann bei den herkömmlichen Leistungsindikatoren des Controlling bisweilen verloren gehen.[262] Während Controlling ausschließlich intern durchgeführt wird, erfolgt die Evaluation auch häufig durch externe und damit unabhängige Personen.[263]

Beim *Qualitätsmanagement*[264] als ganzheitlichem Führungsmodell steht die kontinuierliche Qualitätsverbesserung zum Nutzen der Kunden, Mitarbeiter, Kapitalgeber und der Gesellschaft im Mittelpunkt.[265] Die Anwendung erfolgt in der Praxis in den Phasen Qualitätsplanung, -lenkung und -sicherung und dient einer ständigen Verbesserung der Produkte und Prozesse sowie der Stärkung des Qualitätsbewusstseins bei den Mitarbeitern. Gemeinsam ist der Evaluation wie dem Qualitätsmanagement, dass beide Ansätze darauf ausgerichtet sind, zu Qualitätsverbesserungen beizutragen. Zudem sind die jeweiligen Umsetzungsprobleme ähnlich, da beide Verfahren der Gefahr ausgesetzt sind, nur als ein Symbol für eine moderne Politik missbraucht zu werden und dass die

---

[258] Vgl. Stockmann, R. (2002), S. 9.
[259] Es gibt eine Vielzahl von Controlling-Ansätzen und Definitionen. Einen guten Überblick über die verschiedenen Ansätze des Controlling im Verwaltungsbereich liefert Brüggemeier, M. (1998), S. 132 ff.
[260] Berens, W./Hoffjan, A./Strack, M. (1995), S. 144; Berens, W./Bertelsmann, R. (2002), Sp. 281 und Mosiek, T. (2002), S. 20.
[261] Vgl. Ritz, A. (2003a), S. 36 f.
[262] Vgl. Stockmann, R. (2002), S. 9 f.; Buschor, E. (1996), S. 141 f.
[263] Vgl. Jacoby, K.-P. (2002), S. 118. Siehe dazu auch die Gegenüberstellung der internen und externen Evaluationen im Kapitel 3.3.
[264] Ausführlicher zum Qualitätsmanagement und seinen verschiedenen Verfahren im Kapitel 4.5.14.
[265] Vgl. Ritz, A. (2003a), S. 40.

gemachten Empfehlungen nicht umgesetzt werden.[266] Die Unterschiede liegen darin, dass die Evaluation in der Regel thematisch fokussierter ist und damit tiefergehende Informationen bereitstellt. Dafür ist sie allerdings zeitlich begrenzt und wird in der Regel nicht flächendeckend über eine gesamte Verwaltung eingesetzt. Beim Qualitätsmanagement wird hingegen eine zeitlich nicht unterbrochene, also eine kontinuierliche Verbesserung angestrebt.[267]

Beim *Auditing* geht es im ursprünglichen Sinn um die Buch- und Rechnungsprüfung durch eine externe Stelle. Diese Aufgaben werden im öffentlichen Sektor bislang weitgehend von der Finanzkontrolle oder den Rechnungshöfen wahrgenommen. Im Gegensatz zur Selbstkontrolle mit Hilfe eines Verwaltungscontrolling wird durch das Auditing nicht mehr nur der Ressourceneinsatz begutachtet, sondern auch das Funktionieren des Gesamtsystems untersucht. Dabei wird oftmals auf Erhebungen und Informationen anderer Stellen zurückgegriffen. Dies können auch externe Evaluationen oder ein internes Monitoring sein.[268] Die Gemeinsamkeit von Evaluation und Auditing liegt in der weitgehend retrospektiven Beurteilung von aktuellen oder vergangenen Handlungen, Prozeduren oder Systemen. Wobei Evaluationen allerdings mitunter auch ex-ante durchgeführt werden. Wesentliche Unterschiede liegen in der Art und Weise der Fragestellung und der angewendeten Analysemethodik. Während beim Auditing die Ist-Ermittlung, der Soll-Ist-Vergleich und die abschließende Urteilsbildung im Mittelpunkt stehen, um die Ordnungs- und Zweckmäßigkeit sicherzustellen, befasst sich die Evaluation mit dem Testen von Hypothesen, dem Verwerfen von widersprüchlichen Erklärungen und dem Versuch, die ursprüngliche Frage dem Grunde nach zu klären.[269] Auch die Frequenz der beiden Ansätze unterscheidet sich: Während Evaluationen je nach Zielsetzung nur zu bestimmten Zeitpunkten angewendet werden, findet ein Auditing häufig periodisch und nach der Durchführung von Maßnahmen statt.

In der Abbildung 6 werden abschließend nochmals die wesentlichen Ansätze zur Erfolgskontrolle in öffentlichen Verwaltungen verglichen und ihre wesentlichen Vor- und Nachteile aufgezeigt.

---

[266] Vgl. Stockmann, R. (2006), S. 34 f.
[267] Vgl. Buschor, E. (2002), S. 71.
[268] Vgl. Ritz, A. (2003a), S. 42.
[269] Vgl. Pede, L. (1999), S. 163 f.

| | Monitoring | Controlling | Qualitäts-managem. | Auditing | Evaluation |
|---|---|---|---|---|---|
| **Hauptziel** | Beobachtung der Umwelt, Feinsteuerung des Vollzugs | Wirtschaftlich-keit der Pro-zesse und Leistungen | Kontinuierliche Verbesserung und Sicherung der Qualität | Umfassende Ordnungs-mäßigkeits- und Zweckmäßig-keitsprüfung | Kenntnisse über Wirkungs-zusammen-hänge |
| **Fre-quenz** | Begleitend, ständig | Begleitend, periodisch | Begleitend, ständig | Ex-post, periodisch | Ex-ante, beglei-tend, ex-post |
| **Typischer Vergleich** | Quer-, Längs-schnittvergleich, Zeitreihen | Quer-, Längs-schnittvergleich, Zeitreihen, Soll-Ist | Quer-, Längs-schnittvergleich | Soll-Ist | „Policy on-policy off", Quer-, Längsschnittver-gleich, Soll-Ist |
| **Vorteile** | Laufende Feed-backs, eher geringe Kosten | Rasche Feed-backs, Zahlen und Fakten, permanenter Kontakt zu Ver-waltungsstellen | Einbezug aller Mitarbeitenden, verbesserungs-orientiert | Unabhängige Feedbacks, kritisch, Syn-these mehrerer Perspektiven | Kenntnis der Wirkungszusam menhänge, Ent-scheidungsunter stützung, kri-tisch, mehrere Perspektiven |
| **Nachteile** | Wirkungszu-sammenhänge nicht ersichtlich, oft falsche Verwendung | Kaum Wir-kungsaspekte, zahlenlastig | Aufwendig, eher teuer, Wirkungs-zusammenhän-ge nicht ersicht-lich | Keine laufende Prozesskorrek-tur | Zeitaufwändig, eher teuer |

*Abbildung 6: Merkmale von Erfolgskontrollen*[270]

## 3.2 Ziele der Evaluation

Die Kernidee der Evaluation ist, Prozesse transparent zu machen, Wirkungen zu do-kumentieren und Zusammenhänge aufzuzeigen, um auf dieser Grundlage letztlich Ent-scheidungen treffen zu können. Dabei stellt die Evaluation keinen Selbstzweck dar, sondern soll einen Nutzen stiften.[271] Ihre Ziele werden im Wesentlichen durch vier miteinander verbundene und nicht immer überschneidungsfreie Leitfunktionen be-stimmt. Je nach der Ausrichtung einer Evaluation findet eine unterschiedliche Gewich-tung zwischen den einzelnen Funktionen statt. In Abbildung 7 sind die vier Zielebenen dargestellt. Diese sollen im Weiteren näher erläutert werden.

---

[270] In Anlehnung an: Ritz, A. (2003a), S. 44 und Bussmann, W. (1995), S. 346.
[271] Vgl. Stockmann, R. (2006), S. 28.

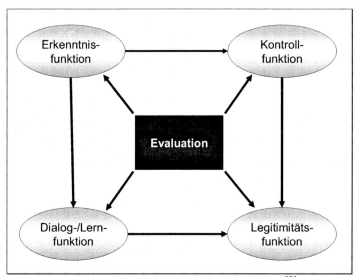

*Abbildung 7: Zielfunktionen von Evaluationen[272]*

Ein wesentliches Ziel der Evaluationen ist die Gewinnung von *Erkenntnissen*, um Entscheidungen auf eine rationale Grundlage stellen zu können. Dies soll letztlich sowohl den Auftraggebern als auch den Zielgruppen des bewerteten Programms nutzen.[273] In den frühen Phasen eines Projektes oder bei innovativen Programmen wird das Ziel angestrebt, entscheidungsrelevante Daten wie neuartige Wirkungen zu sammeln, um damit Erkenntnisse für die weitere Ausgestaltung zu liefern.[274] Anhand vorgegebener Bewertungskriterien kann dann eine entsprechende Beurteilung stattfinden. Neben einem reibungslosen Programmablauf, der ausreichenden Akzeptanz der Beteiligten und der effektiven Durchführung können auch veränderte Rahmenbedingungen oder der Beitrag eines Programms zur Lösung des Problems Inhalte einer solchen Evaluation zur Erkenntnisgewinnung sein.[275] Durch die Schaffung eines besseren Verständnisses für die Stärken und Schwächen des Evaluationsgegenstandes werden die Grundlagen für die weiteren Zielfunktionen der Evaluation gelegt.[276]

Die *Kontrollfunktion* dient dazu, festzustellen, ob in der Planung festgesetzte Ziele durch ein Projekt oder ein Programm erreicht wurden. Im Vordergrund steht dabei

---

[272] In Anlehnung an: Stockmann, R. (2002), S. 3 f.
[273] Vgl. Stockmann, R. (2006), S. 30.
[274] Vgl. Ritz, A. (2003a), S. 90.
[275] Vgl. Stockmann, R. (2002), S. 3.
[276] Vgl. Thom, N./Ritz, A. (2006), S. 200.

häufig, die entstandenen Defizite zu erkennen, um unmittelbar steuernd eingreifen zu können. Dadurch werden auch gleichzeitig Informationen darüber gewonnen, ob alle Beteiligten ihre Aufgaben erfüllt haben und ihren Verpflichtungen nachgekommen sind.[277] Zusätzlich kann die Kontrolle durch die Evaluation Belege dafür bringen, inwieweit einzelne Ziele von Interventionen noch relevant sind oder mit welcher Effizienz die Wirkungen von Maßnahmen erreicht werden. Auch die Berücksichtigung von nicht intendierten positiven wie negativen Nebenwirkungen ist Teil der Kontrollfunktion.[278]

Neben erkenntnisorientierten liefern auch kontrollorientierte Evaluationen die notwendigen Befunde, die für den Prozess von *Dialog und Lernen* genutzt werden können. Damit ist das Ziel verbunden, den Stakeholdern[279] Informationen für einen Dialog zu liefern, um danach eine realistische Einschätzung des evaluierten Prozesses abzugeben und somit Lernprozesse zu ermöglichen.[280] Aus dieser Perspektive der Verbesserung erhebt die Evaluation den Anspruch zur Verfeinerung und Modifikation von Programmen, um diese reibungsloser, effektiver, effizienter, leistungsorientierter und den Bedürfnissen der Empfänger besser angepasst zu gestalten. Dabei wird der Schwerpunkt statt auf eine sehr strikte Ausrichtung nach methodologischen Grundsätzen auf die Schnelligkeit, Flexibilität und Relevanz gelegt. Programmverbesserungen und -neuausrichtungen gelten für die Praxis als das wesentliche Ziel von Evaluationen.[281]

Nicht nur die Durchführung von Evaluierungen, sondern auch ihre Ergebnisse sollen dazu beitragen, der Entwicklung und Durchführung von Projekten oder Programmen eine *Legitimation* zu verschaffen. Es bietet sich damit die Möglichkeit, nachprüfbar darzulegen, mit welchem Input, welche Output- und Wirkungs-Ergebnisse erzielt wurden und ob diese in einem angemessenen Verhältnis zueinander stehen. Darüber hinaus lässt sich auch die Nachhaltigkeit der durchgeführten Maßnahmen überprüfen, um den längerfristigen Erfolg von Maßnahmen zu dokumentieren. Wird eine Evaluation nur durchgeführt, um gewisse politische Entscheidungen nachträglich zu rechtfertigen, spricht man auch von der taktischen Funktion der Evaluierung.[282] Dabei wissen häufig die Akteure des Evaluationsgegenstandes selber gut über deren Wirksamkeit Bescheid und benötigen keine zusätzlichen Informationen über die Maßnahme. Aber nur durch eine unabhängige und externe Autorität wird diese Effektivität auch nach außen hin sichtbar. Bei dem Legitimationsziel handelt es sich also um eine objektive Dokumen-

---

[277] Vgl. Stockmann, R. (2000), S. 15.
[278] Vgl. Bortz, J./Döring, N. (2006), S. 97.
[279] Unter Stakeholder versteht man alle Beteiligten an einem Prozess, also Mittelgeber, Durchführungsorganisation (Evaluatoren), die Zielgruppen und sonstige Beteiligte und Betroffene.
[280] Vgl. Flick, W. (2006), S. 14.
[281] Vgl. Vedung, A. (1999), S. 98.
[282] Vgl. Stockmann, R. (2002), S. 3 f.

tation häufig gegenüber der Bevölkerung und um eine Rechtfertigung einer Entscheidung im Nachhinein.[283] Allerdings ist dieses taktische Vorgehen kaum mit dem eigentlichen Zweck der Evaluationen vereinbar.

## 3.3 Arten der Evaluation

Es gibt eine sehr große Zahl unterschiedlicher Evaluationsarten und -bezeichnungen, die im öffentlichen Sektor und dort im Zusammenhang mit Projekten der Verwaltungsmodernisierung von Relevanz sein können. Um diese zu systematisieren, soll eine Einteilung nach verschiedenen *Untersuchungsmerkmalen* vorgenommen werden. Die im Folgenden näher betrachteten Kriterien sind der Evaluationsgegenstand, der Zeitpunkt der Untersuchung, die durchführenden Personen und das verwendete Erhebungsdesign. Zum Abschluss sollen noch einige weitere Kategorisierungsmöglichkeiten von Evaluationen vorgestellt werden.

Bei der Einteilung nach dem *Gegenstand* oder dem Objekt der Evaluation kann im Wesentlichen zwischen Programm-, Produkt-, Gesetzes-, Institutionen- und Reformevaluationen unterschieden werden. Bei *Programmevaluationen* werden staatliche Maßnahmen untersucht, die der Umsetzung von politischen Zielen dienen. Dabei wird als Programm ein Maßnahmenbündel verstanden, das geplant und konzipiert ist, um Veränderungen bei sozialen Bedingungen gezielt herbeizuführen.[284] *Produktevaluationen* werden zur Bewertung und Verbesserung von Kosten, Qualität, Ertrag und möglichem Absatzmarkt von konkreten Waren sowie im öffentlichen Sektor vor allem von Dienstleistungen eingesetzt. Einen zunehmend größeren Stellenwert im Rahmen der Verwaltungsmodernisierung nehmen die *Gesetzesevaluationen* ein. Dabei lassen sich prospektive, begleitende und retrospektive Gesetzesfolgenabschätzung oder auch Gesetzesevaluation unterscheiden.[285] Bei der ersten sollen schon ex-ante die relevanten Grundlagen sowie prognostizierten Be- und Entlastungen möglichst transparent und exakt dargestellt werden, um eine optimale Regelungsalternative zu finden. Mit der begleitenden sollen bei rechtsförmigen Entwürfen vor allem Widersprüche und Mängel erkenntlich gemacht werden, um damit eine Optimierung des Entwurfs zu erreichen. Die retrospektive Gesetzesevaluation versucht, die eingetretenen Folgen von Rechtsvorschriften zu ermitteln. Damit soll der Erfolg bestehender Regelungen aufgezeigt und, sofern notwendig, Ansatzpunkte für eine Verbesserung kenntlich gemacht

---

[283] Vgl. Nideröst, B. (2002), S. 41.

[284] Vgl. Thom, N./Ritz, A. (2006), S. 198.

[285] Hierbei wird zunehmend der aus den Niederlanden adaptierte Ansatz des Standard-Kosten-Modells (SKM) zur Messung von Bürokratiekosten verwendet. Vgl. dazu bspw. Bertelsmann Stiftung (2006).

werden.[286] Gegenstand der *Institutionenevaluierung* ist die Umgestaltung der politisch-administrativen Strukturen. Sie widmet sich dabei der Bewertung von Inputs, Zielen, Strukturen, Verfahren, Ergebnissen und der davon abhängigen Aufgabenerfüllung einer Institution. Der wesentliche Unterschied zur Programmevaluation liegt in der größeren Unabhängigkeit gegenüber materiellen Wirkungen.[287] Die *Reformevaluation* befasst sich mit den „spezifischen Veränderungen des Institutionsgefüges, die aufgrund eines geplanten Wandels eintreten".[288] Im Vergleich mit der Institutionenevaluation stehen nicht die Ergebnisse des institutionellen Handelns im Mittelpunkt, sondern der Vergleich der Ergebnisse mit denen vor dem Wandel.[289] Mit den Reformevaluationen sollen erreichte Ergebnisse transparent gemacht, entstandene Probleme aufgezeigt und/oder Verbesserungsvorschläge eingebracht werden. Über diese Einteilung des Evaluationsgegenstandes in die fünf genannten Kategorien hinaus gibt es auch noch weitere, die bisweilen angeführt werden, darunter die Projekt-, Personal- und Metaevaluation. Zudem werden gelegentlich andere Systematisierungsansätze verwendet, die sich allerdings weniger an dem evaluierten Gegenstand als mehr an den Ergebnissen der Evaluation orientieren.[290]

Eine weitere Systematisierungsmöglichkeit orientiert sich an dem *Zeitpunkt*, zu dem eine Evaluation durchgeführt wird. Dabei lassen sich ex-ante, on-going und ex-post Evaluationen hinsichtlich der zeitlichen Analyseperspektive der Evaluation im Vergleich zum betrachteten Objekt unterscheiden. Durch die Anwendung der *Ex-ante-* oder auch Planungsevaluation wird angestrebt, die zukünftigen Wirkungen und Ursache-Wirkungszusammenhänge vorab einzuschätzen. Zudem soll bewertet werden, ob die erwarteten Ergebnisse aus einem Programm mit den vorhandenen personellen, organisatorischen sowie finanziellen Mitteln und den geplanten Maßnahmen auch zu erreichen sind.[291] Das Ziel ist also das Sammeln von Informationen und die Analyse von Alternativen; wichtig sind dabei aber nicht nur die erwarteten Effekte, sondern auch mögliche Nebenwirkungen.[292] Vielfach wird dabei auch auf bestehende Erfahrungen vergleichbarer und schon abgeschlossener Projekte Bezug genommen. Die so genannte *on-going* Evaluation[293] setzt mit dem Beginn der Umsetzung von Program-

---

[286]  Vgl. Konzendorf, G. (2005), S. 462 ff.
[287]  Vgl. Ritz, A. (2003a), S. 46.
[288]  Ritz, A. (2003a), S. 190.
[289]  Vgl. Thom, N./Ritz, A. (2006), S. 198 f.
[290]  WOLLMANN bezeichnet eine Evaluation von Verwaltungsreformprojekten als Institutionenevaluierung, die erzielten Effizienz-Ergebnisse der Institution als Performanzevaluierung und die Verteilungswirkung auf die Gesellschaft als Outcomesevaluierung. Vgl. dazu Wollmann, H. (2005), S. 502 f.
[291]  Vgl. Stockmann, R. (2000), S. 13.
[292]  Vgl. Knaap, P. van der (2000), S. 335 f.
[293]  In diesem Zusammenhang wird teilweise auch von begleitender oder Prozess-Evaluation gesprochen. Vgl. Wollmann, H. (2005), S. 503 sowie Thierau, H./Wottawa, H. (1998), S. 32.

men, Projekten sowie Maßnahmen ein und dient der Beobachtung des Durchführungs-
prozesses. Das Ziel dieses Evaluierungsansatzes ist die frühzeitige Rückkoppelung der
gewonnenen (Zwischen-)Ergebnisse an die relevanten Akteure im politischen, administrativen und gesellschaftlichen Umfeld und damit die Korrektur von bereits eingelei-
teten möglichen Fehlentwicklungen.[294] Im Mittelpunkt steht dabei die Ermittlung von
möglichst zügig umsetzbaren Evaluationsergebnissen, um einen kontinuierlichen
Lernprozess zur Verbesserung eines Programms zu erreichen.[295] *Ex-post* Evaluationen
werden nach dem Abschluss einer Maßnahme oder nach der Umsetzung einer Reform
durchgeführt. Angestrebt wird deren abschließende Beurteilung, darüber hinaus sollen
auch die Stärken und Schwächen einer durchgeführten Intervention analysiert werden.
Wesentliche Bestandteile sind die Erfolgskontrollen, mit denen die erwarteten und
nicht-erwarteten Ergebnisse analysiert werden sollen und Wirkungsanalysen, die kau-
sale Zusammenhänge zwischen Programm und beobachteten Veränderungen ermitteln.
Ex-post Analysen gelten auch als „klassische" Variante der Evaluation.[296]

Über die Einteilung nach den verschiedenen Zeitpunkten hinaus wird bisweilen eine
Systematisierung nach dem dahinter stehenden Evaluationskonzept vorgenommen.
Beide Ansätze weisen dabei gewisse Überschneidungen auf. Es wird unterschieden
zum einen die *formative* Evaluation, also eine aktiv-gestaltende, konstruktive und pro-
zess- und kommunikationsfördernde und zum anderen die *summative*, demnach zu-
sammenfassende, bilanzierende und ergebnisorientierte Evaluation. Häufig wird aufgrund der Ähnlichkeit die on-going Evaluation mit der formativen und die ex-post
Evaluation mit der summativen gleichgesetzt.[297] Dieser Auffassung soll hier allerdings
nicht gefolgt werden, da auch eine Bewertung vor der Programmdurchführung kon-
struktiv und somit formativ sein kann und eine begleitend zum Programm durchgeführte Evaluation auch ergebnisorientierte, also summativ ausgelegt sein kann.[298]

Bei der Einteilung nach den *Verantwortungsträgern* kann zwischen einer internen und
einer externen Evaluation unterschieden werden. Die *interne* Evaluation wird von den
Mitgliedern der Organisation vorgenommen, die das zu evaluierende Programm durchführt. Damit liegt bei den Evaluatoren eine bessere Sachkenntnis vor, die Kosten sind
niedriger und die Einbindung der Betroffenen wird dadurch leichter erreicht. Allerdings muss beachtet werden, dass oftmals Mängel an Neutralität und an Erfahrungswissen auf dem Gebiet der Evaluationen vorliegen.[299] Dabei ist die interne Evaluation,

---

[294] Vgl. Wollmann, H. (2000), S. 198.
[295] Vgl. Ritz, A. (2003a), S. 50.
[296] Vgl. Promberger, K./Koler, D./Koschar, D. (2005), S. 46.
[297] Vgl. dazu bspw. Thom, N./Ritz, A. (2006), S. 199.
[298] Vgl. dazu auch Stockmann, R. (2004), S. 5 f.
[299] Vgl. Promberger, K./Koler, D./Koschar, D. (2005), S. 42.

z.B. in Form eines Controlling, ein Kernbestandteil vom NSM. Sie ist damit zur Steuerung von dezentralen Einheiten unverzichtbar.[300] Von der *Selbstevaluation* als speziel-
lem internem Verfahren wird gesprochen, wenn eine Institution sowohl die operative
Durchführung des Programms vornimmt als auch dessen Evaluierung. Die *externe*
Evaluation wird von Personen durchgeführt, die nicht zur Organisation gehören und
auch nicht Mittelgeber sind. Dadurch ergibt sich eine größere Unabhängigkeit und eine
umfangreichere Methodenkompetenz. Ferner können die Experten von außen dem
Projekt zusätzlich Legitimation und Bedeutung verleihen. Allerdings können externe
Evaluationen auch Abwehrreaktionen bei den Beschäftigten hervorrufen; sie sind zudem tendenziell teurer als interne.[301] Ob eine Evaluation intern oder extern durchgeführt werden soll, hängt maßgeblich von dem Hauptzweck der Studie ab. Das wesentliche Ziel kann die Rechenschaft gegenüber Externen, die Verbesserung von internen
Prozessen oder die grundlegende wissenschaftliche Erkenntnis sein. Oft erfolgt auch
eine Kombination der Sichtweisen, um die Vorteile beider Vorgehensweisen zu nutzen.[302]

Weiterhin kann man Evaluationen hinsichtlich ihres *Erhebungsdesigns* oder der verfolgten Strategie unterscheiden. Im Wesentlichen lassen sich Vollerhebungen bzw.
Objektauswahl, Fallstudien, Experimente und Quasi-Experimente unterscheiden. Bei
den *Vollerhebungen* werden alle von einer Maßnahme betroffenen Objekte in die Analyse einbezogen, damit fallen Grundgesamtheit und Stichprobe zusammen. Gerade bei
einer kleinen Anzahl von Elementen in der Grundgesamtheit bietet sich diese Vorgehensweise an. Bei zu vielen Objekten muss hingegen eine *Auswahl* getroffen werden.
Dabei besteht das Problem, wie selektiert werden soll. Neben einer Zufallsauswahl
nach statistischen Verfahren oder einer bewussten Auswahl aufgrund theoretischer
Kriterien kann auch ein willkürliches Auswahlverfahren angewendet werden, bei dem
weder Kriterien verwendet noch die Stichprobe kontrolliert wird.[303] Hinsichtlich der
Fallstudien lässt sich zwischen Einzelfalluntersuchungen und vergleichenden Fallstudien unterscheiden. Bei der *Einzelfallstudie* wird versucht, möglichst viele Dimensionen eines Einzelfalls zu beobachten und zu beschreiben, um ihn damit ganzheitlich
und realitätsgerecht zu erfassen. Dieses Vorgehen bietet sich insbesondere bei außer-
gewöhnlichen, repräsentativen, aufdeckenden Fällen und bei Fällen an, deren Daten
über einen längeren Zeitraum gesammelt werden sollen, überdies bei einem Pilotob-
jekt, bei dem eine Anwendung für andere Einheiten zunächst getestet wird. Mit der
*vergleichenden Fallstudie* sollen Ähnlichkeiten und Unterschiede zwischen verschie-

---

[300] Vgl. Jacoby, K.-P. (2002), S. 119.
[301] Vgl. Stockmann, R. (2006), S. 33.
[302] Vgl. Vedung, A. (1999), S. 105.
[303] Vgl. Vedung, A. (1999), S. 192 f.

denen Evaluationsobjekten[304] aufgezeigt werden, um dadurch auftretende Effekte verstehen und interpretieren zu können.[305] Besonders wichtig sind in diesem Zusammenhang die Analysen von festgestellten Effekten und jenen, die sich ergeben hätten, wenn die Organisation das Projekt nicht durchgeführt hätte. Entweder kann eine vergleichbare Institution gefunden werden, die die Maßnahme nicht durchführt, oder man trifft hypothetische Annahmen, wie sich eine Organisation ohne diese Maßnahme entwickelt hätte.[306]

Je nach Ausgestaltung der vergleichenden Fallstudien weisen diese Ähnlichkeiten zu *Experimenten* auf. Hierbei werden zwei Gruppen gebildet. Eine Zielgruppe (experimentelle Gruppe), die an dem zu evaluierenden Programm teilnimmt, und eine zweite Gruppe (Kontrollgruppe), die sich daran nicht beteiligt. Diese beiden Gruppen werden gegenübergestellt, und es wird analysiert, ob und in welchem Ausmaß ein Programm die festgestellten Resultate bei der Zielgruppe ursächlich ausgelöst hat. Dabei geschieht die Zuweisung zu einer der beiden Gruppen nur nach dem Zufallsprinzip („randomisiert"). Solche Modelle entwickeln eine große Überzeugungskraft für die Beteiligten, liefern allerdings kaum Anhaltspunkte, wie die Verbesserung der Programme erfolgen soll. Ferner sind die Anforderungen an die Daten sehr hoch. Es wird eine große Zahl an verfügbaren Datensätzen verlangt, zudem sollten die Rahmenbedingungen, unter denen das Experiment durchgeführt wird, möglichst stabil sein.[307]

Als weiteres wesentliches Evaluationsdesign sind die *quasi-experimentellen* Evaluationen zu nennen. Dabei halten diese die hohen Anforderungen der Experimente an die Daten nicht vollkommen aufrecht, sondern versuchen dem Vorgehen nur möglichst nahe zu kommen. Die Randomisierung der untersuchten Einheit wird nicht aufrechterhalten genauso wie die vollständige Kontrolle.[308] Insbesondere zwei Verfahren kommen hierbei zum Einsatz. Zum einen wird versucht, eine Querschnittsanalyse zu einem einzigen Zeitpunkt zu machen, bei der die Untersuchungsgruppe mit der Vergleichsgruppe Übereinstimmungen in Bezug auf die relevanten Kriterien besitzt („matching"[309]). Zum anderen wird die Untersuchung einer Zeitreihe vorgenommen, bei der das Untersuchungsobjekt longitudinal in mehrere Einheiten aufgeteilt und unter der Annahme analysiert wird, dass dieses seine Kontinuität und Identität im Zeitablauf

---

[304] Ein wesentliches Beispiel für vergleichende Evaluierungen können Benchmarking-Projekte sein. Vgl. dazu ausführlich im Kapitel 4.5.9.
[305] Vgl. Promberger, K./Koler, D./Koschar, D. (2005), S. 116 ff.
[306] Vgl. Ritz, A. (2003a), S. 265.
[307] Vgl. Beywl, W. (2006), S. 98 f.
[308] Vgl. Beywl, W. (2006), S. 99; Klöti, U./Widmer, T. (1997), S. 195.
[309] Dabei gibt es die Möglichkeiten eines Gruppen-Matching oder eines paarweisen Matching. Zum Prozess des Matching siehe ausführlich Rossi, P./Libsey, M./Freemann, H. (2004), S. 276 ff.

bewahrt hat.[310] Auch eine Kombination der „unechten" Kontrollgruppen-Vergleiche und der Zeitreihenanalysen ist möglich, dabei wird die reine Vorher-Nachher-Analyse um eine Kontrollgruppe und deren Zeitreihe ergänzt.[311] Sowohl bei den experimentellen als auch bei den quasi-experimentellen Ansätzen ist zu entscheiden, ob diese als Felduntersuchungen oder als Laboruntersuchungen durchgeführt werden sollen. Während bei der ersten Kategorie die Wirksamkeit von Programmen unter realen Bedingungen getestet wird, wird bei den Laboruntersuchungen das Umfeld künstlich hergestellt.[312]

Neben der Systematisierung der Evaluationsarten nach dem Gegenstand, dem Zeitpunkt, der Durchführungssteuerung und dem verwendeten Erhebungsdesign werden in der Literatur bisweilen noch weitere Einteilungen vorgeschlagen.[313] So lässt sich eine Evaluation auch nach den untersuchten *Objekten* einteilen. Diese Einteilung ähnelt derjenigen nach dem Gegenstand der Evaluation, dabei ist die Systematisierung allerdings etwas grundsätzlicherer Natur. Als mögliche Objekte kommen im Wesentlichen Personen, Produkte, Zielvorgaben, Techniken/Methoden, Programme/Projekte, Systeme/Strukturen und Forschungsergebnisse in Frage.[314] Weiterhin kann in Abhängigkeit von der *Art der Fragestellung* unterschieden werden. Neben deskriptiven, mit denen nur die benötigten Informationen bereitgestellt werden und zusätzlich die Vorgehensweise der Implementierung von Programmen offen gelegt werden soll, gibt es darauf aufbauende normative, die zusätzlich den Soll-Ist-Vergleich mit einbeziehen und kausalorientierte Evaluationen, die darüber hinaus noch versuchen, die Ursache-Wirkungs-Beziehungen herzustellen.[315] Schließlich können Evaluationen hinsichtlich ihres *Umfangs* unterschieden werden. Mit Kurzevaluationen[316] lassen sich relativ rasch und günstig Ergebnisse erzielen, dafür sind die Ergebnisse von Langevaluationen von höherer Qualität und lassen eine vertiefende Analyse der Wirkungen zu.[317]

---

[310] Vgl. Wollmann, H. (2000), S. 204 f.; Haldemann, T. (1997), S. 79.
[311] Vgl. Promberger, K./Koler, D./Koschar, D. (2005), S. 140.
[312] Vgl. Bortz, J./Döring, N. (2006), S. 114.
[313] Da die Anzahl der Systematisierungsmöglichkeiten von Evaluation sehr groß ist, können hier deshalb nur die wesentlichen genannt werden. Eine Übersicht über weitere Einteilungsmöglichkeiten siehe bspw. bei Pede, L. (1999), S. 156 ff.; Beywl, W./Speer, S./Kehr, J. (2004), S. 73 oder Vedung, E. (1999), S. 31.
[314] Vgl. Thierau, H./Wottawa, H. (1998), S. 59 f..
[315] Vgl. Pede, L. (1999), S. 157.
[316] Als Richtwert für eine Kurzevaluation gilt eine Dauer von sechs Monaten bis zu einem Jahr, während Langevaluationen bis zu vier Jahre in Anspruch nehmen können. Allerdings richtet sich dieser Wert auch nach der Intensität und den verwendeten Evaluationsmethoden. Vgl. AGEVAL (1991), S. 24 ff.; Ritz, A. (2003a), S. 54.
[317] Vgl. Ritz, A. (2003a), S. 54 f.

## 3.4  Durchführung einer Evaluation

Im Folgenden soll der Prozess der Evaluationsdurchführung näher erläutert werden. Aufgrund der Methodenkomplexität und der vorgestellten Heterogenität der Evaluationsansätze ist es schwierig, geeignete Kriterien zur Beurteilung von Evaluationen zu finden. Eine Möglichkeit, die Durchführung und nachträgliche Bewertung entsprechend zu unterstützen, sind Evaluationsstandards.[318] Daher sollen zunächst die Standards der Deutschen Gesellschaft für Evaluation (DeGEval) vorgestellt werden, die zudem den Handlungsrahmen für den gesamten Evaluationsprozess bilden.[319] Anschließend wird das Vorgehen der Durchführung einer Evaluation in den einzelnen Phasen (Festlegung des Objektes, Zielsetzung, Planung, Datenerhebung, Analyse und Umsetzung) beschrieben.

### 3.4.1  Evaluationsstandards

Durch die fortschreitende Professionalisierung der Durchführung der Evaluation Ende der 70er Jahre in den USA sind unterschiedliche Initiativen gestartet worden, um mittels Kriterien die vielfältigen Qualitätsdimensionen von Evaluationen zu erfassen. Das am weitesten verbreitete Kriterienset war der 1981 veröffentlichte und hinsichtlich der Gegenstandsbereiche relativ offene Ansatz der „Standards for Evaluation" vom „Joint Committee on Standards for Education Evaluation".[320] Diese Standards fanden im deutschen Sprachraum bis Mitte der 90er Jahre nur wenig Beachtung, obwohl zuvor schon einige Evaluation auf diesen Grundlagen durchgeführt wurden. Im Zuge der zunehmenden Verbreitung des Instrumentes der Evaluation auch in Deutschland wurden im Jahr 1999 von der DeGEval eigene Standards formuliert.[321] Dabei wurde auf eine vollständige Neudefinition und Neugliederung verzichtet, um die Erfahrungen aus dem Ausland nutzen und den Informationsaustausch zwischen den Ländern gewährleisten zu können. Mit den Standards ist die Aufgabe verbunden, die Qualität von Evaluationen zu sichern, den fachlichen Rahmen für einen Dialog über die Qualität zu bieten, eine Unterstützung bei der Planung und Durchführung von Evaluationsprojekten zu liefern, Anknüpfungspunkte für Aus- und Weiterbildung auf diesem Gebiet zu liefern und Transparenz über die Evaluation als Instrument zur Bewertung zu schaffen.[322] Gemäß der Evaluationsstandards der DeGEval sollten Evaluationen vier grundlegende

---

[318]  Vgl. Klöti (1997), S. 55.
[319]  Da die Evaluation auch in Deutschland durchgeführt werden soll und in die Standards die Erfahrungen anderer schon vorher niedergelegter Länderstandards eingegangen sind, soll hier auch auf die Standards der DeGEval zurückgegriffen werden.
[320]  Vgl. Stockmann, R. (2002), S. 12.
[321]  Vgl. Widmer, T. (2000), S. 87.
[322]  Vgl. Stockmann, R. (2002), S. 12.

Eigenschaften aufweisen: Nützlichkeit, Durchführbarkeit, Fairness und Genauigkeit. Diese Leitsätze verteilen sich auf insgesamt 25 Einzelstandards (siehe Abbildung 8).

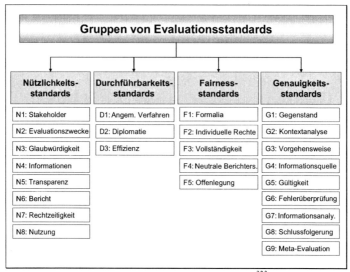

*Abbildung 8: Evaluationsstandards[323]*

Die acht *Nützlichkeitsstandards* sollen sicherstellen, dass sich die Evaluation an den Zielen und den Informationsbedürfnissen der Nutzer ausrichtet. Dazu gehört die Stakeholderorientierung, um die Interessen sowie die Bedürfnisse der Beteiligten und Betroffenen zu identifizieren und zu berücksichtigen. Auch die Ziele, die mit der Evaluation verfolgt werden, sollten bestimmt werden, damit das Evaluationsteam einen klaren Auftrag verfolgen kann.[324] Besonders wichtig im Zuge dieses Prozesses ist die Rolle des Evaluators. Dieser muss persönlich glaubwürdig sein, denn die unterschiedlichen Funktionsträger einer Evaluation (Interventoren, Zielgruppe und Durchführende), mit teilweise gegensätzlichen Interessen und sehr unterschiedlichen Fachkenntnissen, verlangen von dem Evaluator ein hohes Maß an Feinfühligkeit, sozialer Kompetenz und diplomatischer Vorgehensweise. Darüber hinaus ist auch die fachliche Kompetenz des Durchführenden gefragt. Er sollte über fachliches Wissen auf dem Gebiet des Evaluationsobjektes verfügen, zudem solide Kenntnisse der empirischen Forschung und der statistischen Analyse aufweisen.[325] Bei der Auswahl und dem Umfang der Informationen ist es wichtig, dass mit Hilfe dieser die Beantwortung der Fragen möglich ist, zudem die Bedürfnisse aller Beteiligten ausreichend berücksichtigt werden. Im Rahmen der Transparenz von Werten wird gefordert, dass die Verfahren und Gedanken-

---

[323]  In Anlehnung an: Röhrig, A. (2008), S. 151.
[324]  Vgl. DeGEval (2002), S. 21 ff.
[325]  Vgl. Bortz, J./Döring, N. (2006), S. 103 f.

gänge, auf denen die Interpretation beruht, sorgfältig beschrieben werden, um die Grundlagen der Werturteile offen zu legen. Der zu erstellende Bericht sollte alle wesentlichen Informationen wie Ziele, Verfahren und Ergebnisse der Evaluation enthalten. Darüber hinaus ist die Rechtzeitigkeit der Durchführung bedeutsam, damit ihre Ergebnisse entsprechend verwendet werden können. Die Planung und Durchführung sowie der Bericht sollten die Beteiligten motivieren, den Evaluationsprozess aufmerksam zu verfolgen, um den Nutzen und die Nutzung der Analyse sicherzustellen.[326]

Mit den drei *Durchführbarkeitsstandards* im Rahmen des DeGEval-Ansatzes soll eine realistische, diplomatische, gut durchdachte und kostenbewusste Evaluation erreicht werden. Dazu ist es notwendig, angemessene Verfahren zu wählen, damit die Belastungen der Beteiligten in einem angemessenen Verhältnis zum erwarteten Nutzen stehen. Daher muss nicht die aus wissenschaftlicher Sicht aussagekräftigste Methode zum Einsatz kommen, sondern das Verfahren, das am praktikabelsten anwendbar ist. Weiterhin sollte ein diplomatisches Vorgehen gewählt werden, um bei den verschiedenen Interessengruppen eine möglichst hohe Akzeptanz in Bezug auf Vorgehen und Ergebnisse zu erreichen. Nicht zuletzt spielt auch die Effizienz einer Evaluation eine wichtige Rolle. Der Wert der erhaltenen Informationen sollte dabei in einem angemessenen, also positiven Verhältnis zu den insgesamt verursachten Kosten stehen.[327]

Die *Fairnessstandards* bestehen aus fünf Elementen. Mit ihnen soll sichergestellt werden, dass die Evaluatoren respektvoll und fair mit den Betroffenen umgehen. Es wird angestrebt, dass die beteiligten Parteien formelle Vereinbarungen treffen, in denen die jeweiligen Pflichten niedergelegt sind. Diese Übereinkommen sollten Festlegungen zu Zeitbezug, Inhalten, Finanzen, beteiligten Personen und zum geplanten Vorgehen enthalten. Selbstverständlich sind bei einer Evaluation auch die individuellen Rechte und die Menschenwürde der betroffenen Personen zu respektieren. Ferner sollte die Analyse vollständig sein und in fairer Weise die Stärken und Schwächen des Evaluationsobjektes aufzeigen, um Verbesserungen durchführen zu können.[328] Weiterhin wird eine möglichst neutrale Durchführung und Berichterstattung erwartet. Alle Sichtweisen von den Beteiligten und Betroffenen sollten berücksichtigt werden und der Evaluator sollte die Bewertungen gerecht und frei von persönlichen Gefühlen treffen. Mit der Offenlegung der Ergebnisse wird angestrebt, dass allen Stakeholdern die Evaluationsergebnisse zugänglich gemacht werden.[329]

---

[326] Vgl. Widmer, T. (2000), S. 88.
[327] Vgl. Sanders, J./Beywl, W. (2000), S. 87 ff.
[328] Vgl. Klöti, U. (1997), S. 55.
[329] Vgl. DeGEval (2002), S. 29 f.

Die neun *Genauigkeitsstandards* sollen gewährleisten, dass eine Evaluation die fachlich angemessenen Informationen sowie Ergebnisse hervorbringt und vermittelt.[330] Dazu ist zunächst der Evaluationsgegenstand genau zu spezifizieren und zu dokumentieren. Auch sein Kontext sollte ausreichend untersucht werden, um die Zusammenhänge zudem seine Wirkungen und Nebenwirkungen zu analysieren. Damit in Zusammenhang steht die detaillierte Beschreibung von Zweck, Gegenstand, Fragestellung und Vorgehen der Evaluation. Alle genutzten Informationsquellen sollten dokumentiert und beschrieben werden, so dass die Angemessenheit und Verlässlichkeit eingeschätzt werden kann. Das Verfahren zur Informationsgewinnung sollte so gewählt werden, dass die Zuverlässigkeit der erhaltenen Daten und Gültigkeit, bezogen auf die Evaluationsfragestellung nach fachlichen Kriterien, sichergestellt ist. Alle gesammelten, aufbereiteten und präsentierten Informationen sind systematisch auf mögliche Fehler zu überprüfen. Zusätzlich sollten nicht nur quantitative, sondern auch qualitative Informationen angemessen und systematisch in die Evaluation einbezogen werden. Zum Abschluss der Evaluation sollten die Schlussfolgerungen explizit begründet werden, um eine bessere Nachvollziehbarkeit zu erreichen. Schließlich ist es wünschenswert, die Evaluation selbst ausreichend zu dokumentieren und zu archivieren, um sie einer Meta-Evaluation zugänglich zu machen. Unter einer Meta-Evaluation wird in diesem Zusammenhang die Evaluation einer Evaluation verstanden, um deren Stärken und Schwächen gründlich überprüfen zu können.[331]

Die vorgestellten 25 Einzelstandards stellen sehr hohe Anforderungen an eine Evaluation.[332] Nur selten können sie vollständig eingehalten werden. Das liegt insbesondere auch daran, weil es Standards gibt, die konkurrierende Ansprüche formulieren[333] und weil die zur Verfügung stehenden Ressourcen oftmals knapp sind. Je nach Evaluationszweck und -gegenstand muss im konkreten Einzelfall die Gewichtung und die Angemessenheit überprüft werden. Dabei sind die Evaluationsstandards nur die äußere Bewertungsgrundlage. Die innere Grundlage kann nur in Kenntnis der spezifischen Evaluationsstudie bestimmt werden. Auch wenn die Zahl der Einzelstandards in den vier Dimensionen sehr unterschiedlich ausfällt, ist damit keineswegs eine Gewichtung beabsichtigt; auch hier ist der Einzelfall entscheidend.[334] Zudem können Einzelstandards gewissen Hauptaufgaben einer Evaluation zugeordnet werden. Bei der Definition des Evaluationsproblems sind dies beispielsweise die Identifizierung der Stakehol-

---

[330] Vgl. hierzu und im Folgenden: DeGEval (2002), S. 31 f. sowie Widmer, T. (2000), S. 90 f.
[331] Vgl. Wollmann, H. (2003), S. 21.
[332] Für die Selbstevaluation gibt es sogar noch weitere Standards, die eingehalten werden sollten (u.a. eine Selbstverpflichtung oder die Rollenklärung). Siehe dazu Müller-Kohlenberg, H./Beywl, W. (2003), S.79 ff.
[333] Als Beispiel sei hier die Rechtzeitigkeit der Durchführung und die Vollständigkeit selbiger genannt.
[334] Vgl. Widmer, T. (2000), S. 91 ff.

der, die Klärung des Zweckes, die Beschreibung des Untersuchungsgegenstandes, die Kontextanalyse und die Beschreibung der Zwecke und der Vorgehensweise.[335] Mittlerweile werden die Standards vereinzelt als Teil des Evaluationsvertrages eingesetzt und bei mangelnder Leistungsfähigkeit der Evaluation werden sie damit rechtlich relevant.[336]

### 3.4.2 Prozess der Evaluation

Auch wenn es in der Literatur sehr viele unterschiedliche Modelle und Formen der Evaluation auf zahlreichen Anwendungsgebieten gibt, bestehen hinsichtlich des Vorgehens einige Gemeinsamkeiten bei vielen empirischen Evaluationsstudien.[337] Die vorgestellten Standards bilden dabei den Rahmen für den gesamten Evaluationsprozess, wobei die Relevanz der Einzelstandards in den unterschiedlichen Phasen sehr verschieden ist. Im Weiteren werden die sechs Phasen (Objekt, Ziele, Planung, Datenerhebung, Bewertung und Umsetzung) näher erläutert (siehe dazu Abbildung 9).

---

[335] Eine Zuordnung von Einzelstandards zu den Aufgaben ist auch möglich: Entscheidung der Durchführung, Planung einer Evaluation, Informationsgewinnung und deren Auswertung, Budgetierung, Evaluationsvertrag, Steuerung und personelle Ausstattung der Evaluation. Siehe dazu ausführlich DeGEval (2002), S. 37 f.

[336] Vgl. Buschor, E. (2002), S. 67.

[337] Vgl. Promberger, K./Bernhard, J./Niederkofler, C. (2006), S. 157.

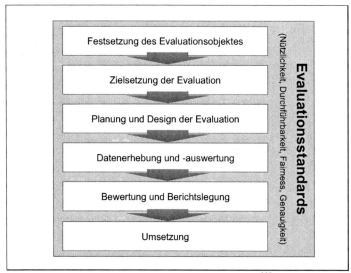

*Abbildung 9: Prozess der Evaluation*[338]

Im ersten Schritt wird der *Objektbereich* der durchzuführenden Evaluation *festgestellt*. Dabei geht es zunächst um die eigentliche Beschreibung des Untersuchungsgegenstandes sowie seine zeitliche, inhaltliche und räumliche Abgrenzung, um klar zu definieren, welches Objekt in welcher Phase mit der Analyse untersucht werden soll und wo diese Evaluierung stattfinden soll. Ferner sind die beabsichtigten Ziele, die Vorstellungen über die Wirkungsweise, der Detaillierungsgrad und der Umfang[339] der Evaluation schon im Vorfeld der Untersuchung zu klären. Möglichst frühzeitig sollte auch die Organisation des Projektes, inkl. der Bestimmung der internen oder externen Verantwortlichkeit des Evaluators, die Finanzierung der Analyse und die Untersuchung der betroffenen Anspruchsgruppen vollzogen werden, da auch all diese Aspekte einen maßgeblichen Einfluss auf die weiteren Phasen haben.[340]

Im nächsten Schritt ist die *Zielsetzung der Evaluation* zu spezifizieren, um das zu analysierende Problem näher zu erfassen. Dabei ist neben der Frage nach der Notwendigkeit der verfolgte Zweck der Untersuchung zunächst wesentlich. Hinsichtlich der Evaluationszwecke lassen sich drei grundlegende Anwendungsfelder unterscheiden. Ers-

---

[338] In Anlehnung an: Balzer, L./Frey, A./Nenniger, P. (1999), S. 394 ff.
[339] Beim Umfang geht es um die Frage, ob es sich dabei bspw. um ein längerfristiges komplexes Programm handelt, das evaluiert werden soll wie eine Gesetzesevaluation oder um einen relativ einfachen Gegenstand wie eine Schulungsveranstaltung. Vgl. dazu bspw. Thom, N./Ritz, A. (2006), S. 202.
[340] Vgl. Thom, N./Ritz, A. (2006), S. 202.

tens können Informationen durch eine Evaluation bereitgestellt werden, um eine *schrittweise Gestaltung* eines Objektes zu erreichen, z.b. ein Reformprojekt zu optimieren oder diesem entsprechend Orientierung zu geben. Zweitens werden die Informationen bereitgestellt, um auf dieser Grundlage wesentliche *Entscheidungen* zum Evaluationsgegenstand durchführen zu können. Das kann die Einführung, Weiterführung, Ausweitung oder Einstellung eines Programms sein. Der dritte Zweck ist die Bereitstellung von *neuen Erkenntnissen*, damit der öffentlichen, politischen oder der wissenschaftlichen Diskussion generelle Anregungen gegeben werden können.[341] Wenn der Hauptzweck der Evaluation festgestellt wurde, sind die mit der Evaluation verfolgten Ziele systematisch zu bestimmen. Meistens sind die Ziele allerdings im Vorfeld nicht ausreichend präzise formuliert. Die Festlegung der Forschungsfrage ist deshalb regelmäßig der Kernpunkt von Evaluationsstudien.[342] Werden verschiedene Anspruchsgruppen in die Zieldefinition mit einbezogen, entstehen häufig unterschiedliche, bisweilen sogar einander widersprüchliche Ziele. Dies kann die Evaluation allerdings in ihrer Durchführung beeinträchtigen. Es bietet sich daher oftmals eine klare Priorisierung der Ziele an, zumindest aber eine Offenlegung selbiger.[343] Sobald die (Teil-)Ziele festgelegt sind, kann die Formulierung von Zwischenzielen mit möglichst quantifizierbaren Wirkungen und von weiteren Zielwerten, die gute Indikatoren[344] zur Erreichung des endgültigen Zieles sind, erfolgen.[345]

Nach der Planung des Gegenstandes und der Ziele beginnt die konkrete *Projektplanung*. Dazu gehören der zeitliche Ablauf der einzelnen Schritte sowie eine Kosten- und Ressourcenabschätzung für die Untersuchung. Auch ist zu klären, welche Informationen für die Analyse unabdingbar sind und welche nur wünschenswert sind. Wichtig ist in dem Zusammenhang die Sichtung der bislang schon vorhandenen Materialien zu dem Evaluationsgegenstand, um den Bedarf an weiteren Informationen besser abschätzen zu können.[346] Aber auch das *Design* der Datenerhebung ist Teil dieser Phase. Zunächst ist zu klären, ob es sich um eine Vollerhebung, die Auswahl einer Vollerhebung, eine Fallstudie oder ein (Quasi-)Experiment handeln soll. Sodann ist festzulegen, welche Evaluationsmethode bei der Datenerhebung verwendet werden soll. Neben quantitativen Forschungsverfahren, die sich am empirisch-analytischen Paradigma ausrichten, kommen auch *qualitative Verfahren* zum Einsatz, hinter denen

---

[341] Vgl. Patton, M. (1997), S. 79.

[342] Vgl. Balthasar, A. (1997), S. 175.

[343] Vgl. Thierau, H./Wottawa, H. (1998), S. 56.

[344] An Indikatoren werden in diesem Zusammenhang hohe Anforderungen gestellt. Sie sollen die zentralen Aspekte wie Wirkungen und Nebenwirkungen messen, valide, einfach, treffend, klar, verlässlich, genau, rechtzeitig und vollständig sein. Vgl. dazu ausführlich Buschor, E. (2002), S. 63 ff.

[345] Vgl. Promberger, K./Bernhard, J./Niederkofler, C. (2006), S. 158.

[346] Vgl. DeGEval (2002), S. 23.

häufig ein interpretativ-hermeneutisches Paradigma steht. Letzterer Ansatz bezieht sich auf das Erfassen menschlicher Verhaltensäußerungen. Der Schwerpunkt liegt auf der problem- und einzelfallbezogenen Nützlichkeit und weniger auf der Generalisierbarkeit der Evaluationsergebnisse.[347] Als Erhebungsverfahren werden relativ offene Varianten wie nicht-standardisierte Interviews, Feldbeobachtungen und Dokumentenanalysen eingesetzt. Hierbei werden nicht zwingend alle zuvor festgelegten Merkmale eines Untersuchungsobjektes integriert, sondern erst bei der Auswertung wird über den Einbezug von Informationen entschieden.[348] Die *quantitativen Verfahren* gehen von einer rationalistischen Sicht der Welt aus. Diese kann aufgeteilt werden in Elemente, zwischen denen Zusammenhänge bestehen. In Abhängigkeit von den theoretischen Annahmen werden Hypothesen aufgestellt, die es zu überprüfen gilt. Deduktiv hergeleitete Wirkungsmodelle werden in der Wirklichkeit einem Test unterzogen.[349] Erhoben werden die benötigten Daten zumeist mit standardisierten Verfahren wie mit strukturierten Fragebögen oder Beobachtungsschemata. Somit lassen sich die Daten in eine numerisch kodierte Form bringen, um damit bestimmte Eigenschaften des Untersuchungsgegenstandes zu messen und mit Hilfe von mathematisch-statistischen Verfahren auszuwerten.[350] Mittlerweile wird hinsichtlich des Evaluationsdesigns häufig ein *Methodenmix* vorgeschlagen, um die Stärken der jeweiligen Vorgehensweisen auf sich zu vereinen und die Schwächen weitgehend auszugleichen. Die konkrete Akzentuierung der Struktur und der Methode der Datenerhebung ist dabei vom Untersuchungsbereich, der Fragestellung und den verfügbaren Ressourcen abhängig.[351]

Der nächste Schritt befasst sich mit der eigentlichen *Datenerhebung* und der Aufbereitung dieser Daten. Die Datenerhebung ist die systematische Sammlung von Informationen auf dem Gebiet des Evaluationsobjektes, um Antworten auf die wesentlichen Evaluationsfragen zu erhalten. Dabei ist allerdings darauf zu achten, dass gerade dort, wo Schwachstellen aufgezeigt werden sollen, die Interessen der befragten Personen beachtet werden und dass die Erhebung von Informationen möglichst vollständig und zudem unabhängig von den Interessen des Auftraggebers und anderer Beteiligter erfolgt.[352] Nach der Sammlung der Daten beginnt die Aufbereitung und die Eingabe der Daten bspw. in ein EDV-System. Dabei sollte auch die Vollständigkeit und, sofern möglich, die Richtigkeit der gemachten Angaben überprüft werden. Daran anschließend findet die *Auswertung* statt. Diese richtet sich ebenfalls maßgeblich nach der Art der gesammelten Informationen und nach der Fragestellung. Bei geschlossenen Frage-

---

[347] Vgl. Widmer, T./Binder, H.-M. (1997), S. 214 ff.
[348] Vgl. Promberger, K./Bernhard, J./Niederkofler, C. (2006), S. 147.
[349] Vgl. Widmer, T./Binder, H.-M. (1997), S. 215.
[350] Vgl. Promberger, K./Bernhard, J./Niederkofler, C. (2006), S. 147.
[351] Vgl. Wollmann, H. (2000), S. 209.
[352] Vgl. DeGEval (2002), S. 28 f.

stellungen bilden die vorgegebenen Antwortmöglichkeiten die Grundlage für eine methodisch korrekte[353], vollständige und unparteiische Auswertung.[354]

Das Übersetzen der objektiv vorliegenden Fakten in einen subjektiven Nutzen ist Gegenstand der *Analyse* der Ergebnisse. Zudem muss in diesem Schritt das weitere Verfahren nach dem Prinzip der Nutzenmaximierung geplant werden. Fraglich ist in diesem Zusammenhang, wessen Nutzen optimiert werden soll.[355] Das Ziel der Analyse ist dabei, die vorhandenen Dokumente so zu reduzieren, dass alle wesentlichen Inhalte erhalten bleiben und die Beantwortung der Forschungsfragen und der Zielsetzungen ermöglicht werden. Allerdings muss durch die Abstraktion ein überschaubarer Umfang erreicht werden, der dennoch ein Abbild des Grundmaterials bleibt.[356] Art und Umfang des *Berichtes* sind von dem Adressatenkreis und den Anforderungen des Auftraggebers abhängig, wobei der Bericht immer vollständig, konsistent und verständlich formuliert sein sollte. Die Schlussfolgerungen der Evaluation sollten begründet, die Annahmen und das verwendete Verfahren transparent gemacht werden. Zudem sind nach Möglichkeit auch alternative Interpretationen und die Gründe für deren Verwerfung aufzunehmen.[357]

Der letzte Schritt des Evaluationsprozesses ist wesentlich für die weitere Nutzung eines Programms. Unter Berücksichtigung der Machbarkeit und Angemessenheit der vorgeschlagenen Ergebnisse und Verbesserungsmaßnahmen sollte die *Umsetzung* erfolgen. Ob die Vorschläge auch wie aufgezeigt umgesetzt werden, ist allerdings von der Unterstützung von Promotoren, der rechtzeitigen und verständlichen Kommunikation und nicht zuletzt von der allgemeinen Lage bezüglich des untersuchten Themas abhängig. Zu berücksichtigen ist, dass bei einer on-going Evaluation die Umsetzung schon frühzeitiger beginnen kann und zudem in dieser letzten Phase bisweilen noch Bedarf für weitere, vertiefende oder ergänzende Untersuchungen gesehen wird, um Maßnahmen optimal durchführen zu können. Insgesamt ist festzuhalten, dass diese Phasen nur selten so konsekutiv verlaufen wie hier dargestellt, da sich inhaltliche und terminliche Anforderungen innerhalb des Prozesses schnell ändern können. Nach Möglichkeit sollten Evaluationen daher möglichst frühzeitig und flexibel geplant werden, um eine zufriedenstellende Untersuchungsqualität zu gewährleisten.[358]

---

[353] Zur methodisch richtigen Anwendung statistischer Methoden in der Evaluation siehe Schmidt, U. (2002), S. 200 ff.
[354] Vgl. Promberger, K./Bernhard, J./Niederkofler, C. (2006), S. 148.
[355] Dies kann sowohl der Evaluator als auch der Auftraggeber sein. Gerade bei einem bestehenden Abhängigkeitsverhältnis von Evaluator und Auftraggeber ist dies von Relevanz. Vgl. Thierau, H./Wottawa, H. (1998), S. 102.
[356] Vgl. Widmer, T./Binder, H.-M. (1997), S. 215.
[357] Vgl. DeGEval (2002), S. 24 ff.
[358] Vgl. Thom, N./Ritz, A. (2006), S. 206.

## 3.5  Möglichkeiten und Probleme der Evaluation von Verwaltungsmodernisie- rungsprojekten

Bei der Evaluation von Verwaltungsmodernisierungen handelt es sich gemäß der zu- vor vorgenommenen Einteilung um eine Reformevaluation als die Analyse und/oder Bewertung der spezifischen Veränderungen des Institutionsgefüges, die aufgrund von geplanten oder bereits durchgeführten Maßnahmen eintreten. Dabei steht der Ver- gleich der erzielten Ergebnisse mit denen vor dem Wandel im Mittelpunkt der Evalua- tion.[359] Hinsichtlich des Zeitpunkts, der Verantwortung, des Designs und des spezifi- schen Reformobjektes ist der Evaluationstyp allerdings nicht weiter eingeschränkt. Die optimale Evaluierungsart ergibt sich somit in Abhängigkeit von der Fragestellung und der Zielsetzung. Grundsätzlich kann bei der Reformevaluation zwischen zwei Varian- ten unterschieden werden: Die „Evaluation *in* Reform-Projekten" zielt auf eine Ver- besserung des Projektes ab. Im Vordergrund stehen hierbei die Projektziele und damit die inneren Bewertungsgrundlagen. Diese entwicklungsorientierte Variante zeichnet sich durch eine eher qualitative Forschungsmethodik und ein formatives Vorgehen aus. Sie wird vor allem von den betroffenen Organisationsbereichen und der Projekt- leitung genutzt. Demgegenüber steht die „Evaluation *von* Reform-Projekten". Dabei sind die Absichten des demokratischen Staates und damit die äußeren Bewertungs- grundlagen wesentlich. Das Ziel dieses Typs der Reformevaluation liegt in der Fin- dung einer Entscheidungsgrundlage oder der Legitimation des Programms gegenüber Dritten. Die Ausrichtung ist eher summativ. Es wird  überwiegend eine quantitative Forschungsmethodik und eine externe Durchführung verwendet.[360] Diese beiden ideal- typischen Varianten stellen allerdings nur die beiden extreme Pole dar, so dass auch vielfältige Mischformen davon möglich sind.

Die Vielzahl der unterschiedlichen Arten[361] von Evaluationen im Allgemeinen und der Reformevaluation im Besonderen erschweren eine abschließende Analyse. Dennoch soll hier der Versuch unternommen werden, die wesentlichen *Probleme* aufzuzeigen, wobei die Relevanz jeweils vom gewählten Ansatz abhängig ist. Sofern möglich, sol- len auch Vorgehensweisen dargelegt werden, wie die geschilderten Probleme umgan- gen werden können.

Schon einer der ersten Schritte einer Evaluation, die *Bestimmung der Ziele* von einem konkreten Reformprojekt, führt zu Problemen. Es liegen häufig unklar definierte, un- vollständige oder sogar widersprüchliche Vorstellungen und Ziele für ein Projekt vor.

---

[359]  Vgl. Ritz, A. (2003a), S. 190.
[360]  Vgl. Widmer, T. (2002), S. 103.
[361]  Zu den Arten der Evaluationen vgl. ausführlich Kapitel 3.3.

Das liegt daran, dass NPM-Projekte sich im Regelfall durch eine große Anzahl verschiedener Anspruchsgruppen (wie Projektleitung, Mitarbeiter, Amtsführung, Parlamentarier und Kunden) kennzeichnen. Diese haben unterschiedliche Erwartungen an das Projekt und auch differierende Ansprüche an die Evaluation. Daher ist zunächst zu klären, an welchen Teilkonzepten organisatorischer, personeller oder instrumenteller Art sich die Reform orientiert und welche Teilziele damit verfolgt werden. Häufig werden dabei die nicht-intendierten Auswirkungen kaum betrachtet. Durch den frühzeitigen Einbezug aller Stakeholder ließe sich diese Problematik deutlich reduzieren. Die Zielstruktur wird durch eine stetig zunehmende Anzahl von bisweilen als „modern" geltenden Reformzielen heterogener und umfangreicher. Deshalb ist die Beschränkung der Analyse auf einzelne Teileelemente und deren Zielsetzungen zu prüfen.[362] Da viele NPM-Reformen nicht nur quantitative, sondern zunehmend auch „weiche" und relativ vage Anforderungen enthalten, verstärkt das die Schwierigkeiten der Zielbestimmung.[363] Gerade um auch solche weitläufigen Ziele zu messen, werden operationale, zieladäquate und *messbare Indikatoren* benötigt. Denn je qualitativer und diffuser Ziele sind, umso schwieriger ist die Ermittlung der Kriterien. So lässt sich die Qualität von Entscheidungen deutlich schwieriger erfassen als die Anzahl der durchgeführten Maßnahmen.[364] SPEIER-WERNER sieht fünf praktikable Alternativen zur Erfolgsmessung von neuen Steuerungsinstrumenten: den Zielerreichungsgrad von im Vorfeld definierten Projektzielen, die Kosteneinsparquote, die Wirtschaftlichkeitsbetrachtungen als Vergleich von Nutzen und Kosten von Instrumenten, die Zufriedenheit des Personals vor und nach der Reform sowie die Effektivitätssteigerungen.[365]

Aus den Problemen der unklaren Zieldefinition und der problematischen Findung von Indikatoren erwachsen auch Probleme hinsichtlich der Auswertung. Im NPM werden vielfältige Instrumente eingesetzt, von denen jeweils unterschiedliche Akteure und Bereiche in der öffentlichen Verwaltung betroffen sind. Dies erschwert die *Zuordnung von Ursache und Wirkung.* Hinzu kommt, dass neben NPM-Reformen oft noch weitere Reorganisationen durchgeführt werden und damit der Einfluss der einzelnen Komponenten auf das Gesamtergebnis kaum noch ermittelbar erscheint. Somit lässt sich ein als erfolgreich eingeschätztes Projekt nicht unmittelbar auf weitere Verwaltungen übertragen, solange nicht interne und externe Rahmenbedingungen analysiert wurden.[366] Eine Möglichkeit, dieses Problem zumindest teilweise zu umgehen, ist ein zweistufiges Vorgehen. Im ersten Analyseschritt werden die institutionellen, organisa-

---

[362] Vgl. Wollmann, H. (2001), S. 4.
[363] Vgl. Ritz, A. (2003a), S. 192; Bouckaert, G. (2006), S. 119.
[364] Vgl. Wollmann, H. (2001), S. 5.
[365] Vgl. Speier-Werner, P. (2006), S. 187. Allerdings sind diese Alternative teilweise mit großen Schwierigkeiten hinsichtlich der Zuordnung von Ergebnissen verbunden. Siehe dazu auch Boyne, G. et al. (2003), S. 46 f.
[366] Vgl. Ritz, A. (2003a), S. 194.

torischen und instrumentellen Veränderungen durch die Verwaltungsmodernisierung erfasst („Institutionenevaluation"). Dabei gelten interne und externe Bestimmungsfaktoren wie organisatorische Gegebenheiten oder die beteiligten Akteure als unabhängige Variablen und der Implementationsstand von Instrumenten oder Bausteinen dagegen als abhängige Variable. Im zweiten Schritt werden die Wirkungen auf die Leistungsfähigkeit, Effizienz oder die Kundenorientierung der Institutionen in Abhängigkeit von den Modernisierungsaktivitäten untersucht („Performanceevaluation").[367] Anstatt also direkt von einem Reformprogramm auf die Wirkungen zu schließen, wird in einem Zwischenschritt zunächst eine Bestandsaufnahme der institutionellen Umsetzung vorgenommen.

Ein weiteres Problem sind die *schlechte* Qualität der verfügbaren *Daten*. Da zumeist kaum verwertbare Daten über Produktivitäten, Effizienz oder Leistungen zur Verfügung stehen, schon gar nicht für den Vergleich vor und nach der Reform, muss eine Datenerhebung speziell für das Projekt erfolgen. Dabei gilt allerdings: „Je exakter das Messverfahren, um so geringer ist der praktische Nutzen" der Erhebung.[368] Wissenschaftlich konstruierte Tests mit dem Einbezug von möglichen Nebeneffekten wären zwar wünschenswert, allerdings entstehen dafür wie bei allen komplexen Evaluationsverfahren hohe *Kosten*. Ein Ausweg bieten eigens entwickelte Fragebögen, die nur für ein ganz bestimmtes Einsatzgebiet und die dazugehörigen Variablen entworfen werden.[369] Erschwert wird die Datenerhebung noch dadurch, dass sich die Rahmenbedingungen und die Reforminhalte während der Analyse ändern können und bei Bestimmung von Vergleichsgruppen Äquivalenzprobleme durch eine Selbstselektion[370] oder Nicht- Einhaltung des Zufallsprinzips entstehen können.[371] Angesichts der methodischen Probleme bei der Datenerhebung wird die Durchführung einer quasi-experimentellen Evaluation vorgeschlagen. Dabei werden die hohen Anforderungen der Experimente an die zu untersuchenden Daten nicht vollkommen aufrechterhalten, stattdessen Längs- und/oder Querschnittsanalysen verwendet. Allerdings können dadurch gewisse Probleme hinsichtlich der Validität der Ergebnisse entstehen.[372]

Weiterhin ist eine Schwierigkeit, dass spezielle Evaluationen eine lange Einarbeitungszeit benötigen und somit ein *großer Zeitbedarf* bis zur Fertigstellung entsteht. Darüber hinaus werden solche Projekte oftmals spontan geplant und damit unter gro-

---

[367] Vgl. Bogumil, J./Kuhlmann, S. (2006), S. 351 f.
[368] Thierau, H./Wottawa, H. (1998), S. 131.
[369] Vgl. Thierau, H./Wottawa, H. (1998), S. 131 f.
[370] Evaluationen beschränken sich vielfach auf „modernisierungsaktive" Untersuchungsfälle, da diese bspw. in eine Fallstudienbetrachtung mit einbezogen werden oder bei Befragungen nur „modernisierungspassiven" Verwaltungen gar nicht erst antworten. Vgl. Wollmann, H. (2000), S. 223.
[371] Vgl. Promberger, K./Koler, D./Koschar, D. (2005), S. 76.
[372] Vgl. Wollmann, H. (2000), S. 205.

ßem Termindruck durchgeführt, was das Zeitproblem noch verstärkt. Zusätzlich werden Evaluationen teilweise aus strategischen Zwecken zur nachträglichen Legitimation durchgeführt, oder die entwickelten *Vorschläge* der Evaluation werden *nicht umgesetzt*. Gerade für diese Probleme können interne Evaluierungen bspw. als on-going Selbstevaluierungen genutzt werden. Dies geschieht häufig in verschiedenen Ausgestaltungen eines Controlling-Ansatzes. Dazu kann bei der Analyse von Reformprogrammen auch die durch das Controlling ohnehin laufende Erfassung von Kosten, Leistungen und selten auch Wirkungen zählen sowie deren Rückmeldungen für den weiteren Entscheidungs- und Vollzugsprozess. Einarbeitungszeiten werden in dem Fall nicht benötigt. Die Ermittlung von Indikatoren und Kennzahlen sowie deren Aufbereitung zu einem aussagefähigen Berichtswesen können für Reformevaluationen genutzt und später auch entsprechend von den zuständigen Einheiten durchgesetzt werden.[373] Zudem bietet sich auch der Einsatz eines Benchmarking[374] bei der Reformanalyse für Vergleiche mit bereits durchgeführten Evaluationen anderer Institutionen oder als Grundlage für einen „policy on-policy off"-Ansatz an. Auch wenn die Umsetzung bei internen Evaluationen wahrscheinlicher ist, da die Akteure Informationen von außerhalb der eigenen Organisation oftmals als irrelevant einstufen,[375] bleiben Probleme wie die geringere Methodenkompetenz und die Unabhängigkeit erhalten.

Die oftmals aus Legitimationsgründen gewünschte Angabe von quantitativen, möglichst *monetären Auswirkungen* einer Reform wird bei einer Evaluation allerdings nur selten verfolgt. Denn während sich die Kostenseite meistens sowohl ex-ante als auch ex-post gut ermitteln lässt, ist dies auf der Nutzenseite durch sich verändernde Rahmenbedingungen, durch unklare Ursache-Wirkungsbeziehungen und durch wenig vorhandenes Datenmaterial speziell für die Zeit vor der Reform kaum möglich. Daher müssen alternative Vorgehensweisen gefunden werden, um Modernisierungsprojekte nicht nur qualitativ bewerten zu können.

Generell sollten bei der Durchführung einer Evaluation alle angesprochenen Probleme beachtet werden. Welche Methodik und welche Vorgehensweise gewählt wird, um eine optimale Ausführung der Evaluation zu gewährleisten, muss jeweils im Einzelfall entschieden werden. Wichtig bei einer Evaluation ist, neben der Einhaltung der wesentlichen Standards insbesondere der Informationsnutzen einer Analyse. Dabei gilt: Je mehr neue Informationen eine Evaluation enthält, desto größer ist die Wahrscheinlichkeit, dass Anregungen daraus umgesetzt werden. Schließlich sind auch klar definierte Aufgabengebiete, zeitliche Abläufe und eindeutige Zuständigkeiten ebenso

---

[373] Vgl. Wollmann, H. (2002), S. 81.
[374] Zum Instrument des Benchmarking siehe auch Kapitel 4.5.9.
[375] Vgl. Nideröst, B. (2002), S. 41.

wichtig für die Anwendung einer Evaluation im Bereich der Verwaltungsmodernisierung wie möglichst operative Empfehlungen für die Umsetzung.[376]


## 3.6 Praktische Beispiele

Der Stand der Evaluationsforschung muss als uneinheitlich eingeschätzt werden. Speziell interne Evaluierungen werden mittlerweile in einer großen Zahl von OECD-
Ländern eingesetzt.[377] Demgegenüber besteht gerade bei externen Evaluierungen noch
ein deutlicher Nachholbedarf, vor allem gemessen an den hohen Erwartungen zur
Schaffung von Transparenz des Verwaltungshandelns durch die Einführung von NPM.
Wenn Reformen überhaupt evaluiert werden, dann meistens intern, wobei die Ergebnisse dann sehr selten veröffentlicht werden. Oder Evaluationen erfolgen extern, in
diesem Fall allerdings aus großer Distanz, vielfach werden sie als Ländervergleich
angelegt. Eine besondere analytische Schwäche der bisherigen Evaluierungen zeigt
sich darin, dass bislang überwiegend nur der Verlauf und die (Zwischen-)Ergebnisse
der institutionellen Veränderungen analysiert werden, die materiellen Wirkungen und
Effizienzen hingegen nur wenig und weitergehende gesellschaftliche Wirkungen fast
gar nicht bewertet werden.[378] Zu einem ähnlichen Ergebnis kommt auch RITZ bei der
Analyse von neun ausgewählten Evaluationsstudien zur Verwaltungsreformen. Dabei
liegt die Steuerungsverantwortung mehrheitlich bei Regierungsstellen, auch wenn die
Evaluatoren fast ausschließlich externer Herkunft sind. Die Ergebnisse werden für die
Setzung zukünftiger Schwerpunkte innerhalb der Reformpolitik genutzt, allerdings
weniger in einem begleitenden Monitoring. Hinsichtlich der Bewertungsmaßstäbe dominieren deskriptive allgemeine NPM-Ziele und projektspezifische Ziele, theoretische
Ansätze kommen weniger zur Geltung. Zentrale Fragestellung in den betrachteten
Evaluationen sind die Bereiche „Management und Führung" sowie „Motivation und
Qualifikation". Die verwendeten Methoden und das Design sind sehr breit angelegt,
allerdings werden bislang immer noch vorwiegend qualitative Ansätze gewählt, mittlerweile auch öfter ergänzt um quantitative Erhebungen.[379]

Auch wenn in Deutschland der Umfang an Selbstevaluierungen vor allem auf kommunaler Ebene, aber auch der externen Evaluationsforschung im Verlauf der 90er deutlich zugenommen hat, muss der Stand nach wie vor als defizitär eingeschätzt werden.[380] Die Gründe für den Rückstand sind mehrschichtig. Zum einen starteten Refor-

---

[376] Vgl. Nideröst, B. (2002), S. 46.
[377] Als Vorreiter lassen sich hier Neuseeland und die skandinavischen Länder nennen.
[378] Vgl. Wollmann, H. (2002), S. 83 ff.
[379] Vgl. Ritz, A. (2003a), S. 283 ff.
[380] Vgl. Wollmann, H. (2000), S. 224 f.

men zur Verwaltungsmodernisierungen erst deutlich später als in Ländern wie Neuseeland und Australien;[381] auch dort setzten die Evaluationen der Modernisierungsprojekte
erst mit einer erheblichen zeitlichen Verzögerung ein. Zum anderen ist der Prozess der
Verwaltungsmodernisierung in Deutschland sehr fragmentiert, und es liegt kein übergreifendes Konzept vor, bzw. es fehlt ein bestimmender Akteur, der auch eine entsprechende Evaluierung, wie in anderen Ländern üblich, zentral steuern würde. Schließlich
liegt es auch an den Parlamenten und den Rechnungshöfen, die lange Zeit wenig Interesse an der Verwaltungsreform oder gar an deren Bewertung hatten.[382] Erst langsam
setzt auch bei diesen Institutionen ein Umdenkprozess ein. Um einen Überblick verschiedener Ansätze der Evaluationen von Verwaltungsmodernisierungs-Projekten zu
geben, werden drei bedeutsame und besonders positive Praxisbeispiele näher vorgestellt. Dabei handelt es sich um eine Evaluation auf staatlicher Ebene (FLAG in der
Schweizer Bundesverwaltung), eine auf Landesebene (NSI in der Landesverwaltung
Baden-Württemberg) und eine auf kommunaler Ebene (NSM in den Verwaltungen
deutscher Städte und Gemeinden).

### 3.6.1  Evaluation von FLAG in der Schweizer Bundesverwaltung

Seit Ende der 90er Jahre sind in der Schweiz im beachtlichen Umfang Evaluierungen
zum Einsatz gekommen, jedoch nicht nur interne, sondern auf allen Verwaltungsebenen auch externe Analysen.[383] Eine besonders bedeutende ist die Evaluation des sich
am NPM orientierenden Projektes „Führen mit Leistungsauftrag und Globalbudget"
(FLAG) in der Schweizer Bundesverwaltung.[384] Im Gegensatz zur Praxis in einigen
Kantonen wurde dieses Programm nicht sofort flächendeckend, sondern zunächst auf
ausgewählte Bereiche beschränkt. Im Jahr 1997 wurde FLAG in ersten Pilotämtern
gestartet, und 2001 wurde die Versuchsphase abgeschlossen. Die externe Evaluation
fand begleitend seit 1998 in insgesamt zwölf Pilotämtern statt und wurde von der Arbeitsgemeinschaft Interface Institut für Politikstudien Luzern und dem Institut für Organisation und Personal (IOP) der Universität Bern durchgeführt.[385]

Die wissenschaftliche Analyse fand in insgesamt drei Phasen statt. Begonnen wurde
mit der Bewertung des betrieblichen Wandels, dabei wurde rund ein Drittel der Ämter
einbezogen. Insbesondere sollten dabei die Auswirkungen von FLAG auf Prozesse,

---

[381]  Vgl. zum Stand der Verwaltungsmodernisierung auch Kapitel 2.5.1.
[382]  Vgl. Wollmann, H. (2001), S. 13 f.
[383]  Einen Überblick veröffentlichter empirischer Evaluationen von NPM-Reformen in der Schweiz
       bieten Rieder, S./Lehmann, L. (2002), S. 42.
[384]  Vgl. Wollmann, H. (2002), S. 85.
[385]  Vgl. Leuenberger, D. (2005), S. 26.

Strukturen und die Unternehmenskultur untersucht werden. Die zweite Phase befasste sich mit der Analyse der Wirkungen auf die politische Ebene und auf die resultierenden Outputs in allen Pilotämtern. In der dritten Phase wurden die Untersuchung aus der ersten Phase wiederholt, um einen Vorher-nachher-Vergleich in den vier Ämtern durchführen zu können. In diesem Abschnitt der Evaluation wurden auch alle weiteren Ämter einbezogen, und es fand ein Vergleich der Prozesse und Strukturen mit Nicht-FLAG-Behörden statt. Diese Längs- und Querschnittsvergleiche ermöglichten eine kritische Bewertung und Validierung der in den beiden Phasen zuvor ermittelten Resultate. Dadurch wurden formative und summative Aspekte einer Evaluation kombiniert. Die Ergebnisse wurden begleitend periodisch veröffentlicht und den Betroffenen sowie der Projektleitung zugänglich gemacht. Zum Abschluss der drei Phasen wurde darüber hinaus eine Gesamtbeurteilung und außerdem ein Bericht erstellt.[386]

Die Analyse richtete sich an den vier zentralen Ebenen der Umsetzung von FLAG aus und dem Zusammenspiel der Akteure auf diesen Ebenen. Die erste Ebene ist die der politischen Steuerung und damit die des Parlaments. Die zweite erfasst die Auswirkungen von FLAG auf die betriebliche Steuerung der Amtsleitungen. Die dritte Ebene betrachtet die nach innen gerichtete Sichtweise, darunter, wie durch den angestrebten betrieblichen Wandel in den Ämtern Verbesserungen erzielt wurden. Die Außensicht ist die letzte Ebene; dabei steht die Frage im Mittelpunkt, ob die Aufgabenerfüllung verbessert wurde und damit die Wirksamkeit, die Qualität und der Nutzen für die Bürger (Wirkungsebene).[387] Methodisch kam ein sehr aufwendiges Verfahren mit drei verschiedenen Ansätzen zur Datenerhebung zum Einsatz. Es wurden Daten aus den Ämtern, darunter die des Controlling oder des Rechnungswesens genutzt, speziell für Produktveränderungen und Leistungsziele. Zudem wurden als qualitative Methode Interviews mit den Zielgruppen und Sekundäranalysen vorhandener Dokumente verwendet. Hiermit sollten strukturelle Veränderungen in den Ämtern und die Einflussnahme des Parlaments erfasst werden. Als weitere Methode wurden schriftliche Umfragen bei Mitarbeitern und Kunden durchgeführt, um den Kulturwandel oder die Kundenzufriedenheit zu erfassen.[388]

Die Ergebnisse lassen sich hinsichtlich der zentralen Beurteilungskriterien am besten darstellen.[389] Im Parlament als Ebene der *politischen Steuerung* konnten im Verlauf des Projektes große Fortschritte verzeichnet werden. Die Anwendung des Steuerungsmodells verbesserte sich zunehmend, und die von FLAG gewählten Strukturen haben sich häufig bewährt. Probleme tauchten hinsichtlich des fehlenden Know-hows bei einigen

---

[386] Vgl. Balthasar, A. et al. (2001), S. 3 f.
[387] Vgl. Lienhard, A. (2005), S. 35.
[388] Vgl. Ritz, A. (2003a), S. 312 ff.
[389] Vgl. hierzu und im Folgenden Balthasar, A. et al. (2001), S. 17 ff.

Abgeordneten auf und der wenig standardisierten Berichterstattung, die überdies kaum Wirkungsinformationen enthielt. Zu dieser Ebene zählen auch die Departments. Hier wurde die Führungsverantwortung und Promotorenrolle sehr unterschiedlich wahrgenommen, und entsprechend wenig unterstützt wurde das Projekt in großen Teilen. Am meisten betroffen von den Veränderungen durch FLAG wurde die Ebene der *betrieblichen Steuerung*. Für die Amtsleitungen haben sich eine Reihe von Vorteilen ergeben, die auch entsprechend ausgenutzt wurden, um auf veränderte Bedürfnisse von Politik und Kunden schneller und qualitativ besser reagieren zu können. Die beobachtbaren Veränderungen gingen damit in Richtung der intendierten Wirkungen. Allerdings stand dem eine stark angewachsene Arbeitsbelastung gegenüber, auch wurden teilweise die Grenzen der möglichen Handlungsspielräume sichtbar. Bei den Mitarbeitern als Ebene des *betrieblichen Wandels* herrschte eine hohe Zufriedenheit mit den eingesetzten Instrumenten wie Zielvereinbarungen und Produktgruppierungen. Verbesserungen wurden vor allem durch eine verbesserte Ziel- und Ergebnisorientierung, zudem durch eine Erhöhung des Handlungsspielraums erreicht. Dies führte allerdings zu einem deutlichen Anstieg des Leistungsdrucks und der Arbeitsbelastung. Auch auf der *Wirkungsebene* stellten sich positive Effekte ein. Hierbei wurden vor allem Veränderungen der Leistungen (Outputs) und deren Wirkungen bei den Zielgruppen (Impacts) untersucht, wobei eher indirekte Wirkungen dominierten. Outputs wurden durch die Reform vielfach in anderer Qualität oder zu anderen Preisen angeboten, ferner konnte schneller auf Marktveränderungen reagiert werden. Daraus ergaben sich positive Wirkungen für die Kunden. Allerdings stellte sich durch FLAG auch vereinzelt ein Abbau oder eine Verteuerung von Leistungen ein, was sich negativ auf die Kundenzufriedenheit auswirkte. Insgesamt lässt sich festhalten, dass die „Funktionsfähigkeit des neuen Führungsmodells FLAG gegeben ist und es sich für die Erreichung der intendierten Ziele eignet".[390]

Über das insgesamt positive Fazit hinaus wurden einige Verbesserungsvorschläge unterbreitet. Es sollte eine Standardisierung und der inhaltlich einheitliche Aufbau der Leistungsaufträge und der Reportinginstrumente angestrebt werden, damit sich der Aufwand für die Einführung dieser Instrumente verringert. Auch wurde angeregt, die Parlamente bei der Gestaltung des Leistungsauftrags einzubeziehen und insgesamt die Fortbildung der Parlamentarier weiter voranzutreiben. Auf der Ebene der Regierung und der Departemente sollte das Engagement verstärkt werden, und die Regierung sollte als Promotor des Projektes fungieren. Auch innerhalb der Ämter sollte die Aus- und Weiterbildung stetig fortgeführt und bei bestimmten Mitarbeitergruppen intensiviert werden. Die Einführung von Wirkungsmessungen wurde als wünschenswert bezeichnet. Hinsichtlich der zukünftigen Entwicklung wurde auf Grundlage der Evaluation ein

---

[390] Ritz, A. (2003b), S. 16.

kontinuierlicher Ausbau empfohlen. Grundsätzlich sollten sich alle Ministerial-Ver-
waltungen und Verwaltungsstellen an FLAG beteiligen, sofern strukturelle Gründe da-
gegensprechen, sind diese entsprechend zu begründen.[391]

### 3.6.2  Evaluation der NSI in der Landesverwaltung Baden-Württemberg

Anfang 2000 startete das Land Baden-Württemberg das Projekt „Einführung Neuer
Steuerungsinstrumente in der Landesverwaltung" (NSI), mit dem betriebswirtschaftliche Methoden flächendeckend und soweit wie möglich in die Behörden eingeführt
werden sollten.[392] Auch wenn im Vorfeld des Beschlusses für das NSI in Pilotversuchen innerhalb der Landesverwaltung bestätigt wurde, dass die Anreize durch das Projekt prinzipiell wirken, wurden frühzeitig gewisse Probleme deutlich, darunter Wider-
stände beim Personal, das Überschätzen der zu erzielenden Erträge und auch die konkrete Darstellung des Nutzens von NSI erschienen nicht möglich.[393] Eine wirklich fundierte Bewertung der Wirtschaftlichkeit durch den Rechnungshof sollte erst nach Abschluss der Projektphase erfolgen. Daher führte der Landesrechnungshof Mitte des
Jahres 2005 eine Evaluation der bislang erzielten Ergebnisse durch.[394]

Das Ziel der Untersuchung war, zu überprüfen, ob die Leistungen der Landesverwaltung besser und kostengünstiger erbracht, ob fundiertere Informationen bereitgestellt
werden, damit Leistungen qualitativ und quantitativ verbessert werden können, ob eine
stärker ziel- und ergebnisorientierte Planung und Steuerung eintritt, ob eine rationalere
Entscheidungsgrundlage gegeben ist und ob das NSI-Projekt insgesamt gesehen wirtschaftlich ist. Dafür wurden zwei schriftliche Erhebungen durchgeführt. Zum einen
wurden die rund 400 Landesmitarbeiter befragt, die Controllingaufgaben wahrnehmen.
Damit sollte deren Tätigkeitsfeld genauer analysiert werden. Zum anderen wurde
ebenfalls mit standardisierten Fragebögen ein Großteil der Landesdienststellen um ihre
Einschätzung der Wirksamkeit zu den unterschiedlichen neuen Steuerungsinstrumenten (bspw. dezentrale Finanzverantwortung, KLR, Zeiterfassung, Produktbildung) gebeten. Aber auch die Einschätzungen zu Schulungen und Informationsveranstaltungen,
zur eingesetzten Software, Zielerreichungen, Verbesserungsvorschlägen und Perspektiven des Projektes wurden abgefragt. Ergänzend wurden im Jahr 2006 mit Ministerien, ausgewählten Dienststellen und den Projektverantwortlichen Gespräche geführt,
um besonders positive Erfahrungen zu beschreiben und Weiterentwicklungen zu berücksichtigen. Zur Ermittlung der Wirtschaftlichkeit wurden desweiteren Daten zu den

---

[391]  Vgl. Balthasar, A. et al. (2001), S. 318 f. sowie Ritz, A. (2003b) 16 f.
[392]  Vgl. Glinder, P./Meister, J./Wensing, S. (2005), S. 270.
[393]  Vgl. Seyfried, P. (2003), S. 172.
[394]  Vgl. hierzu und im Folgenden: Rechnungshof Baden-Württemberg (2007), S. 1 ff.

bisher angefallenen und den laufenden Projektkosten erhoben. Durchgeführt wurde die Evaluation von internen Kräften aus dem Rechnungshof.

Bei der Auswertung der *Befragung* der *Controller* zeigte sich, dass diese weniger als die Hälfte ihrer Tätigkeitszeit mit originären Controlleraufgaben verbrachten. Auch wenn die Antworten relativ heterogen waren, ließ sich insgesamt feststellen, dass die Controller nach wie vor einen wesentlichen Zeitanteil für konzeptionelle Entwicklungen und für die Durchsetzung einheitlicher Standards benötigten. Im Gegenzug widmeten sie dem Berichtswesen oder Wirtschaftlichkeitsanalysen entsprechend zu geringe Zeitanteile. Diese Ergebnisse ließen vermuten, dass eindeutige Vorgaben der Entscheidungsträger fehlten und die Aufgaben nicht klar genug definiert und abgegrenzt waren. Im Ergebnis stellte der Rechnungshof fest, dass der verursachte Personalaufwand „derzeitig noch nicht durch ein entsprechend wirksames Controlling gerechtfertigt" wird.[395]

Die Auswertung der *Befragung* in den *Landesdienststellen* und die *Interviews* ergaben ebenfalls ein ernüchterndes *Ergebnis*. Die Reform hat bislang, auch wenn die Instrumente weitgehend eingeführt sind, keines der NSI-Ziele (Kostentransparenz, ergebnisorientierte Steuerung, bessere Entscheidungsgrundlagen, Flexibilität, Handlungsspielräume und Motivation) vollständig erreicht. Als Gründe gaben die Evaluatoren an, dass die gleichzeitige flächendeckende Einführung nicht zielführend war und die Einführung von Informations- und Steuerungsansätzen nicht in Abhängigkeit von der spezifischen Behördenstruktur erfolgte. Zudem wurden einzelne Instrumente wie die dezentrale Ressourcenverantwortung nur unzureichend umgesetzt, die Akzeptanz bei den Mitarbeitern fehlte weitgehend, das NSI wurde nicht genügend als Führungsaufgabe gesehen und auch die zeitgleich durchgeführte Verwaltungsstrukturreform war nicht für das Projekt förderlich. Durch die Gespräche mit den Ministerien und den Regierungspräsidien konnten im Nachgang zu der Befragung aber auch „Best Practice"-Behörden für das Projekt identifiziert werden. Exemplarisch werden von den Evaluatoren das Justiz- und das Finanzministerium genannt. Die Gründe für deren Erfolg lagen in dem jeweils klar strukturierten nachgeordneten Bereich. Es wurden spezifische Anpassungen an die Steuerungsbedürfnisse vorgenommen, ein zunächst pragmatischer und dann permanent weiterentwickelter Ansatz wurde verfolgt, und die Unterstützung durch die Führungskräfte war vorhanden. Insgesamt gesehen gelang aber die Refinanzierung der Projektausgaben in der Landesverwaltung nicht, ebenso wie die effizientere und effektivere Leistungserstellung nicht erreicht wurde.[396]

---

[395] Rechnungshof Baden-Württemberg (2007), S. 2.
[396] Rechnungshof Baden-Württemberg (2007), S. 37 ff.

Als Konsequenz hielt der Rechnungshof eine unveränderte und flächendeckende Weiterführung der NSI in der Landesverwaltung Baden-Württemberg nicht für vertretbar. Nachsteuerungen wurden besonders für die KLR empfohlen, die nur noch in geeigneten Bereichen[397] eingeführt bzw. weitergeführt werden sollte. Ein ähnliches Vorgehen wurde für das Controlling und die Zeiterfassung angeregt, die jeweils deutlich behördenspezifischer erfolgen sollten. Neben dieser Variante stellte der Rechnungshof auch noch zwei weitere Alternativen vor: Zum einen die flächendeckende und umfassende Weiterführung aller Instrumente und einen diesbezüglich optimierten Einsatz. Zum anderen die Fortführung des NSI nur noch auf freiwilliger Basis. Diese beiden Varianten für das zukünftige Controlling und die Kosten- und Leistungsrechnungen wurden allerdings nicht priorisiert. Als unerlässlich wurde die Weiterführung des Haushaltsmanagementsystems gesehen, ergänzt um die Personalausgabenbudgetierung. Die Anlagenbuchhaltung sollte ebenso flächendeckend eingeführt werden wie übergreifende Benchmarkingprozesse. Als wichtig wurde zudem die Orientierung des NSI an den Informations- und Steuerungsbedarfen der Führungskräfte gesehen.[398]

### 3.6.3 Evaluation des NSM in der deutschen Kommunalverwaltung

Seit mehr als zehn Jahren kommt das NSM in deutschen Kommunen zum Einsatz. Der Stand der reformbezogenen Evaluierung auf diesem Gebiet ist allerdings als defizitär einzuschätzen, wobei in den letzten Jahren einige Forschungsarbeiten[399] in dem Bereich der kommunalen Modernisierung entstanden sind, die sich allerdings im wesentlichen auf die institutionellen Veränderungen konzentrieren. Die Entwicklungen bei den Outputs und Outcomes durch das NSM sind hingegen wenig bekannt.[400] Anlass für das von der Hans Böckler Stiftung finanziell geförderte und von der KGSt unterstützte Forschungsprojekt „10 Jahre Neues Steuerungsmodell - Evaluation kommunaler Verwaltungsmodernisierung" war die Tatsache, dass es keine über Einzelfallstudien hinausgehende systematische Bestandsaufnahme der Ergebnisse und Wirkungen vom NSM gab.[401]

---

[397] Geeignet sind die Bereiche nach Ansicht des Rechnungshofs, wenn ein wirtschaftlicher Ansatz erkennbar ist. Mögliche Kriterien sind das beeinflussbare Budgetvolumen, die Mitarbeiterzahl, privatwirtschaftliche Aufgabenstellung, Konkurrenzsituation zu privaten Anbietern, Organisationsabläufe mit betriebswirtschaftlichem Charakter und der Bedarf einer Kalkulationsgrundlage für Gebühren. Vgl. Rechnungshof Baden-Württemberg (2007), S. 38 f.

[398] Vgl. Rechnungshof Baden-Württemberg (2007), S. 2 ff. Eine Entscheidung, welche Variante der Fortführung gewählt werden soll, steht bislang noch aus. Empfehlungen für die Gestaltung von Reformprojekten auf Grundlage der Erkenntnisse aus dem NSI-Projekt in Baden-Württemberg gibt der Arbeitskreis „Integrierte Verbundrechnung". Siehe Berens, W. et al. (2007), S. 11.

[399] Siehe dazu bspw. Jaedicke, W./Thrun, T./Wollmann, H. (1999); KGSt (2007); Osner, A. (2001); Eibelshäuser, M. (2002); Busch, V. (2005) oder Difu (2005).

[400] Vgl. Bogumil, J./Kuhlmann, S. (2004), S. 54.

[401] Vgl. hierzu und im Folgenden: Bogumil, J. et al. (2007), S. 11 ff.

Das Ziel der Untersuchung war, auf der einen Seite die organisatorischen, instrumentellen und personellen Veränderungen in den Kommunalverwaltungen festzustellen und auf der anderen Seite die Veränderungen des Verwaltungshandelns, hinsichtlich Leistungsfähigkeit, Effizienz, Qualität und Kunden- sowie Mitarbeiterorientierung zu betrachten. Hinsichtlich der Methodik wurde ein zweistufiges Vorgehen[402] gewählt. Im ersten Schritt sollte eine Bestandsaufnahme der institutionellen Veränderungen erfolgen, also der eingesetzten Instrumente und der Rahmenbedingungen der Einführung (Institutionenevaluierung). Im zweiten Schritt sollten dann die Wirkungen des Modernisierungsprogramms in den Verwaltungen ermittelt werden (Performanzevaluierung). Da es sich um eine sehr komplexe Wirkungsanalyse handelte, kamen drei miteinander verknüpfte Datenerhebungsverfahren zum Einsatz. Als erstes fand eine Auswertung bisheriger Forschungsberichte, Umfragen und sonstiger empirischer Studien zur NSM-Reform statt. Weiterhin erfolgte eine schriftliche Befragung von 1.565 deutschen Kommunen. Dabei fand ein mehrperspektivischer Ansatz Anwendung. Es wurde nicht nur die Verwaltungsspitze befragt, sondern auch der Personalratsvorsitzende und die Leiter der Unteren Bauaufsicht sowie des Jugendamtes, um die unterschiedlichen Sichtweisen zu berücksichtigen. Daher wurden vier verschiedene Fragebögen entwickelt, die aber auch parallele Fragemodule enthielten. Inhaltlich wurden Modernisierungsbereiche, Beweggründe, praktische Umsetzung und die Basisdaten der Kommunen ermittelt. Als drittes Verfahren zur Datenerhebung wurden drei qualitative Fallstudien von Städten mit unterschiedlicher Modernisierungsintensität erstellt, um damit die erzielten Ergebnisse durch die Reform möglichst realitätsnah zu erfassen.

Hinsichtlich der institutionellen Veränderungen konnte festgestellt werden, dass vor allem im Bereich der Organisationsstruktur, beim Ausbau der Kundenorientierung und im Bereich Rechnungswesen/Ressourcenbewirtschaftung vielfach Modernisierungsmaßnahmen durchgeführt wurden. Dabei gaben die Kommunen an, im überwiegenden Fall nur einzelne NSM-Instrumente einzusetzen und nicht das NSM als Gesamtkonzept. Als Ergebnis im Performanzbereich stellten die Evaluatoren fest, dass die Ziele einer verbesserten Kundenorientierung, der Leistungssteigerungen in den Behörden und des Kulturwandels, in dem das Denken in Kosten und Leistungen sich zunehmend durchsetzt, durchgängig erreicht worden sind. Zudem ergaben sich durch die Dezentralisierung für die Mitarbeiter vermehrt Anreize zu effizienterem und wirtschaftlichem Handeln. Auch wenn eine leicht positive Tendenz zu Einspareffekten festgestellt werden konnte, sprach gemäß der Einschätzung der Evaluatoren wenig dafür, dass das NSM nachhaltig zur Konsolidierung der Haushalte beigetragen hat, was an den immensen Umstellungskosten und -problemen lag. Verbesserungen im Verhältnis zwischen Politik und Verwaltung wurden kaum festgestellt, so dass die politische Steue-

---

[402] Siehe dazu auch Kapitel 3.5.

rung von der Reform bislang wenig profitierte. Dies widerspricht damit etwas den zuvor vorgestellten Evaluationsergebnissen aus der Schweiz, wo deutliche Fortschritte
hinsichtlich der politischen Steuerung zu verzeichnen waren. Auch im Bereich der
Mitarbeiter überwiegen eher die negativen Effekte. Die Analyse machte eine zunehmende Reformmüdigkeit unter den Mitarbeitern aus. Zudem wurde die Modernisierung oft als Instrument zum Personalabbau wahrgenommen.[403] Somit ergibt sich durch
die Evaluation ein ambivalentes Bild. Auf der einen Seite existiert eine breite Bewegung der Modernisierung in den deutschen Kommunen, die Verwaltungen werden
kunden- und bürgerorientierter, aber die Bewegung scheint vielfach zu stocken bzw.
sich nur dort weiter zu entwickeln, wo „von oben" Druck erzeugt wird. Überdies sind
auch konzeptionelle Mängel durch eine zu stark betriebswirtschaftliche Ausrichtung
für die Probleme ursächlich.[404]

Zu den Empfehlungen gibt diese Evaluation nur wenige Hinweise, wie das NPM in
Zukunft ausgestaltet werden sollte. Allerdings wirkten sich gemäß der Studie die Ein-
richtung eines Modernisierungsmanagements und eine frühzeitige Mitarbeiterbeteiligung positiv auf den Umsetzungsstand aus; das sollte bei Neuprojekten entsprechend
berücksichtigt werden. Es wird festgehalten, dass derzeit ein Trend Richtung Re-
Zentralisierung und Re-Hierarchisierung vonstatten geht. Mit dem Abkehr von der
„Reinform" des NSM werden die Kommunen in die Lage versetzt, negative Wirkungen zu beheben und positive zu nutzen.[405] Letztlich regen die Evaluatoren auch eine
weiterhin kritische Analyse der Stärken und Schwächen der Reformen im Bereich des
NPM an, um sinnvolle von weniger sinnvollen Elementen zu trennen, dies in der
Hoffnung, dass auch die Organisationen bisweilen von Evaluationen lernen.[406]

In der Abbildung 10 werden abschließend die drei zuvor beschriebenen Evaluationen
nochmals zusammengefasst und die Zielsetzung, die Methodik, die Ergebnisse und die
Konsequenzen dargestellt. In dem Zusammenhang sei nochmals darauf hingewiesen,
dass diese Evaluationen Positiv-Beispiele hinsichtlich der gewählten Anwendungsme-
thodik, des Stichprobenumfangs und der Ergebnisse darstellen. Vielfach beschränken
sich Evaluationen, speziell in Deutschland, auf die reine Angabe der institutionellen
Veränderungen, sind als Fallstudien mit einer geringen Teilnehmerzahl angelegt
und/oder haben überwiegend nur kommunale Verwaltungen als Gegenstand, entsprechend eingeschränkt sind die dadurch entstandenen Ergebnisse.[407] Beim Vergleich der

---

[403]  Vgl. Bogumil, J./Grohs, S./Kuhlmann, S. (2006), S. 157 ff.
[404]  Vgl. Bogumil, J. et al. (2007), S. 317 f.; KGSt (2007), S. 58 f.
[405]  Vgl. Bogumil, J. et al. (2007), S. 318.
[406]  Vgl. Bogumil, J./Kuhlmann, S. (2006), S. 368.
[407]  Vgl. Wollmann, H. (2000), S. 221 ff., sowie die dort angegebene Literatur. Einen guten Überblick
       über verschiedene Evaluationen von Verwaltungsmodernisierungen bietet Promberger, K./Koler,
       D./Koschar, D. (2005), S. 180 f.

drei vorgestellten Studien fällt auf, dass sehr unterschiedliche Evaluationsarten Anwendung fanden. Den Ergebnissen ist gemeinsam, dass als Fazit eher eine kritische Grundhaltung hinsichtlich der NPM-Reformen eingenommen wird und als Konsequenz grundsätzlich die Weiterführung, aber auch die Weiterentwicklung des jeweiligen Modells empfohlen wird.

| | FLAG in der Schweizer Bundesverwaltung | NSI in der Landesverwaltung BW | 10 Jahre NSM in dt. kommunalen Verwaltungen |
|---|---|---|---|
| Zielsetzung | Bewertung, Verbesserung und Ausweitung des Projektes zu einem Programm | Prüfen der Auswirkungen, Wirtschaftlichkeitsuntersuchung, Verbesserungsmöglichkeiten | Institutionelle und performanzbezogene Veränderungen, Anregung für andere Kommunen |
| Jahr | 1998-2001 | 2005 | 2005-2006 |
| Teilnehmer | 12 FLAG-Pilotämter | 213 Landesdienststellen | Über 850 Kommunen |
| Evaluationsart | Extern<br>Summativ & Formativ<br>Umfragen, Interviews, Datenauswertung | Intern<br>Summativ<br>Umfragen, Interviews | Extern<br>Summativ & Formativ<br>Umfragen, Interviews, Fallstudien |
| Ergebnisse | Funktionsfähigkeit grundsätzlich gegeben, ohne substantielle Ausdehnung keine Zukunftsaussichten | Keines der NSI-Ziele umfassend erreicht, vielfach nicht adaptiert und akzeptiert, Kosten höher als der Nutzen | Deutliche Verbesserungen bei den Outputs, aber bei Inputs und den Systemveränderungen kaum positive Effekte erkennbar |
| Empfehlungen | Ausdehnung auf weitere Ämtern, Standardisierung der Instrumente notw., Regierung als Promoter, Wirkungsmessung institutionalisieren | Keine unveränderte, flächendeckende Fortführung, Änderungen bei KLR und beim Controlling notwendig, behördenspezifische Anpassungen | Zu starke betriebswirtschaftliche Ausrichtung, Fortlaufende Weiterentwicklung des NSM, Einbezug der Mitarbeiter von Beginn an |

*Abbildung 10: Vergleich der betrachteten Evaluationen zum NPM*

## 4 Konzept der Reformevaluation in der Landesverwaltung NRW

Wie zuvor bei den Grundlagen des New Public Managements und der Evaluation fest-gestellt, existiert vielfach das Problem, dass die vollständige Implementierung aller Instrumente, bisweilen sogar gleichzeitig, als zu aufwendig, wenig zielführend und die Mitarbeiter überfordernd empfunden wird. Daher wird angeregt, Instrumente nur dort einzusetzen, wo ihr Einsatz Erfolg versprechend erscheint; weiterhin wird empfohlen, die Instrumente oder gewisse Gruppen von Instrumenten möglichst nacheinander ein-zuführen.[408] Es stellt sich in diesem Zusammenhang die Frage, ob Kriterien identifi-ziert werden können, nach denen Instrumente oder Instrumentengruppen speziellen Behörden bzw. Behördentypen zugeordnet werden können, weil dort ein besonders wirkungsvoller Einsatz zu erwarten ist. Ferner muss analysiert werden, welche Kom-bination von Instrumenten eine besonders große Effizienz und/oder Effektivität ver-spricht.

In diesem Kapitel sollen daher die Möglichkeiten einer Reformevaluation aufgezeigt werden mit dem Ziel, Strategien einer selektiveren Verwaltungsmodernisierung zu erreichen. Als konkretes Evaluationsobjekt dient in diesem Zusammenhang die Lan-desverwaltung NRW. Dabei handelt es sich um eine der größten Landesverwaltungen in Deutschland. Die Evaluation soll damit nach Möglichkeit auch Hinweise für Ver-waltungen der anderen Bundesländer geben. Für eine formative Evaluation eignet sich diese Landesverwaltung besonders gut, weil in NRW aktuell kein übergreifendes Re-formkonzept vorliegt und deshalb davon ausgegangen werden kann, dass sich neue Erkenntnisse leichter umsetzen lassen, wenn zunächst keine grundlegenden Anpassun-gen bisheriger Konzepte notwendig sind. Da in den Verwaltungen des Landes schon seit Jahren verschiedenste Reformprojekte durchgeführt werden, soll somit das dort vorhandene Erfahrungswissen für zukünftige Reformprojekte genutzt werden. Im wei-teren Verlauf dieses Kapitels soll daher zunächst das Evaluationsobjekt genauer be-schrieben werden. Anschließend sollen die Modernisierungsentwicklung und die dar-aus entstandenen Probleme sowie der aktuelle Stand der Verwaltungsmodernisierung in der Landesverwaltung NRW näher vorgestellt werden. Gemäß dem Prozess der Evaluation werden sodann die mit der Evaluation verfolgten Ziele erarbeitet, um an-schließend die Vorgehensweisen detaillierter zu erläutern. Dazu ist zunächst die Aus-arbeitung von Typisierungsmerkmalen notwendig, um auf dieser Grundlage später spezielle Gruppen von Verwaltungen definieren zu können. Darüber hinaus ist, wie bereits geschildert, die Auswahl der Zielindikatoren im Evaluationsprozess besonders erfolgskritisch. Es soll daher der Versuch unternommen werden, Indikatoren zu bilden,

---

[408] Vgl. dazu bspw. Rechnungshof Baden-Württemberg (2007), S. 2 ff.

die ein möglichst realistisches und umfassendes Bild der Modernisierung zeichnen, um die Auswirkungen der verschiedenen Instrumente in einzelnen Behörden entsprechend abbilden zu können. Anschließend erfolgt zunächst die Auswahl und später eine genauere Beschreibung von 19 Instrumenten, die sich für diese Analyse eignen und auch in der Landesverwaltung bislang schon eingesetzt werden bzw. in der Zukunft eingesetzt werden sollen. Diese Instrumente gilt es nicht nur zu beschreiben, sondern auch gleichzeitig ihre Vor- und Nachteile, Anwendungsvoraussetzungen und, sofern möglich, auch den erforderlichen Implementierungsaufwand und die antizipierten effizienz- bzw. effektivitätsorientierten Ergebnisse abzuschätzen. Daran anschließend folgt eine Zusammenfassung der eingesetzten bzw. einzusetzenden Instrumente. Zuletzt sollen in diesem Kapitel unterschiedliche Thesen zu den Behördentypen, den Rahmenbedingungen und zum kombinierten Instrumenteneinsatz aufgestellt werden, die dann im weiteren Verlauf der Arbeit bestätigt oder verworfen werden sollen. Dabei wird bei den erstgenannten Thesen Bezug auf die zuvor aufgestellten Typisierungsmerkmale genommen, da die empirische Überprüfung dieser Vorüberlegungen Hinweise auf die Relevanz einzelner Merkmale geben kann.

## 4.1 Rahmenbedingungen und genereller Hintergrund der Modernisierung in NRW

Die zu untersuchende Verwaltung des Landes NRW gehört zu den *Landesverwaltungen* der Bundesrepublik Deutschland. Diese verwalten sich in der Regel selbst, indem sie über eigenständige Verwaltungsorganisationen verfügen. Staatliche Befugnisse oder Aufgaben werden von den Ländern ausgeübt, sofern das Grundgesetz keine anderen Regelungen vorsieht bzw. zulässt.[409] Die Wichtigkeit und die besondere Bedeutung der Länderverwaltungen zeigt sich alleine schon in dem hohen Anteil der Beschäftigten; so arbeiten 52% aller Bediensteten, die im Kernbereich der unterschiedlichen Gebietsebenen tätig sind, bei den Ländern.[410] Aus der institutionellen Ausgangslage und dem großen Personalanteil lässt sich die besondere Stellung und damit die geforderte Schlüsselrolle folgern, die die Landesverwaltungen bei der Modernisierung der öffentlichen Institutionen einnehmen sollten. Als wesentliche Ansatzpunkte für Reformen auf Länderebene werden die Verwaltungsstruktur, Rahmenbedingungen für die kommunale Selbstverwaltung, die interne Organisation und die Verbesserung von Verwaltungsabläufen genannt.[411] Bei der vorliegenden Evaluation erfolgt entsprechend der vorgenommenen Eingrenzung eine Konzentration auf die binnenstrukturelle Modernisierung in der Verwaltung des Landes.

---

[409] Vgl. Promberger, K./Koler, D./Koschar, D. (2005), S. 76.
[410] Vgl. Andersen. U. (2006), S. 208.
[411] Vgl. Bogumil, J. (1999), S. 123 f.

Unter allen Bundesländern ist NRW das bevölkerungsreichste, und dementsprechend ist auch die Größe seiner Landesverwaltung. Im Jahr 2005 waren dort fast 285.000 Mitarbeiter beschäftigt.[412] Grundsätzlich ist die staatliche Verwaltung in NRW dreistufig organisiert. Die obersten Landesbehörden sind die zehn Ministerien, deren Minister zusammen mit dem Ministerpräsidenten die Landesregierung bilden. Auf der mittleren Ebene befinden sich die fünf Bezirksregierungen, die einen großen Teil der staatlichen Aufgaben wahrnehmen. Sie unterstehen je nach Aufgabe der Aufsicht unterschiedlicher Ministerien. Auf der dritten, der unteren staatlichen Ebene sind verschiedene Behörden angesiedelt, z.b. Kreispolizeibehörden und Schulämter, die einer obersten Landesbehörde oder einer Landesmittelbehörde unterstehen. Daneben gibt es gemäß dem Landesorganisationsgesetz noch Landesoberbehörden wie das Landeskriminalamt oder das Landesamt für Besoldung und Versorgung, die den Ministerien unmittelbar nachgeordnet sind, für das ganze Landesgebiet verantwortlich sind und spezielle Zuständigkeiten haben, deren Wahrnehmung besondere fachliche Kenntnisse voraussetzt. Zudem gibt es noch Landesbetriebe als rechtlich unselbstständige, organisatorisch abgesonderte Teile der Landesverwaltung, deren Tätigkeit erwerbswirtschaftlich oder zumindest auf Kostendeckung ausgerichtet ist und die hoheitliche Aufgaben wahrnehmen können, darunter das Landesvermessungsamt oder der Landesbetrieb Straßenbau Nordrhein-Westfalen (Straßen.NRW).[413]

Schon seit einigen Jahrzehnten gibt es Reformbemühungen in der Landesverwaltung NRW. Neben Verwaltungsstrukturreformen und Maßnahmen zum Bürokratieabbau waren dies seit längerem auch Aktivitäten zur Binnenmodernisierung, wie die verwaltungsinternen Reformen in NRW genannt werden. Dabei gilt die „Burger-Kommission" aus dem Jahr 1987 zur Effizienzsteigerung in der Landesverwaltung als Auslöser des aktuellen Reformprozesses. Diese Kommission befasste sich vor allem mit den Themen Aufgabenkritik, Personalplanung und -einsatz, berufliche Qualifizierung und dem Einsatz von Informations- und Kommunikationstechnologien.[414] Im Jahr 1995 wurde die Steuerungsgruppe „Verwaltungsreform" vom Kabinett eingesetzt, um eine lernende, zur Selbstinnovation fähige, schlanke, effektive und effiziente öffentliche Verwaltung zu schaffen, ohne dass allerdings ein systematisches Gesamtkonzept mit konkreten Vorgaben zur Einführung neuer Steuerungsinstrumente vorlag.[415] Im Jahr 2000 folgte mit Aufstellung der „Vision 2004" der nächste wesentliche Schritt im Bereich der inneren Verwaltungsreform in NRW. Diese Vision beinhaltete die Erprobung eines neuen Steuerungsmodells mit Zielvereinbarungen und Personalkosten-

---

[412] Dabei handelt es sich um vollzeitbeschäftigtes Personal des Landes NRW zum 30.6.2005. Das Personal der bildenden und beruflichen Schulen ist dabei nicht einbezogen. Vgl. dazu LDS (2005).
[413] Vgl. Bogumil, J. (1999), S. 126 f.
[414] Vgl. Pickenäcker, B. (2006), S. 67.
[415] Vgl. Mariß, C. (1999), S. 65.

Budgetierungen sowie verschiedene Maßnahmen im Bereich Qualitätsmanagement, Mitarbeiterbefragungen, Personalentwicklung und der Einführung und Nutzung von moderner IT.

Ab dem Jahr 2003 orientierte sich die Verwaltungsmodernisierung in NRW an einem „Fahrplan" (Vision 2008), mit dem bis spätestens 2008 ein einheitlicher Modernisierungsstandard in der gesamten Landesverwaltung erreicht werden sollte. Die wesentlichen Reformbereiche waren Personal, Organisation, Steuerung und Gender Mainstreaming[416]. Nachdem sich der Fahrplan 2003 bis 2004 unmittelbar an die Ministerien und an bestimmte Reformarbeitsgruppen wandte, sollte anschließend die Fortsetzung des Veränderungsprozesses in den weiteren Verwaltungsbereichen erfolgen (siehe Abbildung 11). Im Wege der Verwaltungsmodernisierung wies der Fahrplan den Weg zu neuen Formen der öffentlichen Aufgabenerledigung: Eigenverantwortung statt Hierarchie, Resultate statt Regeln, Steuern statt Rudern und Wettbewerb statt Monopol.[417]

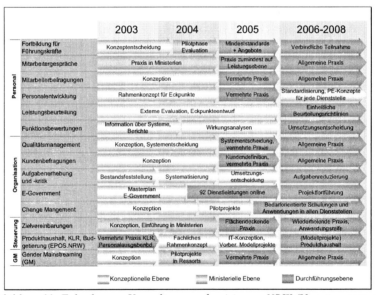

*Abbildung 11: Fahrplan zur Verwaltungsmodernisierung NRW (Umsetzungsstand: 2003)[418]*

---

[416] Unter Gender Mainstreaming wird ein strategischer Ansatz zur Gleichstellung von Männern und Frauen bei der Planung, Durchführung und Bewertung gesellschaftlicher Prozesse verstanden. Vgl. dazu Ohlde, K./ Olthoff, M. (2005), S. 312 ff.

[417] Vgl. Innenministerium NRW (2003), S. 2.

[418] In Anlehnung an Innenministerium NRW (2003), S. 2.

Nach dem Regierungswechsel 2005 wurde an dem bisherigen Fahrplan nicht länger festgehalten, und die Schwerpunkte wurden anders gesetzt, auch bedingt durch eine steigende Unzufriedenheit hinsichtlich der Modernisierung in der Landesverwaltung. Mit dem Kabinettsbeschluss vom 2. Mai 2006 wurde festgesetzt, dass der Prozess der Binnenmodernisierung fortgesetzt wird, aber nur unter dem Zeichen von „Selbstbestimmung und Selbstverpflichtung der Ressorts" sowie einem verwaltungsinternen Wettbewerb. Die Zeitschiene und Verbindlichkeit des bisherigen „Fahrplans" wurde aufgehoben. Es sollte jedoch für die einzelnen Ressorts die Möglichkeit bestehen, die Instrumente den jeweils fachspezifischen Belange anzupassen. Ausgenommen blieben kleinere Dienststellen und diejenigen Verwaltungsbereiche, die von Strukturreformen betroffen waren. Alle Ressorts verpflichteten sich überdies, Maßnahmen der Binnenmodernisierung in eigener Verantwortung weiter voranzubringen. Zur Stärkung des Wettbewerbsgedankens sollten zudem grundsätzlich in allen Geschäftsbereichen Vergleichsringe eingerichtet werden, die an die vorhandenen Steuerungsinstrumente anknüpfen.[419] Diese Vereinbarungen sind zum aktuellen Zeitpunkt weiterhin gültig.

## 4.2    Ziele der Befragung und daraus abgeleitete Vorüberlegungen

Nachdem die Auswahl des Evaluationsobjektes stattgefunden hat, müssen gemäß dem Evaluationsprozess und den Nützlichkeitsstandards[420] die verfolgten Ziele näher betrachtet werden. Dabei ist darauf zu achten, dass die Ziele sich an den vorhandenen Informationsbedürfnissen ausrichten. Diese ergeben sich im Wesentlichen aus den Herausforderungen, die sich angesichts der aktuellen Rahmenbedingungen in NRW abgezeichnet haben. Dazu gehören die Aufhebung des zuvor festgelegten Fahrplans zur Binnenmodernisierung und einige Probleme, die in Verbindung mit bisherigen Projekten zur Verwaltungsmodernisierung generell festgestellt werden konnten.[421] Erfahrungsgemäß bieten Befragungen einen größeren Erkenntnisgewinn als umfangreiche Dokumentenanalysen, daher soll eine quantitative Befragung der Führungskräfte in den Behörden des Landes NRW angestrebt werden.[422] Mit Hilfe dieser Befragungsergebnisse und der anschließenden Analyse soll eine Herangehensweise entwickelt werden, die unter Berücksichtigung der wesentlichen Schwierigkeiten im Bereich des NPM möglichst konkrete Handlungsempfehlungen für die betroffene Landesverwaltung ableitet, ggf. aber auch für weitere, ähnlich strukturierte Landesverwaltungen. Dazu werden zunächst die maßgeblichen Ziele, die mit dieser formativen Evaluation verfolgt werden, herausgearbeitet, und jeweils im Anschluss daran werden aus diesen

---

[419]  Vgl. Innenministerium NRW (2006).
[420]  Vgl. dazu Kapitel 3.4.1.
[421]  Siehe dazu Kapitel 2.6.
[422]  Vgl. Haering, B. (2002), S. 13.

Zielen erste Vorüberlegungen abgeleitet, die im weiteren Verlauf der Arbeit in Form von Thesen näher spezifiziert werden sollen.

Auch wenn noch im Jahr 2003 ein einheitlicher Stand der Modernisierungsinstrumente in den Landesverwaltungen angestrebt wurde, so verdeutlichte die ein Jahr später durchgeführte Umfrage im Rahmen des Projektes zur „Ermittlung der Kosten und Einschätzung des Nutzens der Einführung von Produkthaushalten auf Basis der Ergebnisse von Kosten- und Leistungsrechnungen" den sehr unterschiedlichen Einführungsstand auf dem Gebiet der KLR und des Berichtswesens in den Behörden des Landes NRW.[423] Nicht zuletzt eine im Jahr 2005 durchgeführte Umfrage des Innenministeriums zu den unterschiedlichen Facetten der Verwaltungsmodernisierung in der betrachteten Landesverwaltung zeigte den heterogenen Stand der Umsetzung von Instrumenten des NPM.[424]

Im ersten Schritt sollen daher die institutionellen Veränderungen erfasst werden, die sich bislang ergeben haben. Dies betrifft aber nicht nur den eigentlichen Umsetzungsstand verschiedener Instrumente, sondern auch die Gründe für die Einführung, für Aussagen zur Einsatzintensität und für die beigemessene Wichtigkeit. Damit soll ein umfassendes Bild vom gegenwärtigen *Umsetzungsstatus der Reforminstrumente* im Land NRW aufgestellt werden. Diese Ergebnisse zum aktuellen Stand dienen nicht nur dazu, einen Überblick zu verschaffen, sondern bilden zudem die Grundlage für die weitere Untersuchung. Dahinter steht die Überlegung, dass kein einheitliches Vorgehen in Bezug auf die Reform für alle Behörden in der Landesverwaltung vorliegt. Dies beeinflusst damit auch die weiteren Analysen und die Ableitung von Handlungsempfehlungen wesentlich. Komponenten wie der Einführungsanlass, die erfolgte Integration von Instrumenten in der Behörde und die Bedeutung könnten demnach wesentliche Erklärungsfaktoren für die mit den Instrumenten erreichten Ergebnisse sein.

Bei einer so vielschichtigen Verwaltung wie der Landesverwaltung kann das Prinzip der Einheit der Verwaltung nicht funktionieren. Um einen genaueren    Überblick über Schwerpunkte und Besonderheiten zu erhalten, sollen daher die *Struktur* und die *Leistungsspezifika der Behörden* erhoben werden.[425] Nach Möglichkeit sollen über die Merkmale Einteilungen in weitgehend *homogene Typen von Behörden* vorgenommen werden. Eine Zuordnung zu diesen Typen kann als Bündel von gemeinsam auftreten-

---

[423] Vgl. Finanzministerium NRW (2005b), S. 127.

[424] Vgl. Innenministerium NRW (2005).

[425] Eine nur nach inhaltlichen Gesichtspunkten vorgenommene Unterteilung in verschiedene Verwaltungsklassen wie bspw. in Ordnungs-, Dienstleistungs-, Organisations- und politische Verwaltung ist nicht geeignet, um daran eine Ableitung für den NPM Instrumenteneinsatz vorzunehmen, daher wird hier eine andere Vorgehensweise erarbeitet. Vgl. dazu Hesse, J./Ellwein, T. (1997), S. 343 f.

den Merkmalen erfolgen, bspw. in Abhängigkeit von der Aufgabenstellung, dem Auf-
gabenvollzug, der Wettbewerbsintensität oder der Organisationsgröße.[426] Solche kriteriengestützten, vergleichbaren Verwaltungseinheiten sollen nicht nur als Bestandteil
dieser Arbeit für weitere Analysen im Rahmen der Auswertung genutzt werden, sondern können später auch die Grundlage für geplante Benchmarkingprojekte und Vergleichsringe bilden. Für die gebildeten Gruppen kann dies bedeuten, dass, sofern Analogien zum privatwirtschaftlichen Bereich vorliegen, mit größeren positiven Effekten
gerechnet werden kann, als wenn es sich bei den betrachteten Behörden im Wesentlichen um politische Verwaltungen handelt.[427] Der entstehende Überblick in Bezug auf
die gesamte Verwaltung verspricht zudem Anhaltspunkte für die grundsätzliche Stärke
der Wirksamkeit von Modernisierungsmaßnahmen gemäß dem NPM-Ansatz.

Ein weiteres Ziel der Evaluation leitet sich aus den grundsätzlichen Problemen von
NPM-Modernisierungen ab. Die Erwartungen, die an die Ergebnisse der Reformen
gestellt werden, sind vielfach übertrieben.[428] Externe Berater[429] aber auch interne Pro-
jektpromotoren schüren übertriebene Hoffnungen, um eine zügige oder vollständige
Durchsetzung der Reform zu erreichen. Dies liegt auch daran, dass kaum empirische
Erkenntnisse über die Auswirkungen vorliegen und demnach eine Orientierungsgröße
fehlt, welchen Beitrag Reformen zur Verbesserungen des Verwaltungshandelns leisten
können. Daher wird mit der Umfrage und der anschließenden Analyse das Ziel verfolgt, ein möglichst realistisches Bild über die *erzielten generellen Ergebnisse* von
Verwaltungsmodernisierungen abzugeben. Hinsichtlich der Resultate durch die Reformen ist anzunehmen, dass sich die Wirkungen in Abhängigkeit von den verschiedenen Zieldimensionen des NPM deutlich unterscheiden.

Weiterhin hat sich bei NPM-Projekten als problematisch herausgestellt, dass häufig
betriebswirtschaftliche Instrumente eingesetzt werden, die zunächst nicht daraufhin
überprüft wurden, ob deren Einsatz auch ohne grundlegende Anpassungen für den öffentlichen Sektor positive Wirkungen verspricht. Neben der Tatsache, dass kein Gewinnziel erreicht werden muss und die Konkurrenzintensität zumeist niedrig ist, unterscheiden sich auch die Hauptfinanzierungsquellen erheblich von denen der Privatwirtschaft.[430] Diese Merkmale haben aber einen wesentlichen Einfluss auf die Wirksamkeit
von Instrumenten. Ebenso werden bislang die Spezifika der Organisationen nicht ausreichend berücksichtigt, sondern die Konzepte werden vielfach standardisiert auf alle

---

[426]   Vgl. Ellwein, T. (1994), S. 90.
[427]   Vgl. Ellwein, T. (1994), S. 112 ff.
[428]   Vgl. Busch, V./Wehrmann, S. (2002), S. 257.
[429]   Zu dem Einsatz von Unternehmensberatern in der öffentlichen Verwaltung vgl. ausführlich Brüg-
      gemeier, M. (2005), S. 86 ff. oder Trube, A. (2005), S. 67 ff.
[430]   Vgl. Nöthen, J./Pichlbauer, M./Eisenstecken, E. (2004), S. 84 f.

Verwaltungen übertragen, ohne sie an die individuellen Gegebenheiten und Anforderungen anzupassen. Dies führt zu unbefriedigenden Ergebnissen. Da allerdings zu selten eine Bestandsaufnahme der Probleme in den Behörden stattfindet, werden solche Instrumente in der Regel kaum verbessert und angepasst. Daraufhin werden sie im Laufe der Zeit immer weniger eingesetzt, oder sie werden weiterhin verwendet, ohne dass damit eine wirkliche Steuerungswirkung verbunden wäre. Das kann eine erhebliche Verschwendung von Ressourcen zur Folge haben. Die *Identifizierung von Wirkungen einzelner Instrumente* stellt aus den erläuterten Gründen ebenfalls einen wesentlichen Teil dieser Evaluation dar. Auch bei den Instrumenten liegt die Vermutung nahe, dass die damit erzielten Ergebnisse sehr unterschiedlich sind und tendenziell mit Instrumenten, die als besonders wichtig für eine Behörde wahrgenommen werden, auch sehr positive Ergebnisse erzielt wurden.

Da nicht zwingend alle Instrumente der Verwaltungsmodernisierung angewendet werden sollen, stellt sich die Frage, wie die zukünftig zu implementierenden Maßnahmen priorisiert werden sollen; denn zu komplexe Reformprozesse, die den Anspruch des „großen Wurfes" haben, neigen dazu, die Organisation zu überfordern. Im Ergebnis hat dies zur Folge, dass die gewünschten Wirkungen somit nicht ansatzweise erreicht werden.[431] Hinzu kommt, dass Reformstrategien bislang teilweise auf die Verfahren begrenzt sind, die unmittelbar Finanzprobleme tangieren. So kommt es zur Einführung vieler Einzelmaßnahmen, bei der Instrumente relativ isoliert nebeneinander stehen.[432] Daher sollen mittels der   Analyse auch die Ableitung und Bewertung von *Kombinationen verschiedener Einzelinstrumente* vorgenommen werden. Hierbei ist anzunehmen, dass viele Instrumente nur durch das Zusammenwirken mit anderen ihre volle Wirkung entfalten können und deshalb einzelne Instrumente zwar für sich alleine nur wenig überzeugende Ergebnisse erzielen, sie aber in Kombination und Wechselwirkung mit anderen einen bedeutenden Beitrag zum Erfolg leisten.[433]

Unklarheit besteht bei solchen Modernisierungsprojekten häufig darüber, wie die Instrumente auf die jeweils fachspezifischen Belange zugeschnitten werden sollen. Dabei kommen zu diesen eher generellen Schwierigkeiten für Verwaltungsreformen noch spezielle Probleme, die sich aus dem gültigen Kabinettsbeschluss in NRW ergeben. Die Ministerien und die Behörden können gemäß der gefassten Beschlüsse selber entscheiden, welche Instrumente sie einsetzen wollen und welche nicht. Es entsteht hierdurch prinzipiell das Problem, dass bei einer zu großen Autonomie der Verwaltung und bei einem zu geringen Druck der Öffentlichkeit sich die einzelnen Behörden oft-

---

[431] Vgl. Bogumil, J. (2007), S. 119.
[432] Vgl. Budäus, D. (2006), S. 176.
[433] Vgl. Thom, N./Ritz, A. (2006), S. 36; Busch, V./Wehrmann, S. (2002), S. 262.

mals als reformresistent erweisen.[434] Es stellt sich zudem die Frage, ob die Instrumente der Verwaltungsmodernisierung vollständig und zumindest mittelfristig in allen Behörden des Landes flächendeckend eingeführt werden sollten oder ob eine stärkere Selektion der Instrumente in Abhängigkeit beispielsweise vom Behördentyp bessere Ergebnisse verspricht.[435] In Abhängigkeit von Merkmalen der Verwaltungsleistung können die Steuerungsanforderungen sowie Mess- und Beurteilungsprobleme bei Instrumenten so ganz unterschiedlicher Art sein.[436] Ein letztes Ziel liegt daher in der Kombination der erläuterten Analysen. Es sollen für die zuvor ermittelten *Behördenmerkmale* und für die daraus *abgeleiteten Typen* besonders *Erfolg versprechende Instrumente* bzw. Instrumentenkombinationen identifiziert werden.[437] Dahinter steht die These, dass es nicht für alle Umfeldbedingungen und Aufgabengebiete gleichermaßen Erfolg versprechend ist, dieselben Instrumente anzuwenden, sondern dass der Einsatz sich hinsichtlich der Verwaltungsstruktur unterscheidet.[438] Demnach sollen für unterschiedliche Ausprägungen auch Tendenzaussagen über die Wirkungsstärke der Verwaltungsmodernisierung abgeleitet werden.

Die wesentlichen Ziele, die mit der Befragung im Zuge der Reformevaluation in der Landesverwaltung NRW verfolgt werden, lassen sich nochmals stichpunktartig zusammenfassen:

- Überblick über den aktuellen Stand der Verwaltungsreform

- Offenlegung der Leistungsstruktur in der Landesverwaltung

- Identifizierung von aussagekräftigen Typisierungsmerkmalen und auf deren Grundlage die Ableitung von möglichst homogenen Behördentypen

- Analyse bisheriger Ergebnisse der Verwaltungsmodernisierung in Abhängigkeit von verschiedenen Zieldimensionen

- Ermittlung besonders erfolgreicher Modernisierungsinstrumente

- Aufzeigen sinnvoller Kombinationen von Einzelinstrumenten

- Identifizierung wirksamer Instrumente bzw. Instrumentenkombinationen für einzelne Kategorisierungsmerkmale und Verwaltungstypen

---

[434] Vgl. Bogumil, J. (2007), S. 112.
[435] Siehe in diesem Zusammenhang auch das für FLAG verwendete Vier-Kreis-Modell, das die Zusammenhänge der Schweizer Bundesverwaltung zwischen Markt und Politik darstellt, um damit eine gewisse Systematik und eine Orientierungshilfe zu geben, wo der Einsatz der Leistungsaufträge und des Globalbudgets besonders sinnvoll ist. Vgl. Leuenberger, D. (2005), S. 25 f.
[436] Vgl. Gerhards, R. (2001), S. 53.
[437] Evtl. lassen sich auch aus entstandenen „Misserfolgen" Handlungsempfehlungen für weitere Behörden ableiten.
[438] Vgl. Schröter, E./Wollmann, H. (2005), S. 73.

Nach Ableitung der wesentlichen Evaluationsziele soll im nächsten Schritt eine genaue Befragungssystematik erarbeitet werden, mit der die angestrebten Analysen vollzogen werden können. Zunächst sollen dazu Leistungs- und Größenklassen ermittelt werden, mit denen sich eine überschaubare Anzahl an homogenen Verwaltungstypen ermitteln lässt. Im zweiten Schritt ist die Abfrage sowohl der insgesamt erreichten Wirkungen in Abhängigkeit von verschiedenen Dimensionen herzuleiten als auch die spezifischen Ergebnisse der eingesetzten Einzelinstrumente. Der letzte Schritt umfasst dann die Auswahl der Instrumente und der insgesamt notwendigen Informationen, um damit weitergehende Analysen durchführen zu können. In dem gesamten Prozess der Evaluation sind dabei, soweit wie möglich, die Evaluationsstandards einzuhalten. Dabei wurden die Nützlichkeitsstandards vor allem bei den Zielen der Evaluation, die Durchführbarkeitsstandards beim Design der Untersuchung und die Genauigkeitsstandards bei der späteren Auswertung berücksichtigt. Der Einbezug der Fairnessstandards erfolgte dagegen eher implizit in allen Phasen der Evaluation. Einschränkend ist anzumerken, dass nicht alle Einzelstandards für diese Analyse gleichermaßen relevant waren, da weniger einzelne Personen Gegenstand der Evaluation sein sollen, sondern die gesamte Behörde in anonymisierter Form.

### 4.3 Typisierung nach Leistungs- und Größenmerkmalen

Gemäß dem Prozess der Evaluation[439] erfolgt auf der Grundlage der erarbeiteten Ziele die Planung der Untersuchung und das Evaluationsdesign. Ein wesentliches Ziel ist die Überführung der unterschiedlichen Behörden des Landes in mehrere Verwaltungstypen, um auf dieser Grundlage einen sinnvollen Instrumenteneinsatz ableiten und Benchmarkringe identifizieren zu können. Da allerdings kaum wissenschaftliche Erkenntnisse zur Ableitung von Verwaltungstypen mit Hilfe verschiedener Charakteristika vorliegen, soll zunächst eine allgemeine Betrachtung der kriteriengestützten Einteilung von Untersuchungsobjekten innerhalb der Betriebswirtschaft erfolgen. Hierbei soll ein besonderer Schwerpunkt auf der Ableitung von Dienstleistungstypen liegen, zum einen weil der Typisierungsansatz auf diesem Gebiet weit verbreitet ist und zum anderen da gewisse Analogien hinsichtlich der Bildung von Verwaltungsgruppen zu erwarten sind. Diese Einteilung nach Kriterien für die öffentliche Verwaltung soll sodann auf der Grundlage von Leistungs- und Größenmerkmalen vorgenommen werden.

---

[439] Siehe dazu Kapitel 3.4.2.

## 4.3.1 Generelle Ableitung von Leistungstypen in der BWL

Damit Untersuchungsobjekte zielgerecht anhand sinnvoller Merkmale zugeordnet
werden können, verwendet man in der Betriebswirtschaft analytische Forschungsmethoden. Zu diesen gehört neben der Klassifikation auch die Typisierung. Diese zielt ab
auf die Systematisierung einer Menge von Untersuchungsobjekten und Merkmalsausprägungen. Damit wird angestrebt, die für ein Untersuchungsziel wesentlichen Er-
scheinungsformen von Objekten zu isolieren, ohne sich im konkreten Einzelfall zu
verlieren.[440] Typen sind dabei jene Untersuchungsobjekte, die hinsichtlich der ausgewählten Merkmale die jeweils gleiche Ausprägung besitzen, wobei die Gesamtheit der
gebildeten Typen als Typologie bezeichnet wird. Die Typisierung umfasst zwei Sichtweisen: Erstens die dynamische Sichtweise. Dies ist der Denkprozess, der zum Ergebnis der Typologie führt (Typenbildungsprozess), zweitens die statische Sichtweise, die
das Denkergebnis der Typisierung liefert.[441] In der Abgrenzung zur Klassifikation, für
die nur ein Merkmal herangezogen wird und die über scharfe Klassengrenzen verfügt,
baut die Typisierung auf mindestens zwei Merkmalen auf und wird durch unscharfe
und verschwimmende Grenzen charakterisiert. Ein Typus muss daher keine vollständig geordnete Klasse sein, sondern kann ein Bündel von gemeinsam auftretenden
Merkmalen sein.[442]

Hinsichtlich des Prozesses der Typenbildung wird ein mehrstufiges Vorgehen vorgeschlagen. Zunächst ist der konkrete Untersuchungsbereich abzugrenzen. Anschließend
ist eine Merkmalsanalyse notwendig, bei der die relevanten Eigenschaften der Untersuchungsobjekte festgelegt werden. Diese können typenbildende aber auch typenbe-
schreibende sein. Zudem wird hinsichtlich der Ausprägungsmöglichkeiten in polare,
bei denen das Merkmal nur diskrete Einzelwerte anzunehmen vermag, und abstufbare,
die in einem bestimmten Bereich unendlich viele Ausprägungen annehmen können,
unterschieden.[443] An die Merkmalsanalyse schließt sich die Festlegung sinnvoller
Merkmalausprägungen an. Diese können qualitativer aber auch quantitativer Natur
sein und sind abhängig vom Objekt und den verfolgten Zielen. Schließlich erfolgt die
Bildung von Typen durch eine sinnvolle Kombination von Merkmalen. Dabei gilt es
nach Möglichkeit, eine Verknüpfung von Ausprägungen zu finden, die sich nicht logisch widersprechen, empirisch verifizierbar und praktisch brauchbar in Bezug auf das
Untersuchungsziel sind. Es sind hierbei zwei Vorgehensweisen denkbar, die auch häufig kombiniert eingesetzt werden. Bei der retrograden Typenbildung liegt bereits ein

---

[440] Vgl. Welter, M. (2006), S. 113. Durch das weite Anwendungsspektrum der Typisierung wird dieser Ansatz nicht nur in der BWL, sondern auch in anderen Disziplinen verwendet.
[441] Vgl. Welter, M. (2006), S. 114.
[442] Vgl. Amshoff, B. (1993), S. 90 f.
[443] Vgl. Klose, M. (1999), S. 36 f.

gewisses Vorverständnis von den Typen vor, und rückwärts gewandt werden die Merkmalsausprägungen sukzessive isoliert, die den Typ kennzeichnen. Hingegen wird bei der progressiven oder synthetischen Typenbildung von den Merkmalen ausgegangen, und man erzielt über deren sinnvolle Verknüpfung das Ergebnis. Oftmals erfolgt am Ende des Prozesses noch eine graphische Darstellung der Typologie.[444]

Einen besonderen Niederschlag haben Typologien im Bereich des Marketings von Dienstleistungen[445] gefunden. Mit der Herleitung von Dienstleistungstypen soll eine Transparenzverbesserung erzielt werden, zudem ist auch eine Strukturierung von Produkten auf dieser Grundlage möglich.[446] Entstanden ist dieser Ansatz auch, um Sach- und Dienstleistungen besser voneinander abgrenzen zu können. Einer der ersten Ansätze stammt von WOHLGEMUTH, der eine Typologisierung verwendet, um für die sich ergebenden Typen jeweils Führungsstrategien abzuleiten. Als Merkmale werden die *Interaktionsintensität* und die *Standardisierung* von Produkten verwendet. Daraus ergeben sich insgesamt vier Typen. Bei sehr interaktionsintensiven und wenig standardisierten Dienstleistungen wird bspw. eine Führungskultur vorgeschlagen, die den Mitarbeitern viel Spielraum für Kreativität und eigene Entscheidungen lässt; das kann durch Förderungen der Erfolgspartizipation und durch Zielvereinbarungen erreicht werden. Bei sehr interaktionsarmen und standardisierten Dienstleistungen sind hingegen die Funktionen im Unternehmen stark zentralisiert, und wegen der vielen repetitiven Tätigkeiten ist die Führung weniger auf Flexibilität, denn auf eine starke Arbeitsteilung und Rationalisierungspotenziale ausgerichtet.[447]

Ein weiterer wesentlicher Ansatz auf diesem Gebiet ist die Leistungstypologie nach ENGELHARDT et al. Diese beruht auf zwei Dimensionen: 1. Dem Immaterialitätsgrad als Ausgestaltungsform des Leistungsergebnisses mit den Extrempolen materiell und immateriell und 2. dem Integrationsgrad der betrieblichen Leistungsprozesse mit den Extremen autonom und integrativ. Aus diesen beiden Dimensionen ergeben sich ebenfalls vier Grundtypen von Leistungen, die jeweils einen modifizierten Einsatz von Marketingstrategien und Marketinginstrumentarien erfordern.[448] Aus der *Immaterialität* erwächst das Problem, dass die Nachfrager einer großen Beschaffungsunsicherheit unterliegen und die Leistungen nicht vergleichbar sind. Aus Marketingsicht sind daher das eigene Image und das Vertrauen der Kunden von kaufentscheidender Bedeutung, zudem dienen die internen Produktionsfaktoren des Anbieters wie die Mitarbeiter und

---

[444] Vgl. Welter, M. (2006), S. 115 f.
[445] Zur begrifflichen Definition und zur Abgrenzung des Begriffs „Dienstleistung" gegenüber der „Sachleistung" siehe bspw. Meffert, H./Bruhn, M. (2006), S. 28 ff.
[446] Vgl. Bräuning, D./Simon, B. (1998), S. 41.
[447] Vgl. Wohlgemuth, A. (1989), S. 339 ff.
[448] Vgl. Engelhardt, W./Kleinaltenkamp, M./Reckenfelderbäumer, M. (1993), S. 416 f.

die Geschäftsräume als Orientierungshilfe. Auch die *Integrativität*[449] hat eine steigende Unsicherheit für den Kunden zur Folge. Gerade bei sehr individuellen Leistungen herrscht eine geringe Markttransparenz. Für den Anbieter führt der Einbezug des Kunden zu geringeren Standardisierungsmöglichkeiten. Die Vertrauenswürdigkeit, Flexibilität und die hohe fachliche Qualifikation müssen als besondere Fähigkeiten durch das Marketing herausgestellt werden.[450]

Ein weiterer Typologisierungsvorschlag von Dienstleistungen wurde von BENKEN-STEIN/GÜTHOFF unternommen, um eine systematische Auseinandersetzung mit unterschiedlichen Dienstleistungsarten zu erreichen. Dieser Ansatz bedient sich der System- und Kaufverhaltenstheorie, mit der die Komplexitätsdimensionen als Typologisierungsansatz auf die Dienstleistungsbranche übertragen werden sollen. Daraus folgt auch, dass der Typologie keine explizite Zielsetzung zugrunde liegt und diese darüber hinaus auf alle Dienstleistungsarten anwendbar sein soll. Zur Typisierung werden die *Leistungsmerkmale* der Dienstleistung und die Persönlichkeitsmerkmale der Nachfrager herangezogen. Erstere können durch fünf Klassifizierungselemente komplexer Dienstleistungen näher beschrieben werden: die Zahl der Teilleistungen, die Multipersonalität, die Heterogenität der Teilleistungen, die Länge der Leistungserstellung und die Individualität der Leistung. Als *Persönlichkeitsmerkmale* zur Kennzeichnung der Komplexität können die Risikowahrnehmung aus der Sicht des Kunden und das Involvement des Kunden unterschieden werden.[451]

Die vorgestellten Typologisierungsansätze sind mit ihrer häufig produktions- und unternehmensbezogenen Wahrnehmung in der Lage, die „notwendige Sicht der Dienstleistungskonfiguration" zu thematisieren. Allerdings ist anzumerken, dass die jeweiligen Ansätze auch durchaus kritisch betrachtet werden.[452]

### 4.3.2 Abgrenzung der Merkmale zur Verwaltungstypisierung

Im Gegensatz zur vorgestellten Typologisierung von Dienstleistungen, die eher eine produktionswirtschaftliche Sichtweise einnehmen, geht es bei den Verwaltungstypen nicht um die Ableitung verschiedener Typen von Produkten, die mit unterschiedlichen

---

[449]  Hierbei zerlegt MEFFERT die Integrationsdimension noch weiter: in den *Interaktionsgrad*, der zur Differenzierung zwischen quasi-industriellem und interaktionsorientiertem Management führt, und den *Individualisierungsgrad*, der aus einem Kontinuum von der Standardisierung von Leistungen bis zu einer individuellen Kundenorientierung (Customization) besteht. Vgl. Meffert, H. (1994), S. 523 ff.

[450]  Vgl. Engelhardt, W./Kleinaltenkamp, M./Reckenfelderbäumer, M. (1993), S. 418 ff.

[451]  Vgl. Benkenstein, M./Güthoff, J. (1996), S. 1493 ff.

[452]  Siehe dazu ausführlich Fröhling, O. (2001), S. 8.

Marketingstrategien oder -instrumenten bearbeitet werden. Die verschiedenen Verwaltungen sollen mittels Kriterien eingeteilt werden, um damit vergleichbare Behörden zu identifizieren und in Abhängigkeit von den jeweiligen Kriterien den Einsatz unterschiedlicher Modernisierungsinstrumente abzuleiten. Dabei zeichnet sich das Leistungssystem der öffentlichen Verwaltung durch sehr personalintensive Prozesse aus, deren entstehende Outputs im Wesentlichen immaterieller Art sind. Ferner werden die Bürger oft auch in den Produktionsprozess eingebunden (z.b. bei dem Ausfüllen der Steuererklärung). Durch diese Faktoren sind auch zugleich die wesentlichen Merkmale einer Dienstleitungsproduktion[453] gegeben, so dass staatliche Leistungen demnach weitgehend der Dienstleistungskategorie zugeordnet werden können. Dabei gilt es allerdings zu berücksichtigen, dass im Vergleich zur Privatwirtschaft keine dominierende Gewinnerzielungsabsicht vorliegt und häufig Marktmechanismen auf der Absatzseite fehlen.[454] Insofern kann zwar das allgemeine Vorgehen übernommen werden, und einige verwendete Merkmale zur Typisierung von Dienstleistungen in der Privatwirtschaft können zur Ermittlung der Verwaltungstypisierung beitragen. Eine generelle Übernahme der Merkmalsausprägungen ist allerdings ohne Anpassungen nicht möglich.

Um öffentliche Verwaltungen zu typisieren, sollen neben dem Merkmal der Größe einer Behörde auch noch Merkmale verwendet werden, die auf die jeweiligen Aufgaben ausgerichtet sind. Dazu werden die Tätigkeitsstruktur, das Wettbewerbsumfeld, die Entgeltorientierung und der Kundenkontakt der Behörde verwendet.[455] Einschränkend muss allerdings beachtet werden, dass aufgrund der Heterogenität der öffentlichen Verwaltung im Allgemeinen und der Landesverwaltung NRW im Besonderen sowie der daher benötigten Merkmalsanzahl[456], mit denen die Verwaltungen beschrieben werden sollen, weniger die Herausbildung von möglichst vielen in sich ausgesprochen homogenen Verwaltungstypen im Mittelpunkt steht, sondern in erster Linie die Wirkungsrichtung und -stärke der einzelnen Merkmale von Bedeutung ist. Darauf aufbauend können in einem zweiten Schritt besonders einflussreiche Merkmale genutzt werden, um damit eine Einteilung in Verwaltungstypen vorzunehmen. Allerdings be-

---

[453] Gemäß CORSTEN kennzeichnen sich Dienstleistungen durch die Integration von externen Faktoren, das Ergebnis ist dabei in der Regel immateriell und nicht direkt messbar. Vgl. Corsten, H. (1997), S. 27 f.

[454] Vgl. Rupp, T. (2002), S. 124 f.

[455] Diese Merkmalsstruktur und die folgende Beschreibung orientieren sich an der Aufgabentypologisierung der Standard-KLR des Bundes, ist aber noch um weitere Merkmale und Ausprägungen ergänzt und erweitert worden. Vgl. Arthur D. Little (1997), S. 31 ff.

[456] Während die zuvor vorgestellten Typisierungsansätze für privatwirtschaftliche Dienstleistungen nur jeweils zwei Merkmale zur Einteilung verwenden, werden hier insgesamt fünf Merkmale zur Beschreibung der Verwaltungen verwendeten. Das würde in Summe zu 32 möglichen Verwaltungstypen führen. Dies widerspricht aber der angestrebten Vermeidung von zu vielen einzelnen Fällen, daher ist eine Reduktion auf die für die Verwaltungsmodernisierung wesentlichen Merkmale notwendig. Vgl. Welter, M. (2006), S. 113.

dingt die angesprochene Heterogenität, dass die daraus entstehenden Gruppen nur in Bezug auf die bei der Typisierung betrachteten Merkmale, nicht aber in Bezug auf die weiteren Kategorien vollkommen homogen sein werden. Im Folgenden werden dafür die ausgewählten Merkmale genauer erläutert, um im weiteren Verlauf der Arbeit die Implikationen zu bestimmen, die aus den jeweiligen Ausgestaltungsformen der Merkmale erwachsen.

Zunächst soll eine Verwaltung danach eingeteilt werden, welche *Größe* die einzelne Behörde hat. Diese Vorgehensweise orientiert sich an der Sichtweise der Kontingenztheorie, nach der die Organisationsgröße ein klassisches und häufig verwendetes Merkmal zur Beschreibung von Organisationen ist.[457] Sehr große Behörden haben in Bezug auf Komplexität und die Durchführbarkeit von Modernisierungsinstrumenten ganz andere Voraussetzungen als sehr kleine, überschaubare Behörden. Dies wird über die Anzahl der dort tätigen Mitarbeiter mittels verschiedener Größenklassen abgefragt. Zwar wäre auch eine Einteilung hinsichtlich des Ausgabenvolumens denkbar, allerdings müssten dort z.B. erst Störeffekte wie die Transferleistungen herausgerechnet werden. Insofern wird die besser vergleichbare Anzahl der Mitarbeiter gewählt.[458]

Ein wesentliches Merkmal, um das Aufgabengefüge in einer Verwaltung zu beschreiben, ist deren *Tätigkeitsstruktur*. Dies kann in Anlehnung an die Merkmale bei der Typologisierung von Dienstleistungen erfolgen, da die Problemstellungen ähnlich sind. Auf der einen Seite gibt es Verwaltungen mit einem hohen Anteil standardisierter Aufgaben, mit vielen gleichartigen und wiederkehrenden Aufgaben, bei denen sich die Bearbeitungszeit kaum unterscheidet. Auf der anderen Seite kann es viele individuelle Aktivitäten geben, die sich hinsichtlich ihrer Aktivitätenfolge, der Komplexität und ihrer Bearbeitungszeit grundlegend unterscheiden.[459] Zudem gibt es noch eine Reihe von weiteren Ausprägungen, die zwischen den beiden Extrempolen liegen. Daher bietet sich noch die Abfrage von Verwaltungen mit weitgehend ähnlichen Tätigkeiten und vielen wiederkehrenden Aufgaben an sowie individuellen Aufträgen mit geringen Fallzahlen, aber auch mit einigen wiederkehrenden Aufgaben.

Ein weiteres Merkmal, das zur Systematisierung genutzt werden soll, ist die *Wettbewerbsstruktur* und damit die Verfügbarkeit von konkurrierenden Leistungsanbietern oder Vergleichsmöglichkeiten.[460] Die Verfügbarkeit von alternativen Anbietern der Leistung oder möglichen Vergleichen beeinflusst neben der Transparenz und der Leis-

---

[457] Vgl. Schachner, M./Speckbacher, G./Wentges, P. (2006), S. 591.
[458] Um das Ergebnis nicht zu verfälschen, werden allerdings Referendare, Beamtenanwärter, Auszubildende usw. nicht einbezogen.
[459] Vgl. Arthur D. Little (1997), S. 31.
[460] Zu den Funktionen des Wettbewerbs siehe Kapitel 2.4.4.

tungserstellung auch die strategische Ausrichtung und den Einsatz von Instrumenten und ist damit als Typologisierungsmerkmal geeignet.[461] Auf der einen Seite kann eine Verwaltung einem externen Wettbewerb mit Anbietern aus der Privatwirtschaft für den überwiegenden Teil ihrer angebotenen Produkte ausgesetzt sein. Eine etwas weniger wettbewerbsintensive Ausrichtung liegt vor, wenn nicht nur externer Wettbewerb für einige Produkte besteht, sondern auch vielfach Quasi-Wettbewerb. Unter diesem Begriff wird verstanden, dass einige Leistungen vergleichbar mit Anbietern auf dem Markt sind oder mit denen anderer Behörden. Dementsprechend können vielfach Leistungsvereinbarungen getroffen werden, oder ein Benchmarking der Leistungen mit anderen vergleichbaren Behörden ist durchführbar. Weniger Wettbewerbsintensität ist dann vorhanden, wenn nur in Teilbereichen Quasi-Wettbewerb vorherrscht ist, also bspw. wenn ein Benchmarking nur einzelner Leistungen der Behörde möglich erscheint.[462] Schließlich besteht noch die Möglichkeit, dass kein Markt besteht und auch Benchmarking der Leistungen wenig zweckmäßig erscheint, weil diese Leistungen ausschließlich von dieser Organisationseinheit angeboten werden. In dem Fall ist die Behörde keinerlei Wettbewerb ausgesetzt. Die Abbildung 12 fasst die Ausprägungen des Wettbewerbs mit den jeweils zur Verfügung stehenden Instrumenten zusammen.

*Abbildung 12: Dimensionen des Wettbewerbs in der öffentlichen Verwaltung*[463]

---

[461] Vgl. Schedler, K./Proeller, I. (2006), S. 191.
[462] Vgl. Busch, V. (2005), S. 83.
[463] Modifizierte Darstellung in Anlehnung an Wegener, A. (1997), S. 83. Dabei handelt es sich bei dem (quasi-) marktlichen um faktischen Wettbewerb und beim nicht-marktlichen um virtuellen Wettbewerb.

Die *Entgeltorientierung* ist ein weiteres Merkmal, das es ermöglicht, Behördentypen zu unterscheiden. Auf dieser Grundlage erscheint darüber hinaus eine Zuordnung von Instrumenten möglich. Mit ihr wird beschrieben, ob als direkte Gegenleistung für die Aufgabenerfüllung Entgelte erhoben werden oder nicht. Diese Orientierung beeinflusst die Verwaltung hinsichtlich der verfolgten Ziele und beinhaltet eine umfassende Erfassung der erbrachten Leistungen.[464] Im Extremfall werden nahezu alle Leistungen zu Marktpreisen bewertet. Darüber hinaus ist es möglich, dass Gebühren kostenorientiert ermittelt und erhoben werden. Eine weitere Abstufung in Bezug auf das Merkmal Entgelt kann bei einer Behörde vorgenommen werden, wenn sie zwar überwiegend keine Marktpreise oder Gebühren erhebt, aber zumindest Verrechnungen[465] mit anderen Behörden erfolgen. Keine Entgeltorientierung haben Behörden, bei denen keinerlei Verrechnungen durchgeführt werden.

Eine zunehmende Bedeutung hat der *Kundenkontakt* für Verwaltungen. Dabei ist neben der Frage, ob überhaupt Kundenbeziehungen[466] vorliegen, auch die Unterscheidung nach internen (öffentliche Einrichtungen) und externen Zielgruppen (Bürger, Unternehmen, Verbände usw.) von erheblicher praktischer Bedeutung.[467] Denn je nach Ausmaß des Kundenkontaktes variieren mehrere Arten der Koordination hinsichtlich politischer Verantwortung, Kontrolle der Verwaltungen und der Zufriedenheit der Kunden.[468] Insofern bietet sich auch dieses Merkmal zur Typisierung an. Ähnlich wie bei der Tätigkeitsstruktur ergeben sich auch hier gewisse Analogien zur Typologisierung von Dienstleistungen. In einem besonders intensiven Kundenkontakt steht die Verwaltung, wenn die Erstellung von Leistungen fast ausschließlich für externe Kunden erfolgt. Vielfach werden in Behörden aber Leistungen sowohl für externe Kunden als auch für Kunden in der Landesverwaltung ausgeführt. Kein Kontakt mit externen Kunden besteht, wenn die Leistungen nur für Kunden in der Landesverwaltung erstellt werden. In Verwaltungen, die sich im Wesentlichen nur der Koordination von anderen Institutionen und der Entwicklung von Methoden und Konzepten widmen, herrscht kein direkter externer wie interner Kundenkontakt, und damit sind auch andere Steuerungserfordernisse gegeben.

In der Abbildung 13 sind die fünf verschiedenen Typologisierungsmerkmale mit ihren jeweiligen Extrempolen dargestellt. Abgesehen von den Größenklassen, bei denen sechs verschiedene Klassen vorgegeben werden sollen, bestehen jeweils noch zwei

[464] Vgl. Gerhards, R. (2001), S. 142.
[465] Zur Ermittlung der Verrechnungspreise vgl. bspw. Kiesel, B. (2005), S. 185.
[466] Hier müssen wiederum die Einschränkungen des Kundenbegriffes berücksichtigt werden. Vgl. Kapitel 2.4.2.
[467] Vgl. Graf, R./Rohn. S. (2004), S. 320.
[468] Vgl. Schedler, K./Proeller, I. (2006), S. 121 f.

weitere Ausprägungen zwischen den extremen Polen, so dass bei der Befragung der Führungskräfte in jeder Kategorie vier Merkmalsausprägungen zur Auswahl stehen. Anhand dieser Einstufungen sollen sich die befragten Behörden hinsichtlich ihrer Größe und der überwiegenden Leistungsstruktur einordnen, um eine Typisierung der Verwaltungen im Land NRW in Bezug auf die Verwaltungsmodernisierung vornehmen zu können.[469] Außerdem wird im weiteren Verlauf der Untersuchung der Versuch unternommen, Thesen zum Einfluss der Merkmale auf die erzielten Reformergebnisse herzuleiten.[470]

*Abbildung 13: Merkmale zur Typologisierung von öffentlichen Verwaltungen*

## 4.4 Zieldimensionen der Evaluation

Eine erhebliche Bedeutung bei der Evaluation von Verwaltungsmodernisierungen in NRW kommt den bisher erreichten Ergebnissen des Gesamtprozesses und den Auswirkungen der einzelnen Instrumente zu. Die Ermittlung ist allerdings äußerst schwierig, denn in der Landesverwaltung werden nicht nur vielfältige Instrumente eingesetzt, von denen jeweils unterschiedliche Akteure und Bereiche betroffen sind, sondern dar-

---

[469] Damit unterschiedliche Einstufungen in Bezug auf gleiche Verwaltungstypen (bspw. bei verschiedene Polizeibehörden, die dieselben Aufgaben zu erfüllen haben, sich aber dennoch unterschiedlich zuordnen) auffallen und sofern die fünf Merkmale keine Typisierung zulassen, wird zudem noch der jeweilige Behördentyp abgefragt.

[470] Vgl. dazu Kapitel 4.6.1.

über hinaus verändern sich die Rahmenbedingungen der betrachteten Behörden im Zeitablauf. Dazu gehören Strukturveränderungen innerhalb der Landesverwaltung durch Auflösen und Zusammenfassen von Behörden, aber auch organisatorische Anpassungen innerhalb der Behörden, die parallel zur Reform durchgeführt worden sind. Dies erschwert die Zuordnung von Ursache und Wirkung erheblich. Hinzu kommt, dass neben NPM-Reformen auch Gesetzesänderungen Anpassungen des Leistungsspektrums notwendig gemacht haben und damit der direkte Einfluss der einzelnen Komponenten auf das Gesamtergebnis kaum noch ermittelbar erscheint. Im Zuge der Modernisierung haben sich Vergleiche als besonders sinnvoll herausgestellt, weil die unmittelbaren Auswirkungen im Regelfall nicht mehr ermittelbar sind. Für die vorliegende Evaluation bietet sich demnach ein Abgleich mit den ursprünglichen Zielen des Projektes an. Zudem soll die „Reformlandschaft" am Beginn der Reformbemühungen mit dem heutigen Stand verglichen werden.[471]

Die ermittelten Zieldimensionen können aufgrund der sich ständig ändernden Rahmenbedingungen nicht mit Hilfe von absoluten Werten oder gar monetären Größen erfasst werden, sondern sollen verbal mittels einer vordefinierten Skala abgefragt werden, um diese dann in quantitative Daten überführen zu können. Dabei geht es ganz speziell um Veränderungen, die sich angesichts der bereits durchgeführten Reformprojekte ergeben haben. Zunächst sind dazu die Begriffe „Effizienz" und „Effektivität" näher zu erläutern, da die Intensität der Auswirkungen dieser beiden Kategorien zur Erfolgsmessung als wesentliches Ziel von NPM-Projekten gilt. Anschließend sollen daraus und in Anlehnung an die zentralen Ziele der Verwaltungsreform verschiedene Abfragekategorien ermittelt werden. Daran schließt sich die Herleitung einer komprimierten Zielstruktur für die Einzelinstrumente an.

### 4.4.1 Effizienz versus Effektivität

Obwohl die Begriffe der Effizienz und der Effektivität häufig im Zusammenhang mit Verwaltungsmodernisierungen und im Rahmen der Evaluationsforschung als Kategorien zur Erfolgsmessung verwendet werden, hat sich diesbezüglich immer noch keine einheitliche Terminologie durchgesetzt.[472] Dabei ist, vereinfacht ausgedrückt, unter Effizienz der Grad der Wirtschaftlichkeit zu verstehen („do the things right") und unter Effektivität der Grad der inhaltlich-fachlichen Zielerreichung („do the right things"). Während beide Elemente in erwerbswirtschaftlichen Organisationen weitgehend identisch sind, da dort das inhaltliche und das wirtschaftliche Ziel vielfach übereinstim-

---

[471] Vgl. Banner, G. (2001), S. 282.
[472] Vgl. Ritz, A. (2003a), S. 231.

men, gilt dies für öffentliche oder gemeinnützige Institutionen allerdings nicht. Hier müssen gesetzliche und inhaltliche Aufträge als separate Zielsetzungen definiert und letztlich operationalisiert werden.[473]

Der Begriff der *Effizienz* soll hier als Verhältnis von Outputs zu Inputs definiert werden, also den Ergebnissen des öffentlichen Leistungserstellungsprozesses zu den für diese Erstellung insgesamt notwendigen Ressourcen. Betrachtet man das Minimalprinzip, bedeutet Effizienz ein bestimmtes Ergebnis mit möglichst geringem Einsatz zu erreichen. In Form des Maximalprinzips geht es bei der Effizienz darum, das bestmögliche Ergebnis bei einem festgelegten Einsatz von Mitteln zu erlangen.[474] Die Beurteilung der Wirtschaftlichkeit des Verwaltungshandelns erfolgt hierbei unabhängig von den politischen Zielen staatlichen Handelns und wird deshalb auch als „politisch neutrales" Konzept angesehen. Es ist demnach möglich, die Effizienz zu steigern, ohne das angestrebte Output-Niveau zu erreichen, ferner lässt sich das Kriterium berechnen, ohne dabei die politischen Ziele zu betrachten.[475] Problematisch bei der Ermittlung des Effizienzkriteriums ist die in der Privatwirtschaft übliche Angabe von monetären Größen sowohl für Inputs als auch für Outputs. Während das bei den Inputs über die Kosten überwiegend noch möglich ist, fehlen bei den Leistungsergebnissen häufig die notwendigen Instrumente, oder eine Messung ist nicht möglich. Die Folgen sind dann gemischtdimensionale Kennzahlen. Zur Messung der Effizienz kann beim Vorliegen von monetären Daten die Kosten-Nutzen-Analyse[476] genutzt werden, bei der die Kosten mit den geldwerten Ergebnissen verglichen werden.[477] Liegen sowohl monetäre als auch nicht-monetäre Faktoren vor, kann die Data Envelopment Analysis (DEA)[478] verwendet werden.[479] Allerdings muss für diese Evaluation eine skalenbasierte Abfrage der erzielten Ergebnisse[480] erfolgen; denn auf der einen Seite erscheint eine Separation der Inputs, die bei der bisherigen Verwaltungsmodernisierung insgesamt eingesetzt

---

[473] Vgl. Trube, A. (2005), S. 68.
[474] Vgl. Haiber, T. (1997), S. 38.
[475] Vgl. Budäus, D./Buchholtz, K. (1997), S. 328 ff.
[476] Zu der Vorgehensweise und den Besonderheiten dieses Instrumentes siehe bspw. Mühlenkamp, H. (1994).
[477] Vgl. Budäus, D./Buchholtz, K. (1997), S. 330; Ritz, A. (2003a), S. 230.
[478] Die DEA ermöglicht eine aggregierte Effizienzbewertung anhand verschiedener monetärer und nicht-monetärer Faktoren; dabei wird durch einen Vergleich analysiert, ob ein Objekt bei gegebenem Input möglichst viel Output generiert. Es handelt sich hierbei um ein nicht-parametrisches Verfahren zur Konstruktion empirischer Produktionsfunktionen. Vgl. dazu auch Padberg, T./Werner, T. (2005).
[479] Die Anwendung der DEA ist hier allerdings nicht möglich, da die Vergleichbarkeit der Verwaltungen nicht gegeben ist.
[480] Gerade für die Gesamtsicht bietet sich dabei eine Aufspaltung des Effizienzbegriffes in mehrere Kategorien an, um einen genaueren Überblick über die Effizienzveränderungen zu erhalten. Siehe dazu auch Kapitel 4.4.2.

wurden,[481] nicht möglich, und auf der anderen Seite sind auch die Angaben der dadurch ausgelösten Leistungsergebnisse weder monetär noch nicht-moentär ermittelbar.

Zwar ist die Effizienz in öffentlichen Verwaltungen wichtig, aber die falschen Dinge wirtschaftlich zu tun, bleibt Verschwendung, womit der Auftrag der öffentlichen Leistungserstellung verletzt wird. Daraus folgt, dass die Effektivität politisch wichtiger ist als die Effizienz, auch wenn sie bislang im Modernisierungsprozess zu wenig berücksichtigt worden ist.[482] Hier wird unter *Effektivität* das Verhältnis von den vorgegebenen Zielen zu den tatsächlich realisierten Wirkungen verstanden. Somit ist die Effektivität eine Maßgröße für die Wirksamkeit der Zielerreichung staatlichen Handelns, wobei nur zielbezogene Wirkungen in die Analyse einbezogen werden dürfen. Kostenaspekte werden im Gegensatz zur Effizienz bei der Beurteilung aber in keiner Weise berücksichtigt.[483] Die Messung der Effektivität entspricht grundsätzlich einem Soll-Ist-Vergleich und besteht aus dem Quotienten von Zielerreichung und Zielvorgaben. Problematisch ist die Beurteilung der Effektivität, weil sich der Zielerreichungsgrad vielfach nicht direkt erfassen lässt und daher eine sukzessive Entwicklung von Indikatoren in Abstimmung mit den jeweiligen Zielen erfolgen muss.[484] Für die Messung der Effektivität werden daher häufig Kennzahlen verwendet, denen der explizite Bezug zu den Zielen fehlt. Dies trifft bspw. auf die Kosteneffektivität, als Verhältnis von Inputs zu Outcomes, zu und auch für die Output-Effektivität (Wirksamkeit) als Relation von Outputs zu Outcomes.[485] Wie bei der Effizienz scheinen angesichts der angesprochenen Problematik die Angaben von zuverlässigen Indikatoren zur Messung der Wirkungen im Rahmen der Verwaltungsmodernisierung und ihrer Einzelinstrumente für diese Evaluation nicht möglich. Daher soll auch hier auf eine Skala zur Ermittlung der erzielten Veränderungen der Effektivität zurückgegriffen werden.

Teilweise wird auch noch die Ebene der Economy, also der Sparsamkeit, ergänzt. Diese wird dann erreicht, wenn die benötigten Ressourcen mit dem kleinstmöglichen Mitteleinsatz beschafft werden können. Dabei sind aber auch nicht alle drei Ebenen steuerungsrelevant, denn die Sparsamkeit allein kann nicht das Maß der Dinge sein, sondern nur in Verbindung mit der Wirtschaftlichkeit und der Wirksamkeit.[486] Speziell bei der Erfüllung von vorgegebenen Aufgaben muss die Sparsamkeit grundsätzlich im Zusammenhang mit der Wirtschaftlichkeit gesehen werden, wodurch sie in den weitaus meisten Fällen schon durch die Betrachtung der Effizienz erfasst worden ist.[487]

---

[481] Idealerweise müssten dazu die Inputs auf die verwendeten Einzelinstrumente aufgeteilt werden.
[482] Vgl. Schmidt, J. (2006), S. 50.
[483] Vgl. Budäus, D./Buchholtz, K. (1997), S. 330.
[484] Vgl. Budäus, D. (2002), S. 209.
[485] Vgl. Budäus, D./Buchholtz, K. (1997), S. 330.
[486] Vgl. Schedler, K./Proeller, I. (2006), S. 77.
[487] Vgl. Schmidt, J. (2006), S. 50.

In Abbildung 14 ist die Abgrenzung zwischen Effizienz und Effektivität zusammen-fassend dargestellt. Allerdings ist zu beachten, dass diese beiden Begriffe zwar Bewer-tungsmaßstäbe für Beziehungen zwischen Ressourcen (Inputs), Leistungen (Outputs) und Wirkungen (Outcomes) sind. Hingegen sind sie keine Kriterien zur Bewertung der Produkte, ihrer Güte, der gesellschaftlichen Bedeutung oder des öffentlichen Gebrauchswertes.[488]

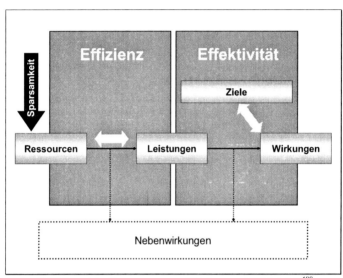

*Abbildung 14: Abgrenzung von Effizienz und Effektivität[489]*

### 4.4.2 Zieldimensionen der Umsetzungserfolge

Die hier verfolgte Evaluation der Verwaltungsmodernisierung bezieht, wie dargestellt, die Fragen zur Zielsetzung und die Beurteilungskriterien aus dem ursprünglichen Ziel-system des NPM-Projektes, zudem aus den antizipierten Wirkungen der eingesetzten Instrumente.[490] Als wesentliche Ziele, die generell mit derartigen Reformen verfolgt werden, konnten die Orientierung an Leistungen und Wirkungen, an Kunden, an der Qualität, am Wettbewerb und an den Mitarbeitern herausgearbeitet werden.[491] Diese Zielstruktur soll gemeinsam mit den Kategorien zur Erfolgsmessung, der Effizienz und

---

[488] Vgl. Nullmeiner, F. (2005), S. 431.
[489] In Anlehnung an Schedler, K./Proeller, I. (2006), S. 76.
[490] Vgl. Haering, B. (2002), S. 11.
[491] Siehe dazu auch Kapitel 2.4.

der Effektivität die Grundlage für die abzufragenden Dimensionen bilden (Performanceevaluation). Dabei bietet es sich allerdings an, die fünf Zieldimensionen noch weiter zu konkretisieren und die Dimensionen so zu operationalisieren, dass sie einer verlässlichen Beantwortung durch die Behörden zugänglich gemacht werden.

Hinsichtlich der verfolgten Ziele liegt das Schwergewicht der Reformen wegen der vielfach vorhandenen Finanzkrise häufig auf dem Kostenmanagement. Dabei führt die Koinzidenz der Einführung eines modernen Verwaltungsmanagements und einer rigiden Sparpolitik zu dem Eindruck, dass es sich beim NPM um eine besondere Variante des Sparens handle. Auch wenn mit der Einführung betriebswirtschaftlicher Methoden oftmals die Hoffnung verbunden wird, durch eine moderne und schlanke Verwaltung auch wesentliche „Rationalisierungsgewinne" zu erzielen, zeigen die bisherigen Erfahrungen, dass die antizipierten Sparpotenziale überschätzt wurden und dass die Auswirkungen der Reformen noch deutlich umfassender sind.[492] Eine wesentliche Zieldimension der Evaluation ist demnach die *Wirtschaftlichkeit*, die den Hauptbestandteil der Effizienzebene bildet. Damit soll festgestellt werden, ob sich in diesem Bereich Verbesserungen eingestellt haben. Diese Dimension korrespondiert von den grundlegenden Zielen her vor allem mit der Leistungs- und der Wettbewerbsorientierung. Erstere beinhaltet die Verschiebung der Steuerung von dem Ressourceninput zu den Ergebnissen der Verwaltungtätigkeit aus Sicht eines externen Leistungsempfängers. Aus dem Abgleich der erstellten Leistungen und der eingesetzten Ressourcen ergibt sich die Wirtschaftlichkeit.[493] Zum anderen ist eines der Hauptziele der Wettbewerbsorientierung die Verbesserung der Produktivität und damit die Steigerung der Wirtschaftlichkeit. Da der Wettbewerb weniger als ein originäres Ziel der Modernisierung zu sehen ist, sondern eher instrumentellen Charakter besitzt, soll dieser Bereich nicht als eine der Zieldimensionen abgefragt werden.[494]

Die *internen Prozesse* sind eine weitere Dimension, die auf ihre Entwicklung im Zuge der Modernisierung überprüft werden soll. Diese können eine genauere Erklärung für die Veränderungen hinsichtlich der Wirtschaftlichkeit und damit letztlich der Effizienz geben. Denn die Ausrichtung in Bezug auf marktähnliche Strukturen und auf die Orientierung an den Kunden, an den Mitarbeitern und auf die Qualität hängt zu großen Teilen von den aufbau- und ablauforganisatorischen Bedingungen ab.[495] Zu diesen Änderungen der Prozesse gehört die zunehmende Dezentralisierung durch die NPM-Reformen. Um eine weitgehende Autonomie der dezentralen Einheiten zu erreichen, sind eigenständige Führungs- und Entscheidungsstrukturen zu schaffen. Zudem müs-

---
[492] Vgl. Reichard, C./Röber, M. (2001), S. 383.
[493] Vgl. Pieper, T. (2008), S. 35.
[494] Vgl. Busch, V. (2005), S. 72 f.
[495] Vgl. Hopp, H./Göbel, A. (1999), S. 35.

sen die bislang üblichen Behördenprozesse analysiert und ggf. angepasst werden. Das kommt einer Abkehr von dem Weberschen Bürokratiemodell und den tayloristischen Organisationsstrukturen gleich. Vielmehr werden privatwirtschaftliche Konzernstrukturen angestrebt, wobei das Ausmaß der gewährten Freiräume von den internen Strukturen, aber auch von den Entwicklungen der Umwelt abhängt.[496] Ferner kann die Ausrichtung auf die Wünsche der Kunden zu grundlegenden Veränderungen der Prozesse innerhalb der Behörden führen; denn den Kunden soll z.B. eine ganzheitliche, prozessorientierte und transparente Fallbearbeitung und -entscheidung angeboten werden, nicht länger nur einzelne Teilprozesse. Die Auswirkungen auf die Prozesse müssen allerdings nicht nur struktureller Natur sein, sondern auch durch die Einführung neuer IT können sich eine Reihe von Prozessveränderungen ergeben. Dazu gehört bspw., dass die Mitarbeiter durch Technikeinsatz bei der Erledigung von Routinetätigkeiten unterstützt werden.[497] Im Ergebnis können die Veränderungen der Strukturen und Prozesse letztlich auch zu einer deutlich größer wahrgenommenen Qualität führen.

Es besteht ein Zusammenhang zwischen den internen Prozessen und den *Leistungspotenzialen*, die ebenfalls als Zieldimension abgefragt werden sollen. Durch diese Potenziale soll die dauerhafte und bestmögliche Gewährleistung des gesellschaftlichen Wohls innerhalb geeigneter institutioneller Strukturen unter einem möglichst effizienten und effektiven Ressourceneinsatz sichergestellt werden. Wesentlich ist dafür die Aufrechterhaltung der in der Leistungskette benötigten Ressourcen wie Infrastruktur, Informationssysteme, Finanzen, Mitarbeiterqualität, Kooperationen und vor allem die Wissensressource.[498] Vielfach liegen die benötigten Informationen nicht bzw. nicht an den Stellen und in der Aufbereitungsform vor, um damit sowohl strategische als auch operative Entscheidungen treffen zu können.[499] Demnach fließen hier zwar auch Aspekte der Wirtschaftlichkeit und der internen Prozesse mit ein, aber bei den Leistungspotenzialen geht es vor allem um das permanente Bewahren der Leistungsfähigkeit mit dem Ziel, die Erfüllung der wesentlichen Behördenaufgaben zu gewährleisten. Wie schon die internen Prozesse, so sind die Leistungspotenziale zunächst weitgehend der Effizienzebene zuzuordnen, allerdings können die sich daraus ergebenden Umgestaltungen auch zu einer größeren Effektivität führen.

Eine grundlegende Veränderung, die durch die Verwaltungsmodernisierung angestrebt wird, ist, nicht die Produkte der Verwaltung an den Anfang der Überlegungen zu stellen, sondern die Probleme und Bedürfnisse potenzieller und aktueller Kunden.[500] Be-

---

[496] Vgl. Schedler, K./Proeller, I. (2006), S. 90 f.
[497] Vgl. Oppen, M. (1995), S. 36.
[498] Vgl. Ritz, A. (2003a), S. 212 f.
[499] Vgl. Hopp, H./Göbel, A. (1999), S. 31.
[500] Vgl. Schindera, F. (2001), S. 4.

sonders positiv zu werten ist folglich die Integration der Ansprüche der Leistungsempfänger in die Zielstruktur der öffentlichen Institution. Demnach sollen die Veränderungen der eingeschätzten *Zufriedenheit der Kunden* in den jeweiligen Behörden als weitere Zieldimension abgefragt werden. Es ist dabei allerdings zu berücksichtigen, dass die Kundeninteressen in einem ausgewogenen Verhältnis zu den grundlegenden legitimatorischen Interessen der Bürger, der Wirtschaftlichkeit in der Verwaltung und dem Rechtsstaatlichkeitsprinzip stehen. Die effektivitätsgerichtete Kundenorientierung ist demnach mehrdimensional, und die Verwaltungsführung sollte gemeinsam mit den Mitarbeitern ein für die Behörde geeignetes Kundenverständnis definieren. Demnach ist es möglich, dass die Zufriedenheit der Leistungsempfänger eine unterschiedliche Wichtigkeit in den Behörden besitzt.[501] Erreicht werden kann diese Zieldimension durch mehr Partizipationsmöglichkeiten, kurze und transparente Bearbeitungen, durch Freundlichkeit und Kompetenz der Mitarbeiter und durch eine für den Kunden positive Leistungserstellung.

Das letztlich Ziel des Verwaltungshandelns ist das Auslösen von gesellschaftlichen Wirkungen. Denn durch die internen Prozesse erbringt die Verwaltung häufig unmittelbare Leistungen an die Empfänger, und diese lösen sodann bei ihnen oder in ihrem Umfeld gewisse Wirkungen aus. Damit diese Effekte komplett erfasst werden und in die Ziele und Handlungen einfließen können, wird durch das NPM eine Erweiterung des ergebnisorientierten Steuerungsgedankens um eine wirkungsorientierte Form der Verwaltungsführung angestrebt. Die Vorteile liegen in der unmittelbaren Unterstützung des politischen Entscheidungsprozesses sowie in einer effektiven Ressourcenallokation.[502] Insofern sollen auch die Veränderungen der bislang erzielten *gesellschaftlichen Wirkungen* Gegenstand der abzufragenden Zieldimensionen sein. Diese sind dabei der Effektivitätsebene zuzurechnen. Hergeleitet wird diese Dimension unmittelbar aus der Wirkungsorientierung als einem der zentralen Ziele der Verwaltungsmodernisierung; denn eine staatliche Aufgabe ist gemeinhin erst dann erfüllt, wenn auch die damit erwünschten Wirkungen eingetreten sind.[503] Problematisch hinsichtlich dieser Dimension ist die Ermittlung der Wirkungsbeziehungen. Zudem fangen die Behörden erst allmählich an, die Wirkungen, die in der Gesellschaft erzeugt werden, in ihre Zieldefinitionen aufzunehmen.

Schließlich soll auch ein ganz wesentliches Element für den Erfolg der Modernisierung mit in die Analyse einbezogen werden: die Mitarbeiter. Dabei soll von den befragten Führungskräften, analog zu der Dimension der Kunden, die Auswirkungen der

---

[501]  Vgl. Schedler, K./Proeller, I. (2006), S. 70.
[502]  Vgl. Röhrig, A. (2008), S. 26.
[503]  Vgl. Buschor, E. (1993), S. 9 ff.

bisherigen Reformen auf die *Mitarbeiterzufriedenheit* in ihrer Behörde eingeschätzt werden. Veränderungen hinsichtlich der Zufriedenheit können entstehen, weil die Hinwendung zu unternehmensähnlichen Steuerungsmechanismen mit einem Aufgaben- und Funktionswandel bei den Mitarbeitern einhergeht, der neuartige Anforderungen an das Personal stellt, aber diesem auch vielfältige neue Möglichkeiten verschaffen.[504] Daher müssen die Beschäftigten in einem angemessenen Umfang mobilisiert und geschult werden. Ergänzend führen Modernisierungen häufig während der Implementierung zu einer stark ansteigenden Arbeitsbelastung, aber auch teilweise zu dauerhaften zusätzlichen Aufgaben. Neben dem Problem der Arbeitszunahme können auch Unsicherheiten über die verstärkte Leistungstransparenz, einen durch die Hierarchieabflachung veränderten Karriereweg und über Versetzungen im Zuge der Reformen diesbezüglich eine negative Grundstimmung erzeugen. Als Verbesserungen für die Beschäftigten müssen daher die verstärkte Zielorientierung, mit der auch die eigenen Tätigkeiten in die übergreifende behördliche Zielstruktur eingeordnet werden können, ein Kulturwandel sowie die umfangreicheren Handlungsspielräume positiv dargestellt werden, um die Motivation der Mitarbeiter zu stimulieren.[505] Eine eindeutige Zuordnung der Mitarbeiterzufriedenheit zur Effizienz oder Effektivität ist kaum möglich, da die Motivation und das Engagement der Beschäftigten eher den Rahmen bildet, ohne den sich weder auf der einen noch auf der anderen Ebene Veränderungen einstellen.

Als Zieldimensionen der Verwaltungsmodernisierung sollen demnach die Verbesserungspotenziale in den Bereichen Wirtschaftlichkeit, interne Prozesse, Leistungspotenziale, Kundenzufriedenheit, gesellschaftliche Wirkungen und Mitarbeiterzufriedenheit abgefragt werden. Diese Dimensionen wurden als wesentlich und zudem als operationalisierbar herausgearbeitet. Da sich die monetären Wirkungen nicht angeben lassen, soll als zweckmäßige Alternative eine skalenbasierte Abfrage[506] der Reformveränderungen entlang dieser sechs Dimensionen durch die Führungskräfte erfolgen. Eine Ermittlung aller sechs Kategorien auch hinsichtlich jedes einzelnen Instrumentes wäre nicht nur zu umfangreich, sondern vielfach lassen sich die Auswirkungen in den Zieldimensionen bei den einzelnen Instrumenten gar nicht hinreichend unterscheiden. Welche Auswirkung die Einführung einer Teilkomponente der Reform auf die Prozesse, die Wirtschaftlichkeit oder die Leistungspotenziale hat, ist nicht unmittelbar festzustellen. Es muss daher eine Reduktion der Zieldimensionen stattfinden. Demnach sollen nur die Effizienz- und die Effektivitätsveränderungen als komprimierte Zielgrößen bei den *Einzelinstrumenten* abgefragt werden. Es kann ein Abgleich zwischen den ge-

---

[504] Vgl. Vogel, R. (2006), S. 453.
[505] Vgl. Speier-Werner, P. (2006), S. 103 ff.
[506] Dabei reicht die fünf-stufige Skala von „gar keinen Verbesserungen", die sich bislang eingestellt haben bis zu „sehr deutlichen Verbesserungen".

samten Modernisierungserfolgen und denjenigen auf der Instrumentenebene erfolgen.[507] Dazu sollen, wie zuvor erläutert, die Veränderungen der Wirtschaftlichkeit, der
internen Prozessen und der Leistungspotenzialen eher der Effizienz zugeordnet werden, und die Auswirkungen auf die gesellschaftlichen Wirkungen und die Kundenzufriedenheit der Effektivität.[508] Hinsichtlich der Zufriedenheit der Mitarbeiter soll keine
direkte Zuordnung erfolgen. Auf diese Weise lässt sich eine Kombination von in der
Literatur genannten praktikablen Alternativen zur Erfolgsmessung von neuen Steuerungsinstrumenten erzielen. Dazu gehören hier die Betrachtung der Wirtschaftlichkeit,
die Effektivitätssteigerungen, die Zufriedenheit des Personals und zusätzlich der Pro-
jektzielerreichungsgrad über die Abfrage der insgesamt erreichten Resultate bei den
zentralen Zieldimensionen.

## 4.5 Instrumentenauswahl

Es gibt eine Reihe von Instrumenten, die als elementare Bestandteile der Verwaltungsmodernisierung angesehen werden und demnach Gegenstand dieser Umfrage
sein sollten. Allerdings muss die Auswahl soweit begrenzt werden, dass daraus ein
Fragebogen generiert werden kann, der für die Beantwortenden und für spätere Analysen gut handhabbar ist. Daher sollen vor allem die Kernelemente des NPM in der Analyse berücksichtigt werden, die in der Literatur[509] und im praktischen Einsatz eine gewisse Verbreitung erreicht haben. Nicht einbezogen werden daher die Einführung des
doppischen Rechnungswesens, das bisher nur in Verwaltungsbetrieben zum Einsatz
kam, sowie die Aufgabenkritik, Privatisierungen und strukturelle Änderungen, da diese eher strategischer Natur sind und zumeist von zentralen Stellen den Behörden vorgeschrieben wird.

Insgesamt bilden somit 19 Instrumente die Grundlage für diese Evaluation. Diese können im Wesentlichen den Themengebieten Strategie, Personal, Steuerung, Controlling
und Kunden zugeordnet werden. Hinsichtlich der häufig leicht unterschiedlichen Be-
grifflichkeiten für ähnliche Instrumente soll versucht werden, soweit möglich, die
verwendeten Termini aus schon mehrfach durchgeführten Kurzumfragen zum „Stand
der Binnenmodernisierung" in der Landesverwaltung NRW zu übernehmen.[510] Damit
wird es ermöglicht, diese Ergebnisse für Zeitreihenanalysen zu nutzen.

---

[507] Auf diese Weise erfolgt eine zweigeteilte Performanceevaluation: zum einen die Gesamtergebnisse
der Modernisierung in den Behörden und zum anderen die Resultate durch jedes Einzelinstrument.
[508] Allerdings kann diese Einteilung auch allgemeinerer Natur sein, da alle Ziele sowohl effizienz- als
auch effektivitätsgerichtet sind.
[509] Vgl. hierzu bspw. Hopp, H./Göbel, A. (2004), Schedler, K./Proeller, I. (2006), Speier-Werner, P.
(2006), oder Thom, N./Ritz, A. (2006).
[510] Siehe dazu Innenministerium NRW (2005).

Folgende Instrumente sollen im Rahmen der Reformevaluation in der Landesverwaltung NRW abgefragt werden:

| | |
|---|---|
| 1. Leitbild | 11. Leistungsrechnungs/-analyse |
| 2. Personalentwicklungskonzept | 12. Berichtswesen |
| 3. Strukturierte Mitarbeitergespräche | 13. Wirkungsrechnung |
| 4. Mitarbeiterbefragungen | 14. Systemat. Qualitätsmanagement |
| 5. Mitarbeiterfortbildung | 15. Prozessanalysen & -optimierung |
| 6. Budgetierung | 16. Projektmanagement |
| 7. Produktdefinition | 17. Kundenbefragungen |
| 8. Zielvereinbarungen (in Verwaltungen) | 18. Beschwerdemanagement |
| 9. Benchmarking | 19. E-Government |
| 10. Kostenrechnung | |

Zur Beschreibung der Instrumente soll jeweils zunächst die Intention und die wesentlichen Ziele, die mit dem Instrument verfolgt werden, erörtert werden. Darüber hinaus soll die Vorgehensweise bei der Einführung und anschließend die möglicherweise entstehenden Probleme betrachtet werden. Soweit möglich, erfolgt ergänzend eine Herleitung des Aufwands der Implementierung und des laufenden Betriebs, da der Ressourceneinsatz auch im Vergleich mit den damit erreichten Ergebnissen eine wichtige Rolle spielen kann.[511] Schließlich soll eine Kategorisierung der Wirkungsweise in eher effizienz- oder effektivitätsgerichtete Instrumente erfolgen. Sofern gewisse Anwendungsvoraussetzungen hinsichtlich der Verwaltungsstruktur vorliegen, sollen auch diese beschrieben werden.

### 4.5.1 Leitbild

Das Instrument des Leitbildes ist häufig weiteren Instrumenten der Verwaltungsmodernisierung vorgeschaltet. Die Entwicklung gilt somit als Startpunkt für weitere Reformprozesse. Unter dem Leitbild versteht man eine klar gegliederte, langfristige Zielvorstellung einer Behörde. Dabei handelt es sich um ein zukunftsgerichtetes Instrument, das den weiteren Strategiefindungsprozess konkretisieren soll.[512] In Abgrenzung zu der Vision, den in wenigen Worten formulierten Zukunftsbildern, sind Leitbilder

---

[511] Auf einen Vergleich von Implementierungsaufwand und erzielten Ergebnissen soll in Kapitel 5.3.1 näher eingegangen werden.
[512] Vgl. Speier-Werner, P. (2006), S. 69.

deutlich konkreter und gehen aus der Vision hervor. Dazu wird die Vision in normativ ausgerichtete Zielsetzungen, Grundsätze und Verhaltensrichtlinien überführt und drückt damit das Selbstverständnis der Organisation aus, ohne jedoch wie ein Gesetz einklagbar zu sein.[513]

Das Leitbild soll der Organisation helfen, die Zukunft erfolgreich zu gestalten. Zwar würden die Mitarbeiter auch ohne dieses Instrument bestimmte Ziele und Normen verfolgen, aber diese werden in dem Fall nicht transparent. Somit soll durch das Leitbild den Mitarbeitern ein Orientierungsrahmen im Veränderungsprozess zur Verfügung gestellt werden.[514] Die Funktionen dieses Instrumentes sind dabei sowohl nach innen wie auch nach außen gerichtet (siehe dazu Abbildung 15). Durch ein Mehr an außenorientierter Transparenz wird die Legitimation der Aufgaben der Behörde gewährleistet, indem die Bürger über die Verwaltung und ihre Aufgaben informiert werden. Die Rechtfertigung der Verwaltung selber und ihres Handelns gegenüber der Öffentlichkeit entspricht der Legitimationsfunktion vom Leitbild. Nach innen gerichtet soll durch das Instrument eine vermehrte Identifikation der Beschäftigten mit der Verwaltung und den eigenen Aufgaben erreicht werden. Das Verwaltungsleitbild eignet sich gerade im Zuge der Umgestaltungen der Verwaltung durch das NPM besonders gut, um die Mitarbeiter hinsichtlich zukünftiger Aufgaben zu motivieren.[515]

---

[513]  Vgl. Vogel, R. (2003), S. 96.
[514]  Vgl. Prase, O. (2005), S. 6.
[515]  Vgl. Hopp, H./Göbel, A. (1999), S. 54.

*Abbildung 15: Funktionen von Leitbildern*[516]

Grundsätzlich sollten bei der Einführung dieses Instrumentes zunächst die abstrakten Zielkonstrukte thematisiert werden, die dann hinsichtlich der Einstellungen zu den Kunden, den Mitarbeitern, der Leistungsstruktur oder zur Umwelt konkretisiert werden. Dabei ist es wichtig, die Mitarbeiter frühzeitig und ausreichend zu beteiligen. Zudem muss ihnen ebenso frühzeitig der Nutzen des Instrumentes vermittelt werden, damit das Leitbild in der Verwaltung später auch „gelebt" wird.[517] Der eigentliche Prozess zur Leitbildentwicklung, der für die Beteiligten möglichst transparent zu gestalten ist, nimmt dabei einen besonders hohen Stellenwert ein, der mitunter sogar wichtiger als das eigentliche Ergebnis ist. Der Aufwand für die Erstellung kann sehr unterschiedlich sein und hängt insbesondere davon ab, wie viele Mitarbeiter in die Erstellung einbezogen werden sollen, wie komplex eine Organisation ist und welche Anforderungen an das Leitbild gestellt werden.[518] Im Vergleich zu anderen Instrumenten der Verwaltungsmodernisierung kann von einem geringen bis mittleren Implementierungsaufwand ausgegangen werden.

Problematisch bei Leitbildern ist die Tatsache, dass vielfach schnelle Verbesserungen erwartet werden, dabei sind die Probleme oftmals komplex und können nur durch kontinuierliche Verbesserungen gelöst werden. Bei der Erstellung des Leitbildes muss

---

[516] In Anlehnung an Hopp, H./Göbel, A. (1999), S. 54.
[517] Vgl. Collings, A. (2002), S. 18.
[518] Vgl. Meyer, R./Hammerschmid, G. (2001), S. 207.

darauf geachtet werden, dass die Inhalte nicht eine bloße Ansammlung von allgemeinen Tatbeständen sind, sondern eine komprimierte Darstellung der Verwaltungsphilosophie, die in das Tagesgeschäft integriert werden muss.[519] Dazu muss dieses Leitbild von den Vorgesetzten unterstützt werden; ferner müssen diese auch als Vorbilder entsprechend den Vorgaben handeln. Problematisch erscheint weiterhin, dass das Instrument vielfach als eine Art „Einheitsware" für die Verwaltungen wahrgenommen wird, bei dem inhaltlich gegenüber existierenden Vorlagen kaum Veränderungen vorgenommen werden und die zukünftige Ausrichtung nicht mit eigenen Erwartungen und Zielen in Einklang gebracht wird.[520] Auch wenn Zweifel an Nützlichkeit und damit dem Kosten-Nutzen-Verhältnis des Instrumentes Leitbild bestehen, hat das Instrument eine zunehmende Verbreitung in der öffentlichen Verwaltung gefunden, was auch damit zusammenhängt, dass es durch den Zielfindungsprozess auch Stärken und Schwächen der Organisation und damit Ansatzpunkte für weitere Reformen aufdeckt.[521]

### 4.5.2 Personalentwicklungskonzept

Durch die Modernisierung der Verwaltung werden auch an die Beschäftigten völlig neue Anforderungen gestellt. Da sich die gefragten Fertigkeiten und das benötigte Wissen ändern und die Mitarbeiter, wie bereits festgestellt, ein ganz wesentlicher Erfolgsfaktor im Reformprozess sind, müssen sie auf die kommenden Aufgaben entsprechend vorbereitet werden. Das gilt insbesondere für die Entwicklung der Führungskräfte.[522] Hierfür wird das Personalentwicklungskonzept, das auch als strategisches Personalmanagement bezeichnet wird, eingesetzt. Personalentwicklung beinhaltet eine ganzheitliche und längerfristig angelegte Erweiterung der fachlichen, methodischen, sozialen und persönlichen Qualifikation der Mitarbeiter in Bezug auf Organisations- und Individualziele.[523]

Die Qualifizierung soll derart erfolgen, dass die Ziele und Bedarfe der Verwaltung auf der einen Seite und die beruflichen Perspektiven und das Leistungsvermögen der Mitarbeiter auf der anderen Seite aufeinander abgestimmt werden.[524] Dabei muss beachtet werden, dass die Ziele der beiden Seiten indifferent, komplementär oder konfliktär zueinander sein können. Konflikte entstehen, wenn die Verwaltung die Personalentwicklung nur behörden- oder arbeitsplatzbezogen betreibt und als reine Investitions-

---

[519] Vgl. Collings, A. (2002), S. 19.
[520] Vgl. Vogel, R. (2003), S. 96.
[521] Vgl. Meyer, R./Hammerschmid, G. (2001), S. 211.
[522] Vgl. Pitchas, R. (2006), S. 172.
[523] Vgl. Bühner, R. (2005), S. 95.
[524] Vgl. Kühnlein, G./Wohlfahrt, N. (1994), S. 38.

entscheidung betrachtet, ohne die Bedürfnisse der Mitarbeiter zu berücksichtigen. Damit der Erfolg der Entwicklungsmaßnahme nicht gefährdet wird, sollten die Ziele daher zumindest teilweise komplementär sein.[525] Aus Behördensicht sind eine größere Wettbewerbsfähigkeit, die Erhöhung der Flexibilität und die Steigerung der Motivation von besonderer Bedeutung; für die Mitarbeiter stehen hingegen die Verbesserung der Qualifikation, abwechslungsreichere Aufgaben und die Erfüllung individueller Lern- und Entwicklungsbedürfnisse im Mittelpunkt der Maßnahmen.[526] Über die fachlichen Qualifizierungen hinaus gewinnen zunehmend auch methodische Weiterentwicklungen an Bedeutung, um die fachlichen Potenziale zu nutzen und damit die Mitarbeiter sich selbst besser organisieren können. Hinzu kommen die sozialen Fortschritte, um damit die Teamfähigkeit durch Kommunikations- und Motivationsinstrumentarien zu fördern. Neben den klassischen Möglichkeiten der Personalentwicklung wie Fortbildungen in Schulungseinrichtungen, Mitarbeitergespräche[527], Karriereplanung oder Arbeitsplatzwechsel können auch mediengestützte Lernformen wie das Blended Learning[528] zum Einsatz kommen.

Die Theorie der Personalentwicklung besteht aus mehreren aufeinander folgenden Komponenten. Begonnen wird mit der Ermittlung der Entwicklungsziele, die sich aus den prognostizierten Veränderungen der Unternehmungsstruktur und im Umfeld ergeben, sowie mit der Identifizierung geeigneter Adressaten innerhalb der Institution. Auf dieser Grundlage wird eine Prognose zukünftiger Aufgaben und Anforderungen im Tätigkeitsfeld der Mitarbeiter durchgeführt und sodann in Abstimmung mit dem Beschäftigten der individuelle Entwicklungsbedarf ermittelt. Die nächste Teilkomponente beinhaltet die Details zur Bedarfsdeckung wie die Auswahl eines geeigneten Bildungsträgers sowie der zeitliche und organisatorische Ablauf der Entwicklungsmaßnahmen, jeweils unter Berücksichtigung der anfallenden Kosten und der individuellen Entwicklungswünsche. Die abschließende Komponente ist die laufende Kontrolle der Entwicklungsergebnisse.[529]

Eine Schwierigkeit bei der Personalentwicklung besteht darin, dass häufig kein geeignetes Instrumentarium in den Behörden zur Verfügung steht, um die benötigten Fähigkeiten, die Entwicklungswünsche, -maßnahmen und -kandidaten zu identifizieren.

---

[525] Vgl. Hentze, J./Kammel, A. (2001), S. 347.
[526] Vgl. Mentzel, W. (2005), S. 11 f.
[527] Auf die als besonders wichtig eingestuften Instrumente der strukturierten Mitarbeitergespräche (Kapitel 4.5.3) und der Mitarbeiterfortbildungen (Kapitel 4.5.5) soll im weiteren Verlauf der Arbeit noch detaillierter eingegangen werden.
[528] Blended Learning kann übersetzt werden als „vermischtes Lernen". Hierbei werden verschiedene Lernmethoden und Ausrichtungen auf der Basis von modernen Informations- und Kommunikationsmedien miteinander verknüpft, wie z.B. Präsenzveranstaltungen mit einem Online-Lernen. Vgl. dazu auch Herrmann, D. (2004), S. 51 ff.
[529] Vgl. Mentzel, W. (2005), S. 261 ff.

Weiterhin ist kritisch anzumerken, dass sich durch die Zurechnungsproblematik die Erfolge durch ein strukturiertes Personalmanagement kaum messen lassen. Ferner ist es häufig nicht möglich, die erworbenen Erkenntnisse auch direkt in den Behörden umzusetzen, was zu Motivationsbarrieren bei den Beschäftigten führen kann.[530] Auch erscheinen die Anforderungen an das Instrument bisweilen deutlich überzogen.[531] Der Implementierungsaufwand ist von den Anforderungen und dem Integrationsgrad abhängig. Das Instrument erfordert durchaus den Einsatz nicht unerheblicher personeller wie finanzieller Ressourcen, der größte Aufwand entsteht indes bei der eigentlichen Fortbildung. Wie bei vielen personalorientierten Instrumenten lassen sich auch bei der Personalentwicklung Effizienz- und Effektivitätsauswirkungen erwarten, deren Wirkungen sich langfristiger einstellen und daher nur schwierig direkt messbar sind.

### 4.5.3 Strukturierte Mitarbeitergespräche

Da die Mitarbeitergespräche als Bestandteil der Personalentwicklung regelmäßig als besonders wichtig eingeschätzt werden, sollen sie als Instrument bei der Umfrage separat behandelt werden. Unter dem Mitarbeitergespräch, als Ansatz zum kooperativen Führen und Fördern der Beschäftigten, wird ein regelmäßiges, anlassfreies und vorbereitetes Gespräch zwischen einem unmittelbar Vorgesetzten und dem Mitarbeiter verstanden. Für eine effizientere und effektivere Verwaltung ist nicht nur die Zusammenarbeit der Mitarbeiter innerhalb einer Abteilung auf horizontaler Ebene wesentlich, sondern im besonderen Maße auch zwischen Vorgesetzten und den Mitarbeitern auf vertikaler Ebene. Diese regelmäßigen Gespräche sind auch deshalb notwendig, weil nicht nur die Verwaltung durch Anpassungen im Umfeld und durch die Veränderungen über die Verwaltungsmodernisierung einem stetigen Wandel unterliegt, sondern sich auch die Interessen der Mitarbeiter im Zeitablauf verändern.[532]

Das Mitarbeitergespräch soll dazu dienen, die Arbeitsbeziehungen zu reflektieren, das Vertrauen untereinander zu stärken, die Potenziale aber auch die Probleme der Mitarbeiter zu erkennen und künftige gemeinsame Ziele und Arbeitsschwerpunkte zu vereinbaren. Letztlich soll damit die Motivation der Beschäftigten erhöht werden, und die Arbeitsergebnisse sollen sich durch die Identifizierung von Stärken und Schwächen verbessern.[533] Die Mitarbeitergespräche unterscheiden sich von den Beurteilungen durch ihren eher gestaltenden und mehr zukunftsorientierten Charakter. Regelmäßig,

---

[530] Vgl. Drumm, H.-J. (2005), S. 404. Diese Anwendungs- und Implementierungsprobleme sorgen auch dafür, dass die Personalentwicklung erst ab einem Entwicklungsniveau sinnvoll ist, das nicht nur administrativ orientiert, sondern auch bestandsbezogene Personalfunktionen beinhaltet.

[531] Vgl. Pamme, H./Eßing, M. (2005), S. 321.

[532] Vgl. Semmler, J./Wewer, G. (2005), S. 290.

[533] Vgl. Ingenlath, H. J. (2006), S. 387.

aber mindestens einmal im Jahr, sollen somit abseits des Arbeitsalltags die Probleme und Perspektiven besprochen werden. Diese Gespräche dürfen nicht mit den spontanen, täglichen und manchmal etwas hektischen Gesprächen am Arbeitsplatz verwechselt werden. Durch einen vorab verfügbaren Leitfaden können sich beide Parteien schon im Vorfeld Gedanken über Inhalte und Probleme machen und so mit einem strukturierten Konzept und damit gut vorbreitet in den Termin gehen.[534]

Da Mitarbeitergespräche nicht anlassbezogen stattfinden, sollten sie immer innerhalb eines bestimmten Zeitraums durchgeführt werden. Es bietet sich an, mit dem Instrument auf der obersten Führungsebene zu beginnen und die Gesprächskette dann kaskadenförmig bis in die untersten Einheiten fortzusetzen. Gegenstand der Konversation sollte inhaltlich der bisherige und zukünftige Aufgabenbereich, die Zusammenarbeit mit Mitarbeitern und Vorgesetzten, persönliche Förderungen und Zielvereinbarungen[535] sein. Die Ziele als schriftlich festgehaltenes Ergebnis müssen die Prioritäten deutlich machen und sollten daher auch überschaubar bleiben. Darüber hinaus sollten die Resultate eindeutig und messbar sein, damit sie mittels Kennzahlen oder Indikatoren überprüft werden können. Weiterhin ist die positive Einstellung auf beiden Seiten von besonderer Bedeutung, ebenso wie ein offenes und vertrauensvolles Arbeitsklima. Es muss beachtet werden, dass die Gespräche mit den Beschäftigten nur *ein* Instrument im Bereich der strategischen Personalentwicklung sind und sie ihre volle Wirkung nur in Abstimmung mit weiteren Instrumenten entfalten können.[536]

Gemäß einer Untersuchung in verschiedenen Verwaltungen in Niedersachsen[537] konnte festgehalten werden, dass noch längst nicht alle Mitarbeiter in den Verwaltungen an solchen Gesprächen teilgenommen hatten. Bei den Ergebnissen ließen sich Verbesserungen in der Motivation, der Kommunikation und der Zusammenarbeit feststellen, während die Resultate bei der individuellen Personalentwicklung und die verstärkte Zielorientierung durch die Gespräche als uneinheitlich eingestuft werden. Es hat sich als problematisch herausgestellt, dass bislang kaum eine Einbindung des Instrumentes in die strategische Personalentwicklung erfolgte. Auch die Verwaltungsmodernisierung selbst wurde nur ganz selten in die Gespräche mit einbezogen. Zudem erfolgte in den meisten der betrachteten Behörden auch keine dauerhafte Verankerung des Instrumentes in die Behördenstruktur.[538] Grundsätzlich können Verbesserungen eher im Bereich der Effizienz erwartet werden, hier insbesondere bei der Organisation bzw.

---

[534] Vgl. König, S./Rehling, M. (2007), S. 10.
[535] Vgl. dazu Kapitel 4.5.8.
[536] Vgl. Semmler, J./Wewer, G. (2005), S. 292 ff.
[537] Es wurden Interviews und Befragungen in acht Verwaltungen in Niedersachsen durchgeführt, neben Behörden des Landes auch in Städten und Landkreisen. Vgl. König, S./Rehling, M. (2007), S. 11.
[538] Vgl. König, S./Rehling, M. (2007), S. 12.

den internen Prozessen. Da viele Leitfäden für die Abwicklung solcher Gespräche bereits vorliegen und auch ansonsten der Einführungsaufwand überschaubar erscheint, ist der eigentliche Implementierungsaufwand als tendenziell gering einzuschätzen. Allerdings müssen zur Messung der Ziele operationale Kennzahlen oder Messgrößen vorliegen. Sofern diese noch aufwendig erarbeitet und/oder jeweils speziell für diesen Einsatz gemessen werden müssen, kann der Aufwand deutlich größer werden.

### 4.5.4  Mitarbeiterbefragungen

Im Zuge der Verwaltungsmodernisierung wird regelmäßig die Mitarbeiterorientierung als eines der wesentlichen Ziele benannt. Sie gilt als der Schlüssel für die Erreichung von Wirtschaftlichkeit, Qualität und einer stärkeren Ausrichtung der Verwaltung auf die Kunden. Mitarbeiterbefragungen sind ein Instrument, um mehr Engagement der Beschäftigten zu erzielen und deren eigenverantwortliches Handeln zu stärken.[539] Im Zuge dessen werden Mitarbeiterbefragungen wichtiger. Darunter wird ein Ansatz zur Erhebung eines repräsentativen Bildes der Meinungen von Mitarbeitern einer Behörde verstanden. Die beteiligten Mitarbeiter werden damit verstärkt in den Modernisierungsprozess und die alltägliche Organisationsgestaltung einbezogen. Auf diesem Wege können mögliche Defizite in der Verwaltung allgemein, im Bereich der Mitarbeiterzufriedenheit und im Verhältnis zu den Vorgesetzten im Besonderen aufgedeckt werden.[540] Durch die Anonymität der Befragung soll ein querschnittartiges Bild entstehen, das den „Stellenwert von Auffassungen, Wünschen und Problemen"[541] verdeutlicht und zur Versachlichung der Diskussion auf verschiedenen Themengebieten beitragen kann.

Die Ziele und die daraus abgeleiteten Themen werden häufig von einer verwaltungsinternen Projektgruppe erarbeitet, wobei die eigentliche Durchführung und Auswertung mitunter auch an Externe vergeben wird, um deren Erfahrungswissen zu nutzen und Vertraulichkeit der gemachten Angaben sicherzustellen. Die grundsätzlichen Themen, zu denen Umfragen durchgeführt werden, sind Arbeitszufriedenheit, Betriebsklima, Arbeitsbelastung, Fortbildung, Organisationsveränderungen, berufliche Zielvorstellungen und das Ansehen der Verwaltung.[542] Im Gegensatz zu Vorgesetzten-Feedbacks haben Mitarbeiterbefragungen also einen wesentlich weiteren Themenkreis und beschränken sich nicht nur auf das subjektiv eingeschätzte Verhalten der Führungskräfte.

---

[539]  Vgl. Stöbe-Blossey, S. (2005), S. 281.
[540]  Vgl. Goetze, K.-U./Kniese, M. (2007), S. 19.
[541]  Stöbe-Blossey, S. (2005), S. 282.
[542]  Vgl. Bretschneider, M. (2004), S. 70 f.

Die Durchführung einer Befragung der Mitarbeiter erfolgt in mehreren Schritten. Zunächst sind die grundlegenden Ziele festzulegen, und die Unterstützung von einer hohen Ebene der Behörde ist einzuholen, wenn diese nicht bereits selbst der Initiator war. Ein danach zu gründendes Projektteam sollte sich möglichst interdisziplinär zusammensetzen, zum einen aus fachlichen Gründen, zum anderen um die notwendige Akzeptanz in der gesamten Organisation zu schaffen. Bei der Auswahl der Befragungsmethoden und der Erstellung des Fragebogens ist eine Abwägung zwischen Differenzierungserfordernissen und Praktikabilität notwendig.[543] In der Praxis werden hauptsächlich schriftliche, anonym durchgeführte und weitgehend standardisierte Befragungen eingesetzt, gelegentlich ergänzt um offene Fragestellungen. Bevor die eigentliche Befragung von allen oder nur von ausgewählten Mitarbeitern beginnen kann, sollten mit Pre-Tests die Vollständigkeit und Verständlichkeit sowie die optische Gestaltung des Fragebogens überprüft werden. Während der Durchführung sind Maßnahmen zur Steigerung des Rücklaufs von besonderer Relevanz, dazu gehört die offene Kommunikation der Befragungsziele.[544] Die sich anschließenden Auswertungen sollen nicht alle verfügbaren Einzelergebnisse enthalten, sondern nur die wesentlichen Aussagen sollten ansprechend aufbereitet werden. Dabei ist auch der offene Umgang mit negativen Ergebnissen unerlässlich, um die Vertrauensbasis der Beteiligten aufrechtzuerhalten. Die Informationsform und der Umfang sollten in Abhängigkeit von unterschiedlichen Adressatenkreisen wie Führungskräften, Mitarbeitern oder dem Betriebsrat erfolgen. Sofern entsprechende Ergebnisse vorliegen, kann auch ein Vergleich mit anderen Verwaltungen Gegenstand der Auswertungen sein, um die Ergebnisse besser einordnen zu können. Eine Mitarbeiterbefragung wird aber nur dann von den Beschäftigten akzeptiert und kann nur dann einen Beitrag zu Verwaltungsmodernisierung leisten, wenn aus den Ergebnissen auch Konsequenzen gezogen werden. Für die wesentlichen Defizite, die mittels der Befragung festgestellt wurden, sind konkrete Verbesserungsmaßnahmen zu entwickeln und der Umsetzungsstatus ist ständig zu überprüfen. In gewissen Zeitabständen kann die Befragung wiederholt werden, um die Auswirkungen der Veränderungen zu überprüfen und ggf. neue Problembereiche zu identifizieren.[545]

Bei den Befragungen müssen die Bedenken und die Skepsis der Mitarbeiter beachtet werden. Dazu gehört, dass diese Befragungen zwar öffentlichkeitswirksam stattfinden, aber keine Maßnahmen und Veränderungen damit verbunden sind. Weiterhin können Probleme bei der Erarbeitung des Fragebogens entstehen, da dieser auf die spezifischen Gegebenheiten der Behörden und die angestrebten Ziele angepasst sein muss. Eine zu geringe Beteiligung an der Befragung vermindert die Aussagekraft und kann

---

[543] Vgl. Jung, M. (2000), S. 286 f.
[544] Vgl. Domsch, M./Ladwig, D. (2006), S. 6 ff.
[545] Vgl. Jung, M. (2000), S. 292 f.

später zu Akzeptanzproblemen bei der Durchsetzung der Maßnahmen führen.[546] Der
Aufwand bei der Implementierung richtet sich im Wesentlichen nach dem Umfang
und den verfolgten Zielen der Befragung. Sofern das Instrument nur in größeren Zeitabständen durchgeführt wird und der einmal sorgfältig erarbeitete Fragebogen nur
noch auf sich ergebende Veränderungen angepasst werden muss, ist der Aufwand für
die Befragungen durchaus überschaubar. Gerade durch Online-Befragungen, bei denen
die Ergebnisse nicht mehr in Papierform abgegeben werden, sondern direkt in einer
Datenbank abgelegt werden, kann viel Aufwand bei der Auswertung und Aufbereitung
der Ergebnisse vermieden werden.

### 4.5.5 Mitarbeiterfortbildung

Veränderungen der Verwaltungen sollen mit Nachhaltigkeit realisiert werden. Das gelingt nur dann, wenn die Mitarbeiter, die diese Reformen durchführen müssen, auch
tatsächlich von den positiven Ergebnissen überzeugt sind. Reine Motivationsmaßnah-
men reichen dazu nicht aus, sondern die Mitarbeiter sollten qualifiziert werden, damit
sie die Einstellungen und die Fähigkeiten mitbringen, um diese Rolle annehmen zu
können.[547] Aber auch über die Notwendigkeiten der Verwaltungsreformen hinaus ist
ein stetiger Lernprozess wünschenswert. Das mündet mittlerweile in der Forderung
nach lebenslangem Lernen für die Beschäftigten. In besonderer Weise gilt dies auch
für die Führungskräfte, bei denen sich Veränderungen noch schneller und intensiver
vollziehen als in der restlichen Organisation.[548]

Die Mitarbeiterfortbildung ist ein spezifischer Teilbereich innerhalb der strategischen
Personalentwicklung und wird zur Qualifizierung und Kompetenzsteigerung der Beschäftigten eingesetzt. Dazu gehören alle Maßnahmen, die auf die Erhaltung und Erweiterung von leistungsrelevanten Kenntnissen und Fertigkeiten gerichtet sind. Es lassen sich drei Kategorien unterscheiden: Fachliche Kompetenzen zur Erfüllung der
übertragenen Aufgaben, Methodenkompetenzen für die Konzeption und Umsetzung
betrieblicher Handlungen sowie die Sozialkompetenzen für die Kooperation und
Kommunikation mit anderen.[549] Grundsätzlich soll mit den Fortbildungen die Qualifi-
zierungslücke geschlossen und die individuellen Entwicklungsziele des Personals erreicht werden. Diese Maßnahmen sollen unter Beachtung der Kosten und des notwendigen Zeitbedarfs erfolgen. Hinsichtlich der genauen Fortbildungsart sind unterschiedliche Vorgehensweisen denkbar, wie die Hinführung auf neue Tätigkeiten („into the

---

[546] Vgl. Domsch, M./Ladwig, D. (2006), S. 17 f.
[547] Vgl. Goetze, K.-U./Kniese, M. (2007), S. 19.
[548] Vgl. Drumm, H.-J. (2005), S. 437; Goetze, K.-U./Kniese, M. (2007), S. 19.
[549] Vgl. Bruns, H.-J./Ridder, H.-G. (2005), S. 302.

job"), Maßnahmen zur Fortbildung direkt am Arbeitsplatz („on the job"), arbeitsplatz-
nahes Training („near the job") oder der Regelfall Schulungen außerhalb des gewohn-
ten Arbeitsplatzes („off the job").[550] Dabei sollten die Fortbildungen, zumindest überwiegend, während der regulären Arbeitszeit der Beschäftigten stattfinden, ansonsten
sind große Akzeptanzprobleme bei den Mitarbeitern zu erwarten.     Überdies ist die
Qualifizierung als Regelkreislauf zu verstehen, bei dem nach den Maßnahmen eine
Erfolgskontrolle stattfinden sollte, die dann auch wieder der Auslöser für weiterer
Fortbildungsbedarf sein kann.[551]

Neben den teilweise hohen Kosten für Fortbildungsmaßnahmen ist einer der Hauptkri-
tikpunkte die Tatsache, dass viele Schulungen nach wie vor gar nicht oder zumindest
viel zu wenig auf die Vermittlung von Management- und Führungsfähigkeiten ausgerichtet sind. Zudem werden auch die wenig proaktive Herangehensweise und die mangelnde Mobilität der im öffentlichen Sektor Beschäftigten als Problem für einen umfassenden Qualifizierungsansatz gesehen.[552] Der Aufwand für die Fortbildungsdurch-
führung muss wegen der vielen externen Schulungen als relativ hoch betrachtet werden. Im Bereich der durch das Instrument erzielten Ergebnisse kann davon ausgegangen werden, dass die Nutzung von neuen Arbeitsverfahren und Technologien nur im
Zusammenspiel mit abgestimmten Fortbildungen der Mitarbeiter in den Verwaltungen
möglich ist und daher, im Vergleich mit anderen personalorientierten Maßnahmen,
durchaus auch kurzfristig und zurechenbar positive Effizienz- und Effektivitätswirkungen durch die Fortbildungen zu erwarten sind.

## 4.5.6 Budgetierung

Eine zentrale Säule der outputorientierten Steuerung ist die Budgetierung. Der zugehö-
rige Prozess lässt sich als Aufstellung, Verabschiedung, Kontrolle und Abweichungs-
analyse von Budgets definieren. Dabei wird als Budget „ein in wertmäßigen Größen
formulierter Plan, der einer Entscheidungseinheit für eine bestimmte Periode mit einem bestimmten Verbindlichkeitsgrad vorgegeben wird" verstanden.[553] Mit diesem
Instrument wird die gezielte und eigenverantwortliche Bewirtschaftung von Haushaltsmitteln auf dezentraler Ebene angestrebt. Vor den Veränderungen durch die Verwaltungsmodernisierung mussten die Haushaltsansätze konkret für einzelne Einnah-
me- und Ausgabenarten festgelegt werden, die nur in engen Grenzen kombinierbar
waren. Zudem bestanden im Normalfall keine Möglichkeiten der Übertragung der An-

---

[550] Vgl. Spannagel, P. (2005), S. 78.
[551] Vgl. Goetze, K.-U./Kniese, M. (2007), S. 20.
[552] Vgl. Bruns, H.-J./Ridder, H.-G. (2005), S. 304.
[553] Speier-Werner, P. (2006), S. 64.

sätze auf folgende Jahre. Mit der Budgetierung soll eine stärkere Leistungs- und Wirkungsorientierung des Haushaltswesens erreicht werden, darüber hinaus eine Dezentralisierung von Verantwortung und eine Erhöhung der Wirtschaftlichkeit durch eine
vermehrte Kostentransparenz.[554]

Die Budgetierung gilt ebenfalls als Strategie für den Einstieg zur Verwaltungsreform,
da das Instrument schnelle und zudem nachhaltige Erfolge verspricht.[555] Auch ohne die
Integration der Produktorientierung und ohne Zielvereinbarungen können den Organisationseinheiten Budgets zugeordnet werden, wobei diese dann noch auf der Grundlage bisheriger Haushaltsansätze, also inputorientiert, zugeteilt werden müssen. Da keine
Beziehungen zum Leistungsprogramm vorliegen, sind in diesem Fall auch grundsätzlich keine vertiefenden Wirtschaftlichkeitskontrollen möglich, denn es können zwar
die Inputs nicht aber die Outputs angegeben werden. Dabei besteht aber die Möglichkeit einer schrittweisen Ergänzung um weitere Informationen und Kennzahlen zu einer
outputorientierten Verwaltungssteuerung.[556] Die Verteilung der verfügbaren Geldmittel
erfolgt bei der modernen Budgetierung an die dezentralen Einheiten. Je nach Ausprägung orientiert sich die Verteilung entweder an den letztjährigen Haushaltsmitteln, die
dann fortgeschrieben werden, oder an den Produkten, die eine Einheit mit den Inputs
erbringen soll. Somit können die einzelnen Einheiten innerhalb des vorgegebenen Res-
sourcenrahmens selbstständig über die Aufteilung der Mittel entscheiden, und es bleibt
der dezentralen Einheit überlassen, ob gewisse Aufgaben eher über zusätzlichen Kapi-
tal- oder Personaleinsatz erfüllt werden sollen.[557] Dieses Instrument schließt im Idealfall alle durch die Organisation verursachten Kosten mit ein, darunter auch solche für
das genutzte Anlagevermögen, zudem sämtliche Personalkosten. Dadurch kann eine
Zusammenführung der Fach- und Ressourcenverantwortung erreicht werden. Einge-
sparte Haushaltsmittel dürfen zur Deckung investiver Ausgaben eingesetzt werden
oder können zumindest teilweise in das nächste Jahr übernommen werden. Zusätzliche
Einnahmen, die durch eigene Anstrengungen entstanden sind, fließen ebenfalls - zumindest weitgehend - dem Budget zu.[558]

Bei einer produktorientierten Budgetierung[559] sind drei Vorgehensweise in Bezug auf
den Prozess denkbar. Als erstes eine deduktive Ableitung, bei der „top down" aus den

---

[554] Vgl. Busch, V. (2005), S. 130 ff.
[555] Vgl. Eibelshäuser, M. (2002), S. 12.
[556] Vgl. Raffetseder, G. (2001), S. 40 f.
[557] Vgl. Nöthen, J./Pichlbauer, M./Eisenstecken, E. (2004), S. 69 f.
[558] Vgl. Bals, H. (2005), S. 332 f.
[559] Das Instrument setzt sich im Wesentlichen aus drei Subsystemen zusammen. Dem Budgetsystem,
das die Differenziertheit und die Gestaltungsprinzipien festlegt, dem Budgetierungsprozess, der die
beteiligten Akteure und die Aktivitäten spezifiziert, und den Budgetierungstechniken, die die Methoden zur Budgetbemessung bestimmen. Vgl. Grommas, D. (2006), S. 91.

politischen Zielvorgaben letztlich die Produkte abgeleitet werden. Als zweite Möglichkeit die induktive Vorgehensweise, die „bottom up" aus den bestehenden Aufgabenzuordnungen und Leistungen durch die zunehmende Aggregation die Budgets der Produkte, der Produktgruppen und der Produktbereiche errechnet werden. Diese Vorgehensweise entspricht den dezentralisierten Strukturen wesentlich mehr, allerdings erfolgt auf diesem Wege keine Abstimmung der Produkte mit den strategischen Verwaltungszielen. Angestrebt wird im Budgetierungsprozess daher das Gegenstromverfahren als dritte Variante, bei dem die generellen Vorgaben von oben nach unten erfolgen, während die Detailplanung von unten nach oben erfolgt.[560]

Mit der Budgetierung sind in erster Linie Hoffnungen auf mehr Effizienz, insbesondere eine größere Wirtschaftlichkeit, verbunden; grundsätzlich gilt dies für alle Verwaltungen und Verwaltungstypen.[561] Sofern hierbei die Inputorientierung zunächst beibehalten wird, ist zwar der Aufwand für die Einführung und das Betreiben dieses Instrumentes überschaubar, allerdings auch die Ergebnisse. Für die angestrebte outputorientierte Budgetierung ist hingegen die Implementierung weiterer Instrumente wie die Produktdefinition und die Kostenrechnung notwendig. Ferner werden neue Anforderungen an die Beschäftigten und insbesondere an die Führungskräfte gestellt, die einen größeren Entscheidungsspielraum erlangen und auf diesen entsprechend vorbereitet werden müssen. Das führt auf der einen Seite zwar zu einem deutlich höheren Aufwand, aber auf der anderen Seite kann durch eine so praktizierte Budgetierung in Kombination mit anderen Instrumenten die volle Wirksamkeit des NPM erzielt werden.[562]

### 4.5.7 Produktdefinition

In der Privatwirtschaft stellt die Orientierung an Produkten und Leistungen eine klassische Steuerungsperspektive dar. Anhand dieser werden die Strukturen und die Abläufe von Prozessen geplant und gestaltet, um damit letztlich die Voraussetzungen für die Gewinnerzielung zu schaffen. Dieses Gewinnziel fehlt der öffentlichen Verwaltung in der Regel, und somit muss dort für die Produkte eine Definition gefunden werden, die sich nicht auf die Verbesserung der Marktverhältnisse oder der Gewinnsituation bezieht; denn in der Verwaltung stehen mehr der Vollzug der gesetzlichen Vorgaben und die politischen erwünschten Ziele im Mittelpunkt des Handelns.[563] Durch die Verwal-

---

[560] Vgl. Hoffjan, A. (2000), S. 28.
[561] Vgl. Grommas, D. (2006), S. 94. Wobei nicht alle Leistungsbereiche budgetierbar sind, da sie als Pflichtleistungen erbracht werden müssen. Siehe dazu Nöthen, J./Pichlbauer, M./Eisenstecken, E. (2004), S. 71.
[562] Vgl. Bals, H. (2005), S. 333.
[563] Vgl. Promberger, K./Koler, D./Koschar, D. (2005), S. 28.

tungsmodernisierung wird angestrebt, dass die Produkte den klassischen Haushalt als zentrales Instrument zur Steuerung ablösen und damit eine ergebnisorientierte Verwaltungssteuerung ermöglichen. Man spricht in dem Zusammenhang auch von der Verschiebung von angebotsorientierten Aufgaben zu abnehmerorientierten Leistungen.[564] Die Produkte selber lassen sich definieren als „Bündel abgeschlossener Leistungen, die von der sie erstellenden Organisation nach außen abgegeben werden".[565] Sie stellen im Sinne des NPM den entscheidenden Informationsträger dar, auf dessen Planung und Umsetzung weitere Instrumente vielfach aufbauen. Die Produkte mit den zugehörigen Informationen können allerdings nicht nur verwaltungsintern oder von der Politik verwendet werden, sondern auch für die Rechtfertigung gegenüber dem Bürger in Bezug auf Effizienz und Effektivität.[566]

Bei der Definition von Produkten ist zu beachten, dass diesen neben der Outputsteuerung der Behörde und der Rechtfertigung gegenüber dem Bürger noch weitere Aufgaben zugesprochen werden. Die Produkte sollen auch als Budgetierungseinheit, als Abrechnungsobjekt im Rahmen der Kostenrechnung, als Ausgangspunkt für Aufgabenkritik und als Bezugsbasis für die Reorganisation von Verwaltungsprozessen dienen. Durch diese unterschiedlichen Funktionen entsteht ein Spannungsverhältnis zwischen Vollständigkeit und Übersichtlichkeit bei der Festlegung der Produkte.[567] Im Prozess der Definition müssen zunächst die relevanten Kundengruppen für eine Verwaltungseinheit analysiert werden, dabei können die Abnehmer der Leistungen auch verwaltungsinterne Einheiten sein. Nach der Festlegung eindeutiger Zuständigkeiten für die Leistungserstellung sind die verschiedenen Einzelleistungen zu bündeln. Grundsätzlich sollte diese Bündelung dazu führen, dass ein Produkt immer aus der Sicht des Leistungsabnehmers definiert ist, es Relevanz für die betriebliche Leistungssteuerung besitzt und dazu beiträgt, den Verwaltungsauftrag gegenüber der Öffentlichkeit zu erfüllen. Abschließend muss für jedes Produkt festgelegt werden, welche Ziele mit ihm verfolgt werden sollen, erst danach kann die Detailgestaltung mit der angestrebten Ausbringungsmenge, -qualität und den Kosten erfolgen.[568] Es sollten allerdings nur solche Informationen enthalten sein, die mit angemessenem Aufwand ermittelbar[569] sind und die auch zur effektiven Steuerung dienen. Die jeweils angestrebte Steue-

---

[564] Vgl. Banner, G. (1997), S. 25.

[565] Balzer, K. (2005), S. 423.

[566] Vgl. Busch, V. (2005), S. 137.

[567] Vgl. Reichard, C. (2001), S. 32.

[568] Vgl. Schedler, K./Proeller, I. (2006), S. 144 ff.

[569] Anzustreben ist dabei, dass Produktbuch, KLR sowie der Haushalt auf denselben Datenbestand zurückgreifen und somit keine separaten Kennzahlen und Werte eingepflegt werden müssen, da dies nicht nur wahrscheinlich zu einem Akzeptanzproblem bei den Beschäftigten, sondern sonst auch zu deutlich mehr Aufwand führen würde. Vgl. Balzer, K. (2005), S. 428.

rungsfähigkeit bedingt, dass in Abhängigkeit von der hierarchischen Ebene ein unterschiedlicher Detaillierungsgrad[570] benötigt wird.

Bei der Produktdefinition besteht die Gefahr, dass die Außenorientierung nicht ausreichend beachtet wird und die ermittelten Produkte sich eher an der bestehenden organisatorischen Ausrichtung orientieren. Demnach entstehen dann keine Anpassungen der Prozesse und des Leistungsspektrums in den Verwaltungen.[571] Weiterhin führt die Auseinandersetzung der Verwaltungsmitarbeiter mit ihren Tätigkeiten häufig dazu, dass sehr ausufernde Produktpläne und -beschreibungen erstellt werden, ohne dass allerdings aussagekräftige Kennzahlen hinterlegt werden, auch aus Angst vor der dadurch entstehenden Transparenz. Dabei ist die sich ergebende Klarheit und die eindeutige Zuweisung von Verantwortung ein wesentlicher Bestandteil der Produkte, um als Informationsträger und Steuerungsobjekt fungieren zu können.[572]

Der eigentliche Prozess der erstmaligen Definition kann einen großen Ressourceneinsatz erfordern, da eine genaue Analyse der angebotenen Leistungen und der damit verfolgten Ziele erfolgen muss. Diese sollte möglichst unter Einbezug vieler Mitarbeiter geschehen, auch um die Akzeptanz für das Instrument zu stärken. Demgegenüber hält sich der laufende Aufwand allerdings im Normalfall in Grenzen; denn nur in gewissen Zeitabständen müssen Aktualisierungen aufgrund veränderter Rahmenbedingungen erfolgen. Da die Produktdefinition vor allem die Grundlage für weitere Instrumente bildet, sind die direkt zurechenbaren Ergebnisse eher als gering einzuschätzen. Weil bislang noch zu selten eine Verknüpfung der Produkte mit gesellschaftlichen Wirkungszielen erfolgt, ist eher mit Effizienzgewinnen durch das Instrument zu rechnen. Die Abbildung 16 stellt den Zusammenhang zwischen Budgetierung und den Produkten genauer dar.

---

[570] Es kann demnach eine Unterscheidung gemäß der Produkthierarchie vorgenommen werden. Die Produktbereiche als höchste Ebene werden nach inhaltlicher operativer und strategischer Sicht aus den Produktgruppen gebildet. Diese Gruppen bilden sich wiederum aus den einzelnen Produkten. Je höher die Ebene ist, desto wichtiger wird dabei die strategische Ausrichtung. Vgl. Bähr, U. (2002), S. 41 f.

[571] Vgl. Budäus, D. (1996), S. 35; Nöthen, J./Pichlbauer, M./Eisenstecken, E. (2004), S. 73.

[572] Vgl. Balzer, K. (2005), S. 428.

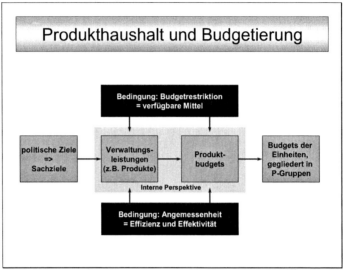

*Abbildung 16: Produkte im Budgetierungsprozess[573]*

### 4.5.8  Zielvereinbarungen innerhalb von Verwaltungen

Ein zentrales Mittel, um eine Entpolitisierung und Dezentralisierung der Verwaltung zu erreichen, sind die Zielvereinbarungen. In Kombination mit der Budgetierung wird diese Art der Verwaltungssteuerung auch als Kontraktmanagement bezeichnet. Neben Zielvereinbarungen zwischen Politik und Verwaltung können diese auch zwischen Organisationseinheiten innerhalb der Verwaltung stattfinden. Dabei sind Vereinbarungen zwischen der Verwaltungsführung und Fachabteilungen, zwischen Querschnittsabteilungen und deren Kunden, aber auch zwischen Vorgesetzten und den entsprechenden Mitarbeitern möglich.[574] Nur diese intraorganisatorische Sichtweise soll im Folgenden näher erläutert werden und bildet auch den Gegenstand der Befragung.[575] Die Grundidee entstammt der privatwirtschaftlichen Systematik des „Management by Objectives". Dieses Konzept, das einen wesentlichen Bestandteil des NPM darstellt, sieht vor, mit „eindeutigen, konkreten Zielvorgaben, zu denen eindeutige Indikatoren zu finden sind, mit der Zuweisung von Verantwortlichkeit und der Terminierung eines

---

[573]  In Anlehnung an Finanzministerium NRW (2005a), S. 34.
[574]  Vgl. Musil, A. (2005), S. 168.
[575]  Zielvereinbarungen zwischen Politik und Verwaltungsspitze, so genannte Globalkontrakte, entsprechen im Wesentlichen der Budgetierung auf der Basis von Produkten oder Produktgruppen (outputorientierte Budgetierung) und werden daher nicht gesondert abgefragt.

Erreichungszeitpunktes, die Ziele der Gesamtorganisation bis hin zu operativen Arbeitsgruppen und Mitarbeitern zu operationalisieren".[576]

Mit den Zielvereinbarungen und der einhergehenden Delegation sollen demnach die Handlungsspielräume der Abteilungen bzw. der Mitarbeiter vergrößert werden. Es wird damit eine steigende Verantwortung bei der Leistungserstellung und mehr Flexibilität angestrebt, die zu einem wirtschaftlicheren Umgang mit den Ressourcen und zu einer verbesserten Zielerreichung führen sollen. Die Ergebnisse der Abteilung bzw. der eigenen Arbeit werden zudem messbar und damit nachvollziehbar gemacht. Schließlich kann durch Zielvereinbarungen auch ein Abbau der Hierarchiestufen und der Schnittstellen erreicht werden, was Arbeitsprozesse beschleunigen und die Motivation der Mitarbeiter erhöhen soll.[577] Bei den Zielvereinbarungen innerhalb der Verwaltung können auf verschiedenen Ebenen miteinander Ziel- bzw. Leistungsvereinbarungen getroffen werden, in denen jeweils Leistung und Gegenleistung klar beschrieben werden müssen.[578] Dabei sollte die Zielvereinbarung einerseits eine genaue Beschreibung von operationalen Zielen, Qualitätsmerkmalen, Berichterstattungspflichten und Entscheidungskompetenzen enthalten. Auf der anderen Seite werden regelmäßig auch bei internen Zielvereinbarungen die zur Verfügung stehenden Ressourcen und möglicherweise Einschränkungen hinsichtlich der Verwendung aufgelistet.[579] Zudem bietet sich die Integration von konkreten Terminen zur Erreichung der Ziele und Teilziele an. Überdies können die verantwortlichen Personen, die Ausgestaltung der Leistungsanreize und die möglichen Konsequenzen, falls die Ziele schuldhaft nicht erreicht werden, ebenfalls enthalten[580] sein.[581]

Schon die Verhandlungen zwischen den Partnern führen häufig zu den angestrebten Leistungsmessungen, zu einer Konzentration auf die Ergebnisse des Verwaltungshandelns und zu einem fortwährenden Dialog, der in ein nachhaltiges Lernen und Verbessern umgesetzt werden kann.[582] Allerdings können sich bei den Zielvereinbarungen auch eine Reihe von Problemen ergeben. Zunächst erfordert das Instrument eine exakte Formulierung von anspruchsvollen, aber erreichbaren Zielen. Da einzelne Ziele al-

[576] Busch, V. (2005), S. 113.
[577] Vgl. Pippke, W. (1997), S. 290 f.
[578] Im Gegensatz zu Zielvereinbarungen, die mit Organisationseinheiten außerhalb der eigenen Verwaltung geschlossen werden, ist der Abschluss von Quasi-Verträgen für interne Zielvereinbarungen nicht notwendig, sondern Formblätter oder weniger strenge Formen sind dafür ausreichend. Vgl. Böllhoff, D./Wewer, G. (2005), S. 147.
[579] Vgl. Reichard, C. (2001), S. 31.
[580] Neben diesen leistungsorientierten Vereinbarungen sollten auch Rahmenvereinbarungen getroffen werden, die sich auf rechtliche Bedingungen, die beteiligten Parteien und die Abwicklung des Verfahrens beziehen. Vgl. dazu ausführlicher Ochlast, S. (2002), S. 579 f.
[581] Vgl. Pippke, W. (1997), S. 290.
[582] Vgl. Plamper, H. (2000), S. 234.

lerdings oftmals nicht ausreichen, ist ein komplettes Zielsystem zu entwickeln. Dies kann in Form einer Zielpyramide geschehen, bei der die Teilziele sich aus den Oberzielen ergeben. Sofern die Zielerreichung nicht beobachtbar ist, müssen messbare Kennzahlen und Indikatoren festgelegt werden.[583] Dieses Vorgehen unter Einbezug der Mitarbeiter bindet allerdings viele Ressourcen. Erleichtert werden kann dies durch die Integration der KLR, die Daten zu Inputs und Outputs und damit für die Messung der Zielerreichung liefern kann. Schließlich sind die Zielvereinbarungen auch deshalb teilweise problematisch, weil Anreize für die Erfüllung bzw. Sanktionen bei Nichterfüllung häufig im öffentlichen Sektor immer noch kaum durchsetzbar sind.[584]

Der Prozess der Zielvereinbarungen erfordert nicht nur bei der erstmaligen Durchführung durch die Festlegung von Rahmenbedingungen, Zielen und Indikatoren einen hohen Ressourceneinsatz, sondern auch im laufenden Einsatz durch einen ständigen Dialog, Anpassungen und die Kontrolle von Zielen und Indikatoren. Gerade wenn Zielvereinbarungen zusätzlich auf untere Hierarchieebenen ausgedehnt werden sollen, sind ebenfalls Schulungen für die Beschäftigten notwendig, was den Aufwand für das Instrument nochmals erhöht. Da in den Kontrakten häufig Inputs, Outputs und Outcomes festgelegt werden, ist davon auszugehen, dass die Zielvereinbarungen - zumindest in dieser Ausbaustufe - sowohl Verbesserungen bei der Effizienz als auch der Effektivität des Verwaltungshandelns bewirken.

### 4.5.9 Benchmarking

Das Benchmarking kann als Prozess bezeichnet werden, bei dem Produkte, Dienstleistungen, Kosten aber auch organisatorische Strukturen und Prozesse über mehrere Alternativen hinweg verglichen werden. Die offen gelegten Unterschiede sollen eine Analyse der dahinter stehenden Ursachen ermöglichen, Verbesserungspotenziale transparent machen und dadurch die Angabe von Zielvorgaben ermöglichen.[585] Durch den Einsatz dieses Instrumentes soll es zu einem kontinuierlichen Verbesserungsprozess kommen, mit dem schon kurzfristig Fortschritte erreicht werden können, die dann ständig durch weitere Vergleiche auszubauen sind. Mittlerweile wird daher auch weniger von der Suche nach der „besten Lösung" im Zusammenhang mit dem Benchmarking gesprochen, sondern überwiegend von „guten Ideen und Lösungen", die nicht unbedingt wissenschaftlich exakt sein müssen, dafür aber mit vertretbarem Aufwand zu erzielen sind.[586] Die besondere Eignung des Instrumentes für die öffentliche Ver-

---

[583] Vgl. Böllhoff, D./Wewer, G. (2005), S. 150 f.
[584] Vgl. Nöthen, J./Pichlbauer, M./Eisenstecken, E. (2004), S. 69; Plamper, H. (2000), S. 238.
[585] Vgl. Horváth, P. (2003), S. 413.
[586] Bademer, S. von (2005a), S. 445.

waltung entsteht aus der damit erzielten Wettbewerbsorientierung, die ansonsten bei staatlichen Institutionen regelmäßig nicht sehr ausgeprägt ist.

Auf der einen Seite kann ein *externes* Benchmarking in den Verwaltungen stattfinden, dabei werden Leistungsvergleiche zwischen unterschiedlichen Organisationseinheiten angestrebt.[587] Diese Gegenüberstellungen erfolgen durch einheitliche Indikatoren, Leistungs- oder Wertmaßstäbe. Vorteilhaft ist die erweiterte Perspektive, die innovative Ideen in die Behörde bringen kann. Nachteilig ist der höhere Aufwand und die je nach Partner geringere Vergleichbarkeit zu werten. Auf der anderen Seite ist auch ein *internes* Benchmarking möglich, dabei wird eine intraorganisatorische Gegenüberstellung zwischen Handlungseinheiten angestrebt. Hierfür sprechen die größeren Analogien bei der Messung und Bewertung der Leistungen, allerdings werden durch wenig externe Anregungen oftmals bessere Lösungen vernachlässigt.[588]

Der Prozess des Benchmarkings beginnt mit der Projektplanung und der Abgrenzung des Untersuchungsgegenstandes.[589] Wichtig ist dabei die Konzentration auf besonders kritische Prozesse oder Aufgaben. Eine der schwierigsten Aufgaben ist die Auswahl der Vergleichspartner und die Festlegung von Kriterien[590], die möglichst gut vergleichbar und objektiv messbar sein sollen. Die Analysephase beginnt mit der Ermittlung der Ergebnisse und dem Aufzeigen der Leistungslücken. Dabei muss auch geklärt werden, ob die Übertragbarkeit auf das betrachtete Objekt gegeben ist. Nach der Ausarbeitung der Ziele und Maßnahmen sollen die Verbesserungen umgesetzt und im Sinne einer laufenden Kontrolle die kontinuierliche Weiterführung des Benchmark-Prozesses erreicht werden.[591]

Neben den Problemen, die geeigneten Benchmarkobjekte und -partner zu finden, wird zwar vielfach der Prozess angestoßen und auch durchgeführt, aber nach der Ersterfassung wird die kontinuierliche Verbesserung nicht ausreichend wahrgenommen, entweder weil Ergebnisse der ersten Vergleiche zu ernüchternden Resultaten geführt haben oder weil der Aufwand für die Ermittlung der weiteren Potenziale durch das regelmäßige Benchmarking als zu hoch empfunden wird. Weiterhin ist zu beachten, dass die

---

[587] Externes Benchmarking hat in Deutschland in den Behörden mittlerweile eine große Verbreitung gefunden, hier sind insbesondere die interkommunalen Vergleiche der KGSt und der Bertelsmann Stiftung zu nennen. Auf Landesebene werden vor allem gleichartige Behördentypen miteinander verglichen. Vgl. Eschenbach, R./Diers, K. (2002), S. 63.

[588] Vgl. Wollmann, H. (2004), S. 38 f.

[589] Als Untersuchungsgegenstand kommen Produkte, Prozesse aber auch die gesamte Verwaltung in Frage.

[590] Es bieten sich dabei Kriterien zur Wirtschaftlichkeit, Innovationsfähigkeit und zur Mitarbeiter- sowie Kundenzufriedenheit in der Behörde an. Siehe dazu bspw. Grieble, O./Scheer, A.-W. (2000), S. 27.

[591] Vgl. Horváth, P. (2003), S. 416.

Ergebnisse dieses Instruments nur so gut sein können wie die bereitgestellten Daten. Hier muss man sich häufig auf den kleinsten gemeinsamen Nenner einigen, um annähernd vergleichbare Produkte oder Prozesse zu erhalten.[592] Ein Benchmarking in der öffentlichen Verwaltung sollte mit weiteren Steuerungsinstrumenten wie einem Qualitätsmanagement, der KLR oder der Produktdefinition verknüpft sein, damit es die volle Wirkung entfalten kann.[593] Nur so können geeignete Objekte und Indikatoren ausgewählt sowie die gegenwärtigen Leistungslücken identifiziert werden. Speziell bei der erstmaligen Durchführung wird tendenziell ein großer Ressourceneinsatz notwendig sein. Dafür stellen sich die angestrebten, häufig zunächst effizienzorientierten Ergebnisse vielfach schon recht schnell ein, sofern geeignete Vergleichspartner, Objekte und Messindikatoren gefunden wurden.[594] Da bei diesem Instrument der Untersuchungsgegenstand und die Benchmarkpartner von besonderem Interesse sind, sollen auch diese beiden Faktoren bei der Umfrage in der Landesverwaltung NRW erhoben werden.

## 4.5.10 Kostenrechnung

Der Kostenrechnung wird eine Schlüsselrolle im Modernisierungsprozess zugeschrieben, da durch sie die sinnvollere Nutzung vieler NPM-Instrumente möglich ist. So stellt das Instrument vielfach die Grundlage für die outputorientierte Budgetierung, für ausgewogene Zielvereinbarungen und für ein umfassendes Benchmarking dar.[595] Häufig wird die Kostenrechnung auch gemeinsam mit der Leistungsrechnung als KLR betrachtet, allerdings lassen sich diese beiden Zweige inhaltlich gut voneinander trennen, so dass diese Einzelbetrachtung auch Gegenstand der vorliegenden Arbeit sein soll.

Die Kostenrechnung ist ein Führungsinstrument, um strukturierte und monetarisierte Kosteninformationen der Verwaltung zu ermitteln. Diese Informationen zum Ressourcenverbrauch gehen über den reinen Geldverbrauch hinaus. Dabei orientiert sich die Kostenrechnung im Wesentlichen an den privatwirtschaftlichen Modellen, unterscheidet sich allerdings in Teilbereichen, darunter durch das sehr heterogene Produktionsprogramm oder durch das Überwiegen von Gemeinkosten zu Lasten der Einzelkosten.[596] Grundsätzlich werden mit der Einführung einer Kostenrechnung in der öffentli-

---

[592] Vgl. Wegener, A. (2004), S. 255.
[593] Vgl. Bademer, S. von (2005a), S. 451.
[594] Besonders gut eignet sich Benchmarking daher bei Vergleichen von ähnlichen Behörden, standardisierten Prozessen oder als Wettbewerbssurrogat, wenn eine Verwaltung nicht im Wettbewerb steht.
[595] Eine gute Übersicht auch noch weiterer Reformelemente mit ihrem jeweiligen Unterstützungsbedarf durch die Kosten- als auch durch die Leistungsrechnung bietet Buchholtz, K. (2001), S. 94 ff.
[596] Vgl. Vogel, R. (2006), S. 446.

chen Verwaltung unterschiedliche Ziele verfolgt. Im Mittelpunkt steht dabei die Schaffung von Kostentransparenz. Die eingesetzten Ressourcen sollen mit dem Instrument möglichst genau erfasst und zugeordnet werden, um auf dieser Grundlage Aussagen über die Kosten von Produkten zu ermöglichen. Alleine diese Offenlegung der Kosten für bestimmte Leistungen kann zu Verhaltensänderungen führen und wird zusätzlich oftmals als Rechtfertigungs- oder Legitimationsinstrument auch gegenüber Verwaltungsexternen benutzt.[597] Zudem eignet sich die Kostenrechnung zur Kontrolle der Wirtschaftlichkeit. Hierzu lassen sich Kosteneinsparpotenziale insbesondere im Vergleich der tatsächlichen Kosten mit den zuvor geplanten Kosten feststellen und analysieren. Ein weiteres Ziel, das mit dem Instrument verfolgt wird, ist die Planung und Steuerung der betrieblichen Zusammenhänge und Prozesse[598], hierfür werden dem Verwaltungsmanagement entscheidungsorientierte Kostendaten zur Verfügung gestellt. Auch wird auf Grundlage der Kostenrechnung die Kalkulation von Gebühren und Verrechnungssätzen ermöglicht.[599]

Die Kostenrechnung lässt sich in drei miteinander verbundene Einzelrechnungen zerlegen (siehe dazu Abbildung 17). Die Basis bildet die *Kostenartenrechnung*, mit der die in einer Abrechnungsperiode verursachten Kosten in Abhängigkeit von der Struktur des Verbrauchs gegliedert werden sollen. Grundlegend lassen sich dabei Personal-, Sach- und kalkulatorische Kosten unterscheiden. Die *Kostenstellenrechnung* bildet den Ort der Kostenentstehung ab, somit wird eine Steuerung der Kosten in den jeweiligen Verantwortungsbereichen und eine Zuordnung zu den Verantwortlichen ermöglicht. Die *Kostenträgerrechnung* schließlich dient der Zurechnung der Kosten auf die Leistungen, die den Werteverzehr verursacht haben.[600] Dabei sollten die gebildeten Kostenträger möglichst den Produkten entsprechen oder sollten aus diesen unkompliziert ermittelt werden können, sofern beide Instrumente eingesetzt werden.

---

[597] Vgl. Prase, O. (2005), S. 5; Fischer, E./Weber, J./Hunold, C. (2002), S. 53.
[598] Um die Kosten der betrieblichen Abläufe genauer zu erfassen, bietet sich die Einführung einer Prozesskostenrechnung an, die auf den Daten der Kostenrechnung aufbaut. Vgl. dazu bspw. Richter, M. (2000), S. 95 ff. oder Zimmermann, G. (1993), S. 178 ff.
[599] Vgl. Bachmann, P. (2004), S. 52 f.; Gerhards, R. (2001), S. 16 f.
[600] Vgl. Berens, W./Bücker, H.-H./Finken, T. (1998), S. 376 ff.

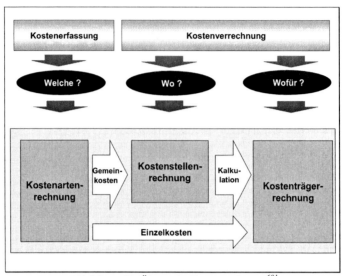

*Abbildung 17: Übersicht Kostenrechnung[601]*

Bei dem entstehenden Aufwand, der durch die Definition der Kostenstellen und -träger sowie durch die Abbildung in einer Software und die dortige Berücksichtigung behördenindividueller Anpassungen anfällt, ist zu berücksichtigen, dass das Instrument selber nach Kosten-Nutzen-Gesichtspunkten wirtschaftlich bleiben muss. Obwohl Verbundprodukte vorhanden sind und vielfältige Leistungsverflechtungen im öffentlichen Sektor gegeben sind, sollte weniger die perfekte Lösung angestrebt werden, sondern eher eine für die Verwaltung vernünftige Lösung, die dann zu einem späteren Zeitpunkt weiter ausgebaut werden kann.[602] Problematisch sind auch die Erfassungswiderstände auf Seiten der Mitarbeiter, die auch aus Ängsten vor einer zu großen Transparenz und zusätzlichem Aufwand entstehen können.[603] Um diesem Problem entgegenzuwirken, bietet es sich an, die Mitarbeiter mit verschiedenen Maßnahmen über die Ziele und die Vorteile der Kostenrechnung aufzuklären. Zudem muss die Unterstützung der Verwaltungsführung frühzeitig deutlich gemacht werden.[604] Sofern Vergleiche zwischen verschiedenen Verwaltungen in Bezug auf die ausgewiesenen Kosten hergestellt werden sollen, muss eine Standardisierung der Kostenrechnung stattfinden. Ansonsten besteht das Problem, dass die Vergleichbarkeit stark eingeschränkt ist, da jeweils unterschiedliche Kosten einbezogen werden.[605] Überdies ist es systemimma-

---

[601]  In Anlehnung an Schweitzer, M./Küpper, H.-U. (2003), S. 51.
[602]  Vgl. dazu Kapitel 4.6.3.
[603]  Vgl. Vogel, R. (2006), S. 446.
[604]  Vgl. Adamaschek, B. (2005), S. 363; Promberger, K./Koler, D./Koschar, D. (2005), S. 43.
[605]  Vgl. Schedler, K./Proeller, I. (2006), S. 176.

nent, dass dieses Instrument nur vergangenheitsorientierte Daten liefern kann und anhand dieser Daten zukünftige Entscheidungen getroffen werden müssen.[606] Eine reine Kostenrechnung hat darüber hinaus das Problem, ohne die Ergänzung der Leistungsdaten keine aussagefähigen Ergebnisse zu liefern, das soll mit der Ergänzung um eine Leistungsrechnung erreicht werden.

Durch die größere Transparenz, die Abbildung von Zusammenhängen und die Bereitstellung von Daten zur Entscheidungsvorbereitung lassen sich trotz des hohen Implementierungsaufwandes, aber auch trotz der dafür benötigten laufenden Ressourcen positive Effizienz- sowie durchaus auch Effektivitätsergebnisse erwarten. Dabei muss ein sehr komplexes System nicht unbedingt bessere Ergebnisse versprechen, wohingegen eine hohe Einsatzintensität einen positiven Einfluss auf die Wirtschaftlichkeit erwarten lässt.[607] Erleichtert wird der Einsatz der Kostenrechnung bei standardisierten Produkten.

### 4.5.11 Leistungsrechnung und -analyse

Eine ausschließliche Orientierung an den Kosten greift in Bezug auf die mit der Verwaltungsmodernisierung verfolgten Ziele zu kurz. Das zeigt sich auch daran, dass in der Vergangenheit Effizienzvorteile oftmals nicht nur durch Kosteneinsparungen erbracht wurden, sondern auch durch eine Verringerung der zu erbringenden Leistung. Daher sollten die Ergebnisse der Kostenrechnung immer begleitet werden von der Orientierung an den Leistungszielen.[608] Die zuvor über die Kostenrechnung erhobenen Input-Daten können damit ins Verhältnis zu den Outputs gesetzt werden und somit die Ermittlung der Wirtschaftlichkeit ermöglichen, zudem ist die Dokumentation der Mittelverwendung möglich. Ein Schwergewicht liegt dabei auf der Analyse der Leistungen; denn es ist nicht nur notwendig, die Werte und Kennzahlen zu erheben, sondern auch die Leistungen sind hinsichtlich ihrer Besonderheiten genauer zu analysieren, um auf dieser Grundlage Entscheidungen treffen zu können. Unter der Leistungsrechnung und -analyse soll demnach die „periodenbezogene, nach Leistungsarten differenzierte Erfassung der Leistungen in Zeit-, Mengen- und Qualitätsgrößen" verstanden werden, um dadurch eine Planung und Kontrolle der Leistungen vornehmen zu können, aber ggf. auch gegensteuernde Maßnahmen ergreifen zu können.[609]

---

[606] Eine Plankostenrechnung integriert allerdings auch zukünftige Perioden in die Kostenrechnung.
[607] Vgl. Fischer, E./Weber, J./Hunold, C. (2002), S. 54.
[608] Vgl. Arthur D. Little (1997), S. 72.
[609] Richter, M. (2000), S. 83.

Ein wesentliches Ziel dieser Rechnung ist die Schaffung einer größeren Transparenz der Leistungserbringung. Dazu sollten in der gesamten Verwaltung die erstellten Ergebnisse zumindest quantitativ erfasst werden, und diese Daten sind im Anschluss daran systematisch auszuwerten. Es lassen sich dadurch Aussagen über die Kosten eines einzelnen Produktes auch im Vergleich mit anderen treffen.[610] Diese entstehende Transparenz ist notwendig, da kein Markt für Verwaltungsleistungen besteht und demnach den Kosten in der Regel keine in Geldeinheiten ausgedrückten Leistungen gegenüberstehen. Es werden Nebenrechnungen mit Bewertungskriterien benötigt, um den Output zumindest im Vergleich zum Input bewertbar zu machen. Ein weiteres wichtiges Ziel, das mit der Leistungsrechnung angestrebt wird, ist die Effizienzermittlung. Sie kann durch Zeit-, Behörden- oder Soll-Ist-Vergleiche durchgeführt werden.[611] Die Leistungen stehen immer auch im Zusammenhang mit der übergeordneten Strategie und den Gesamtzielen der Verwaltung. Die Einzelleistungen dienen somit der Erfüllung der vorgegebenen Ziele. Ist der Zielerreichungsgrad als erwünschte Wirkung durch die Leistungen definiert, wird bisweilen sogar von einer Wirkungsrechnung gesprochen[612,613]

Vor dem Aufbau der Leistungsrechnung sollten die Produkte oder Leistungen, die beurteilt werden sollen, genau beschrieben und abgegrenzt werden. Um die Leistungen nach der Zeit, der Menge und insbesondere auch nach der Qualität beurteilen zu können, wird eine Leistungsmessung benötigt. Allerdings ist in diesem Zusammenhang zu beachten, dass sich Verwaltungsleistungen vor allem durch viele externe Effekte, die Langfristigkeit der Wirkungen und große Messbarkeitsprobleme auszeichnen. Dadurch wird die monetäre Bewertung der erstellten und abgegebenen Leistungen häufig verhindert. Alternativ kommen Messkriterien und Indikatoren zur Ermittlung des Outputnutzens zum Einsatz. Während Kennzahlen und Messgrößen präzise angegeben werden können, sind Indikatoren weniger exakt. Bei der Auswahl solcher Kriterien ist auf die Ermittelbarkeit, die Wirtschaftlichkeit, die Objektivität und die Relevanz für die Zielerreichung zu achten.[614] Durch die Verwendung solcher Indikatoren kann allerdings die Aussagekraft der Ergebnisse eingeschränkt sein. Wie schon bei der Kostenrechnung taucht auch hier das Problem auf, dass die resultierende Leistungstransparenz nicht von allen Mitarbeitern gern gesehen wird. Daher sollten den Beschäftigten

---

[610] Vgl. Proeller, I./Schedler, K. (2006), S. 180.

[611] Vgl. Vogel, R. (2006), S. 447.

[612] Diese Vorgehensweise soll im Rahmen der vorliegenden Arbeit allerdings nicht weiter verfolgt werden und eine Trennung zwischen outputorientierter Leistungs- und outcomeorientierter Wirkungsrechnung vorgenommen werden. Dennoch sollte auch schon im Rahmen der Leistungsanalyse der Kundennutzen ausreichend berücksichtigt werden, und somit ist die Leistungsrechnung eher als Grundlage der Wirkungsrechnung zu verstehen. Vgl. dazu auch Kapitel 4.5.13.

[613] Vgl. Horvath, R. (2000), S. 38; Speier-Werner, P. (2006), S. 66.

[614] Vgl. Goldbach, A. (2003), S. 124 ff.; Keller, M. (1995), S. 380.

schon frühzeitig die Vorteile plausibel gemacht werden, um deren Unterstützung und Mitwirkung zu erhalten.[615]

Ähnlich wie die Kostenrechnung ist auch die Leistungsrechnung mit großem Einführungsaufwand und zudem mit einer fortwährenden Ressourcenbeanspruchung verbunden. Zwar sind hierbei oftmals die Produkte schon bekannt, aber die Messung der Ziele und der eigentlichen Verwaltungsleistungen ist ein anspruchsvoller und zeitaufwendiger Prozess, sofern solche Daten nicht über bestehende Systeme geliefert werden können. Grundsätzlich lassen sich durch den Input-Output-Vergleich und durch eine verbesserte Zielorientierung sowohl positive Effizienz- als auch Effektivitätswirkungen erwarten. Es ist allerdings zu beachten, dass durch die eigentliche Leistungsrechnung gemeinsam mit der Kostenrechnung häufig keine Aussagen über die Effektivität, also über die Richtigkeit und Wirksamkeit der Leistungserfüllung gemacht werden können, es können im Idealfall nur Indikatoren gefunden werden, die Hinweise darauf zulassen.[616]

## 4.5.12 Berichtswesen

Erst durch die entsprechende Aufbereitung der Daten aus der KLR, der Wirkungsrechnung, den Zielvereinbarungen oder der Budgetierung in einem klar strukturierten und kennzahlengestützten Berichtswesen entstehen für die Verwaltung und die Politik entscheidungsrelevante Ergebnisse (siehe dazu auch Abbildung 18). Damit bildet das Berichtswesen eine, zumeist von den Controllern ausgefüllte Schnittstelle zwischen den verfügbaren Informationsquellen und den Nutzern der Informationen.[617] Das Berichtswesen ist demnach ein grundlegendes Element zur Verbesserung der Zielerreichung, da mit einer zeitnahen, empfängerorientierten und angemessen formulierten Berichtsstruktur ein Überblick über den Zielerreichungsgrad verschafft und somit eine effektive (Selbst-) Steuerung unterstützt wird.[618] Empfängerorientiert sind Berichte insbesondere dann, wenn das „Prinzip der stufenförmigen Verdichtung" eingehalten wird, nach dem die Informationen, die höheren Hierarchiestufen zur Verfügung gestellt werden. Sie sollten in diesem Sinne deutlich verdichteter sein, um damit den Blick auf die wesentlichen Informationen zu lenken.[619]

---

[615] Vgl. Richter, M. (2000), S. 89 f.
[616] Vgl. Adamaschek, B. (2005), S. 366.
[617] Vgl. Speier-Werner, P. (2006), S. 68.
[618] Vgl. Klingebiel, N. (1997), S. 643.
[619] Vgl. Prase, O. (2005), S. 7.

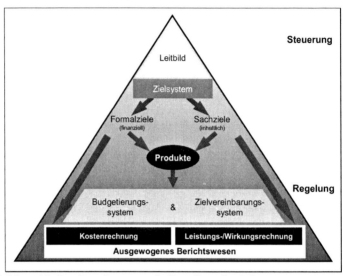

*Abbildung 18: Das Berichtswesen als Grundlage der Informationsversorgung*[620]

Bei dem Aufbau eines Berichtswesens muss zunächst festgelegt werden, welche Ziele mit dem Instrument verfolgt werden und welche Informationen wer, wann und in welcher Form erhält. Der wesentliche Anspruch dabei ist die Komplexitätsreduktion, wobei dennoch alle wichtigen und neuen Informationen[621] enthalten sein sollten.[622] Das Berichtswesen kann zum einen eher behördenintern zur Prozesssteuerung ausgerichtet sein. Hierbei sollen die Entscheidungsträger der Verwaltung kontinuierlich mit aktuellen und entscheidungsrelevanten Daten versorgt werden. Zum anderen kann das Berichtswesen auch mehr extern orientiert sein. Dort steht die Reportingfunktion im Mittelpunkt; sie dient der Planung und der Aufsicht, aber auch der Legitimation und der Dokumentation des Verwaltungshandelns. Adressaten können z.B. die zuständige Aufsicht, das Ministerium oder die Regierung und bisweilen auch die Öffentlichkeit sein.[623] Neben den Adressaten kann auch hinsichtlich der Berichtsarten unterschieden werden: Die *Standardberichte* bilden die Basis des Instruments. Sie sind inhaltlich, in

---

[620] In Anlehnung an Hoffjan (1998), S. 161; Mosiek, T./Preuß, A. (2004), S. 153 und Röhrig, A. (2008), S. 53.

[621] Eine Möglichkeit, um die Vielzahl unterschiedlicher Informationen zu strukturieren und Kerninformationen herauszufiltern, ist die Integration von Kennzahlensystemen in die Berichte. Dabei werden die Kennzahlen als quantitative Daten, die aus zahlenmäßigen Verdichtungen von betriebswirtschaftlichen Sachverhalten entstanden sind, sachlich zweckmäßig und ausgewogen zueinander in Beziehung gesetzt, um somit an Aussagekraft zu gewinnen. Vgl. Thom, N./Ritz, A. (2006), S. 180 f.

[622] Vgl. Thom, N./Ritz, A. (2006), S. 176.

[623] Vgl. Blanke, B. et al. (2005), S. 127 f.

ihrer Form und vom Erscheinungstermin präzise festgelegt, erfordern aber vom Empfänger einen gewissen Interpretationsaufwand. *Abweichungsberichte* werden bei der Überschreitung von Toleranzwerten situationsspezifisch erstellt, um frühzeitig gegensteuern zu können. *Spezialberichte* sind ebenfalls nicht an regelmäßige Erscheinungszeitpunkte geknüpft und dienen zur Klärung spezieller Informationsbedürfnisse, daher sind sie hochgradig empfängerorientiert.[624]

Aus einem Bericht an sich erfolgt noch keine Steuerungswirkung, sondern die produzierten Daten und Berichte müssen in der Regel zunächst einmal interpretiert werden und auf eine spezifische Handlungsoption bezogen werden, bevor daraus Konsequenzen abgeleitet werden können.[625] Schwachstellen dieses Instrumentes sind nicht nur die gelieferten Zahlen; denn die Qualität der Berichte orientiert sich nicht nur an dem zur Verfügung stehenden Zahlenmaterial, sondern es müssen auch ungeeignete Vergleiche, Zahlenfriedhöfe, fehlende Termineinhaltungen und die Priorisierung des „kleinen Dienstwegs" zur Informationsverbreitung verhindert werden. Dies kann durch eine empfängerindividuelle Aufbereitung der Informationen am besten gelingen.[626] Werden viele unterschiedliche Berichtsvarianten verlangt, die sich überwiegend nicht direkt aus dem EDV-System ergeben, ist mit einem hohen, ansonsten mit einem mittleren Kostenfaktor für das Instrument zu rechnen. Das System selber bietet die Möglichkeit, Informationen so darzustellen, dass damit - trotz der nicht direkt vorhandenen Steuerungsmöglichkeit - eine vermehrte Effizienz und Effektivität erreicht werden kann. Da Berichte wegen der leichteren Ermittelbarkeit vielfach einen Schwerpunkt auf die Inputs und Outputs legen, ist zu erwarten, dass insgesamt die positiven Ergebnisse im Bereich der Wirtschaftlichkeit leicht überwiegen.

### 4.5.13 Wirkungsrechnung

Trotz des Einsatzes vielfältiger Instrumente im Rahmen der NPM-Reformen steht die Effektivität des Politik- und Verwaltungshandelns und somit auch der Zielerreichungsgrad bislang noch zu selten im Mittelpunkt der Verwaltungsmodernisierung.[627] Abhilfe versucht die Wirkungsrechnung zu schaffen. Hierbei handelt es sich um ein Instrument zur Messung, Analyse und Bewertung der ausgelösten Wirkungen von Verwaltungsleistungen. Durch die Wirkungsrechnung soll der Nutzen dieser Leistungen in die Planung, Steuerung und die Kontrolle des Verwaltungshandelns integriert

---

[624] Vgl. Promberger, K./Bernhard, J./Niederkofler, C. (2006), S. 20.
[625] Vgl. Bogumil, J. (2004), S. 394.
[626] Vgl. Busch, V. (2005), S. 114.
[627] Vgl. Berens, W. et al. (2004), S. 323.

werden.[628] Der Ansatz geht damit über die Feststellungen der reinen Outputs hinaus, indem explizit an der Outcome-Ebene angesetzt wird. Gerade für die Politik ist das Erreichen oder Nicht-Erreichen der übergeordneten politischen Zielvorgaben, die zumeist als erwünschte Wirkungen definiert werden, entscheidend. Die Outputs gelten somit lediglich als Zwischenziele auf dem Weg, die gesellschaftlichen Auswirkungen zu ermitteln.[629]

Mit der Wirkungsrechnung soll in letzter Konsequenz erreicht werden, dass die Politik der Verwaltung nur noch die Wirkungsziele vorgibt und die Verwaltung als ausführende Ebene für die Auswahl der geeigneten Maßnahmen, Programme und Produkte zuständig ist.[630] Die KLR wird durch dieses Instrument um Aspekte ergänzt werden, die Auswirkungen und die erreichte Effektivität der Organisation sowohl nach innen wie auch nach außen aufzeigen, um aus diesen Ergebnissen Handlungsbedarfe ableiten zu können. Dafür sind allerdings eine übergreifende Strategie und definierte, möglichst operationalisierte Ziele unabdingbar, da ansonsten keine Zielerreichungsgrade ermittelt werden können.[631] Jedoch müssen nicht nur die erwünschten, sondern auch die unerwünschten Wirkungen der Programme betrachtet werden. Darüber hinaus sollten neben den gesamtgesellschaftlichen Outcomes auch die leistungsempfängerbezogenen Wirkungen (Impacts) in eine solche Analyse einbezogen werden.[632] Insgesamt besteht bei der Wirkungsrechnung die Herausforderung, trotz komplexer Prozesse im Bereich des Verwaltungshandelns die Beiträge einzelner Verwaltungsleistungen möglichst isoliert einer Bewertung zugänglich zu machen.[633]

Auch bei der Wirkungsrechnung sind wie bei der Leistungsrechnung Indikatoren zu verwenden. Dabei reicht regelmäßig ein Indikator nicht aus, um die Auswirkungen angemessen beurteilen zu können. Ferner sollten auch subjektive Indikatoren zur Ermittlung persönlicher Wertschätzungen, bspw. von Kunden, zumindest periodisch eingesetzt werden.[634] Der Einstieg in diese Rechnung kann schrittweise erfolgen. Es ist daher nicht zwingend notwendig, schon zu Beginn über ein umfassendes, analytisches Messsystem zu verfügen. Erste Erkenntnisse lassen sich schon dadurch erzielen, dass die Beteiligten zunächst eine Beschreibung der Wirkungsziele vornehmen. Auch die Formulierung von qualitativen Kausalhypothesen kann zu Fortschritten hinsichtlich

---

[628]  Vgl. Haiber, T. (1997), S. 117; Richter, M. (2000), S. 99.
[629]  Vgl. Bühler, B. (2002), S. 274.
[630]  Vgl. Schedler, K./Proeller, I. (2006), S. 72.
[631]  Vgl. Deckert, R./Schmid, A. (2003), S. 22.
[632]  Vgl. Schedler, K./Proeller, I. (2006), S. 180.
[633]  Vgl. Mosiek, T. et al. (2003), S. 27 f.
[634]  Die verwendeten Indikatoren müssen gewissen Ansprüchen genügen. Sie sollten valide, zeitlich beständig, objektiv und vor allem auch wirtschaftlich ermittelbar sein. Dabei stehen sich diese Anforderungen teilweise konfliktär gegenüber und sind nicht immer vollständig zu erfüllen. Vgl. Richter, M. (2000), S. 101 f.

der Effektivität führen.[635] Da sich die im Ergebnis ergebende Wirksamkeit des Verwaltungshandelns allerdings definitionsgemäß an den gemachten Zielvorgaben ausrichtet und zudem auch das zu erbringende Leistungsprogramm noch sehr von der Politik mitbestimmt wird, hat bislang nicht ausschließlich die Verwaltung die Verantwortung für die Ergebnisse zu tragen.[636]

Die größten Probleme ergeben sich im Nachweis von gültigen Ursache-Wirkungsbeziehungen, denn diese lassen sich oftmals nur durch hohen Forschungsaufwand oder sogar überhaupt nicht bestimmen. Vielfach stellen sich Wirkungen erst langfristig ein und entziehen sich damit einer kurzfristigen Messung.[637] Auch wird von politischer Ebene eine größere Transparenz über die Zielerreichung bei den grundsätzlichen Zielen bisweilen gar nicht gewünscht, weil das zu einer Angreifbarkeit und einem Rechtfertigungsdruck gegenüber den Bürgern führen kann. Darüber hinaus macht das Instrument eine umfassende Vorgehensweise notwendig, die neben der Kontrolle auch die veränderte Steuerungslogik einschließt, und muss somit als sehr aufwendig in Bezug auf die Einführung bezeichnet werden.[638] Grundsätzlich lassen sich dafür bei einer so ausgebauten und kontinuierlich weiterentwickelten Wirkungsrechnung sehr positive Effekte erwarten. Dabei sollten angesichts der Zielsetzungen die effektivitätsbezogenen Auswirkungen überwiegen. Die Anwendung richtet sich dabei angesichts der zu messenden gesellschaftlichen Wirkungen insbesondere an Verwaltungen mit externem Kundenkontakt.

### 4.5.14 Qualitätsmanagement

Der Qualitätsdruck im öffentlichen Sektor steigt; das gilt mittlerweile auch für Bereiche, die nicht im direkten Wettbewerb stehen. Daher sollte die Qualität von Leistungen nicht erst am Prozessende überprüft werden, sondern möglichst frühzeitig sind die Abläufe und Produkte zu optimieren, wofür ein durchgängiges Qualitätsmanagement benötigt wird.[639] Dieses Instrument kann definiert werden als alle aufeinander abgestimmten Tätigkeiten, die zur Leistung und Lenkung einer Organisation bezüglich Qualität benötigt werden. Die Grundlage dafür ist eine Steigerung der Kunden- und Mitarbeiterzufriedenheit, der Wirtschaftlichkeit und der Umsetzungskonformität der

---

[635] Vgl. Berens, W. et al. (2004), S. 335.
[636] Vgl. Richter, M. (2000), S. 103.
[637] Dieses Problem betrifft auch die verwendeten Indikatoren(-Systeme), die regelmäßig eingesetzt werden, sofern sich die Wirkungen nicht über Kennzahlen und Messgrößen erfassen lassen. Sie können ebenfalls nicht die gesamte Komplexität erfassen und laufen damit Gefahr, die Realität zu sehr zu vereinfachen. Vgl. Buschor, E. (1993), S. 17.
[638] Vgl. Bühler, B. (2002), S. 274.
[639] Vgl. Banner, G. (1994), S. 10. Bisweilen wird bei einem umfassendes Qualitätsmanagement auch vom Total Quality Management (TQM) gesprochen. Siehe dazu auch Kudo, H. (2002), S. 94 ff.

im Vorfeld definierten Leistungen.[640] Mit Hilfe des Qualitätsmanagements sollen demnach nicht nur Faktoren festgestellt werden, sondern diejenigen auch einer besonderen
Bearbeitung zugänglich gemacht werden, die einen Einfluss auf die Qualität einer Organisation haben. Gewisse Überschneidungen können sich dabei zur Leistungsrechnung und -analyse ergeben, allerdings ist das Qualitätsmanagement kontinuierlicher
angelegt und insgesamt durch die Integration von systemischen, strukturellen und kulturellen Aspekten deutlich breiter ausgerichtet.[641]

Für die öffentliche Verwaltung sind grundsätzlich zwei Ansätze für die Einführung
eines Qualitätsmanagements möglich. Zum einen können nur einzelne Instrumente im
Sinne von Partiallösungen eingeführt werden, dazu kann bspw. die Verankerung der
kundenbezogenen Qualität im Leitbild oder die Implementierung von Kunden- oder
Mitarbeiterbefragungen eingesetzt werden. Zum anderen kann ein ganzheitlicher Ansatz verfolgt werden. Hierbei erfolgt die Verknüpfung mit bereits vorhandenen bzw.
geplanten Modernisierungsinstrumenten, zudem wird damit der bisweilen zu sehr betriebswirtschaftlichen Ausrichtung entgegengewirkt. Diese umfassende Sichtweise
eines Qualitätsmanagements soll Gegenstand dieser Arbeit sein.[642] Durch diese ganzheitliche Sicht soll eine Ausrichtung auf die Kunden[643] und auf die weiteren Anspruchsgruppen für effizientere interne Abläufe sorgen. Zudem sollen definierte Standards eine vermehrte Transparenz nach außen sicherstellen, um damit eine Steigerung
der Produkt- und Dienstleistungsqualität zu ermöglichen.[644]

Es gibt für den öffentlichen Sektor eine Reihe umfassender Ansätze zur Ausführung
und Steuerung der Qualität. Dabei ist zunächst die DIN EN ISO 9000-Reihe zu nennen. Sie enthält Verfahrensnormen zu Abläufen, Merkmalen und Eigenschaften, um
damit eine Absicherung im Sinne einer Zertifizierung des Qualitätsmanagements in
Organisationen zu liefern. Eine Zufriedenheit der Kunden ist bei diesem Ansatz keine
grundlegende Eigenschaft für Qualität.[645] Ein Ansatz, der nicht nur die Kunden, sondern zusätzlich noch Partnerschaften und gesellschaftsorientierte Ergebnisse integriert,
ist das Modell der European Foundation of Quality Management (EFQM). Hier wer-

---

[640] Vgl. Kamiske, G./Brauer, J.-P. (2002), S. 6 f.
[641] Vgl. Vogel, R. (2006), S. 451.
[642] Die Instrumente eines insularen Ansatzes, wie die bereits erwähnten Leitbilder sowie die Kunden-
und Mitarbeiterbefragungen, aber auch ein Beschwerdemanagement, die Prozessoptimierungen
oder die Leistungsanalyse sind als Einzelinstrumente ohnehin bereits Gegenstand der Befragung
und sollen deshalb hier nicht gesondert abgefragt werden.
[643] Dabei kann die Betrachtung der Qualität auch bei hoheitlichen Aufgaben ansetzen. Siehe dazu
ausführlicher Keller, M. (1995), S. 383.
[644] Vgl. Vogel, R. (2006), S. 452.
[645] Vgl. Löffler, E. (1998), S. 72.

den die Befähiger als Potenzialfaktoren und die sich daraus ergebenden Ergebnisse[646] unterschieden. Beide Kriterienkategorien fließen jeweils hälftig in die Gesamtbewertung ein mit dem Ziel, eine herausragende Qualität zu erreichen. Allerdings bedürfen gerade die Ergebnis-Kriterien einer speziellen Anpassung auf den öffentlichen Sektor. Daher wurde auf der Basis des EFQM mit dem Common Assessment Framework[647] (CAF) ein etwas weniger komplexer Ansatz entwickelt, der auf die spezifischen Bedürfnisse der öffentlichen Verwaltungen zugeschnitten ist. Grundlage bildet bei diesem Ansatz eine Selbstbewertung, wie sie auch beim EFQM möglich ist. Diese Einschätzung ermöglicht nicht nur die eigenständige Beurteilung der Qualität der Leistungen, sondern soll gleichzeitig ein Verständnis für das ganzheitliche Vorgehen schaffen und kann somit helfen, das Instrument einzuführen.[648] Weil es sich beim Qualitätsmanagement oftmals um umfangreiche Kennzahlensysteme handelt, bei denen vielfältige Interdependenzen zwischen unterschiedlichen Zielen vorliegen, wird auch die BSC in diesem Bereich eingesetzt. Neben den finanziellen Kennzahlen lassen sich dabei auch Daten zu Mitarbeitern, Kunden und der internen Prozesse integrieren und zur Steuerung der Qualität verwenden.[649]

Gemäß dem umfassenden Verständnis des Qualitätsmanagements kann der Prozess in mehrere Phasen eingeteilt werden, die bei allen erwähnten Ansätzen regelmäßig in ähnlicher Form durchlaufen werden.[650] Begonnen wird mit der Phase der *Qualitätsplanung*, bei der Ziele und Anforderungen an die Qualität festgelegt werden. Im Mittelpunkt stehen dabei die Kunden und die Vorgaben von übergeordneten Einheiten, bspw. eines Ministeriums. Auf diesen Ergebnissen baut die *Qualitätssteuerung* auf. Hierunter fallen Maßnahmen, die sich auf die Mitarbeiter, die Kultur und die Organisation beziehen und die Erfüllung der Qualitätsziele sicherstellen sollen. Bei der *Qualitätsprüfung* werden die Ansprüche aller Anspruchsgruppen insbesondere der Leistungsempfänger erfasst und den erreichten Anforderungen gegenüber gestellt. Mit der *Qualitätssicherung* soll schließlich das Vertrauen geschaffen werden, dass die Einheit die Qualitätsanforderungen erfüllt. Das kann durch eine institutionelle Qualitätszertifi-

---

[646] Die Befähiger-Kriterien sind Führung, Mitarbeiter, Politik und Strategie, Partnerschaften und Ressourcen sowie die Prozesse. Zu den Ergebnis-Kriterien gehören mitarbeiter-, kunden- und gesellschaftsbezogene Ergebnisse, zudem die Schlüsselergebnisse. Vgl. dazu ausführlicher Felix, J. (2003), S. 64 ff.

[647] Für eine genauere Darstellung des CAF-Modells vgl. Stein, A. (2007), S. 17 ff.; Hartmann, J. (2005), S. 27 ff. oder Felix, J. (2003), S. 67 f.

[648] Vgl. Hopp, H./Göbel, A. (1999), S. 90 ff.

[649] Vgl. zur BSC u.a. Kaplan, R./Norton, D. (1992), S. 71 ff.; Ösze, D. (2000), S. 75 ff. und Berens, W./Karlowitsch, M./Mertes, M. (2000), S. 23 ff.

[650] Vgl. hierzu und im Folgenden Thom, N./Ritz, A. (2006), S. 189 f.

zierung, Qualitätswettbewerbe und eine interne wie externe Kommunikation der Ergebnisse sichergestellt werden.[651]

Problematisch ist bei diesem Konzept, dass es nicht ausreicht, sich einmal zertifizieren zu lassen oder einmal eine Selbstbewertung vorzunehmen, sondern dass es sich dabei um eine ständige Führungs- und Managementaufgabe handelt, bei der identifizierte Verbesserungen auch zeitnah umgesetzt werden sollten.[652] Neben dem relativ großen Implementierungsaufwand ist auch die Messung der Qualität schwierig, da auch hier häufig auf Indikatoren zurückgegriffen werden muss. Zudem basieren die Konzepte vielfach auf einer relativ einseitigen, auf die individuellen Kundenbedürfnisse ausgerichtete Betrachtung der Leistungserstellung. Das kann mitunter zu einer Vernachlässigung der gesellschaftlich-politischen Qualitätsdimension führen.[653] Da sich bislang kein Qualitätskonzept als übergreifend anerkannt herausgestellt hat, herrscht nach wie vor in der öffentlichen Verwaltung ein Nebeneinander verschiedener Ansätze.[654] Dies führt allerdings auch zu einer eingeschränkten Vergleichbarkeit von Behörden mit unterschiedlichen Konzepten.[655] Die Erfahrungen aus vielen Projekten zum Qualitätsmanagement sind durchaus viel versprechend[656], so dass von insgesamt sehr positiven Ergebnissen auszugehen ist, gerade hinsichtlich der Effektivität sind große Verbesserungen zu erwarten.

### 4.5.15 Prozessanalysen und -optimierung

Im Rahmen der klassischen Analyse von Verwaltungen steht die Aufbauorganisation im Mittelpunkt, während die ganzheitliche Betrachtung der Abläufe nicht stattfindet. Eine Orientierung an den Gedanken des NPM verlangt allerdings eine stärkere Betrachtung der Wünsche und Bedürfnisse der Bürger; damit stehen die Prozesse bei der organisatorischen Betrachtung vermehrt im Vordergrund.[657] Man spricht dabei von Prozessanalysen und -optimierungen bzw. vom Prozessmanagement.[658] Darunter soll

---

[651] Alternativ zu den hier vorgestellten Bezeichnungen für die einzelnen Phasen wird auch vom PDCA-Zyklus zur kontinuierlichen Verbesserung der Qualität gesprochen. Die einzelnen Phasen heißen dann „Plan" (planen), „Do" (ausführen), „Check" (überprüfen) und „Act" (verbessern). Vgl. u.a. Bruhn, M. (2006), S. 33.

[652] Vgl. Bademer, S. von (2005b), S. 453.

[653] Vgl. Felix, J. (2003), S. 73 ff.

[654] Vgl. Hill, H. (1999), S. 799.

[655] Vor diesem Hintergrund soll auch mittels der Umfrage erhoben werden, welche Ansätze in der Landesverwaltung NRW gewählt werden.

[656] Vgl. Hartmann, J. (2005), S. 30 sowie Banner, G. (1994), S. 10.

[657] Vgl. Hopp, H./Göbel, A. (1999), S. 182.

[658] Diese Begriffe sollen im Folgenden synonym verwendet werden. Eine besonders radikale Methode der Prozessanalyse ist das Business Process Reengineering, bei dem ein radikales Redesign vorgenommen werden soll. Vgl. dazu auch Göbel, M. (2000), S. 277.

hier die zielgerichtete Steuerung der Wertschöpfungskette einer Behörde mit planeri-
schen, organisatorischen und kontrollierenden Maßnahmen verstanden werden.[659]
Durch die kritische Analyse der Arbeits- und Wertschöpfungsprozesse werden
Schnittstellenprobleme oder nicht wertschöpfende Arbeiten transparent gemacht, und
somit können Vereinfachungen und eine größere Transparenz der Abläufe erzielt werden. Zudem ermöglicht eine prozessorientierte Ausrichtung die dezentrale Übernahme
von Verantwortung für den gesamten Arbeitsprozess, und auch eine bessere Kundenorientierung lässt sich damit erreichen. Dies führt letztlich auf der einen Seite zu effi-
zienzbezogenen Verbesserungen, weil die Durchlaufzeiten und die Prozesskosten ge-
senkt werden können, auf der anderen Seite zu effektivitätsbezogenen Ergebnissen
durch die Steigerung der Prozessqualität und der Bürgerorientierung.[660]

Zu Beginn des Prozessmanagements sollte zunächst die genaue Ausgangssituation
analysiert und die Kernaufgaben der Behörde identifiziert werden. Anschließend ist
der Umfang des Prozesses zu *definieren*, der optimiert werden soll. Dabei setzt sich
der Umfang aus der Summe der Teilprozesse und der zugehörigen Aktivitäten zusammen. In diesem Zusammenhang kann auch eine Einteilung in primäre, also direkte,
und sekundäre, also indirekte, unterstützende Prozesse stattfinden. Eine *Strukturierung*
des festgelegten Prozesses findet im nächsten Schritt statt.[661] Dazu erfolgt eine Zerle-
gung in verschiedene Teilabläufe, auf dieser Basis wird dann eine zeitliche Reihenfol-
ge der Aktivitäten festgelegt. Zudem müssen Messgrößen für die Teilprozesse gefunden werden, und die Zuweisung von Verantwortung muss erfolgen. Daran schließt
sich die eigentliche *Realisation* der Prozesse an. Die Durchführung kann durch einen
Stufenplan oder Schulungen erleichtert werden. Begleitend sollte eine Kontrolle der
neuen Prozesse erfolgen, damit Schwachstellen frühzeitig entdeckt und die Prozesse
kontinuierlich *optimiert* werden können.[662]

Weil durch das Instrument die Anforderungen an die Mitarbeiter wachsen, sind diese
möglichst frühzeitig in den Prozess mit einzubeziehen. So können die Beschäftigten
nicht nur wertvolle Anregungen für die Gestaltung geben, sondern sie sind auch später
für die Umsetzung verantwortlich. Allerdings können solche Veränderungen zu
Schnittstellen- und Zielkonflikten führen, wenn Mitarbeiter weniger Kompetenzen
zugewiesen bekommen als vorher. Weiterhin kann es zu großen Problemen in der Organisation kommen, wenn solche Vorgänge zu radikal angegangen werden und völlig

---

[659] Vgl. Gaitanides, M./Scholz, R./Vrohlings, A. (1993), S. 3.
[660] Vgl. Töpfer, A. (2000), S. 47 ff.
[661] Dieses Vorgehen kann durch eine Software oder durch so genannte Workflow-Diagramme unterstützt werden.
[662] Vgl. Hopp, H./Göbel, A. (1999), S. 185 ff.

neue, bisweilen kaum beherrschbare Prozesse entstehen.[663] Der Implementierungsaufwand richtet sich auch nach der Intensität dieses Ansatzes, wobei generell der Aufwand nicht unterschätzt werden sollte. Grundsätzlich lassen sich durchaus positive Ergebnisse erwarten. Wie bereits dargestellt, sind Verbesserungen sowohl der Effizienz als auch der Effektivität durch die Einführung dieses Instrumentes zu erwarten. In sehr standardisierten Behörden können bereits kleine Veränderungen der Prozesse deutliche Verbesserungen zur Folge haben. Demgegenüber kann das Element in sehr komplex strukturierten Behörden helfen, überschaubare Prozesse zu schaffen.

### 4.5.16 Projektmanagement

Nicht nur Unternehmen sondern zunehmend auch öffentliche Verwaltungen stehen vor der Herausforderung, umfangreiche einmalige Problem- und Aufgabenstellungen in möglichst kurzer Zeit in einem festgelegten Kostenrahmen durchführen zu müssen. Damit kommt dem Management von Projekten eine wesentliche Bedeutung zu, insbesondere im Rahmen der Verwaltungsmodernisierung. Von einem Projekt kann gesprochen werden, wenn es sich um ein zeitlich befristetes, relativ komplexes und von Aufgabe sowie Ablauf weitgehend einmaliges Vorhaben handelt.[664] Das Projektmanagement selber ist ein Ansatz zur Planung, Koordination, Steuerung und Kontrolle einzelner Projektaktivitäten hinsichtlich Zeit, Kosten, Qualität und Ressourcenbereitstellung; denn oftmals ist das Vorgehen zum Erreichen einer Lösung wichtiger als die Lösung selber. Wesentliche Aufgabenkomplexe zur strukturierten Durchführung eines Projektes sind das Ressourcen-, Personal- und das Einflussmanagement. Es wird mit dem Instrument somit das Ziel verfolgt, die umfangreichen Aufgabenstellungen möglichst flexibel zu lösen, um damit die in solchen Fällen häufig entstehenden Kosten- und Terminabweichungen zu vermeiden.[665]

Das Projektmanagement lässt sich in verschiedene Phasen aufteilen. Initiiert werden Projekte durch die *Projektidee*, diese ergibt sich aus bestehenden Defiziten in der Organisation. Im Anschluss daran müssen im Rahmen der *Projektspezifikation* die genauen Ziele definiert und operationalisiert werden. Dazu gehören auch die Festlegung der Organisationsstruktur und die sorgfältige Auswahl der Mitarbeiter. Möglichst frühzeitig können auch schon erste Meilensteine für das Projekt definiert werden, damit von Beginn an eine effektive Projektsteuerung und -überwachung möglich ist.[666] Die *Projektplanung* dient der detaillierten Konzeption des Projektablaufs. Dazu sollten

---

[663] Vgl. Schmelzer, H./Sesselmann, W. (2006), S. 372.
[664] Vgl. Andersch, B./Belzer, V. (2005), S. 183.
[665] Vgl. Corsten, H. (2000), S. 7 f.
[666] Vgl. Zimmermann, J./Stark, C./Rieck, J. (2006), S. 5 f.

die wesentlichen Verbesserungsvorschläge erarbeitet werden, und das Projekt ist in Teilprojekte und Arbeitspakete zu zerlegen. Zudem beinhaltet die Umsetzungsplanung Aussagen zu dem Zeit-, Personal- und Finanzbedarf.[667] In der Phase der *Projektrealisation* geht es um die Umsetzung und die zieladäquate Gestaltung der zuvor erstellten Projektplanung. Sich ergebende Änderungen müssen berücksichtigt und die Planung entsprechend angepasst werden. Spätestens mit Beginn der Realisation des Projektes sollte das begleitende *Projektcontrolling* stattfinden. Hierbei sollen terminliche und ressourcenorientierte Über- und Unterschreitungen festgestellt werden, und im Anschluss an das Projekt ist die Zielerreichung zu kontrollieren. Ferner sollen weitere Verbesserungsmöglichkeiten auch für nachfolgende Projekte aufgezeigt werden.[668]

Die Gefahren des Projektmanagements liegen in teilweise realitätsfernen Projektzielen, Terminplänen und benötigten Ressourcen, mit denen dann eine Demotivation der Beschäftigten einhergehen kann. Auch die unzureichende Kontrolle des Projektstatus, keine laufenden Anpassungen und die ungenügende Kommunikation der Projektergebnisse führen häufig zu Misserfolgen.[669] Zudem kann mit der Überbetonung der einmaligen Aufgabenstellung die Gefahr der Abwertung von Routinetätigkeiten verbunden sein.[670] Der mit dem Projektmanagement verbundene Aufwand hängt entscheidend von dem eigentlichen Projekt ab und kann daher kaum isoliert eingeschätzt werden. Grundsätzlich führt die zielgerichtete Steuerung der Maßnahmen allerdings zu deutlich weniger Aufwand, als wenn solche Projekte ohne eine strukturierte Vorgehensweise angegangen werden. Es sind demnach durch Kosten- und Zeiteinsparungen positive Effizienzergebnisse und durch eine konsequente Zielorientierung auch hinsichtlich der Effektivität Verbesserungen zu erwarten.

### 4.5.17 Kundenbefragungen

Die Kundenorientierung ist, wie bereits geschildert, ein wesentlicher Bestandteil des NPM-Konzeptes. Dennoch wird die Messung des Konstruktes der Kundenzufriedenheit bislang im öffentlichen Sektor vernachlässigt. Ein Instrument, das hier ansetzt und häufig auch in ein umfassendes Qualitätsmanagementsystem integriert wird, sind die Kundenbefragungen.[671] Dabei sollen die Einstellungen, die Zufriedenheit und die Wünsche der Leistungsempfänger einer Behörde ermittelt werden. Dieser Meinungsabfrage ist in den meisten Fällen ein unmittelbarer Kontakt zu der Leistung erstellen-

---

[667] Vgl. Andersch, B./Belzer, V. (2005), S. 183.
[668] Vgl. Zimmermann, J./Stark, C./Rieck, J. (2006), S. 7.
[669] Vgl. Witt-Bartsch, A./Enz, H. (2004), S. 93.
[670] Vgl. Corsten, H. (2000), S. 11.
[671] Vgl. Korunka, C. et al. (2002), S. 144 f.

den Verwaltung vorausgegangen.[672] Aus den Befragungsergebnissen lassen sich neue Qualitätsstandards definieren, und die Umsetzung von Verbesserungsmaßnahmen kann auf dieser Grundlage angestoßen werden. Die Befragungen sind damit ein wichtiges Instrument zur Analyse und Kontrolle von erbrachten Leistungen.[673] Überdies können Kundenbefragungen für eine Wirkungsrechnung notwendige Daten über die Impacts liefern, welche dann Indikatoren für den gesellschaftlichen Outcome darstellen.

Hinsichtlich der Teilnehmer an einer solchen Erhebung lassen sich verschiedene Befragungstypen unterscheiden. Neben den gängigen internen und externen Kundenbefragungen[674] können auch allgemeine Bürgerbefragungen, bei denen die Verwaltungskunden als Teil der Gemeinschaft interviewt werden, und Besucherbefragungen, bei denen die Benutzer öffentlicher Einrichtungen ihre Meinung äußern können, Gegenstand dieses Instrumentes sein.[675] In Bezug auf das Vorgehen weisen die Befragungen der Kunden einige Gemeinsamkeiten mit denen der Mitarbeiter[676] auf. Auch für die Umfrage unter den Kunden sind in der *Anstoßphase* zunächst die grundlegenden Ziele der Erhebung zu bestimmen. In der *Vorbereitungsphase* sollte über die Projektorganisation und die Zusammensetzung des Projektteams entschieden werden, zudem müssen hinsichtlich des Befragungsdesigns folgende Aspekte festgelegt werden: Methode, Kundenkreis, Fragestellungen, Umfang, Gestaltung und zeitlicher Rahmen.[677] Die schriftliche Variante ist bei diesem Instrument vorteilhaft, da im Vergleich zu persönlichen oder telefonischen Befragungen möglichst viele Teilnehmer einbezogen werden können, zudem im Regelfall auch die Kosten geringer ausfallen. Nach einem Testlauf kann die eigentliche *Durchführung* beginnen, dabei sollte versucht werden, den Kunden die Hintergründe der Befragung kurz zu erläutern. In Bezug auf die Teilnehmer sollte versucht werden, eine weitgehende Repräsentativität der Kundenkontakte zu erreichen. Anschließend sind die Ergebnisse der Befragung *auszuwerten* und zielorientiert[678] aufzubereiten. Sofern mehrere vergleichbare Ämter Kundenbefragungen durchgeführt haben, kann auch eine komparative Betrachtung in den Ergebnisbericht integriert werden. Um Erfolge von durchgeführten Maßnahmen und die Entwicklung im

---

[672] Vgl. Heiß, H.-J. (2000), S. 204.
[673] Vgl. Staatskanzlei NRW (2004), S. 3.
[674] Während externe Befragungen sich bspw. an die Adressaten belastender Verwaltungsakte oder an die Zuwendungsempfänger richten können, sind dies bei internen Kundenbefragungen die Nachfrager verwaltungsinterner Dienstleistungen.
[675] Vgl. dazu ausführlicher KGSt (1995), S. 27 ff.
[676] Siehe zum Vorgehen bei Umfragen in der Verwaltung ausführlich Kapitel 4.5.4.
[677] Vgl. Jung, M. (2000), S. 286 f.
[678] Sofern bei der Befragung auch sozio-demographische Faktoren erhoben wurden, können Auswertungen auch in Abhängigkeit der Sozialstruktur erfolgen, bspw. die Bewertung der Öffnungszeiten durch die Berufstätigen. Vgl. dazu Bretschneider, M. (2004), S. 74.

Zeitablauf insgesamt beurteilen zu können, bietet sich die ein- oder mehrfache Wiederholung einer solchen Befragung an.[679]

Die möglicherweise entstehenden Probleme bei Kundenbefragungen können mehrschichtig sein. Dazu gehört ein zu geringer Rücklauf, für den es mehrere Gründe geben kann: So kann der Fragebogen zu umfangreich und damit zu zeitintensiv für die Befragten sein, oder es fehlt ein abgestimmtes Projektmarketing, das die Intention der Durchführung näher erläutert und ggf. auch Anreize für eine Beteiligung schafft. Weiterhin ist es problematisch, wenn die Ergebnisse der Befragungen ein sehr heterogenes Bild abgeben und somit eine Priorisierung der einzuleitenden Maßnahmen kaum möglich ist. Zeichnen sich im Anschluss an die Befragung keine Veränderungen ab, leidet die Glaubwürdigkeit der Behörde darunter. Auch wenn prinzipiell das Instrument in nahezu allen Verwaltungen eingesetzt werden kann, so ist ein Einsatz vor allem bei einem regelmäßigen externen Kundenkontakt geboten. Die erste Aufstellung eines solchen Fragebogens verursacht generell einen großen Aufwand in der Verwaltung. Die im Zeitablauf wiederholenden Durchführungen beanspruchen die Ressourcen sodann weitaus weniger, da die Fragebogenstruktur und das Vorgehen weitgehend der erstmaligen Durchführung entsprechen können.[680] Die zu erzielenden Ergebnisse sollten indes nicht überschätzt werden, aber gerade in Bezug auf die Qualität und die Kundenorientierung sind Verbesserungen durch das Instrument zu erwarten.

### 4.5.18 Beschwerdemanagement

Ein weiteres Instrument, mit dem die Arbeit der Verwaltung vermehrt auf die Bedürfnisse der Leistungsempfänger ausgerichtet werden soll, ist das Beschwerdemanagement. Im Gegensatz zu den Kundenbefragungen, bei denen der Impuls zur Meinungsäußerung von der Behörde ausgeht, sind bei diesem Instrument die Kunden der Impulsgeber. Unter Beschwerdemanagement soll hier die Planung, Durchführung und Kontrolle aller Maßnahmen verstanden werden, die eine Behörde im Zusammenhang mit Beschwerden ergreift.[681] Wesentlich ist dabei zum einen die Wiederherstellung der Kundenzufriedenheit. Zum anderen ist diese Analyse auch zur Identifikation verwaltungsinterner Schwächen geeignet. Das kann sich auf Mängel bei Produkten oder Prozessen aber auch auf fehlende oder unzureichende Leistungsangebote beziehen.[682]

---

[679] Vgl. Staatskanzlei NRW (2004), S. 9 f.
[680] Vgl. Lachnit, L. (2000), S. 33.
[681] Vgl. Wimmer, F. (1985), S. 233.
[682] Vgl. Fürst, A. (2005), S. 33.

Aus dem privatwirtschaftlichen Bereich ist bekannt, dass Kunden auf Unzufriedenheit unterschiedlich reagieren. Sie können bspw. als Kunde „abwandern"[683], negative Mund-zu-Mund-Propaganda betreiben, einfach inaktiv bleiben oder sich bei dem Anbieter beschweren.[684] Das Beschwerdemanagement setzt bei der letzten Variante an, versucht aber durch eine *Beschwerdestimulierung* möglichst viele Kunden zu ermuntern, die wahrgenommenen Probleme und Negativerfahrungen gegenüber der Unternehmung zu artikulieren. Im öffentlichen Sektor sollen die Bürger animiert werden, ihre Beschwerden gegenüber den Behörden zu äußern. Dies kann in den Verwaltungen durch vorgefertigte Formulare, Beschwerdebriefkästen oder konkrete Ansprechpartner für Beschwerden nach außen kommuniziert werden. Durch die *Beschwerdeerfassung* erfolgt die eigentliche Aufnahme der Informationen. Liegen dabei Bearbeitungsstandards vor und sind die Mitarbeiter entsprechend geschult, kann die Unzufriedenheit des Bürgers häufig schon bei der Erfassung abgebaut werden. Die *Beschwerdebearbeitung*, idealerweise mit der Zuweisung einer eindeutigen Zuständigkeit eines Mitarbeiters und einer letztlich problembezogenen sowie kundengerechten Reaktion, schließt die Phase mit dem unmittelbaren Kundenkontakt ab.[685] Darauf folgt die *Beschwerdeauswertung*; in dieser werden die Gründe und Ursachen der Kundenprobleme genauer analysiert, um damit Schwächen im Leistungsangebot, bei den Produkten oder in der Ablauforganisation festzustellen. Ein regelmäßiger Bericht, der sowohl quantitative als auch qualitative Auswertungen zu den Beschwerden enthält, und ein begleitendes Controlling der Ziele und Anforderungen runden diesen Prozess ab.[686]

Problematisch im Sinne eines umfassenden Beschwerdemanagements kann ein zu geringer Anteil der Kunden sein, der sich als unzufrieden erklärt, weil so möglicherweise nicht alle relevanten Probleme artikuliert werden. Weiterhin ist zu beachten, dass beim Vorliegen einer angemessenen Problemlösung für Beschwerden diese tatsächlich umgesetzt werden sollte, um damit die Ernsthaftigkeit des Ansatzes zu untermauern und eine steigende Zufriedenheit bei den Bürgern zu erreichen.[687] Grundsätzlich eignet sich das Instrument für alle Verwaltungen, die einen kontinuierlichen Kundenkontakt haben. Das Beschwerdemanagement kann Teil eines umfassenden Qualitätsmanagements sein, und es ist davon auszugehen, dass die effektivitätsgerichteten Wirkungen überwiegen, da hier explizit die Impacts und Outcomes im Mittelpunkt der Vorgehensweise stehen. Insofern können hinsichtlich der Schwierigkeiten, der Eignung und

---

[683] Die Abwanderung zu einem anderen Anbieter ist im öffentlichen Sektor allerdings vielfach wegen der monopolistischen Stellung von Verwaltungen nicht möglich.

[684] Vgl. Singh, J. (1990), S. 2 ff.

[685] Vgl. Paratsch, F./Theymann, W. (2002), S. 19 f.

[686] Vgl. Fürst, A. (2005), S. 37. Auch die Implementierung dieses Instrumentes kann sich im Wesentlichen an den Phasen orientieren und erfordert deren konkrete Ausgestaltung. Zuvor sind allerdings die spezifischen Ziele, die mit der Einführung in der Behörde angestrebt werden, zu definieren.

[687] Vgl. Homburg, C./Fürst, A. (2007), S. 57 f.

der Verbindung zu Qualitätsmanagement gewisse Gemeinsamkeiten zu den Kundenbefragungen festgestellt werden.

### 4.5.19 E-Government

Der vermehrte und günstigere Einsatz moderner Informations- und Kommunikations-
technik sowie die wachsenden Ansprüche des Einzelnen an den Staat[688] rücken das
„Electronic Government" zunehmend in den Mittelpunkt der Modernisierungsdebat-
te.[689] Unter dem E-Government als die Kurzfassung des Begriffes wird eine „Organisa-
tionsform des Staates [verstanden], welche Interaktionen und Wechselbeziehungen
zwischen dem Staat und den Bürgern, privaten Unternehmungen, Kunden und öffentlichen Institutionen durch den Einsatz moderner Informations- und Kommunikations-
technologie integriert".[690] Damit geht das E-Government weit über reine Informationsangebote des öffentlichen Sektors hinaus. Innerhalb der Verwaltung soll durch den
Einsatz moderner Technologie das Verwaltungshandeln flexibler, effektiver und wirtschaftlicher werden. Nach außen hin wird eine transparente, partizipative und quali-
tätsorientierte Dienstleistungsproduktion angestrebt, die als Standortvorteil im Wettbewerb fungieren soll.[691]

Das E-Government integriert drei grundlegende Perspektiven. Dazu gehört die Bereitstellung von Informationen und interaktiven Kommunikationsdiensten für die Verwaltungskunden („*E-Participation*"). Mit dieser soll eine zeit- und ortsunabhängige
Verbreitung von Informationen gewährleistet werden, und zusätzlich können durch das
E-Government die demokratischen Prozesse verstärkt werden. Dies kann letztlich bis
zur elektronischen Durchführung von demokratischen Wahlen oder Volksabstimmun-
gen reichen. Als zweite Perspektive kann die Abwicklung von internen und externen
Verwaltungsprozessen über elektronische/digitale Medien („*E-Administration*") bezeichnet werden. Komplette Verwaltungsakten lassen sich so elektronisch abwickeln
und nachverfolgen, ferner ist dadurch eine persönliche Interaktion zwischen Kunde
und Verwaltung für die Prozessdurchführung vielfach nicht mehr notwendig. Als dritte
Perspektive wird die Einführung elektronischer Märkte für öffentliche Beschaffungs-
vorgänge („*E-Procurement*") bezeichnet. Dazu können in einer umfassenderen Sicht-

---

[688] Siehe dazu ausführlicher Kapitel 2.2.
[689] Dabei bestehen unterschiedliche Auffassungen über das gegenseitige Verhältnis von NPM und E-
Government. Während überwiegend davon ausgegangen wird, dass E-Government die Verwaltungsmodernisierung unterstützt, wird vereinzelt die Auffassung vertreten, dass es sich bei beiden
Konzepten vielmehr um gegenseitige Hinderer handelt. Begründet wird dies u.a. mit einer Über-
steigerung der Kundennähe durch die moderne IT und mit dem Problem der Gleichbehandlung in
diesem Kontext. Vgl. dazu ausführlich Bock, C. (2004), S. 234 ff.
[690] Schedler, K./Summermatter, L./Schmidt, B. (2003), S. 6.
[691] Vgl. Hoecker, B. (2006), S. 85.

weise auch elektronische Systeme für die Bezahlung aber auch für die Auszahlung finanzieller Leistungen verstanden werden.[692] Die Einführung von E-Government ist eine sehr komplexe Aufgabe. Zunächst ist dafür die grundlegende Online-Strategie der Behörde festzulegen, und in Abhängigkeit davon erfolgt die Identifizierung von geeigneten Geschäftsprozessen. Diese Prozesse sollten sodann systematisch erfasst, optimiert und in Online-Prozesse überführt werden. Zu der Konzeption gehören auch die Auswahl der erforderlichen Hard- und Software sowie die Erstellung eines Sicherheitskonzeptes. Nach der Realisierung und der Durchführung von Tests erfolgt die Einführung inklusive einer Migration der Altbestände vor der eigentlichen Inbetriebnahme. Der gesamte Ablauf sollte unter fortwährendem Einbezug der Mitarbeiter erfolgen, um diese frühzeitig in die Umgestaltungen mit einzubeziehen.[693]

Zwar schreiten die technischen Möglichkeiten durch die IT immer weiter voran, dennoch sieht sich das E-Government auch einer Reihe von Problemen ausgesetzt. Viele Daten der Bürger unterliegen datenschutzrechtlichen Bestimmungen, daher können nicht alle Informationen der Bürger auch allen Behörden zur Verfügung gestellt werden, sondern nur die jeweils relevanten. Ein kompliziertes System der Zugriffsmöglichkeiten kann hier Abhilfe schaffen. Da angestrebt wird, immer mehr Dienstleistungen auf elektronischem Wege anzubieten, wird auch das Thema der Datensicherheit stetig bedeutsamer. Und schließlich muss auch die ungleiche Verteilung und Voraussetzung von Bevölkerungsschichten mit Zugang zum Internet („Digital Divide") bei diesem Instrument berücksichtigt werden.[694] Durch die vielfältigen technischen und prozessualen Voraussetzungen sind mit dem E-Government sehr hohe Implementierungskosten verbunden, auch nach der eigentlichen Einführung fallen kontinuierlich eine Reihe zusätzlicher Kosten durch dieses Instrument an. Allerdings lassen sich auf der anderen Seite auch deutliche Verbesserungen hinsichtlich Effizienz und Effektivität erwarten. Zu überlegen ist indes, in welcher Ausgestaltungsform ein E-Government bei kleineren Behörden oder Verwaltungen mit wenig Kundenkontakt vorhanden sein muss.

### 4.5.20 Zusammenfassung

Bei der Erläuterung der unterschiedlichen Instrumente zur Verwaltungsmodernisierung wurde die große Spannweite der vorgestellten Ansätze deutlich. Einige Instrumente dienen vorwiegend der Schaffung von Transparenz oder dem Aufbau von Anreizmechanismen, andere sorgen für eine Integration der Kundenwünsche, wieder an-

---

[692] Vgl. Lucke, J. von/Reinermann, H. (2000), S. 3 ff.; Hoecker, B. (2006), S. 85.
[693] Vgl. Becker, J./Algermissen, L./Niehaves, B. (2003), S. 861.
[694] Vgl. Schedler, K./Proeller, I. (2006), S. 259 ff.

dere für die Förderung der Mitarbeiter. Letztlich dienen alle dem Ziel, eine größere Effizienz und/oder Effektivität des Verwaltungshandelns zu erreichen. Eine eindeutige Zuordnung der erläuterten Einzelinstrumente zu den strategischen Zielen des NPM (Leistungs-/Wirkungs-, Qualitäts-, Wettbewerbs-, Kunden- und Mitarbeiterorientierung)[695] ist allerdings trennscharf nicht möglich, da meistens mehrere Ziele gleichzeitig angesprochen werden.

Als wesentliche Voraussetzung für die Einführung der vorgestellten Instrumente kann zum einen der Einbezug der Mitarbeiter gesehen werden.[696] Diese sind entsprechend zu schulen und für die Einführung der Instrumente zu motivieren. Dafür sind sie frühzeitig in den Einführungsprozess zu integrieren, und es sollten Anreizsysteme[697] für die Beschäftigten geschaffen werden, da sie später die Umsetzung der Instrumente durchzuführen haben oder zumindest zur Umsetzung beitragen. Zum anderen hat sich gezeigt, dass auch der Unterstützung durch die Verwaltungsführung eine wichtige Rolle zukommt; denn das Selbstverständnis und die Durchsetzungsfähigkeit der Führungskräfte begünstigen die institutionellen Veränderungen und deren Nachhaltigkeit.[698] Weiterhin wurde die kontinuierliche Weiterentwicklung der Instrumente nach einer eher pragmatischen Einführung deutlich.[699]

In Bezug auf den Aufwand für die Implementierung der Einzelinstrumente konnten in den meisten Fällen zumindest Tendenzaussagen gemacht werden. Das soll später bei der abschließenden Beurteilung der Instrumente berücksichtigt werden. Weiterhin hat sich gezeigt, dass einige Instrumente in enger Verbindung zueinander stehen und teilweise sogar eine Kombination der Instrumente für den Erfolg wesentlich ist. Auch konnten bei einigen Instrumenten gewisse Anwendungsvoraussetzungen in Abhängigkeit von der Behördenstruktur herausgearbeitet werden. Ebenso wie die theoretischen Annahmen hinsichtlich der stärkeren Effizienz- oder Effektivitätsverbesserung sollen auch die bei den Instrumenten gemachten behördentyp-spezifischen Voraussetzungen durch die Befragung bestätigt oder verworfen werden.[700]

---

[695] Siehe ausführlich zu den strategischen Zielen Kapitel 2.4.
[696] Vgl. Reiners, M. (2004), S. 162.
[697] Anreize können materielle und nicht-materielle „Zahlungen" bzw. Versprechungen sein, mit denen das angestrebte Verhalten nicht erzwungen, sondern attraktiver gemacht wird. Die Entscheidungsfreiheit des Adressaten bleibt dabei jedoch formell gewährleistet, da dieser selbst entscheiden kann, ob er in Reaktion auf die in Aussicht gestellten Anreize das Verhalten verändern will. Vgl. Eichhorn, P. (2003a), S. 36.
[698] Vgl. Bogumil, J. et al. (2007), S. 331.
[699] Vgl. dazu auch Jones, L.R./Kettl, D.F. (2004), S. 460 f.
[700] Die Aufstellung der Thesen erfolgt in Kapitel 4.6 und deren Verifizierung bzw. Falsifizierung sowie die Ableitung von weiteren Handlungsempfehlungen in Kapitel 5.2 bzw. 5.3.

Um aber solche Analysen vornehmen zu können, muss der Einsatz von Einzelinstrumenten in den Verwaltungen genauer bekannt sein (Institutionenevaluation). Daher bietet es sich an, über Abfragen zu den Merkmalen der Verwaltungstypologie, den grundlegenden Modernisierungsergebnissen und den Ergebnissen der Einzelinstrumente noch weitere Fragen zu dem jeweiligen Einsatz der Instrumente in die Umfrage zu integrieren. Bei den zuvor vorgestellten 19 Instrumenten soll deshalb nicht nur der aktuelle *Umsetzungsstand* mit den Ausprägungen „bereits evaluiert" - „praktiziert" - „in Planung" - „beabsichtigt" - „bislang nicht [eingesetzt]" ermittelt werden, sondern die Führungsspitze soll auch die subjektiv beigemessene *Bedeutung* eines jeden Instrumentes auf einer fünf-stufigen Skala[701] angeben. Darüber hinaus soll der Grad der Freiwilligkeit der Instrumenteneinführung abgefragt werden, um daran später möglicherweise Rückschlüsse in Bezug auf die Ergebnisse ziehen zu können. Auf der einen Seite des *Einführungsanlasses* steht die Selbsterkenntnis, dass Chancen oder Risiken in der Behörde erkannt wurden, die es zu nutzen bzw. zu verhindern galt. Auf der anderen Seite erfolgten zentrale Vorgaben vom Ministerium oder von der Landesebene, und die Implementierung geschah weisungsgebunden. Weiterhin kann auch die *Intensität* des Einsatzes ein wesentlicher Erklärungsfaktor für die erzielten Ergebnisse sein. Allerdings ist die Umsetzungsintensität der einzelnen Instrumente zu unterschiedlich, um sie einer metrischen Skala zugänglich zu machen, daher werden die Antwortmöglichkeiten „im Behördenalltag integriert", „zu definierten Zeitpunkten", „anlassbezogen" und „sporadisch/unsystematisch" vorgegeben. Auch lassen sich später im Idealfall Verbindungen zwischen Intensität und Ergebnissen bei ganz bestimmten Instrumenten aufzeigen. Schließlich soll, wie zuvor erläutert, abgefragt werden, welche *Effizienz-* und welche *Effektivitätsergebnisse* erzielt wurden (Performanceevaluation).[702] Somit ergeben sich für jedes der 19 Instrumente mindestens sechs Fragen. Bei wenigen Instrumenten[703] sollen zusätzlich noch Fragen zum spezifischen Einsatz gestellt werden.

## 4.6 Herleitung von Hypothesen auf Grundlage der Befragungssystematik

Nachdem das Untersuchungsobjekt ausgewählt, die grundlegenden Ziele bestimmt und die Befragungssystematik inkl. der Auswahl der Instrumente erarbeitet wurden, sollen

---

[701] Diese Bedeutung reicht dabei wie bei den Gesamtverbesserungen von „sehr hohe Bedeutung (1)" bis „relativ unbedeutend (5)".

[702] Dabei reicht die fünf-stufige Skala von „gar keine Verbesserungen", die sich bislang eingestellt haben bis zu „sehr deutliche Verbesserungen".

[703] Dies betrifft die Vergleichsobjekte und die verwendeten Daten beim Benchmarking und die genutzte Methodik beim Qualitätsmanagement.

im Folgenden korrespondierend mi einigen Evaluationszielen[704] verschiedene Hypothesen aufgestellt werden, die dann im weiteren Verlauf der Arbeit untersucht werden. Zunächst erfolgt dazu die Ableitung von Thesen zu den Behördencharakteristika. Dies geschieht in Anlehnung an die definierten Merkmale der Verwaltungstypisierung und betrifft demnach die Behördengröße, die Tätigkeitsstruktur, das Wettbewerbsumfeld, die Entgeltorientierung und den Kundenkontakt. Dabei soll der Einfluss dieser Merkmale auf die Gesamtergebnisse durch die Modernisierung bestimmt werden. Anschließend gilt es, Thesen zu den allgemeinen Rahmenbedingungen des Einsatzes herzuleiten. Dazu zählen neben der eingeschätzten Bedeutung auch der Einführungsanlass, die Einsatzintensität und der Umsetzungsstatus, darüber hinaus soll auch die Anzahl der bislang eingesetzten Elemente und deren Einfluss auf die erzielten Verbesserungen betrachtet werden. Abschließend erfolgt die Ableitung von verschiedenen Thesen zur Kombination von Einzelinstrumenten und den dadurch zu erwartenden Ergebnissen.

### 4.6.1 Thesen zu den Behördencharakteristika

Es herrscht in der Literatur Einigkeit darüber, dass es keine einheitliche Verwaltung gibt und dass die jeweilige Art der Verwaltung einen entscheidenden Einfluss auf den Erfolg von Modernisierungsprojekten hat.[705] Daher sollen auch hier die verschiedenen Merkmale zur Typisierung genutzt werden, um daran Thesen für die zu erwartenden Verbesserungen ableiten zu können.

Bei der *Größe*[706] der Behörden kann in Anlehnung an Untersuchungen in der Privatwirtschaft davon ausgegangen werden, dass die Steuerung großer Organisationseinheiten tendenziell komplexer und formalisierter ist, zudem in ihnen weitaus umfangreichere Instrumente zum Einsatz kommen als in kleineren Einheiten. So konnte in mehreren empirischen Studien ein positiver Einfluss der Unternehmensgröße auf das Planungsverhalten sowie auf den Einsatz eines Controlling oder einer Budgetierung festgestellt werden.[707] Dieser Sachverhalt wird zum einen mit dem steigenden Aufgabenumfang in größeren Unternehmen erklärt, wodurch die Unterstützung der Führung durch verschiedene Elemente der Steuerung zunehmend notwendig wird, und zum anderen mit dem Anstieg der zur Verfügung stehenden Ressourcen bei größeren Unter-

---

[704] Zu den Evaluationszielen „Ermittlung des aktuellen Umsetzungsstandes", „vorhandene Leistungsstruktur" und den „bislang erzielten Ergebnissen durch die Verwaltungsmodernisierung" werden keine Thesen aufgestellt, da es sich dabei um Grunddaten handelt, die später den Rahmen für die Bestätigung oder Verwerfung von Thesen und die Ableitung von Handlungsempfehlungen bilden.

[705] Vgl. stellvertretend Bogumil, J. (2007), S. 119 und Ellwein, T. (1994), S. 54 f.

[706] Wie bereits in Kapitel 4.3.2 erörtert, soll hier die Anzahl der Beschäftigten zur Operationalisierung der Größe verwendet werden.

[707] Vgl. dazu bspw. Niedermeyer, R. (1994), S. 148; Hoque, Z./James, W. (2000), S. 205 ff. und Merchant, K. A. (1984), S. 291 ff.

nehmen, der eine Zuordnung und Übernahme von Controllingsaufgaben durch führungsfremde Mitarbeiter besser ermöglicht.[708] Vergleichbare Bedingungen scheinen grundsätzlich auch in der öffentlichen Verwaltung gegeben zu sein. Da in größeren Institutionen der Koordinationsaufwand höher und die Reaktionsgeschwindigkeit niedriger ist, wird gerade in diesen Behörden versucht, über die Schaffung von dezentralen Strukturen, Formalisierungen und Spezialisierungen Abhilfe zu schaffen.[709] Durch die Einführung entsprechender Elemente sollen somit die negativen Effekte von umfassenden bürokratischen Strukturen speziell in großen Einheiten möglichst weit abgebaut werden.

Demgegenüber sind kleinere Behörden prinzipiell weniger bürokratisch, beruhen mehr auf persönlichen Kontakten und sind insgesamt beweglicher. Der fallweise Einsatz von unterschiedlichen Steuerungsstrategien ermöglicht den Mitarbeitern in kleineren Institutionen zudem grundsätzlich mehr Freiraum bei der Aufgabenerledigung.[710] Das macht vielfach den Einsatz von NPM-Instrumenten in einem geringeren Maße notwendig. Demgegenüber erscheint allerdings durch die vorhandene Flexibilität auch die Einführung von neuen Instrumenten unproblematischer zu sein. In diesem Sinne wird bisweilen auch die Auffassung vertreten, dass sich vor allem bei mittelgroßen Verwaltungen besonders positive Effekte durch die Reformen erzielen lassen; denn auf der einen Seite sind diese besonders beweglich, und auf der anderen Seite gibt es genügend Potenzial und Initiativen für Verbesserungen.[711] Eine kommunale Studie konnte diesen Ansatz allerdings nicht bestätigen, sondern ermittelte einen signifikant positiven Zusammenhang zwischen Einwohnerzahl und den Modernisierungsaktivitäten. Das entspricht insofern dem Zusammenhang zwischen Größe der Organisationseinheit und dem Instrumenteneinsatz, da die größere Einwohnerzahl einer Kommune im Regelfall auch mit einer steigenden Mitarbeiteranzahl in der Verwaltung einhergeht und demnach der hier verwendeten Systematik entspricht.[712] Insgesamt soll damit für den Bereich der Landesverwaltungen davon ausgegangen werden, dass mit dem Anstieg der Behördengröße nicht nur der Einsatz vieler Modernisierungsinstrumente zunimmt, sondern auch die Ergebnisse[713] besser werden, da die negativen Effekte, die durch sehr bürokratische Strukturen verursacht wurden, abgebaut werden können. Zudem scheint durch den zur Verfügung stehenden größeren Ressourcenumfang bei den oftmals ho-

---

[708] Vgl. Flacke, K. (2007), S. 160 f.
[709] Vgl. Schachner, M./Speckbacher, G./Wentges, P. (2006), S. 593 f.
[710] Vgl. Schachner, M./Speckbacher, G./Wentges, P. (2006), S. 594.
[711] Vgl. Herrmann, D. (2004), S. 52.
[712] Vgl. Bogumil, J. et al. (2007), S. 98 f.
[713] Besonders positive Effekte bei größeren Institutionen lassen sich dabei vor allem für die effizienzgerichteten Verbesserungen wie der Wirtschaftlichkeit, der internen Prozesse oder der Leistungspotenziale erwarten. Durch eine vermehrte Dezentralisierung sollten allerdings auch die Zufriedenheit der Mitarbeiter und durch eine verbesserte Zielorientierung auch die der Kunden und die gesellschaftlichen Wirkungen umso vorteilhafter sein, je größer eine Verwaltung ist.

hen Implementierungskosten generell das Kosten-Nutzen-Verhältnis für viele Instrumente vorteilhafter zu sein. Dadurch lässt sich die folgende These ableiten:

> *H 1: Je größer eine Behörde ist, desto besser sind die erzielten Ergebnisse der Verwaltungsreform.*

Die *Tätigkeitsstruktur* einer Behörde beinhaltet die Frage nach der Standardisierbarkeit, der Repetierbarkeit und dem Grad der Individualität einer Leistung. Repetitive, also wiederkehrende, und weitgehend gleichartige Tätigkeiten in der öffentlichen Verwaltung können mit einer „Dienstleistungs-Massenproduktion" verglichen werden.[714] Weitgehend standardisierte Prozesse begünstigen dabei die Einführung neuer Steuerungsinstrumente, weil dadurch häufig schon die Struktur und die Produkte klar definiert sind, weil außerdem die Zielvorgaben quantitativ angegeben werden können und ein Vergleich mit anderen Behörden möglich erscheint. Liegen hingegen viele individuelle Projekte vor, ist die Ermittlung von Leistungsvorgaben und deren Messung deutlich schwieriger. Darüber hinaus differiert die Zielstruktur oftmals in Abhängigkeit von dem Projekt, und durch die individuellen Aufträge ist die Kunden- und Qualitätsorientierung vielfach deutlich erschwert. Je stärker sich also eine Leistung standardisiert erzeugen lässt und je größer die Wiederholungshäufigkeit ist, desto beträchtlicher sind die potenziellen Effizienzgewinne, wenn Optimierungsansätze für Standardprozesse aus entsprechenden Analysen gefunden und genutzt werden können.[715] Damit kommen auch hier gewisse Erfahrungseffekte bei der Erstellung zum Tragen. Dazu sind Instrumente zur Analyse der Ablaufstruktur, zur Prozessoptimierung und zu Bewertungen der Ergebnisse notwendig. Dies können vor allem die Kostenrechnung oder das Prozessmanagement sein.[716] Andere Instrumente eignen sich dagegen besonders für die Ausgestaltung bei sehr stark individuell strukturierten Leistungen wie das Projektmanagement. Generell lässt sich damit festhalten: Je stärker die Tätigkeitsstruktur von Behörden standardisierbar ist, desto mehr können Effizienz- und im geringeren Ausmaß auch Effektivitätsgewinne durch den Einsatz von Elementen der Verwaltungsmodernisierung erzielt werden. Demnach ergibt sich daraus generell die folgende Hypothese:

> *H 2: Sofern die Tätigkeiten einer Behörde (weitgehend) standardisiert sind, lassen sich bessere Ergebnisse durch die Verwaltungsreform erzielen, als wenn viele individuelle Aufgaben vorliegen.*

---

[714] Arthur D. Little (1997), S. 31.
[715] Vgl. Finanzministerium NRW (2005b), S. 112 ff.
[716] Vgl. Coenenberg, A. (1999), S. 200.

Jeder Leistungstyp der öffentlichen Verwaltung wird in einem spezifischen *Wettbewerbsumfeld* erzeugt. Die Ausprägungen reichen sehr weit: Von hoher Wettbewerbsintensität mit privatwirtschaftlichen Wettbewerbern bis hin zu absolut individuell strukturierten Leistungen, die nicht einmal im Quasi-Wettbewerb stehen.[717] Dabei gilt, dass faktischer Wettbewerb für ein Streben nach niedrigen Kosten, Verbesserungen der Produkte und Leistungen sowie für Innovationen sorgt. Aufgrund der Monopolstellung der Verwaltung in vielen Bereichen erscheinen Leistungsvergleiche am ehesten als Wettbewerbssurrogat geeignet, auch dadurch entwickeln die Behörden ein anderes Bewusstsein zur Leistungssteuerung.[718] Gemäß den Annahmen des NPM kann daraus gefolgert werden, dass die positiven Effekte aus dem Instrumenteneinsatz dort am höchsten sind, wo sie durch tatsächlichen Wettbewerb als Selbststeuerungsmechanismus am stärksten erzwungen werden. Hier bieten sich vor allem Elemente zur Schaffung von Transparenz über die Kosten und die Leistungen des Verwaltungshandelns an, um damit eine Vergleichbarkeit mit dem (Quasi-)Wettbewerb zu erzielen. Demgegenüber fördert mangelnder Wettbewerb eine stärkere Ausrichtung auf die Bedürfnisse der eigenen Organisation und nicht auf die Interessen der Kunden, wobei die Elemente der Verwaltungsmodernisierung hier zumindest bedingt Abhilfe schaffen können.[719] Allerdings lassen sich größere zielbezogene Verbesserungen durch den NPM-Ansatz auch bei den Verwaltungen mit einem stärker ausgeprägten Wettbewerb erwarten. Demzufolge betrifft die Implementierung entsprechender Elemente in einem Wettbewerbsumfeld nicht nur die Effizienz über Kostenreduzierungen und Produktivitätssteigerungen durch verbesserte Prozesse, sondern auch die Effektivität über Qualitätssteigerungen und eine bessere Zielausrichtung, ohne dabei jedoch die Mitarbeiterzufriedenheit zu vernachlässigen.[720] Grundsätzlich gilt aus den zuvor angestellten Überlegungen, dass mit dem Anstieg des Wettbewerbsdrucks für Verwaltungsleistungen der Anreiz intensiver wird, mit Instrumenten aus dem Bereich des NPM Verbesserungspotenziale aufzuspüren und zu heben. Als These lässt sich damit zusammenfassend festhalten:

*H 3: Je mehr Wettbewerb für eine Behörde besteht, desto bessere Ergebnisse lassen sich durch die Verwaltungsreform erzielen.*

In Bezug auf den Grad der *Entgeltorientierung* reicht die Skala von der Bewertung einer Leistung zu Marktpreisen bis hin zu Organisationseinheiten, die nicht einmal

---

[717] Vgl. Finanzministerium NRW (2005b), S. 113. Siehe hierzu auch die Ausführungen in Kapitel 4.3.2.
[718] Vgl. Bak, B. (1998), S. 24.
[719] Vgl. Adamaschek, B. (1997), S. 25.
[720] Vgl. Wegener, A. (1997), S. 102; Busch, V. (2005), S. 204 f.

ansatzweise Verrechnungen oder Entgelte ihrer Leistungen erzielen können. Dabei dienen Marktpreise und Gebühren nicht nur der Einnahmensteigerung der Behörden, sondern es ist damit auch eine Kontrollfunktion durch die Leistungsempfänger verbunden, die das Entgelt in Relation zur erhaltenen Leistung setzen können. Werden die angebotenen Dienste oder Produkte auch von anderen Behörden angeboten, kann dies als Grundlage für einen Vergleich mit anderen Mitanbietern zu einem institutionalisierten Benchmarking genutzt werden, was letztlich zu einer qualitativ besseren oder günstigeren Leistungserstellung beitragen kann. Interne Verrechnungen verfolgen hauptsächlich das Ziel, den Marktmechanismus auf die einzelnen Bereiche der Behörden zu übertragen.[721] Marktpreise, Gebühren oder Verrechnungssätze können allerdings nur dann erhoben werden, wenn die Daten zur Kalkulation in aufbereiteter Form bspw. durch eine KLR zur Verfügung stehen. Eine ergebnisorientierte Steuerungswirkung erfolgt darüber hinaus durch die Entgeltorientierung insbesondere dann, wenn eine produktorientierte Budgetierung erfolgt.[722] Zudem erfordert die Erhebung von Entgelten eine stärkere Qualitäts- und Kundenorientierung, auch dies muss über die entsprechenden NPM-Instrumente sichergestellt werden.[723] Es lässt sich insgesamt festhalten, dass mit Marktpreisen, Gebühren und Verrechnungen nicht nur eine Abrechnungsfunktion verfolgt wird, sondern auch Wirtschaftlichkeitskontrollen und Erfolgszuweisungen stattfinden sollen.[724] Der potenzielle Nutzen durch den Einsatz von Instrumenten der Verwaltungsmodernisierung steigt mit dem Grad der Intensität der Entgeltorientierung in den Behörden an, da somit genauere Kalkulationen und die Leistungsbeurteilung ermöglicht werden. Ferner führt die Rechtfertigung der Entgelthöhe zu ständigen Bestrebungen für ein effizienteres sowie qualitativ besseres Verwaltungshandeln. Aus den obigen Ausführungen lässt sich damit folgende These ableiten:

*H 4: Je mehr Entgeltorientierung in einer Behörde vorherrscht, desto größere Verbesserungen lassen sich durch die Instrumente zur Verwaltungsmodernisierung erzielen.*

Eine wesentliche Triebfeder für den Erfolg der Verwaltungsoptimierung ist das konsequente Einnehmen der *Kundensicht*. Dies bezieht sich allerdings nicht nur auf die externen Kunden wie die Bürger, sondern auch die Wahrnehmung von anderen Landes-

---

[721] Vgl. Adamaschek, B. (2000), S. 182.
[722] Vielfach wird in diesem Zusammenhang auch vom „Market Testing" gesprochen, bei dem öffentliche Leistungen mit Preisen an ihre Empfänger abgegeben werden, um die Vergleiche zur privatwirtschaftlichen Konkurrenz vornehmen zu können. Dies gilt vor allem für eine Reihe von Hilfsaufgaben, die in öffentlichen Einrichtungen zu erfüllen sind, wie Büroreinigung, IT-Service oder Personalwesen. Vgl. Reichard, C. (2001), S. 30. Siehe dazu auch Hypothese 12.
[723] Vgl. Buchholtz, K. (2001), S. 96 f.
[724] Vgl. Coenenberg, A. (1999), S. 524 f.

behörden als „interne Kunden" ist dafür wesentlich. Da die Bürger zunehmend auch Vergleiche mit Dienstleistungsunternehmen der Privatwirtschaft in Bezug auf Kosten, Qualität und Service vornehmen, entsteht auch aus dem Kundenkontakt ein gewisser Legitimationsdruck, dem die Behörden durch die Einführung von NPM-Instrumenten begegnen können.[725] Dabei ist dieser Druck umso stärker, je mehr externer Kundenkontakt besteht. Bei ausschließlich internen oder überhaupt gar keinem Kundenkontakt spielt die Legitimation weitaus weniger eine Rolle. Für Behörden mit intensivem Kundenkontakt, die viele Leistungen direkt für Kunden erstellen, spielt die Qualität der Produkte und die Berücksichtigung der Kundenwünsche eine ganz zentrale Rolle. Gerade in diesen Bereichen bietet sich der Einsatz von Modernisierungsinstrumenten an, um damit die Leistungs-, Wirkungs- und Kundenorientierung zu stärken. Das beinhaltet nicht nur Instrumente zur Qualitätsverbesserungen, sondern es sind auch Verbesserungen der Wirtschaftlichkeit über den Einsatz von entsprechenden Instrumenten zu erzielen.[726] Somit ist bei dem Vorliegen von intensivem, vor allem externem Kundenkontakt der Einsatz überdurchschnittlich vieler NPM-Elemente erwarten. Zudem kann durch den Legitimationsdruck mit besseren Ergebnissen durch die Modernisierung gerechnet werden.[727] In diesem Zusammenhang wird häufig die Reformfähigkeit der kommunalen Verwaltung im Vergleich mit dem Bund oder den Ländern damit erklärt, dass durch ihre vielen Dienstleistungen für externe Kunden die Kommunen am stärksten unter Öffentlichkeitsdruck stehen.[728] Es ergibt sich daraus als These:

> *H 5: Je mehr, vor allem externer Kundenkontakt in einer Verwaltung besteht, desto bessere Ergebnisse ergeben sich durch die Verwaltungsreform.*

Wie dargestellt, lassen sich zu allen Merkmalen, die zur Beschreibung der Charakteristika einer Verwaltung dienen, Hypothesen formulieren. Diese theoretischen Herleitungen beziehen sich jeweils auf die Wirkungsrichtung der Verbesserungen durch die Verwaltungsmodernisierung insgesamt. Die Wirkungsstärke der betrachteten Bereiche muss bei der Formulierung der Thesen zunächst ebenso unberücksichtigt bleiben wie die Intensität der Abstufungen innerhalb der Merkmalsausprägungen. Im Zuge der generellen Überprüfung der Thesen soll demnach nicht nur die generelle Richtung überprüft werden, sondern auch die Stärke der einzelnen Ausprägungen, um auf Grundlage dieser Ergebnisse später möglichst eine Typisierung vornehmen zu können.

---

[725] Vgl. Vogel, R. (2006), S. 451.
[726] Vgl. Adamaschek, B. (2000), S. 183.
[727] BANNER spricht hierbei auch vom „Leistungsverstärker Bürger". Diese Sichtweise beinhaltet neben den hier relevanten Anpassungen der Leistungen an die Abnehmererwartungen und der verstärkten Legitimation gegenüber dem Bürger zudem noch eine zunehmende direkte Demokratie und neue Formen der Bürgeraktivierung. Siehe dazu Banner, G. (1997), S. 26 f.
[728] Vgl. Bogumil, J. (2007), S. 112.

Allerdings ermöglichen nicht nur die einzelnen Merkmale zur Behördentypisierung Hinweise für die Einführung von Instrumenten und zu den Erfolgsaussichten der Verwaltungsmodernisierung, sondern gerade die Kombination von Merkmalsausprägungen verspricht Gestaltungsempfehlungen für die Reform. Dies gilt im besonderen Maße, wenn mehrere positive Charakterisierungsmerkmale bei einer Behörde gleichzeitig vorhanden sind. Demnach sind deutliche Verbesserungen hinsichtlich der Verwaltungsmodernisierung besonders bei den Verwaltungen zu erwarten, die groß sind, ein sehr standardisiertes Leistungsportfolio anbieten und im Wettbewerb stehen, zudem Entgelt kalkulieren und die zusätzlich noch externen Kundenkontakt haben. Dies sind Behörden, bei denen angesichts ihrer Größe auch die Einführung umfangreicherer Instrumente lohnenswert erscheint, es lassen sich Prozesse immer wieder in relativ ähnlicher Struktur durchführen, ein ständiges Benchmarking ist möglich und wird entsprechend durchgeführt, zudem werden zumindest Verrechnungen vorgenommen, so dass die Behörden einem Rechtfertigungsdruck ausgesetzt sind. Der Umgang mit den Kunden verstärkt die Auswirkungen, da hierdurch die Effektivität und die Bürgerorientierung in den Vordergrund gestellt werden. Im Gegenzug dazu ist gemäß der aufgestellten Thesen davon auszugehen, dass kleine Behörden, die weitgehend unterschiedliche Projekte bearbeiten, kaum Verrechnungen durchführen und weitgehend ohne Kundenkontakt sind, nur wenige Erfolge durch die Verwaltungsmodernisierung zu erwarten haben und auch der Instrumenteneinsatz deutlich hinter den erstgenannten Verwaltungen zurücksteht. Dies liegt darin begründet, dass der Einsatz von einigen umfangreich zu implementierenden Instrumenten sich nicht lohnt, dass die Tätigkeiten sehr heterogen sind und daher immer wieder sehr individuelle Verfahren notwendig sind. Darüber hinaus ist das mögliche Einsparvolumen, absolut betrachtet, eine wesentliche Restriktion für den Einsatz komplexer Verfahren. Einschränkend muss allerdings angemerkt werden, dass Behörden, die alle theoretisch positiven Merkmale auf sich vereinen ebenso wie die genau entgegen gesetzten Fälle, eher die Ausnahmen in der Landesverwaltung NRW bilden sollten. Vielfach ist eher eine Kombination aus verstärkenden und abschwächenden Merkmalsausprägungen zu erwarten.

### 4.6.2 Thesen zu den Rahmenbedingungen des Instrumenteneinsatzes

Nicht nur der Behördentyp sondern auch die Rahmenbedingungen für den Instrumenteneinsatz beeinflussen die Ergebnisse erheblich, die durch die Reformen erzielt werden. So hat sich mit zunehmender Verbreitung der Verwaltungsmodernisierung die Erkenntnis durchgesetzt, dass Reformen nicht einfach von der politischen Ebene vorgeschrieben werden sollten, sondern dass den Mitarbeitern und vor allem auch den Führungskräften zunächst die Vorteile der   Elemente aufgezeigt werden müssen, damit diese die Wichtigkeit und Angemessenheit der Instrumente erkennen.[729] Die Reformabsichten werden demnach vor allem durch diejenigen beeinflusst, die die Durch- und Umsetzung vornehmen; denn die eigentlichen institutionellen Modernisierungen beginnen erst nach der politischen Durchsetzung, was die Rolle der Führungskräfte betont.[730] In diesem Zusammenhang wird häufig auch von der „Personen- und Akteursabhängigkeit" der Verwaltungsmodernisierung gesprochen. In einer Studie von BOGUMIL ET AL. wurde ermittelt, dass die Breite der Unterstützung der Verwaltungsmodernisierung innerhalb einer Behörde einen positiven Einfluss auf die Ergebnisse hat.[731] Dies kann hier nicht überprüft werden, aber die durch die befragten Führungskräfte allgemein eingeschätzte *Bedeutung* eines Einzelinstruments kann mit den erzielten Verbesserungen in Bezug gesetzt werden. Insgesamt erfolgt aus den zuvor dargelegten Ausführungen die sechste Hypothese:

> *H 6: Je größer die Führungskräfte die Bedeutung der Einzelinstrumente einschätzen, desto besser sind die erzielten Ergebnisse.*

Über die beigemessene Bedeutung hinaus spielen auch die *Einführungsgründe* von einzelnen Instrumenten eine wesentliche Rolle für die spätere Umsetzung. Während die dezentrale Verwaltung die exsistierenden Probleme besser kennt und demnach auch eher in der Lage ist, mögliche Lösungen zu erarbeiten, führt die Durchsetzung von zentralen Vorgaben vielfach zu unmittelbaren Widerständen bei den Betroffenen. Es ist davon auszugehen, dass die Ablehnung dabei umso stärker ausfällt, je mehr der Status des Mitarbeiters bedroht ist und je weniger man von der durchzuführenden Maßnahme innerhalb der Verwaltung     überzeugt ist.[732] Allerdings müssen bisweilen auf politischer Ebene gewisse Eckpunkte von Reformen beschlossen werden, vor allem wenn es sich dabei um große und zentral angelegte Verwaltungsreformen wie die Einführung eines neuen Rechnungswesens oder eine veränderte Haushaltssteuerung handelt.[733] Insgesamt ist davon auszugehen, dass die Verbesserungen durch den Einsatz der Instrumente dann besonders überzeugend sind, wenn in der Behörde selber die Einführung beschlossen wurde, unabhängig davon, ob für die Behörde eher die erwar-

---

[729] Vgl. Stöbe-Blossey, S. (2005), S. 281. Dabei geht es auch darum, den Beschäftigten die Idee und die Wirkungsweise von Instrumenten zu vermitteln. So zeigte eine Befragung der Bediensteten in der Landesverwaltung Niedersachsen im Jahr 1999, dass fast jeder dritte Beschäftigte bislang keine Instrumente der Verwaltungsmodernisierung kennen gelernt hatte. Vgl. Blanke, B./Schridde, H. (2001), S. 349.

[730] Vgl. Bogumil, J. (2007), S. 112.

[731] Vgl. Bogumil, J. et al. (2007), S. 108.

[732] Vgl. Böhret, C. (2005), S. 48.

[733] Vgl. Bogumil, J. (2007), S. 115.

teten Chancen oder die zu vermeidenden Risiken im Fokus standen. Demgegenüber ist bei den vom Land oder vom eigenen Ressort gemachten Vorgaben eher mit Widerständen zu rechnen, die sich dann unmittelbar auf die damit erzielten Verbesserungen auswirken;[734] dies könnte sich mittels einer speziellen Untersuchung auch in der Einsatzintensität der Instrumente zeigen.[735] Hinsichtlich der Einführungsgründe lässt sich zunächst die folgende These festhalten:

> *H 7: Erkennen die Behörden selber die Probleme oder die Chancen, sind die Verbesserungen größer, als wenn zentrale Vorgaben gemacht werden.*

Auch hinsichtlich des *Umsetzungsstatus* lässt sich ein Einfluss auf die mit den Instrumenten erzielten Ergebnisse annehmen. Der Einsatz gilt erst dann als besonders Erfolg versprechend, wenn sich die Instrumente über einen längeren Zeitraum bewährt haben und bei Bedarf behördenspezifische Anpassungen und Optimierungen vorgenommen wurden.[736] Auf diese Weise lassen sich bestehende Schwachstellen und unreflektierte betriebswirtschaftliche Modelle den spezifischen Anforderungen der Behörden anpassen. Dabei können durch den Einbezug der Beschäftigten, die das Instrument verwenden, Hinweise auf operative Probleme gewonnen werden. Ferner lassen sich die Wirkungsweise und der verwendete Detaillierungsgrad durch eine Evaluierung überprüfen. Dies soll insgesamt zu einem besseren Kosten-Nutzen-Verhältnis des Instrumentes führen und damit auch zu einer höheren Akzeptanz bei den Mitarbeitern. Es handelt sich hierbei meistens um eine formative Projektevaluation[737], allerdings nicht aller im Einsatz befindlichen Instrumente, sondern nur eines ganz speziellen Instrumentes. Die Einstufung „im Einsatz" bzw. „bereits evaluiert" lässt zusätzlich Rückschlüsse auf die bisherige Einsatzdauer zu. Diesbezüglich wird angenommen, dass evaluierte Instrumente schon länger verwendet werden und sich der Nutzen aus diesen Instrumenten erst langsam und zeitversetzt mit zunächst schwachen Effekten einstellt und im Zeitverlauf ansteigt, weil man Erfahrungen mit der Anwendung gesammelt hat.[738] Gegenteilig wird hinsichtlich der Einsatzzeit von Instrumenten mitunter behauptet, dass

---

[734] Diese intrinsischen bzw. dirigistischen Vorgaben zur Instrumenteneinführung dürfen dabei allerdings nicht mit verwaltungsinternem oder -externem Problemdruck gleichgesetzt werden, dieser kann auf beide grundlegenden Anlassrichtungen einen wesentlichen Einfluss haben. Vgl. dazu Seibel, W. (1998), S. 87 ff.

[735] In diesem Fall müsste die Einsatzintensität einer selbstständig beschlossenen Einführung mit der unter Ressort-/Landesvorgaben verglichen werden. Dabei sollte sich bei der Einführung aus eigenem Antrieb eine höhere Einsatzintensität herausstellen. Vgl. dazu auch die Hypothese 9.

[736] Vgl. dazu bspw. Thom, N./Ritz, A. (2006), S. 10.

[737] Vgl. Ritz, A. (2003a), S. 47.

[738] Vgl. Finanzministerium NRW (2005b), S. 121.

vor allem die Anfangseuphorie[739] bei der Einführung neuer Instrumente besonders groß ist, diese allerdings im Zeitablauf immer weiter nachlässt und daraus Zweifel an den langfristigen Wirkungen der Reform entstehen.[740] Demnach würden sich im Zeitablauf keine weiteren Verbesserungen mehr einstellen und die Unzufriedenheit der Beschäftigten sogar wachsen. Trotz dieser gegenteiligen Meinung wird aufgrund der zuvor erläuterten theoretischen Überlegungen folgende These aufgestellt:

> *H 8: Wurden die Instrumente bereits evaluiert, lassen sich damit bessere Ergebnisse erzielen, als wenn diese Instrumente unreflektiert im Einsatz sind.*

Über den Umsetzungsstatus ist auch die *Intensität* der Nutzung für den erfolgreichen Instrumenteneinsatz von Bedeutung. Werden Instrumente in den Behördenalltag integriert und sind somit Gegenstand eines Kulturwandels in der Verwaltung, lassen sich bessere Ergebnisse erzielen, als wenn Instrumente nur unsystematisch eingesetzt werden.[741] So wurde bspw. in Baden-Württemberg[742] in Bezug auf die Budgetierung festgestellt, dass, wenn diese nur zögerlich und nicht vollständig integriert eingesetzt wird und stattdessen alte Mechanismen der Haushaltswirtschaft weiter verwendet werden, dies sogar dem eigentlichen NPM-Ansatz entgegenwirken kann.[743] Durch eine Implementierung ohne die gleichzeitige konsequente Nutzung besteht gegenüber der Verwaltungsführung und der Politik der Verdacht, diese Elemente der Modernisierung nur in der Funktion eines Marketinginstrumentes einzusetzen, um damit vor allem die symbolische Komponente von Reformen zu nutzen.[744] Allerdings kann es sich insgesamt bei der Verbindung zwischen Einsatzintensität und den erzielten Verbesserungen nur um Tendenzaussagen handeln, da durchaus Instrumente bestehen, bei denen ein anlassbezogener Einsatz instrumenten-spezifisch ist. Dies ist z.B. beim Projektmanagement der Fall, das nur dann eingesetzt wird, wenn umfangreiche Problem- und Aufgabenstellungen anstehen. Dennoch soll hier aufgrund der zuvor dargelegten Überlegungen davon ausgegangen werden, dass eine höhere Intensität des Einsatzes und vor allem eine stärkere Integration in die Behörde zu deutlich positiveren Ergebnissen

---

[739] So konnte in den Kommunen festgestellt werden, dass die Motivation der Mitarbeiter signifikant zurückgeht, was vor allem mit einer zunehmenden Reformmüdigkeit im Zeitablauf und der Wahrnehmung der Reform als Personalabbau erklärt wird. Vgl. dazu Bogumil, J./Grohs, S./Kuhlmann, S. (2006), S. 177.

[740] Es wird dabei auch von nur „kurzfristigen betriebswirtschaftlichen Rentabilitätserfolgen" gesprochen, die sich durch solche Projekte erzielen lassen. Pfeiffer, U./Faller, B. (1997), S. 3.

[741] Vgl. Reichard, C. (2001), S. 35.

[742] Siehe dazu ausführlicher Kapitel 3.6.2.

[743] Vgl. Rechnungshof Baden-Württemberg (2007), S. 39.

[744] Vgl. Budäus, D. (2003), S. 310.

führt, als wenn Instrumente nur anlassbezogen oder sogar unsystematisch verwendet werden. Daraus lässt sich die folgende These ableiten:

> *H 9: Je intensiver die Instrumente eingesetzt werden, desto bessere Ergebnisse lassen sich mit ihnen erzielen.*

Schließlich soll in Bezug auf die Rahmenbedingungen des Instrumenteneinsatzes auch die *Anzahl der Instrumente* und deren Einfluss auf den gesamten Modernisierungserfolg berücksichtigt werden.[745] Vielfach werden nur einzelne Instrumente, die besonders günstig und schnell einzuführen sind oder von denen man sich große Einspareffekte erhofft, in einer Behörde implementiert. Das gilt vor allem, wenn von dem Ressort oder vom Land keinerlei Vorgaben oder Empfehlungen zur Umsetzung von Instrumentenkombinationen gemacht werden. Durch das stattdessen gewählte „patchworkmäßige" Vorgehen werden häufig die Ziele der Modernisierung verfehlt, da Instrumente vielfach nur gemeinsam in dem gewünschten Maße wirken oder sich mitunter sogar bedingen.[746] Da Instrumente aus unterschiedlichen Themengebieten wie Führung, Controlling, Personalwirtschaft oder Kunden Gegenstand des NPM und dieser Befragung sind, spricht eine hohe Anzahl eingesetzter Instrumente tendenziell für eine mehrdimensionale Ausrichtung der Verwaltungsreform und keine einseitige Konzentration auf die oftmals verwendeten finanzwirtschaftlichen Aspekte. Gerade diese Vielschichtigkeit der Reformziele kann nur bei einer ausreichend großen Anzahl von Instrumenten berücksichtigt werden.[747] Zudem kann auch davon ausgegangen werden, dass reformaktive Behörden, die schon viele Instrumente einsetzen, mit diesen zufrieden sind und daher vermehrt weitere Instrumente einführen; während bei Behörden mit nur einem geringen Einsatz von Instrumenten die Behördenführung die Notwendigkeit der Modernisierungen noch nicht ausreichend erkannt hat und demnach die bisher im Einsatz befindlichen Instrumente offensichtlich nicht in dem Maße überzeugt haben, wie es für weitere Implementierungen notwendig wäre. Auf der Grundlage der zuvor dargestellten Überlegungen kann von der folgenden These ausgegangen werden:

> *H 10: Je mehr Instrumente in einer Verwaltung eingesetzt werden, desto bessere Ergebnisse lassen sich durch die Verwaltungsmodernisierung erzielen.*

---

[745] Während sich die Hypothesen 6 bis 9 jeweils auf die Einzelinstrumente beziehen, wird hier wieder die Gesamtsicht der Verbesserungen durch die Verwaltungsmodernisierung als Grundlage gewählt.
[746] Vgl. Thom, N./Ritz, A. (2006), S. 36.
[747] Vgl. Nöthen, J./Pichlbauer, M./Eisenstecken, E. (2004), S. 89.

Die letzte Hypothese gibt dabei allerdings nur die grobe Richtung vor, bei der jedoch zunächst unklar bleibt, ob es innerhalb der eingesetzten Instrumente vielleicht gewisse Kombinationen von Instrumenten gibt, die besonders vorteilhaft sind. Der Versuch, solche zu identifizieren, soll im Weiteren mit den Thesen zu Instrumentenkombinationen vorgenommen werden.

### 4.6.3 Thesen zum kombinierten Instrumenteneinsatz

Vielfach wird bei Reformkonzepten festgestellt, dass kein Implementierungskonzept für die Verwaltungsmodernisierung vorliegt und kostengünstige, zudem möglichst schnelle Lösungen hierbei dominieren. Den Interdependenzen der Instrumente wird somit kaum Rechnung getragen und den Umsetzungsvoraussetzungen oder der Implementierungsreihenfolge wird bislang zu wenig Beachtung geschenkt.[748] Dabei wird innerhalb des NPM immer wieder darauf hingewiesen, dass, wenn einzelne Module vernachlässigt werden, dies auch wieder Rückkopplungen auf die Implementierung und die Ergebnisse anderer Module hat. Somit kommt der Verknüpfung von Instrumenten ein besonderer Stellenwert innerhalb der Reform zu.[749]

Eine Kombination von Instrumenten, die im Zuge der neuen Steuerung eine Schlüsselrolle einnehmen, ist die *Kostenrechnung* gemeinsam mit der *Leistungsrechnung*.[750] Hierdurch soll eine Transparenz in Bezug auf die In- und Outputs geschaffen werden. Sie ist damit die Voraussetzung für viele weitere Reformelemente.[751] Während die Kostenrechnung die für die Leistungserstellung eingesetzten Inputs bestimmt und monetär abbildet, steht bei der Leistungsrechnung der sachzielorientierte und, sofern möglich, ebenfalls monetär bewertete Output des Produktionsprozesses im Mittelpunkt.[752] Dabei kann das Sichtbarmachen der Kosten, die für bestimmte Leistungen anfallen, schon zu einer Verhaltensänderung der Behördenführung und der Beschäftigten führen. Zudem ist erst durch eine Integration der Outputseite in die Kostenrechnung die Voraussetzung für eine umfassende Effizienzbetrachtung gegeben. Damit ist eine bessere Kontrolle des Verwaltungshandelns möglich, und Entscheidungen können auf der Grundlage eines umfassenderen Datenmaterials getroffen werden.[753] Diese

---

[748] Vgl. Busch, V./Wehrmann, S. (2002), S. 261.

[749] Vgl. Günter, T./Niepel, M./Schill, O. (2002), S. 226.

[750] Allerdings muss zumindest für den kommunalen Bereich festgehalten werden, dass hier die Leistungsseite bei KLR-Einführungen vielfach vernachlässigt wird. Dies hat vor allem mit den Schwierigkeiten mit der monetären Bewertung kommunaler Leistungen zu tun. Weniger komplexe Verfahren werden allerdings auch nicht verwendet. Vgl. Reichard, C. (2004b), S. 347.

[751] Vgl. Adamaschek, B. (2000), S. 178.

[752] Vgl. Speier-Werner, P. (2006), S. 66 f. Siehe zu den Einzelinstrumenten ausführlicher die Kapitel 4.5.10 (Kostenrechnung) bzw. 4.5.11 (Leistungsrechnung).

[753] Vgl. Goldbach, A. (2003), S. 123. Zum Effizienzbegriff siehe Kapitel 4.4.1.

Kombination der Ermittlung von Kosten und Leistungen ist der wichtigste Informationslieferant für das *Berichtswesen* als Instrument zur „Vermittlung steuerungsrelevanter Informationen".[754] Nur wenn die Informationen aus der KLR frühzeitig vorliegen und adressatengerecht aufbereitet werden, können Abweichungen festgestellt und diese Daten gleichzeitig auf die Notwendigkeit für Gegensteuerungsmaßnahmen hinweisen. Dabei muss das Berichtswesen auf der Grundlage der KLR-Daten sich nicht nur an die internen Beschäftigten und die Verwaltungsführung wenden, sondern kann auch das Parlament und die Regierung zeitnah informieren.[755] Im kommunalen Bereich konnte festgestellt werden, dass ein vorhandenes und weitgehend standardisiertes Berichtswesen einen eindeutig positiven Einfluss auf die Nutzung von Kostenrechnungsinformationen bspw. für die Entscheidungsfindung hat.[756] Eine Kostenrechnung sollte also um eine Leistungsrechnung ergänzt werden, und die Ergebnisse aus diesen Instrumenten sollten mit Hilfe eines Berichtswesens entsprechend aufbereitet werden, um betriebswirtschaftliche Analysen zu ermöglichen. Damit vermeidet man, das Entstehen von Datenfriedhöfen.[757] Als These lässt sich damit zusammenfassend festhalten:

> *H 11: Mit einer Kostenrechnung können deutlich bessere Ergebnisse erzielt werden, wenn sie um eine Leistungsrechnung und ein Berichtswesen ergänzt wird.*

Ein weiteres bedeutsames Instrument der Modernisierung in der öffentlichen Verwaltung, bei dem eine Kombination mit weiteren Instrumenten sinnvoll erscheint, ist die *Budgetierung*. Obwohl eine Zuteilung von Budgets, die sich auf der Grundlage bisheriger Haushaltsansätze ohne spezifisch definierte Gegenleistungen ergeben, auch möglich ist, wird für das angestrebte veränderte Steuerungsverhalten eine Verknüpfung mit dem Instrument der *Zielvereinbarungen* empfohlen. Man spricht in dem Zusammenhang vom Kontraktmanagement[758]. Hierbei wird zusätzlich zu einem vereinbarten globalen Budget eine Leistungsvereinbarung für einen bestimmten Zeitraum verbindlich getroffen, ohne dass jedoch spezielle Festlegungen über die Ausgestaltung der Bewirtschaftung erfolgen.[759] Durch diese verbindlichen Budgets kann die Sachkompetenz der

---

[754] Vogel, R. (2006), S. 447.

[755] Vgl. Berens, W. et al. (2007), S. 13.

[756] Vgl. Fischer, E./Weber, J. (2001), S. 19. Auch wenn in dieser Studie nicht explizit überprüft, kann davon ausgegangen werden, dass selbiges auch für die Nutzung von Leistungsinformationen gilt.

[757] Vgl. Prase, O. (2005), S. 6.

[758] Dieses kann zwischen der Politik und der Verwaltungsspitze, aber auch verwaltungsintern zwischen Verwaltungsspitze und den Abteilungen stattfinden. Vgl. Schedler, K./Proeller, I. (2006), S. 155. Da Gegenstand der Befragung vor allem die internen Veränderungen in den Behörden sind, soll hier vor allem die zweite Sichtweise betracht werden.

[759] Vgl. Musil, A. (2005), S. 169.

dezentralen Verantwortungsbereiche besser genutzt werden, und die Delegation von Entscheidungskompetenzen erwirkt eine höhere Akzeptanz bei den Beschäftigten.[760]

Zusätzlich kann dieses Vorgehen erweitert werden, indem die Kontrakte über die Budgets produktbezogen vereinbart werden. Damit können die Sachziele der fachlichen Planung über die *Produkte* in die Budgetierung integriert werden.[761] Verschiedene Verantwortungsbereiche können auf diese Weise von der Verwaltungsführung beauftragt werden, bestimmte outputorientierte Leistungen in einer gewissen Quantität und Qualität mit einem bestimmten Ressourceneinsatz zu erstellen. Diese festgelegten Produkte und die damit verbundenen Ziele lassen sich an das übergeordnete Zielsystem der Verwaltung „ankoppeln", womit sich über alle Produkte hinweg Zielbudgets ergeben können, die der angestrebten Priorisierung durch die jeweilige Verwaltung oder die Politik entsprechen sollten.[762] Dazu ist allerdings eine Zuordnung von übergeordneten Sachzielen und konkreten Leistungszielen zu den einzelnen Produkten notwendig.[763] Durch eine so verstandene Budgetierung wird nicht nur eine verbesserte Planung der In- und Outputs ermöglicht und ein Anreizsystem für den wirtschaftlicheren Umgang mit Ressourcen geschaffen, sondern es werden auch die Interdependenzen zwischen den Produkten, Zielen und den dafür notwendigen Ressourcen deutlich und deren Beitrag zur Gesamtplanung.[764] Als zweite Hypothese für den kombinierten Einsatz von Instrumenten ergibt sich damit die folgende:

> *H 12: Durch die Budgetierung ergeben sich bessere Ergebnisse, wenn diese um Zielvereinbarungen und Produktdefinitionen ergänzt wird.*

Während durch den kombinierten Einsatz von Instrumenten zunächst die Datengrundlagen und deren Aufbereitung im Mittelpunkt standen (Hypothese 11), wurde anschließend versucht, das Zusammenwirken von einzelnen Instrumenten für eine verbesserte Steuerung zu nutzen. Dies sollte durch ein Kontraktmanagement auf der Grundlage von Produkten erreicht werden (Hypothese 12). Allerdings kann eine ganzheitlich verbesserte Steuerungswirkung nur dann eintreten, wenn die dafür benötigten Informationen auch zeitnah vorliegen, um damit die Budgets aufstellen und kontrollie-

---

[760] Vgl. Hoffjan, A. (2000), S. 27 f. Allerdings kann diese Erweiterung des Handlungsspielraums auch mit einem Anstieg der Arbeitsbelastung einhergehen. Siehe dazu bspw. Ritz, A. (2003b), S. 15.
[761] Siehe dazu auch die Ausführungen in Kapitel 4.5.7.
[762] Vgl. Winter, C. (2003), S. 23.
[763] Vgl. Schedler, K./Proeller, I. (2006), S. 135. Etwas einschränkend muss allerdings festgehalten werden, dass bislang die gesetzlichen Rahmenbedingungen in NRW eine rein outputorientierte Budgetierung mit externen Zielvereinbarungen noch nicht zulassen; dennoch können auf Grundlage von Produktbudgets gerade interne Vereinbarungen getroffen werden.
[764] Vgl. Nöthen, J./Pichlbauer, M./Eisenstecken, E. (2004), S. 69.

ren zu können. Daher bietet es sich an, die *KLR* inkl. *Berichtswesen* als Grundlage der Datenbeschaffung und -aufbereitung mit der *produktorientierten Budgetierung* durch *Zielvereinbarungen* zu verbinden. Hierbei werden den Aufgabenträgern finanzielle Ressourcen auf Basis geplanter Leistungseinheiten in Form von Produkten zugewiesen, wobei die Produkte den Kostenträgern aus der KLR entsprechen sollten. Im Ergebnis handelt es sich dabei um die letztlich durch das NPM angestrebte outputorientierte Verwaltungssteuerung.[765] Die KLR und das Berichtswesen können die Führungskräfte bereits unterjährig dabei unterstützen, die Kosten innerhalb der Budgets zu halten und über Kennzahlen die Zielerreichung innerhalb des Zielsystems nachvollziehbar und erklärbar zu gestalten. Allerdings ist für diese Anforderungen eine ausgebaute Kostenrechnung notwendig, die auch eine Aufteilung in fixe und variable Bestandteile gestattet sowie detaillierte Informationen über die vorliegenden Kostenstrukturen liefert, um mögliche Budgetabweichungen erklären zu können.[766] Durch diese outputorientierte Steuerung lassen sich aber nicht nur auf operativer Ebene unterjährige Budget- und Leistungsmengenverschiebungen sowie Optimierungspotenziale frühzeitig erkennen, sondern auch strategisch wird damit ein Management der Zielerreichung möglich, mit dem sodann Impulse für neue Produkte und Projekte gegeben werden können.[767] Somit wird durch diese Ausrichtung der Verwaltungssteuerung nicht nur die Kontrolle der Effizienz ermöglicht, sondern damit lassen sich auch die Ergebnisse des Verwaltungshandelns, im Sinne einer Effektivitätskontrolle, konkret planen und anschließend überprüfen.[768] Als These aus diesen theoretischen Überlegungen zum Instrumenteneinsatz ergibt sich damit:

---

*H 13: Die Kombination der Daten aus der KLR und der produktorientierten Budgetierung zur outputorientierten Verwaltungssteuerung ermöglicht die angestrebten umfassenden Verbesserungen.*

---

Ein wesentlicher Bestandteil der Neuausrichtung nach dem NPM besteht in der zunehmenden Kunden- und Qualitätsorientierung der öffentlichen Verwaltung. Diese setzt in besonderer Weise die Einbeziehung der *Mitarbeiter* voraus, da jene regelmäßig die wichtigste Schnittstelle zwischen der Behörde und ihren *Kunden* darstellen. Es bietet sich daher an, die Wünsche und Anregungen dieser internen und der externen Kräfte jeweils über *Befragungen* in den Behördenalltag zu integrieren, um auf dieser Grundlage Veränderungen vornehmen zu können.[769] So konnte in zahlreichen empiri-

---

[765] Vgl. Speier-Werner, P. (2006), S. 64.
[766] Vgl. Grommas, D. (2006), S. 95.
[767] Vgl. Winter, C. (2003), S.24.
[768] Vgl. Nöthen, J./Pichlbauer, M./Eisenstecken, E. (2004), S. 71.
[769] Vgl. Korunka, C./Scharitzer, D./Sonnek, A./Carayon, P./Hoonakker, P. (2002), S. 144 f.

schen Studien[770] der Zusammenhang zwischen der Kunden- und der Mitarbeiterzufriedenheit bestätigt werden. Dahinter steckt die Erkenntnis, dass zufriedene Mitarbeiter sich auch freundlicher gegenüber den Kunden und umgekehrt zufriedene Kunden sich auch freundlicher gegenüber den Mitarbeitern verhalten. Vielfach lässt sich die Unzufriedenheit der Kunden mit internen Konflikten und einer zu geringen Kooperation der Abteilungen untereinander erklären. Auch zur Identifikation dieser Schwachstellen bietet sich eine Kombination dieser beiden Befragungstypen an.[771] Zudem kann als Ergebnis des gleichzeitigen Einsatzes der beiden Instrumente vielfach eine Steigerung der Arbeitsplatzattraktivität erreicht werden, eine geringere Zahl an Kundenbeschwerden, und letztlich lassen sich mitunter auch Kundengruppen identifizieren, denen daraufhin maßgeschneiderte Angebote präsentiert werden können.[772]

Da die Integration der Kunden- und Mitarbeiterzufriedenheit auch zu den zentralen Zielen eines umfassenden *Qualitätsmanagementsystems* gehört, lassen sich die Befragungen der Beschäftigten und der Leistungsempfänger mit einem solchen System verknüpfen. Dabei kann die Messung der Kundenzufriedenheit über eine „merkmalsorientierte Qualitätsbeurteilung" die Grundlage für eine „kundenorientierte Neuausrichtung von Prozessen und Produkten" bilden, während über die Mitarbeiterbefragung die qualitätsbezogenen Stärken und Schwächen im Arbeitsprozess aufgezeigt werden sollen.[773] Auf diesem Wege lässt sich eine hohe Qualität der Dienstleistungen erzielen, die möglichst nah an den Kundenerwartungen liegt und zugleich die internen Verbesserungsmöglichkeiten berücksichtigt.[774] Aus den Überlegungen lässt sich daher die folgende These ableiten:

> *H 14: Durch ein um Kunden- und Mitarbeiterbefragungen ergänztes Qualitätsmanagement lassen sich umfangreichere Verbesserungen erzielen.*

Die Abbildung 19 fasst die zuvor aufgestellten Hypothesen nochmals zusammen. Mit den vorliegenden Thesen soll nicht nur die Richtung überprüft werden, die angesichts der theoretischen Erkenntnis mitunter relativ eindeutig erscheint, sondern auch die Ausprägungsstärke verspricht wesentliche Erkenntnisse für zukünftige Reformvorhaben. Die Auswertung der aufgestellten Thesen erfolgt in Kapitel 5, genauso wie dort im Sinne einer empirisch-qualitativen Explorationsstrategie die qualitativen Daten ge-

---

[770] Siehe dazu Stock, R. (2003) und die dort angegebene Literatur.
[771] Vgl. Domsch, M./Ladwig, D. (2006), S. 24.
[772] Vgl. Koci, M./Schedler, K. (2004), S. 74 ff.
[773] Lachnit, L. (2000), S. 29.
[774] Vgl. Raffetseder, G. (2001), S. 37.

nutzt werden können, um daraus weitere Hypothesen und Handlungsempfehlungen zu gewinnen.

### Leistungsstruktur

**H 1:** Je größer eine Behörde ist, desto besser sind die erzielten Ergebnisse der Verwaltungsreform.

**H 2:** Sofern die Tätigkeiten einer Behörde (weitgehend) standardisiert sind, lassen sich bessere Ergebnisse durch die Verwaltungsreform erzielen, als wenn viele individuelle Aufgaben vorliegen.

**H 3:** Je mehr Wettbewerb für eine Behörde besteht, desto bessere Ergebnisse lassen sich durch die Verwaltungsreform erzielen.

**H 4:** Je mehr Entgeltorientierung in einer Behörde vorherrscht, desto größere Verbesserungen lassen sich durch die Instrumente zur Verwaltungsmodernisierung erzielen.

**H 5:** Je mehr, vor allem externer Kundenkontakt in einer Verwaltung besteht, desto bessere Ergebnisse ergeben sich durch die Verwaltungsreform.

### Rahmenbedingungen des Einsatzes

**H 6:** Je größer die Führungskräfte die Bedeutung der Einzelinstrumente einschätzen, desto besser sind die erzielten Ergebnisse.

**H 7:** Erkennen die Behörden selber die Probleme oder die Chancen, sind die erzielten Verbesserungen größer, als wenn zentrale Vorgaben gemacht werden.

**H 8:** Wurden die Instrumente bereits evaluiert, lassen sich damit bessere Ergebnisse erzielen, als wenn diese Instrumente unreflektiert im Einsatz sind.

**H 9:** Je intensiver die Instrumente eingesetzt werden, desto bessere Ergebnisse lassen sich mit ihnen erzielen.

**H 10:** Je mehr Instrumente in einer Verwaltung eingesetzt werden, desto bessere Ergebnisse lassen sich durch die Verwaltungsmodernisierung erzielen.

### Kombinierter Instrumenteneinsatz

**H 11:** Mit einer Kostenrechnung können deutlich bessere Ergebnisse erzielt werden, wenn sie um eine Leistungsrechnung und ein Berichtswesen ergänzt wird.

**H 12:** Durch die Budgetierung ergeben sich bessere Ergebnisse, wenn diese um Zielvereinbarungen und Produktdefinitionen ergänzt wird.

**H 13:** Die Kombination der Daten aus der KLR und der produktorientierten Budgetierung zur outputorientierten Verwaltungssteuerung ermöglicht die angestrebten umfassenden Verbesserungen.

**H 14:** Durch ein um Kunden- und Mitarbeiterbefragungen ergänztes Qualitätsmanagement lassen sich umfangreichere Verbesserungen erzielen.

*Abbildung 19: Zusammenfassung der Hypothesen*

## 5    Evaluationsergebnisse und Handlungsempfehlungen

In diesem Kapitel sollen als vierter Prozessschritt[775] der Evaluation die Ergebnisse des zuvor hergeleiteten Konzeptes, bezogen auf die in der Landesverwaltung NRW erhobenen Daten, dargestellt werden. Nach der Darlegung der Grundlagen dieser Erhebung folgt die deskriptive Auswertung derselben. Diese ist unterteilt in: Struktur und Leistungsangebot der Behörden, allgemeine Aussagen zu den Modernisierungserfolgen, Darstellung der Einzelinstrumente und Vergleich dieser 19 Instrumente. Im Anschluss daran wird die Verifizierung oder Falsifizierung der zuvor aufgestellten Hypothesen vorgenommen. In dem Zusammenhang soll auch die Ableitung von Verwaltungstypen und den sich daraus ergebenden Implikationen stehen. Auf Grundlage weiterer Auswertungen der empirischen Daten und der zuvor erhaltenen Ergebnisse ergibt sich die Ableitung von Handlungsempfehlungen für die Binnenmodernisierung in der Landesverwaltung NRW.

Auch bei der anstehenden Auswertung sollen die Evaluationsstandards berücksichtigt werden. Besonders relevant für diesen Prozessschritt sind die Genauigkeitsstandards, die verlangen, dass Zusammenhänge, Wirkungen und Nebenwirkungen analysiert werden und dass zudem die Schlussfolgerungen ausreichend begründet werden. Wichtig sind hierfür auch die Fairnessstandards, mit denen eine neutrale Berichterstattung erreicht und die Stärken und Schwächen des Evaluationsobjektes aufgezeigt werden sollen. Auf dieser Grundlage können Verbesserungen erzielt werden.[776]

### 5.1    Evaluationsergebnisse

Zur Darstellung der Ergebnisse werden zunächst die Grunddaten zur Erhebung vorgestellt, danach die deskriptiven Ergebnisse. Im Rahmen dessen sollen die Strukturdaten und das Leistungsangebot der an der Befragung teilgenommenen Behörden genauer beschrieben werden, sowie werden die allgemeinen Einschätzungen der Führungskräfte zu den Modernisierungserfolgen erläutert. Daran anschließend werden die Ergebnisse hinsichtlich der abgefragten 19 Einzelinstrumente der Verwaltungsmodernisierung näher beschrieben.

---

[775]  Nach der Auswahl des Evaluationsobjektes erfolgte in Kapitel 4 die Bestimmung der Ziele und die Planung sowie das Design der Evaluation.
[776]  Vgl. DeGEval (2002), S. 31 ff.

## 5.1.1 Ansprache und Rücklauf

Aufbauend auf den in Kapitel 4 beschriebenen theoretischen Erkenntnissen und Zielsetzungen[777] erfolgte die quantitative Untersuchung. Diese wurde vom Lehrstuhl für Controlling der Westfälischen Wilhelms-Universität Münster gemeinsam mit der BMS Consulting GmbH durchgeführt. Nach einem Pre-Test bei mehreren Behörden und den hierauf aufbauenden Anpassungen des Fragebogens wurde von Mitte November 2006 bis Mitte März 2007 die vorliegende Umfrage zum Stand und zu den bislang erreichten Ergebnissen der Verwaltungsmodernisierung in der Landesverwaltung NRW durchgeführt. Als Befragungsform wurden standardisierte Fragebögen gewählt, da durch diese Art der Befragung empirische Erkenntnisse mit einem verhältnismäßig geringen zeitlichen und finanziellen Aufwand zu erzielen sind.[778] Dies entspricht damit den zuvor erläuterten Durchführbarkeitsstandards, mit denen eine realistische und kostenbewusste Evaluation erreicht werden soll.[779] Die Versendung der Fragebögen erfolgte per E-Mail. Die ausgefüllten Fragebögen konnten entweder ebenfalls auf diesem Wege oder aber anonym auf postalischem Wege übersendet werden. Die Beantwortung der Fragen sollte von einer Person mit umfassenden Kenntnissen über die Verwaltungsmodernisierung in der bereffenden Behörde vorgenommen werden. Die Beschränkung auf einen „Key Informant" ist in der Literatur allerdings umstritten, da bisweilen Selbstdarstellungseffekte[780] auftreten; denn der Informant trägt die Verantwortung für das betreffende Sachgebiet.[781] Allerdings wird hier angenommen, dass die Informationskompetenz gegenüber diesem Messfehler höher einzuschätzen ist und die Befragung mehrerer Informanten neue Probleme aufwerfen würde.[782]

Die Umfrage gliedert sich in drei Teile. Im ersten Abschnitt wurden Strukturdaten und das Leistungsangebot der Behörden abgefragt. Auf dieser Grundlage sollen später Verwaltungstypen gebildet werden. Im zweiten Teil gaben die Vertreter der Behörden eine allgemeine Einschätzung zu den bislang erreichten Ergebnissen infolge der Maßnahmen zur Verwaltungsmodernisierung ab. Der dritte und umfangreichste Teil widmete sich den in Kapitel 4.5 vorgestellten Einzelinstrumenten sowie deren Bedeutung, Umsetzungsstatus, Einführungsanlass und Einsatzintensität sowie den damit erreichten

---

[777]  Vgl. dazu Kapitel 4.2.
[778]  Vgl. Berekoven, L./Eckert, W./Ellenrieder, P. (2004), S. 118. Dem stehen allerdings auch einige Nachteile wie das nicht Verstehen oder das nicht vollständige Ausfüllen des Fragebogens gegenüber. Vgl. dazu bspw. Friedrichs, J. (1990), S. 237.
[779]  Vgl. Sanders, J./Beywl, W. (2000), S. 87.
[780]  Eine Befragung zu den Auswirkungen des NSM von Bürgermeistern im Vergleich zu den Personalratsvorsitzenden bestätigte diese These. Die Effekte wurden von den verantwortlichen Bürgermeistern deutlich positiver eingeschätzt. Vgl. Bogumil, J./Kuhlmann, S. (2006), S. 358.
[781]  Vgl. Hurrle, B./Kieser, A. (2005), S. 589 f.; Greve, G. (2006), S. 108 f.
[782]  Dazu gehört eine erhöhte Komplexität der Datenerhebung und die Art und Weise der Datenaggregation pro Analyseeinheit. Vgl. dazu Kumar, N./Stern, L. W./Anderson, J. C. (1993), S. 1634.

Effizienz- und Effektivitätsergebnissen. Über alle drei Bereiche hat der Fragebogen[783] einen Umfang von 11 Seiten und insgesamt 131 Fragen, wobei je nach Umsetzungsstand in Bezug auf Einzelinstrumente der Behörde nicht alle Fragen zu beantworten waren.

Neben Fragestellungen mit verbalen Antwortvorgaben dominierten dabei 5-stufige monopolare Ratingskalen. Diese Skalen ermöglichen trotz mittlerer Kategorie die Überführung in unterschiedliche Verfahren der Datenanalyse und überschreitet darüber hinaus nicht die Grenze der Unterscheidungsfähigkeit der Befragten. Zudem minimiert eine ungerade Anzahl von Ausprägungen die Verweigerungshaltung der Befragten, da die mittlere Kategorie nicht ausgeschlossen wird. Während bei den Extrempunkten eine verbale Beschreibung stattfand, wurde auf eine verbale Schilderung der übrigen Skalenpunkte verzichtet, um Verzerrungen aufgrund unterschiedlicher Sprachauffassungen seitens der Befragten zu vermeiden. Stattdessen erfolgte eine numerische Beschriftung der Skalenpunkte mit dem Ziel, äquidistante Abstände zwischen jeweils benachbarten Kategorien zu suggerieren.[784]

Es wurden 302 Behörden und damit die Mehrheit der Behörden der Landesverwaltung NRW angeschrieben.[785] Daraus ergaben sich 106 auswertbare Fragebögen. Dies entspricht einer *Quote an verwertbaren Rückläufen von 35,1%*, was angesichts der Länge des Fragebogens und im Vergleich zu sonst üblichen Rücklaufquoten bei vergleichbaren empirischen Studien ein sehr gutes Ergebnis darstellt. Die Rückläufe kamen aus nahezu allen Teilen der Verwaltung. Ein Abgleich mit der Behördenstruktur des Landes in Bezug auf die Größe der Behörden zeigt, dass man von einer annähernd repräsentativen Struktur ausgehen kann.[786] Allerdings wird bei solchen Befragungen mitunter vermutet, dass ein Non-Response-Bias vorliegen könnte und damit in diesem Fall vor allem Rückläufe von „modernisierungsaktiven" Behörden vorliegen. Daraus würde sich eine „positive" Verzerrung der Befragungsergebnisse einstellen.[787] Ein diesbezüglicher Test ergab dafür allerdings keine signifikanten Anzeichen.[788]

---

[783] Vgl. Anhang 1.

[784] Vgl. Unterreitmeier, A. (2003), S. 68 ff.

[785] Es kann demnach von einer Auswahl der Vollerhebung als Evaluationsdesign gesprochen werden; denn es lagen nicht von allen Verwaltungen in NRW Ansprechpartner bzw. Adressen vor.

[786] Vgl. dazu Finanzministerium NRW (2005b), S. 57.

[787] Vgl. bspw. Wollmann, H. (2002), S. 80.

[788] In Anlehnung an Armstrong, J. S./Overton, T. S. (1977), S. 398 wurde angenommen, dass relativ spät antwortende Unternehmen hinsichtlich des Antwortverhaltens den nicht Antwortenden stärker ähneln als die relativ früh Antwortenden. Dazu wurde das erste Drittel der Rückläufe mit dem letzten Drittel in Bezug auf die erzielten generellen Verbesserungen verglichen, dabei zeigten sich beim verwendeten t-Test keine signifikanten Unterschiede zwischen diesen Gruppen ($\alpha = 5\%$).

## 5.1.2 Deskriptive Auswertungen

### 5.1.2.1 Strukturdaten und Leistungsangebot

Bei der Befragung wurde zunächst die *Position* der Beantwortenden innerhalb der Verwaltung ermittelt. Dies war zur Hälfte die Behördenleitung selber und zu 31,1% die Controller bzw. andere Aufgabenträger, welche für die Führungsunterstützung verantwortlich sind. Die restlichen 18,9% der Befragten nahmen andere Positionen ein. Dies waren im Wesentlichen Fachbereichs- oder Geschäftsleiter und damit ebenfalls Führungskräfte. Von daher deuten sowohl Rücklaufquote als auch die hierarchische Stellung und die fachliche Kompetenz der Antwortenden durchweg auf belastbare Ergebnisse hin.

Bei der *Mitarbeiteranzahl* der Behörden zeigt sich das heterogene Bild der Landesverwaltung in NRW. Etwa 14,2% der teilnehmenden Behörden hatten bis zu 50 Mitarbeiter ohne Auszubildende und vergleichbare Angestellte. Bei 22,6% liegt die Mitarbeiterzahl zwischen 51 und 100. Den größten Anteil machen die Behörden mit 101 bis 300 Mitarbeitern aus (36,8%). Darüber hinaus haben von den befragten Behörden 7,6% eine Größe zwischen 301 und 500 Beschäftigten, 8,5% eine Mitarbeiteranzahl zwischen 501 und 1.000, und 10,4% Behörden mit mehr als 1.000 Beschäftigten nahmen an der Befragung teil.

| Position | Anteil in % |
|---|---|
| Behördenleitung | 50,0% |
| Controller und Führungsunterstützung | 31,1% |
| Sonstige | 18,9% |

| Mitarbeiter | Anteil in % |
|---|---|
| <50 | 14,2% |
| 51-100 | 22,6% |
| 101-300 | 36,8% |
| 301-500 | 7,6% |
| 501-1.000 | 8,5% |
| >1.000 | 10,4% |

*Abbildung 20: Position der Befragten und Mitarbeiteranzahl in den Behörden*

Bei der Leistungsstruktur der befragten Verwaltungen wird offenbar, dass 8,5% in der Regel repetitive *Tätigkeiten* mit hohen Fallzahlen ausführen, welche recht standardisiert sind. Mit Abstand die meisten Verwaltungen (50,9%) haben häufig ähnliche Tätigkeiten und viele wiederkehrende Aufgaben. Weitgehend individuelle Projekte mit geringen Fallzahlen sind in 30,2% der Behörden das dominierende Merkmal. Bei 10,4% gibt es nur individuelle Projekte ohne große Standardisierbarkeit.

Einen wirklichen *Wettbewerb* mit ausschließlich externen Anbietern gibt es nur in 2 (1,9%) der befragten Behörden. Bei 17,9% sind nur einige Leistungen vergleichbar mit Anbietern auf dem Markt, oder es ist ein Benchmarking der Leistungen mit anderen vergleichbaren Behörden möglich. In genau der Hälfte der Behörden findet Wettbewerb nur in Teilbereichen als Quasi-Wettbewerb statt. Bei rund 30,2% gibt es keinerlei Wettbewerb. Demnach geben also fast 70% der Verwaltungen an, zumindest in Teilbereichen einem gewissen Wettbewerb ausgesetzt zu sein. Das Bewusstsein, im Wettbewerb zu stehen, ist demnach weit verbreitet, obwohl die Mehrzahl der angebotenen Dienstleistungen hoheitlich ausgerichtet ist.

Marktpreise werden nur bei 3,9% der Behörden erhoben, dafür findet bei 40,4% eine *Entgeltorientierung* über das Ermitteln und Erheben von Gebühren statt. Keinerlei Ermittlung von Gebühren aber dafür Verrechnungen mit anderen Behörden für einen großen Teil der Leistungen erfolgt in 11,5% der Verwaltungen. Bei einem großen Teil der Behörden (44,2%) finden keinerlei Verrechnungen statt. Dennoch zeugen diese Ergebnisse insgesamt von einer hohen Verbreitung unterschiedlicher Formen der Verrechnung.

Bezüglich des *Kundenkontaktes* ist anzumerken, dass rund 32% der Behörden Leistungen für externe Kunden erstellen. 58,5% haben sowohl externe Kunden als auch Kunden innerhalb der Landesverwaltung. Relativ wenige Behörden haben nur Kunden in der Landesverwaltung oder haben keinerlei direkten Kundenkontakt, sind bspw. nur für die Koordination oder die Entwicklung von Konzepten zuständig. Die Erkenntnis, interne wie externe Kunden zu haben, scheint damit in der Landesverwaltung NRW selbstverständlich geworden zu sein. Die Abbildung 21 fasst die Zusammensetzung der Leistungsstruktur in den befragten Verwaltungen nochmals zusammen.

| Tätigkeiten | Anteil in % | Entgelt | Anteil in % |
|---|---|---|---|
| In der Regel repetitiv, hohe Fallzahlen, recht standardisiert | 8,5% | Marktpreise | 3,9% |
| Weitgehend ähnliche Tätigkeiten, viele wiederkehrende Aufgaben | 50,9% | Kostenorientierte Ermittlung von Gebühren | 40,4% |
| Individuelle Aufträge, geringe Fallzahlen, einige wiederkeh. Aufgaben | 30,2% | Verrechnungen mit anderen Behörden | 11,5% |
| Individuelle Projekte ohne große Standardisierbarkeit | 10,4% | Keinerlei Verrechnung oder Entgelte | 44,2% |

| Wettbewerb | Anteil in % | Kunden | Anteil in % |
|---|---|---|---|
| Externer Wettbewerb | 1,9% | Nur externe Kunden | 32,1% |
| Externer oder Quasi-Wettbewerb | 17,9% | Externe Kunden & Kunden in der Landesverwaltung | 58,5% |
| In Teilbereichen Quasi-Wettbewerb | 50,0% | Nur Kunden in der Landesverwaltung | 3,8% |
| Keinerlei Wettbewerb | 30,2% | Kein direkter Kundenkontakt | 5,6% |

*Abbildung 21: Zusammensetzung der Behördenstruktur*

### 5.1.2.2 Allgemeine Einschätzung der Modernisierungserfolge

Im zweiten Teil wurden die Umfrageteilnehmer gebeten, eine Einschätzung über die bisher mit der Verwaltungsmodernisierung erreichten Ergebnisse abzugeben. Hierbei zeigte sich, dass die Führungskräfte die bisherigen Erfolge der Verwaltungsmodernisierung insgesamt leicht positiv einschätzen. Über alle sechs abgefragten Teilbereiche ergibt sich ein Durchschnittswert von 2,848, wobei „5" sehr deutlichen Verbesserungen entspricht und „1" gar keinen Verbesserungen.[789] Es konnten also erste positive Veränderungen mit Hilfe der Verwaltungsmodernisierung erzielt werden. Diese gilt es

---

[789] In der Befragung wurden die Extrempole mit „1 = Sehr deutliche Verbesserungen" und „5 = Gar keine Verbesserungen" bezeichnet. Bei der Auswertung wurden die Variablen jedoch aus Darstellungsgründen so umkodiert, dass unter hohen Werten eine große Ausprägung (deutliche Verbesserung/hohe Bedeutung) und unter kleinen Werten eine geringe Ausprägung (keine Verbesserung/geringe Bedeutung) zu verstehen ist. Angesichts dieser Ausprägungsmöglichkeiten sollen bei den Gesamtverbesserungen jeweils drei Nachkommastellen angegeben werden, um möglichst detailliert diese übergreifenden Resultate darstellen zu können.

allerdings noch weiter auszubauen, um die hohen Erwartungen, die an die Modernisierung gestellt werden, auch zu erfüllen.[790]

Bei der genaueren Analyse der einzelnen Zieldimensionen stellt sich heraus, dass sich die bisher positivsten Auswirkungen bei den internen Prozessen mit einem Wert von 3,143 ergeben haben. Demzufolge sind im Zuge der Verwaltungsmodernisierung oftmals die Strukturen und Prozesse von Behörden einer Überprüfung mit anschließender Verbesserung unterzogen worden. Knapp dahinter liegen mit 3,078 die Leistungspotenziale in den Behörden, bei denen sich Verbesserungen eingestellt haben. Etwa gleich auf liegt die Einschätzung hinsichtlich der Verbesserungen in punkto Wirtschaftlichkeit (2,876), der Kundenzufriedenheit (2,874) und der Mitarbeiterzufriedenheit (2,757). Am geringsten wird die Veränderungen bei den gesellschaftlichen Wirkungen eingeschätzt (2,359). Die Resultate in diesem Bereich haben sich bislang noch nicht deutlich genug eingestellt oder aber sie lassen sich derzeit noch nicht angemessen bewerten. Auffällig ist bei einer genaueren Betrachtung der Antworten hinsichtlich der Zieldimensionen die große Standardabweichung bei der Kundenzufriedenheit mit einem Wert von 1,14. Der Wert lässt Rückschlüsse darauf zu, dass speziell dieser Themenbereich sehr unterschiedlich von den Teilnehmern beantwortet wurde. Rund ein Drittel der Führungskräfte sehen hier schon deutliche Verbesserungen (32,1% der Antworten „5" oder „4"), allerdings gibt es auch ein weiteres Drittel, das kaum Verbesserungen bei der Zufriedenheit der Kunden feststellen kann (36,8% Antworten mit „1" oder „2"). Eine mögliche Erklärung liegt darin, dass unter Kunden evtl. nur externe Kunden wie die Bürger verstanden werden, aber nicht Kunden in der Landesverwaltung. Damit haben gewisse Behörden gemäß eigener Auffassung vielfach gar keinen Kundenkontakt, bei dem sich überhaupt Verbesserungen hätten einstellen können.

Das Ergebnis in Abbildung 22 zeigt, dass sich insbesondere in der Binnenorganisation der Verwaltungen einiges zum Positiven verändert hat. Die Mitarbeiterzufriedenheit bleibt allerdings nach Einschätzung der Befragten demgegenüber etwas zurück. Dies könnte allerdings durchaus auch an den durchgeführten Sparmaßnahmen und Strukturreformen in der Landesverwaltung liegen, die möglicherweise zu einer Unzufriedenheit mit der Modernisierung als Ganzes führt. Das im Zusammenhang mit Reformprojekten oftmals speziell von politischer Seite geäußerte Ziel der verbesserten Wirtschaftlichkeit[791] kann offensichtlich nicht in dem Maße erreicht werden, wie es angestrebt wird. Bei der in den letzten Jahren verstärkten Berücksichtigung von gesell-

---

[790] Dies läuft konform zu anderen Untersuchungen, die zwar festgestellt haben, dass viele Reformen umgesetzt wurden, mit dem Ausmaß der erreichten Veränderungen sind hingegen nur die wenigsten Befragten zufrieden. Vgl. dazu bspw. Wutscher, W./Hammerschmid, G. (2005), S. 119.

[791] Vgl. bspw. Reiners, M. (2004), S. 161.

schaftlichen Wirkungen werden deutliche Verbesserungen klar verfehlt. Viele diesbezüglich angestoßene Projekte befinden sich allerdings noch in frühen Phasen, so dass
die Ergebnisse offensichtlich noch nicht genügend bewert- und steuerbar sind.[792] In
Zukunft wird dieser Bereich wohl deutlich an Bedeutung zunehmen.[793] Die Einschätzung der Führungskräfte deckt sich mit den in der Literatur geäußerten Vermutungen,
dass es durch die Reformen in den verschiedenen Landesverwaltungen „zu begrenzten
Kostensenkungen, zu manchen Verfahrensbeschleunigungen und zur Stärkung der
Verantwortlichkeiten" gekommen ist, aber dass sich bei den „Outcomes der Landesverwaltungen nur wenig geändert hat".[794]

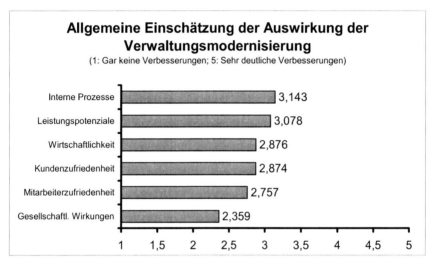

*Abbildung 22: Auswirkungen der Verwaltungsmodernisierung*

Insgesamt liegen die effizienzgerichteten Verbesserungen vor den effektivitätsgerichteten. Das überrascht allerdings kaum, weil angesichts der finanziellen Probleme häufig die Konzentration auf interne Verbesserungen und finanzielle Auswirkungen vorlag, statt die gesellschaftlichen Ziele oder die Kundenzufriedenheit in der Verwaltung
zu priorisieren. Diese Themengebiete stehen zudem erst weitaus kürzer im Mittelpunkt
der Reformdebatten. Es sollte allerdings insgesamt bei diesen Ergebnissen der Landesverwaltung NRW beachtet werden, dass viele Modernisierungsprojekte erst in den

---

[792] Vgl. dazu die Auswertung zum Einzelinstrument „Wirkungsrechnung" in Kapitel 4.5.13.
[793] Grundsätzlich decken sich diese Ergebnisse mit den Annahmen, dass bislang im Rahmen der Verwaltungsmodernisierung die Mitarbeiter, sowie die Bürger und die Gesellschaft nicht ausreichend
berücksichtigt worden sind und dort zukünftig wichtige Aufgabenfelder des NPM liegen. Vgl.
Löffler, E. (2001), S. 213.
[794] Reichard, C. (2004a), S. 96 f.

letzten Jahren gestartet wurden und, wie praktische Erfahrungen zeigen, sie regelmäßig eine gewisse Zeit benötigen, bis sie wirksam werden (vgl. dazu Hypothese 8). Eine
Wiederholung einer solchen Abfrage zu einem späteren Zeitpunkt würde sich deshalb
anbieten.

### 5.1.2.3  Auswertung der Einzelinstrumente

Im dritten Teil der Umfrage wurden die Einzelinstrumente abgefragt. Dabei wurden
die eingeschätzte Bedeutung, der Umsetzungsstatus, der Einführungsanlass, die
Einsatzintensität und die sich ergebenden Effizienz- sowie Effektivitätsresultate erhoben. Die Auswertung der 19 Instrumente erfolgt zweigeteilt. Zunächst werden die wesentlichen Ergebnisse zu jedem Instrument vorgestellt. Anschließend soll eine vergleichende Betrachtung der Einzelinstrumente vorgenommen werden, da auch die komparative Analyse interessante Aussagen verspricht.

Dem *Leitbild* wird von den Führungskräften mit einem Wert von 2,99 keine besonders
große Bedeutung beigemessen.[795] Dennoch haben 60% dieses Instrument im Einsatz
und weitere 18% planen oder beabsichtigen die Implementierung. Der Einsatz und die
Planung des Leitbildes erfolgte überwiegend, weil dadurch Chancen genutzt werden
sollten (48,1%) oder es eine Vorgabe des Ressorts (31,2%) war. Wie zu erwarten, sind
die direkt damit verbundenen Effekte eher gering. Das gilt sowohl für die Effizienz
(2,36) als auch für die Effektivität (2,32). Dies hängt sicherlich auch mit der Nutzungsintensität der Leitbilder zusammen. Nur 17,6% integrieren das Leitbild, wie idealtypisch vorgesehen, in den Behördenalltag. Überwiegend erfolgt der Einsatz bislang nur
anlassbezogen (42,6%) oder sogar sporadisch bzw. unsystematisch (32,4%).

Das ganzheitliche *Personalentwicklungskonzept* wird von den Befragten als sehr bedeutsam eingeschätzt (4,05). Allerdings wenden es bislang nur rund 41,5% in ihrer
Verwaltung an. Zusätzlich planen jedoch 27,4% den Einsatz dieses Instrumentes konkret, und weitere 10,4% beabsichtigen es zu einem späteren Zeitpunkt einzuführen.
Das spricht also dafür, dass man mittlerweile die Bedeutsamkeit dieses Instrumentes
erkannt hat und sich daher um eine zunehmende Implementierung bemüht. Über 60%
der Behörden setzen das Instrument ein oder planen es zumindest, weil sie selber
Schwächen in Bezug auf die Personalentwicklung ausgemacht haben oder darin allgemeine Chancen für die Verwaltung sehen. Überwiegend wird das Konzept anlassbezogen verwendet (55,2%), aber immerhin 31% setzen das Konzept so ein, dass es im

---

[795] Entsprechend der Vorgehensweise bei den Gesamtergebnissen, fand auch bei den Einzelinstrumenten bezüglich der Bedeutung und der Verbesserungen eine Umkodierung der 5-stufigen Skala statt.
Demnach entspricht „5" einer hohen Bedeutung bzw. einer deutlichen Verbesserung und „1" einer
geringen Bedeutung bzw. keiner Verbesserung.

Behördenalltag integriert ist. Die Effizienz-Ergebnisse (3,23) sind bei diesem Element deutlich besser als die der Effektivität (2,70). Die ganzheitliche Personalentwicklung scheint also bislang überwiegend zur Verbesserung der internen Prozesse oder der Wirtschaftlichkeit genutzt zu werden, weniger um eine verbesserte Kundenorientierung oder eine Steigerung der Zielorientierung zu erreichen. Insgesamt sind die erzielten Ergebnisse aber unterdurchschnittlich, was angesichts der schwierigen Zurechenbarkeit der Verbesserungen bei personalorientierten Instrumenten aber wenig überrascht.

Die strukturierten *Mitarbeitergespräche* betreffen ebenfalls die Beschäftigten unmittelbar. Diesen Gesprächen wird von den Führungskräften mit einem durchschnittlichen Wert von 3,83 eine hohe Bedeutung beigemessen. Entsprechend kommt dieses Instrument in mehr als 65% der Behörden zum Einsatz. Während es mittlerweile schon 11,3% evaluiert haben, geben nur 14,2% an, diese Gespräche bis auf weiteres nicht einführen zu wollen. Besonders hoch ist bei diesem Element der Anteil der Behörden, die es schon in den Alltag integriert (32,9%) haben; allerdings setzen es mehr als 25% auch anlassbezogen ein, was jedoch nicht der Intention dieses Elementes entspricht. Die Ergebnisse in Bezug auf Effizienz (3,15) und Effektivität (2,68) sind als durchaus positiv zu bewerten, vor allem da hier die Zuweisung von Erfolgen nicht so eindeutig möglich ist. Auch durch die Gespräche mit den Mitarbeitern ergeben sich vor allem interne Verbesserungen, bspw. in Bezug auf die Leistungserstellung.[796]

Die *Mitarbeiterbefragungen* wurden von den personalorientierten Instrumenten mit einem Wert von 3,63 am schlechtesten hinsichtlich der Bedeutung eingeschätzt. Wobei über alle abgefragten Instrumente gesehen immer noch von einem durchaus bedeutsamen Instrument ausgegangen werden kann. In etwas mehr als der Hälfte der Verwaltungen in NRW werden derartige Befragungen verwendet (53,3%). Für ein Instrument aus dem Personalbereich ist hier auch die Quote der Behörden, die dieses Instrument absehbar nicht einsetzen wollen, mit 28,6% relativ hoch. In fast der Hälfte aller Fälle wurde dieses Element implementiert, weil man sich dadurch Chancen für die Behörde erhoffte. Hinsichtlich des Einsatzes erfolgt das Instrument in 46,5% der Fälle zu fest definierten Zeitpunkten, also bspw. einmal im Jahr, ansonsten fast ausschließlich anlassbezogen (27,6%) oder unsystematisch (22,4%). Etwas überraschend ist die leicht positivere Einschätzung der Effektivität (2,75) im Vergleich zu den Personalentwicklungskonzepten oder den Mitarbeitergesprächen, während die bislang erzielte Veränderung der Effizienz mit 3,07 im Vergleich etwas schlechter eingeschätzt wird. Die

---

[796] Dieses Ergebnis entspricht einer Befragung von Verwaltungen in Niedersachsen, bei der eine verstärkte Zielorientierung des Verwaltungshandelns durch Mitarbeitergespräche nicht festgestellt werden konnte. Vgl. dazu König, S./Rehling, M. (2007), S. 11.

abgegebenen Meinungen der Mitarbeiter scheinen damit also auch im gewissen Rahmen zu einer stärkeren Zielorientierung beizutragen.

Die *Mitarbeiterfortbildungen* sind das Instrument mit der höchsten Verbreitung in der Landesverwaltung. 98,1% der Behörden setzen dieses Instrument ein, die restlichen Behörden beabsichtigen den Einsatz für die Zukunft. 20% haben das Instrument nicht nur im Einsatz, sondern auch schon evaluiert. Aber die Fortbildungen werden nicht nur fast flächendeckend verwendet, sondern dem Instrument wird auch mit Abstand die höchste Bedeutung beigemessen (4,54). Die Qualifizierungsmaßnahmen haben damit im Land die erwartet große Verbreitung und Bedeutung erreicht, auch wenn solche Maßnahmen nicht unbedingt nur der Verwaltungsmodernisierung zugeordnet werden können, da sie auch schon weit vor dem NPM bereits erfolgreich durchgeführt wurden.[797] In knapp 80% der Behörden erfolgte die Einführung des Instrumentes nicht auf Anweisung vom Ressort oder vom Land, sondern es wurde wegen der damit verbundenen Chancen bzw. der Möglichkeit, Risiken zu vermeiden, eingesetzt. Entsprechend ist es bei 75,7% im Behördenalltag integriert. Das Effizienzergebnis wird mit 3,83 von allen Instrumenten am besten eingeschätzt. Ferner sind die erzielten Effektivitätsverbesserungen (3,50) als substanziell einzuschätzen, wobei hier nicht der beste Wert der Einzelinstrumente erzielt wird. Auch wenn im Personalbereich die Effekte häufig kaum direkt zurechenbar sind, bestätigt sich somit die Vermutung, dass dies noch am ehesten bei den Fortbildungen möglich ist.

Ein wesentlich differenzierteres Bild ergibt sich bei der *Budgetierung*. Genau die Hälfte der Behörden setzt dieses Instrument ein, insgesamt 32,1% haben die eigenverantwortliche Bewirtschaftung von Haushaltsmitteln konkret oder zumindest abstrakt geplant. Dieser hohe Wert mag etwas verwundern, hängt aber in erster Linie damit zusammen, dass über das EPOS.NRW-Projekt in den nächsten Jahren die Struktur für eine outputorientierte Budgetierung aller Behörden der Landes NRW geschaffen werden soll.[798] Obwohl von den anwendenden Behörden fast 70% dieses Instrument nur einsetzen, weil sie eben per Landes- oder Ressortvorgabe dazu angehalten worden sind, beurteilen die befragten Führungskräfte das Instrument als bedeutsam (3,97). Entsprechend den gestellten Anforderungen an die Budgetierung als ganzheitliche Strategie setzen es auch fast 80% in der Behörde entsprechend integriert ein. Während sich bei den Verbesserungen in Bezug auf die Effizienz einer der besten Werte ergibt (3,72), wird die Effektivität mit 3,08 deutlich schlechter eingeschätzt. Somit wird die Budgetierung vorwiegend als Ansatz für eine verbesserte Wirtschaftlichkeit wahrge-

---

[797] Dennoch tragen sie wesentlich zu den Reformen bei und werden deshalb hier erfasst.
[798] Vgl. Finanzministerium NRW (2005a).

nommen, eine angestrebte stärkere Wirkungsorientierung[799] tritt dabei deutlich in den Hintergrund.

Genauso wie die Budgetierungen werden auch die *Produktdefinitionen* in 50% aller Landesbehörden verwendet. Zwar setzen viele Behörden diese beiden Instrumente gemeinsam ein, aber auch dort gibt es Ausnahmen.[800] Überraschend sind weniger die 10,4%, die das Instrument bereits evaluiert haben, sondern vielmehr die 34,9%, die einen Einsatz weder konkret in Planung haben, noch die Produktdefinitionen mittelfristig beabsichtigen einzusetzen, und das, obschon diese Definitionen als zentrales Element zur Steuerung gelten sowie als Grundbaustein für weitere Instrumente.[801] Das kann daran liegen, dass die Wichtigkeit der Produktdefinitionen bzw. die Wechselwirkungen zu anderen Instrumenten bislang noch nicht ausreichend bekannt sind. Für diese Vermutung spricht auch, dass die Einführung bislang weniger aus eigenem Antrieb erfolgte, sondern meistens auf der Vorgabe eines Ressorts beruhte (51,5%) oder sogar zentral vom Land (20,6%) vorgegeben wurde. Auch die Bedeutung des Instrumentes wird mit 3,20 nicht sehr hoch eingeschätzt. Die Ergebnisse fallen sowohl für die Effizienz (3,19) als auch die Effektivität (2,89) eher unterdurchschnittlich aus und das, obwohl dort, wo Produkte gebildet wurden, diese Definitionen schon zu knapp zwei Drittel in dem Behördenalltag integriert sind. Hieran lässt sich erkennen, dass dieses Instrument zwar durchaus genutzt wird, mit ihm selber aber unmittelbar wenige Verbesserungen erzielt werden, bzw. diese nicht als solche erkannt werden.

Die Dezentralisierung von Verantwortung wird häufig über den Einsatz der *Zielvereinbarungen* innerhalb der Behörde erreicht. Dieses Instrument wird mittlerweile von 62,5% der befragten Verwaltungen genutzt. Mit einem Wert von 3,65 wird es zwar von den Führungskräften durchaus noch als bedeutsam eingeschätzt, im Vergleich zu anderen Elementen wird es damit allerdings von der Wichtigkeit eher unterdurchschnittlich bewertet. In fast der Hälfte aller Einführungen wurde es wegen den dahinter stehenden Chancen[802] eingeführt. Hinsichtlich der Einsatzintensität kann festgestellt werden, dass 74,6% der Verwaltungen die Zielvereinbarungen bereits in den Behördenalltag integriert haben oder sie zumindest regelmäßig anwenden. Die unsystematische Nutzung von Zielvereinbarungen spielt hingegen fast keine Rolle. Die mit dem Instrument erzielten Ergebnisse können als zufrieden stellend bezeichnet werden. Diesbezüglich wird zwar auch die Effizienz (3,42) besser als die Effektivität (3,18)

---

[799] Vgl. Busch, V. (2005), S. 132.
[800] Zum gemeinsamen Einsatz verschiedener Instrumente siehe Kapitel 5.2.4.
[801] Vgl. Banner, G. (1997), S. 25.
[802] Zu den Chancen gehört den Handlungsspielraum der Mitarbeiter zu vergrößern, ein wirtschaftlicherer Umgang mit Ressourcen oder eine verbesserte Zielerreichung. Vgl. Pippke, W. (1997), S. 290 f.

eingeschätzt, aber diese Unterschiede liegen im Rahmen der Gesamteinschätzung. Damit zeigt sich, dass nicht nur In- und Outputs sondern darüber hinaus auch übergreifende Wirkungsziele Gegenstand der Vereinbarungen werden.

Das *Benchmarking* wird ebenfalls als durchaus bedeutend eingeschätzt (3,59), wenn dieser Wert im Vergleich auch unterdurchschnittlich ist. Der Einsatz erfolgt bei 45,3% der Behörden in der Landesverwaltung.[803] Hingegen ist bei 42,5% der Verwaltungen die Einführung dieses Instrumentes in nächster Zeit weder geplant noch beabsichtigt. Ein Grund ist vielfach sicherlich in den fehlenden Benchmarkpartnern zu suchen. Gerade hier sollen die gemäß Landesregierung zu bildenden Vergleichsringe[804] Abhilfe schaffen. Dabei wurde bisher das Element bisher zu fast 80% eingeführt, weil die Behörde selber damit Risiken vermeiden oder Chancen nutzen wollte. Positiv ist anzumerken, dass überwiegend diese Vergleiche in der täglichen Arbeit integriert sind (38,5%) oder das Benchmarking zu festen Zeitpunkten durchgeführt wird (23,1%). Die erzielten Ergebnisse werden vor allem in Bezug auf die Effizienz als positiv eingeschätzt (3,50), während die erzielten Effektivitätssteigerungen demgegenüber zurückstehen (3,13). Ein Grund hierfür kann die starke Ausrichtung der Vergleiche an der wirtschaftlichen Leistungserstellung oder den internen Prozessen sein. Bestätigt werden kann dies durch die Analyse der Daten, die verglichen werden. Hierbei handelt es sich häufig um Kostenrechnungs- und Leistungsdaten, den Personaleinsatz und fachliche Kennzahlen, aber auch um Bearbeitungs- und Laufzeiten. Das unterstreicht den vorwiegend effizienzgerichteten Einsatz des Benchmarking, wobei die Prozesse selber nur sehr selten explizit verglichen werden. Im Wesentlichen erfolgt eine Gegenüberstellung mit sehr ähnlichen Verwaltungstypen, also bspw. Polizeibehörden oder ähnliche Gerichtstypen vergleichen sich untereinander.

Die *Kostenrechnung* ist aktuell bei 57,6% der Verwaltungen im Einsatz. Mit einem Durchschnittswert von 3,67 wird ihre Bedeutung durch die Führungskräfte eingeschätzt und liegt damit verglichen mit den anderen Instrumenten im Mittelfeld. Die Implementierung erfolgt zu 51,5% auf Anweisung des Ressorts und zu 19,1% - damit deutlich seltener - auf Anweisung des Landes. Die Kostenrechnung findet zu fast 70% integriert im Behördenalltag statt, wie es dem Instrument, verstanden als Führungsinstrument, angemessen erscheint. Die Effizienz-Verbesserungen sind mit 3,43 durchaus als gut zu bezeichnen, aber in Anbetracht der hohen Erwartung liegt die Verbesserung etwas niedriger als vermutet. Hier könnte zum Tragen kommen, dass auch die Kostenrechnung, die häufig nur Werte für weitere Instrumente liefert, mitunter nicht ausrei-

---

[803] Dies entspricht auch den Untersuchungen der KGSt, die für den kommunalen Bereich festgestellt hat, dass Wettbewerbselemente wie das Benchmarking bislang zu wenig genutzt werden. Vgl. Hilbertz, H.-J. (2001), S. 11.

[804] Vgl. Innenministerium NRW (2006).

chend auf die Bedürfnisse der Behörden angepasst ist und es vor allem im Verbund mit Leistungskennzahlen sowie mit einem Berichtswesen ihre volle Wirkung entfalten kann. Auch der Durchschnittswert für die Effektivität liegt mit 3,00 etwas hinter den Erwartungen.

Etwas überraschend ist, dass nur 32,5% der Behörden über eine *Leistungsrechnung und -analyse* verfügen; denn idealtypisch sollten Kosten- und Leistungsrechnung gemeinsam eingeführt sein. Daran lässt sich aber ablesen, dass den Outputs in der Verwaltung bislang noch zu wenig Aufmerksamkeit geschenkt wird. Bei der Bedeutung dieses Instrumentes ergibt sich ein Wert von 3,50 und ist damit auch noch durchaus als wichtig einzuschätzen. Etwa ein Viertel aller Behörden plant kurz- oder mittelfristig die Einführung dieser Rechnung. Ähnlich wie schon bei der Kostenrechnung sind die Anlässe zu 65,3% Anweisungen durch das Ressort oder landesweite Vorgaben und damit weniger das behördeninterne Erkennen von Chancen oder Risiken. Die Nutzungsintensität in Bezug auf die Leistungsrechnung kann als hoch bezeichnet werden. Sie ist bei 51,4% im Alltag integriert und bei 28,6% erfolgt der Einsatz regelmäßig. Deutlich näher beieinander als vergleichsweise bei der Kostenrechnung liegen die Effizienz- und Effektivitätsverbesserungen mit 3,27 bzw. 3,06. Damit scheinen zunehmend auch Indikatoren für eine verbesserte Zielerreichung in die Leistungsrechnung einzufließen. Sie stellt damit nicht nur ein Instrument für die Verbesserung einer wirtschaftlichen Leistungserstellung dar.

Die Aufbereitung von Daten, die aus verschiedenen Instrumenten und Informationsquellen stammen, ist Gegenstand des *Berichtswesens*. Dieses Instrument hat mit 67,0% die zweithöchste Verbreitung aller abgefragten Instrumente (nach den Mitarbeiterfortbildungen). Dabei ist allerdings zu beachten, dass das Berichtswesen schon vor den aktuelleren Modernisierungsbestrebungen in vielen Behörden vorhanden war und es sich demnach nicht um ein völlig neues Instrument handelt. Entsprechend wird auch die Bedeutung mit 3,83 als hoch angegeben. Allerdings wird in 21,7% der Behörden der Einsatz dieses Instrumentes zumindest vorerst nicht angestrebt. Auch wenn fast jede zweite Instrumenteneinführung auf eine Ressortvorgabe zurückging, so war der Anlass immerhin zu 17,1% die erkannten Defizite und zu 24,4% vermutete Chancen. Der kontinuierliche bzw. regelmäßige Einsatz des Berichtswesens überwiegt mit insgesamt 81,9% deutlich. Obwohl die Berichte an sich nur vorhandene Daten aufbereiten, werden ihnen dennoch deutliche Effekte hinsichtlich der Effizienz- (3,46) und der Effektivitätsverbesserungen (3,17) zugewiesen.

Ein Instrument, das erst in den letzten Jahren intensiver diskutiert wird, ist die *Wirkungsrechnung*. Dies zeigt sich auch in dem geringsten Verbreitungsgrad von nur 14,2% in der Landesverwaltung NRW. Weitere 8,9% planen den Einsatz, um den Ziel-

erreichungsgrad in den Mittelpunkt des Verwaltungshandelns zu stellen. Auch die Bedeutung wird mit 3,09 im Vergleich mit den anderen Instrumenten unterdurchschnittlich eingeschätzt. Sofern das Instrument eingesetzt wird oder es zumindest eingesetzt
werden soll, besteht der Einführungsgrund für fast zwei Drittel der Behörden in den
damit verbundenen Chancen. Die eigentliche Anwendung erfolgt überwiegend anlassbezogen (47,1%) oder völlig unsystematisch (29,4%). Somit wird die Analyse und
Bewertung der Wirkungen eher auf ein spezielles Projekt bezogen, statt sie als ganzheitlichen Ansatz in den Verwaltungen zu begreifen. Da überwiegend ein effektivi-
tätsgerichteter Einsatz erfolgt, lässt sich der hohe Wert von 3,40 für die Verbesserungen hierbei erklären. Als eines von drei Instrumenten[805] liegt damit der Wert über dem
der Effizienz (3,13), was angesichts der intendierten Outcome-Orientierung allerdings
nicht überrascht. Auch wenn die Bedeutung, der Umsetzungsstand und die Einsatzintensität bislang noch als gering eingestuft werden müssen, sind die damit erreichten
Ergebnisse durchaus viel versprechend.

Nach der Mitarbeiterfortbildung wird dem *Qualitätsmanagement* die höchste Bedeutung zugeschrieben (4,08). Allerdings steht der Umsetzungsstand mit 38,7% dem gegenüber deutlich zurück. Dies lässt sich sicher auch mit der relativ aufwendigen Implementierung erklären. Die Einführung planen weitere 12,3% bzw. beabsichtigen 7,5%
der Behörden. In drei Viertel aller Fälle liegt der Einführungsanlass in der Vermeidung
von Risiken oder in den vermuteten Chancen. Entsprechend eines umfassenden Ansatzes wird das Instrument dann auch überwiegend (53,3%) in den Behördenalltag integriert. Das spiegelt sich auch in den überzeugenden Ergebnissen wider. In Bezug auf
die Verbesserung der Effizienz ergibt sich ein sehr positiver Wert von 3,76 und für die
Effektivität von 3,54. Beides sind jeweils die zweitbesten Werte aller betrachteten Instrumente. Zusätzlich wurde bei dem Qualitätsmanagement auch noch das im Einsatz
befindliche Instrument abgefragt. Dabei ergab sich, dass die DIN ISO 9001 mit 23,3%,
das EFQM mit 20,0%, die an das Qualitätsmanagement angepasste BSC mit 16,7%
und das CAF mit 6,7% am weitesten verbreitet sind. Zudem werden noch weitere Instrumente wie das DIN/ISO 17025 oder Kombinationen aus den zuvor genannten Systemen verwendet. Daran zeigt sich, dass bisher eher die traditionellen Elemente aus
dem privatwirtschaftlichen Bereich überwiegen.

Die zielgerichtete Steuerung der Wertschöpfungskette steht im Mittelpunkt der *Prozessanalysen und -optimierungen*. Diese werden allerdings bislang erst in 35,2% der
Behörden angewendet, weitere 12,4% planen zudem die Einführung konkret. Trotz
dieser bisher geringen Verbreitung wird die Bedeutung mit 3,88 insgesamt als hoch

---

[805]   Die anderen Instrumente sind Kundenbefragungen (3,23 zu 3,19) und das Beschwerdemanagement
        (3,36 zu 3,02).

eingestuft. Solche Analysen werden durchgeführt, wenn entweder ein Defizit erkannt wird (42,6%) oder man Chancen für Verbesserungen sieht (38,9%). Die Ressortvorgabe ist dagegen als Anlass relativ unbedeutend (18,5%). Eine durch eine zentrale Landesvorgabe angestoßene Einführung findet bislang überhaupt nicht statt. Überraschend ist, dass mehr als ein Drittel das Instrument in den Behördenalltag integriert einsetzen, auch wenn die anlassbezogene Nutzung mit 40,5% leicht überwiegt. Bemerkenswert ist weiterhin der höchste Wert bezüglich der Verbesserungen der Effektivität (3,57). Demnach scheinen die Analysen und die anschließenden Optimierungen sehr häufig zur Steigerung der Prozessqualität und der Bürgerorientierung eingesetzt zu werden,[806] auch wenn die Effizienzverbesserungen wie bei den meisten Instrumenten hier überwiegen (3,73).

Das *Projektmanagement* wird von 65,7% der befragten Behörden verwendet und hat damit eine weite Verbreitung in der Landesverwaltung. Auch die Bedeutung wird von den Führungskräften mit 3,76 als hoch eingestuft. Der Einführungsanlass war in mehr als der Hälfte der Fälle die damit erhofften Chancen, also bspw. die Erzielung größerer Transparenz oder von deutlichen Vereinfachungen. Ressortvorgaben spielen hierbei nur eine untergeordnete Rolle. Landesvorgaben sind bei diesem Element gar nicht relevant. Entsprechend dem Gegenstand von Projekten als zeitlich befristete und weitgehend einmalige Aufgabe[807] wird auch das Instrument in mehr als zwei Drittel aller Behörden anlassbezogen eingesetzt. Als sehr positiv werden die Verbesserungen durch das Projektmanagement eingeschätzt. Dabei werden hier die Veränderungen der Effizienz deutlich besser als die der Effektivität bewertet (3,68 zu 3,33). Durch diese strukturierte Vorgehensweise lassen sich demnach vor allem Kosten- und Zeiteinsparungen realisieren.

Um das Handeln der Verwaltung stärker auf die Bedürfnisse der Leistungsempfänger auszurichten, eignen sich *Kundenbefragungen*. Mittlerweile nutzen 53,8% der Behörden in NRW dieses Instrument. Mehr als ein Drittel von diesen hat das Element nicht nur eingeführt sondern auch bereits evaluiert. Die Bedeutung wird mit 3,71 als durchaus hoch eingeschätzt. Im Vergleich zu anderen Instrumenten liegen die Befragungen damit im Mittelfeld. Auch bei diesem Instrument stehen die vermuteten Chancen im Zentrum der Überlegungen für die Einführung (50,8%), ferner ist auch der Anteil der Ressortvorgaben nicht unerheblich (24,6%). Am häufigsten wird das Instrument zu fest definierten Zeitpunkten (43,1%), also bspw. einmal jährlich eingesetzt. Darauf folgen der anlassbezogene (25,9%) und der unsystematische Einsatz (20,7%). Entsprechend der Orientierung am Kunden sind auch die erzielten Ergebnisse eher effektivi-

---

[806] Vgl. Töpfer, A. (2000), S. 47 ff.
[807] Vgl. Andersch, B./Belzer, V. (2005), S. 183.

tätsgerichtet. Dieser Wert liegt bei 3,25, während die Effizienz mit 3,19 bewertet wurde. Insgesamt sind damit eher durchschnittliche Verbesserungen erzielt worden.

Ein weiteres Instrument, das den Bürgerkontakt zum Gegenstand hat, ist das *Beschwerdemanagement*. Die Bedeutung wird von den Führungskräften durchschnittlich wie bei den Kundenbefragungen gesehen (3,71). Der Implementierungsstand ist mit 47,2% ebenfalls auf einem vergleichbaren Niveau. Auch zukünftig ist kaum eine deutlich größere Verbreitung zu erwarten, denn geplant ist ein Beschwerdemanagement nur bei 4,7% und beabsichtigt bei 7,5% der Verwaltungen. Die Einführung des Instrumentes fand in mehr als acht von zehn Fällen statt, weil die Verwaltung selber die Defizite erkannt hat oder Chancen vermutet hat, demnach sind Ressort- oder Landesvorgaben nur von untergeordneter Bedeutung. Eine Mehrheit der Behörden (55,8%) hat das Beschwerdemanagement in den Behördenalltag integriert, aber auch die anlassbezogene Nutzung wird von vielen Behörden angegeben (34,6%). Bei diesem Instrument überwiegen eindeutig die Effektivitätseffekte mit einem Wert von 3,36, im Vergleich mit einem Verbesserungswert von 3,02 für die Effizienz. Dies entspricht auch der grundsätzlichen Idee des Beschwerdemanagements, die Impacts stärker zu berücksichtigen.

Als letztes der 19 Einzelinstrumente wurden von den befragten Führungskräften Angaben zum *E-Government* gemacht, wobei damit keine reinen Informationsangebote gemeint waren. Daher hat dieses Element bislang nur eine Verbreitung von 48,6% in der Landesverwaltung erreicht, wobei die relativ große Anzahl weiterer geplanter oder beabsichtigter Einführungsprojekte darauf schließen lässt, dass sich der Umsetzungsstand in den nächsten Jahren deutlich steigern wird.[808] Dementsprechend wird auch die Bedeutung des E-Governments mit 3,89 als hoch eingeschätzt. Neben den dominierenden vermuteten Chancen als Einführungsanlass ist auch die Vorgabe des Ressorts häufig ursächlich für die Implementierung. In 47,1% der Fälle erfolgt der Einsatz integriert im Behördenalltag, darauf folgen die fest definierten Zeitpunkte (25,0%) und die anlassbezogene Durchführung (20,5%). Obwohl vielfach das Instrument noch gar nicht so lange im Einsatz ist, zeigen sich durchaus schon sehr gute Ergebnisse, diese liegen bei der Effizienz (3,74) deutlich vor der Effektivität (3,46). Das verwundert insofern etwas, weil das E-Government speziell auch für die Kunden neue Vorteile bieten soll und sich nicht nur die internen Prozesse oder die Wirtschaftlichkeit verbessern sollen.

---

[808] Insgesamt planen oder beabsichtigen 18,1% der Behörden die Einführung. Dies entspricht auch der von REICHARD geäußerten Annahme, dass das E-Government zu einem neuen Trend in den Landesverwaltungen wird und für die Herausbildung neuartiger IT-gestützter Organisationslösungen beitragen wird. Vgl. Reichard, C. (2004a), S. 99.

### 5.1.2.4 Vergleichende Bewertungen der Einzelinstrumente

Da nicht nur die absoluten Werte neue Erkenntnisse bringen, sondern auch die relative Sichtweise interessante Informationen verspricht, sollen im Weiteren die 19 Instrumente miteinander verglichen werden, um auf dieser Grundlage die Gesamt- wie auch die Einzelergebnisse noch besser einschätzen zu können. Vergleichende Analysen der einzelnen Instrumente sollen hinsichtlich des Einführungsstandes, der eingeschätzten Bedeutung und der erzielten Ergebnisse vorgenommen werden, aber auch in Bezug auf den Einführungsanlass, die Einsatzintensität sowie gewisse Kombinationen aus diesen Kategorien. Es lassen sich hinsichtlich dieser Kategorien gewisse Gruppierungen von Instrumenten durchführen.

Im Hinblick auf den *Einführungsstand* der Instrumente kann festgehalten werden, dass bei den Behörden schon viele Instrumente der Verwaltungsmodernisierung im Einsatz sind. Im Durchschnitt setzt jede Behörde rund 9,8 der abgefragten 19 Instrumente ein, dies entspricht insgesamt einer Quote von 51,4% und unterstreicht damit durchaus den Anspruch der Landesverwaltung, bei der Modernisierung eine führende Position unter den Bundesländern einnehmen zu wollen. Wie allerdings schon bei den Einzelinstrumenten festgestellt, sind die Unterschiede erheblich. Das mit Abstand am meisten eingesetzte Instrument in der Landesverwaltung NRW ist demnach die Fortbildung der Mitarbeiter. 98,1% der befragten Behörden wenden dieses Instrument zur Qualifizierung und Kompetenzsteigerung der Beschäftigten an. Dies trägt den Bemühungen um eine stetige Fortbildung der Mitarbeiter Rechnung und entspricht der Tatsache, dass das Instrument auch schon vor der Einführung „Neuer Steuerungsmodelle" eingesetzt wurde. Rund zwei Drittel der Behörden setzen ein Berichtswesen (67,0%), ein Projektmanagement (65,7%), strukturierte Mitarbeitergespräche (65,1%) und etwas weniger die Zielvereinbarungen innerhalb einer Behörde (62,5%) ein. Während das Berichtswesen vielfach von der Anwendung moderner IT mit vielfältigen Auswertungs- und Aufbereitungsfunktionen profitiert, zeigt sich bei den Mitarbeitergesprächen, bisweilen verbunden mit individuellen oder übergeordneten Zielvereinbarungen, die wachsende Mitarbeiterorientierung und die zunehmende Verantwortungsdelegation. Das Projektmanagement wird häufig bei der Einführung von Modernisierungselementen benötigt, und der Umsetzungsstand bestätigt damit die wachsende Bedeutung, die diesen Reforminstrumenten in den Verwaltungen zukommt.

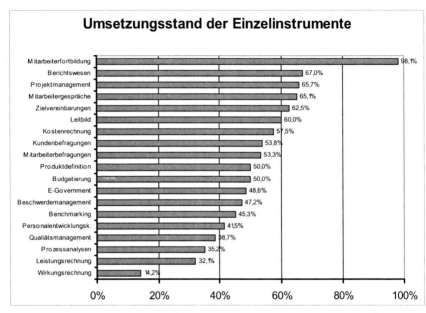

*Abbildung 23: Umsetzungsstand der Einzelinstrumente der Verwaltungsmodernisierung*

Auf der anderen Seite setzen weniger als ein Drittel der Behörden eine Leistungsrechnung (32,1%) ein. Daran lässt sich erkennen, dass die Betrachtung der Outputs bislang noch zu selten im Mittelpunkt des Verwaltungshandelns steht. Eine noch geringere Verbreitung in der Verwaltungslandschaft hat die Wirkungsrechnung gefunden. Bislang nur 14,2% der Behörden nutzen das Instrument für die Outcomes. Dies entspricht den anfangs gemachten generellen Auswertungen, dass die Ergebnisse bei den gesellschaftlichen Wirkungen durch die Verwaltungsmodernisierung noch wenig überzeugen können.[809] Die Abbildung 23 stellt die Ergebnisse des Umsetzungsstandes der Instrumente graphisch dar.

Die eingeschätzte durchschnittliche *Bedeutung* über alle Instrumente ist mit 3,75 positiv zu beurteilen. Dies entspricht insgesamt einer hohen Wichtigkeit. Mit Abstand die größte Bedeutung wird der Mitarbeiterfortbildung (4,54) zugewiesen. Überhaupt ist auffällig, dass in den Augen der Führungskräfte viele Instrumente, die die Mitarbeiter

---

[809] Der Auswirkungen der gesellschaftlichen Wirkungen wurden mit einem durchschnittlichen Wert von 2,359 von den Führungskräften angegeben und lagen damit deutlich hinter den anderen Zieldimensionen zurück.

betreffen, als besonders wichtig bezeichnet werden.[810] Neben den Fortbildungen trifft das auch auf das Personalentwicklungskonzept (4,05) und die Mitarbeitergespräche (3,83) zu. Einzig die Mitarbeiterbefragungen (3,63) werden unterdurchschnittlich bedeutsam gesehen. Auch den Elementen, die Verbesserungen von Prozessen zum Gegenstand haben, wird eine hohe Wichtigkeit beigemessen. Dazu kann neben der Prozessanalyse (3,88) auch das E-Government (3,89) und das Qualitätsmanagement (4,08) gerechnet werden. Ebenfalls ein Instrument wie die Budgetierung (3,97), das häufig für kurzfristige Effizienzsteigerungen implementiert wird, beurteilen die Führungskräfte als wesentlich. Während direkt kundenbezogene Elemente wie Kundenbefragungen oder das Beschwerdemanagement (jeweils 3,71) im Mittelfeld liegen, wird die Wirkungsrechnung (3,09) zum indirekten Einbezug der Bürgerinteressen bislang noch als eher unwichtig erachtet, was aber auch als relativ neues Instrument an dem geringen Bekanntheitsgrad liegen könnte.

Obwohl Instrumente wie die Kostenrechnung (3,67), Zielvereinbarungen (3,65) oder Produktdefinitionen (3,20) als Grundlage für das NPM gelten, sind die eingeschätzten Bedeutungen vergleichsweise niedrig. Das kann daran liegen, dass diese Instrumente vor allem im Verbund mit anderen Instrumenten ihre volle Wirkung entfalten können und sie deshalb als Einzelinstrument ggf. nicht so positiv eingeschätzt werden. Im Verhältnis zu den anderen Instrumenten wurde von den Führungskräften das Leitbild (2,99) als am unwichtigsten eingeschätzt, vermutlich weil dies nicht zu ausreichenden direkten Verbesserungen innerhalb der Verwaltung führt. Über alle Instrumente zeigt die hohe beigemessene Bedeutung, dass die allermeisten der in der NPM-Diskussion befindlichen Instrumente von der Verwaltungsführung als geeignet eingeschätzt werden. Dies deckt sich allerdings bislang nicht mit dem Umsetzungsstand in den Verwaltungen.[811] Die Abbildung 24 gibt einen Überblick über die angegebene Bedeutung aller Instrumente im Vergleich.

---

[810] Diese Ergebnisse bestätigen die in der Literatur geäußerten Annahmen, dass das Personalmanagement immer mehr zu dem entscheidenden Erfolgsfaktor im Zuge der Verwaltungsmodernisierung wird. Vgl. dazu bspw. Wagner, D. (2006), S. 222.

[811] Vgl. Busch, V./Wehrmann, S. (2002), S. 262.

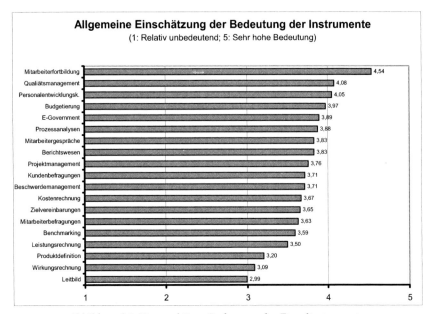

*Abbildung 24: Eingeschätzte Bedeutung der Einzelinstrumente*

Interessante Ergebnisse verspricht auch der Vergleich der beigemessenen Bedeutung mit dem aktuellen Umsetzungsstand. Die eingeschätzte Bedeutung kann dabei als Indiz für die Soll-Ausprägung des Instrumenteneinsatzes dienen. Speziell Instrumente, die zwar als relativ bedeutend eingeschätzt werden, aber bislang eine sehr geringe Verbreitung in der Landesverwaltung gefunden haben, zeigen aktuelle Defizite und zukünftige Umsetzungsbedarfe auf.[812] Solche Bedarfe lassen sich insbesondere für das Personalentwicklungskonzept, die Prozessanalysen und das Qualitätsmanagement ermitteln. Die Diskrepanz ist gerade bei letzterem besonders hoch. Während bislang nur knapp 39% das Instrument einsetzen, wird es von seiner Bedeutung sehr wichtig eingeschätzt (4,08). Auch den Personalentwicklungskonzepten als ganzheitlicher Ansatz einer Behörde zur Förderung der Mitarbeiter wird eine hohe Bedeutung beigemessen (4,05), während sich das bislang noch nicht entsprechend im Umsetzungsstand widerspiegelt.

Beachtliche Differenzen zwischen relativer Bedeutung und relativem Umsetzungsstand bestehen auch bei dem Instrument der Wirkungsanalysen, dem bislang zwar noch nicht eine überdurchschnittliche Bedeutung beigemessen wird, aber dessen Um-

---

[812] Vgl. Busch, V./Wehrmann, S. (2002), S. 260.

setzungsstand im Vergleich dazu dennoch sehr gering ist. Hier zeigt sich für die Wirkungsrechnung der weitere Implementierungsbedarf. Auf die Leistungsrechnung und -analyse trifft dies etwas abgeschwächt in ähnlicher Weise zu. Insgesamt ist auffällig, dass fünf der sechs als am wichtigsten eingeschätzten Instrumente mehrheitlich in den Verwaltungen bislang nicht implementiert sind. Neben dem Qualitätsmanagement und dem Personalentwicklungskonzept trifft dies auch auf die Instrumente Budgetierung (3,97), E-Government (3,89) und Prozessanalysen (3,88) zu. Es zeigt sich damit, dass die in der jüngeren wissenschaftlichen Forschung häufiger genannten und angepriesenen Instrumente zwar schon als wichtig und bedeutend für die Verwaltungspraxis eingeschätzt werden, aber diese Instrumente in der Landesverwaltung noch nicht ausreichend im Einsatz sind. Ein Instrument, bei dem der Gleichlauf besonders deutlich wird, ist die Mitarbeiterfortbildung. Hier ist sowohl der aktuelle Umsetzungsstand als auch die Bedeutung sehr hoch, da es schon lange in der Landesverwaltung eingesetzt wird, auch unabhängig von der Modernisierung auf Grundlage der NPM-Vorstellungen. Die Abbildung 25 zeigt noch mal grafisch den Vergleich des aktuellen Umsetzungsstatus mit der beigemessenen Bedeutung der Einzelinstrumente.

Bei der Auswertung der *erreichten Effizienz* und der *Effektivität* stellt sich heraus, dass die über alle Einzelinstrumente im Durchschnitt erreichte Effizienz (3,42) etwas höher eingeschätzt wird als die Effektivität (3,37). Dieser Unterschied ist insofern plausibel, da Modernisierungsprojekte oftmals insbesondere zur Steigerung der Effizienz eingeführt wurden. Allerdings muss beachtet werden, dass viele der Antwortenden zwar Unterscheidungen zwischen Effizienz und der Effektivität vorgenommen haben, aber diese Unterschiede insgesamt gesehen gering sind. Konsistent zu diesen Antworten ist auch die Tatsache, dass bei der Gesamtabfrage der Verbesserungen die eher effizienzgerichteten Bereiche der Wirtschaftlichkeit, der Leistungspotenziale und der internen Prozesse ebenfalls etwas besser abgeschnitten haben als die effektivitätsgerichteten der Kundenzufriedenheit und der gesellschaftlichen Wirkungen. Die Beurteilung der Einzelinstrumente stützt somit diese generelle Einschätzung. Ferner liegen die Verbesserungen der Einzelinstrumente über den Gesamteinschätzungen.[813] Ein Grund können die vielen Strukturveränderungen in der Landesverwaltung NRW sein, die den Erfolg der Binnenmodernisierung insgesamt vermutlich negativ beeinflusst haben. Daher lassen sich die weitgehend positiven Ergebnisse bei den Einzelinstrumenten nicht vollständig auf den Gesamterfolg übertragen.

---

[813] Während sich für die effizienzgerichteten Gesamtverbesserungen ein Wert von 3,03 ergab, lag dieser für die effektivitätsgerichteten bei 2,66. Im Vergleich dazu der Verbesserungswert bezüglich der Einzelinstrument bei 3,42 (Effektivität) bzw. 3,37 (Effizienz).

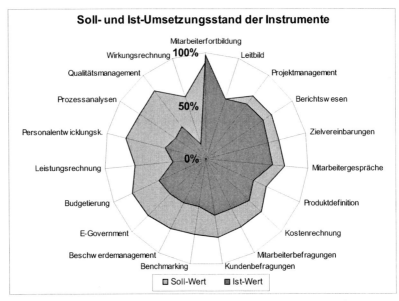

*Abbildung 25: Vergleich von Soll- und Ist-Umsetzungsstand*

Betrachtet man die Unterschiede zwischen Effizienz und Effektivität bei den einzelnen Instrumente genauer, so überrascht es angesichts der zugemessenen Bedeutung und des Umsetzungsstandes sowie des häufig schon längeren Einsatzzeitraums nicht, dass die Mitarbeiterfortbildung den besten Wert bei der Beurteilung der erreichten Effizienz und einen der besten Werte bei der erreichten Effektivität (3,83 und 3,50) erzielen konnte. Auch Prozessanalysen, Qualitätsmanagementsysteme und E-Government werden von denjenigen, die diese Instrumente einsetzen, sehr positiv hinsichtlich der erzielten Ergebnisse bewertet. Abweichungen zwischen der beigemessenen Effizienz und Effektivität ergeben sich insbesondere bei der Budgetierung, bei der die Effizienz deutlich höher als die Effektivität liegt (3,72 zu 3,21). Auch beim Personalentwicklungskonzept (3,23 zu 2,70), bei den Mitarbeitergesprächen (3,15 zu 2,68) und bei der Kostenrechnung (3,43 zu 3,00) ist dies der Fall. Mit diesen Instrumenten werden also vor allem eine höhere Wirtschaftlichkeit, verbesserte Strukturen oder beides gleichzeitig erreicht. Auch bei den Instrumenten Benchmarking, Produktdefinition, Projektmanagement, Mitarbeiterfortbildung und Berichtswesen sind ähnliche Resultate zu beobachten, wenn auch nicht ganz so stark ausgeprägt. Eine höhere Effektivität in Relation zur Effizienz ergeben sich gemäß den Verantwortlichen in der Landesverwaltung mit den Instrumenten Beschwerdemanagement, Wirkungsrechnung und Kundenbefragungen in der Behörde. Bei diesen Instrumenten stehen mehr die gesellschaftlichen Wirkungen und die Kunden im Vordergrund, womit diese Ergebnisse weniger überraschen, sondern der wissenschaftlichen Theorie entsprechen. Sowohl bei der Effizienz als auch der Effektivität schneidet das Leitbild am schlechtesten ab (2,36 und 2,32). Das deckt sich auch mit der relativ geringen Bedeutung, die diesem Instrument beigemessen wird (siehe dazu auch Abbildung 26).

Über alle Instrumente gesehen war der wichtigste *Umsetzungsanlass* für die Einführung eines neuen Instrumentes, dass man Chancen zur Verbesserung gesehen hat. 37,6% der Einführungen von Modernisierungsinstrumenten erfolgten aus dem Grund. Oftmals war allerdings auch das Ministerium ausschlaggebend für die Einführung (28,3%). Das Erkennen von Defiziten war für 21,0% der Haupteinführungsgrund eines Modernisierungselementes. Vorgaben des Landes waren nur in rund 13,0% der Fälle für die Implementierung verantwortlich. Damit waren in vier von zehn Fällen nicht die Chancen oder die Probleme für die Einführung verantwortlich, sondern dirigistische Entscheidungen von Ressort oder Land. Dies kann als Indiz für eine vermehrte Kommunikation bezüglich Problembewusstsein und Problemlösungskompetenz durch die Instrumente gewertet werden, um die intrinsischen Anreize zu stärken. Allerdings ist zu bedenken, dass gewisse Steuerungsinstrumente einer abgestimmten Einführung bedürfen, da ihre Wirksamkeit von Verbundeffekten abhängt. So wird mit EPOS.NRW eine landesweite Budgetierung angestrebt, vor diesem Hintergrund scheint die zentrale Landesvorgabe als wesentlicher Einführungsanlass plausibel. Das eigene Ministerium war vielfach für die Implementierung von Produktdefinitionen, Kosten- und Leistungsrechnungen sowie das Berichtswesen ursächlich. Die „vermutete Chance" spielte bei Wirkungsrechnungen, Mitarbeiterbefragungen oder dem Projektmanagement mit Abstand die Hauptrolle. Aber auch Benchmarking, Kundenbefragungen, E-Government und das Leitbild wurden überproportional häufig aus diesem Grund eingeführt. Die erkannten Defizite innerhalb der Behörde waren bei Mitarbeiterfortbildungen, beim Qualitätsmanagement und bei Prozessanalysen der häufigste Grund, das Instrument einzuführen.

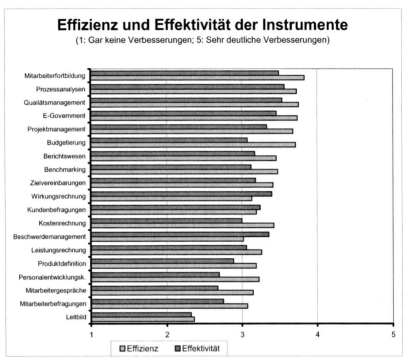

*Abbildung 26: Vergleich der Effizienz- und der Effektivitätsergebnisse der Einzelinstrumente*

Viele der Instrumente sind nach Auskunft der Befragten schon in dem Behördenalltag integriert, bei knapp 43% aller eingesetzten Instrumente ist dies der Fall. Damit werden diese Instrumente also gelebt und haben einen festen Platz in der Behörde. 21,1% der verwendeten Instrumente werden dagegen zu fest definierten Zeitpunkten in den Behörden eingesetzt, 27,8% anlassbezogen. Ein sporadischer oder unsystematischer Einsatz erfolgt nach Angaben der Führungskräfte nur bei 8,4% der verwendeten Instrumente. Dabei unterscheidet sich die *Einsatzintensität* ebenfalls in Abhängigkeit von den jeweiligen Instrumenten wesentlich. Am häufigsten werden Leitbilder unsystematisch bzw. sporadisch eingesetzt. Ein Grund für die relativ geringen Effizienz- und Effektivitätsverbesserungen bei diesem Instrument könnte demnach darin zu finden sein, dass die Leitbilder bislang zu wenig in den Behördenalltag integriert sind. Der Einsatz erfolgt beim Projektmanagement, bei Prozessanalysen, dem Personalentwicklungskonzept und der Wirkungsrechnung hauptsächlich anlassbezogen. Liegt also bspw. ein Untersuchungsobjekt vor, bei dem die gesellschaftlichen Wirkungen von

Interesse sind, wird dieses einer Wirkungsanalyse unterzogen; eine ständige Ausrichtung des Handelns an den Outcomes erfolgt allerdings oftmals nicht. Zielvereinbarungen, Mitarbeiter- und Kundenbefragungen und Mitarbeitergespräche erfolgen in vielen Behörden zu fest definierten Zeitpunkten, wie das Jahresgespräch mit dem Mitarbeiter über seine Arbeitsweise und seine zukünftigen Ziele. Instrumente wie E-Government, Beschwerdemanagement, Berichtswesen, Kosten- und Leistungsrechnung, Produktdefinition, Budgetierung oder Mitarbeiterfortbildung werden dagegen ganzheitlicher eingesetzt und sind hauptsächlich in dem Alltag der Behörde integriert. Trotz der Tatsache, dass ein gewisser Einsatzrhythmus in der Natur einzelner Instrumente begründet liegt, lassen sich damit bisweilen auch gewisse Umsetzungsdefizite erklären.

Durch die Angaben der Führungskräfte in Bezug auf den Umsetzungsstatus lassen sich auch Angaben für die beabsichtigten oder teilweise schon konkret *geplanten Einführungen von Instrumenten* machen. Demnach sind vielfach Personalentwicklungskonzepte (37,7%) und Mitarbeitergespräche (20,8%) in Planung, oder es ist zumindest beabsichtigt, sie in den Behörden der Landesverwaltung einzuführen. Der Blick in die Zukunft zeigt damit, dass die Mitarbeiter als wichtigste Ressource stärker eingebunden und noch mehr gefördert werden sollen als dies aktuell im Zuge der Verwaltungsmodernisierung der Fall ist.[814] Die Einführung einer Budgetierung bzw. einer Leistungsrechnung planen oder beabsichtigen 32,1% bzw. 26,4% der Behörden. Auch diesen Instrumenten scheint zukünftig eine besondere Bedeutung beigemessen zu werden, allerdings spielt hier auch die Einführung von EPOS.NRW eine zentrale Rolle.[815] Auch die Einführung eines Qualitätsmanagementsystems (19,8%) wird in den Behörden des Landes NRW zunehmend angestrebt, da vermutlich die Wichtigkeit eines ganzheitlichen Ansatzes zur Optimierung von Prozessen und Produkten mehr und mehr erkannt wird. Ebenso wird die verstärkte Nutzung elektronischer Medien durch die Einführung eines E-Government (21,0%) beabsichtigt.

Grundsätzlich lässt sich damit festhalten, dass die Effizienz und die verwaltungsinterne Sichtweise bei der Verwaltungsmodernisierung bislang deutlich im Vordergrund stehen.[816] Unter den Einzelinstrumenten haben vor allem mitarbeiterbezogene Instrumente, Leitbilder und das Berichtswesen sowie die Kostenrechnung als Instrumente zur Ermittlung und Zuweisung der finanziellen Ergebnisse eine weitreichende Verbreitung in der Landesverwaltung gefunden, während Instrumente zur Überprüfung der Sachzielerreichung wie die Wirkungs- und die Leistungsrechnung bislang deutlich

---

[814] Die stärkere Einbindung und Schulung der Mitarbeiter wird allerdings schon seit Beginn der Verwaltungsmodernisierungsaktivitäten gefordert. Vgl. dazu bspw. Hill, H. (1997), S. 28.

[815] Vgl. dazu Finanzministerium NRW (2005a).

[816] Das deckt sich auch mit den Erfahrungen der KGSt zehn Jahre nach der Einführung des NSM. Vgl. Hilbertz, H.-J. (2001), S. 10.

weniger im Einsatz sind. Generell werden Elemente, die auch eine Grundlage für andere Instrumente darstellen, wie die Produktdefinitionen oder die Kostenrechnung, bislang noch nicht genügend als solche erkannt, und damit ergeben sich die Verbesserungen dieser Elemente noch nicht in dem erwünschten Maße. In ähnlicher Weise gilt dies für die Leitbilder, die den Orientierungsrahmen der zukünftigen Strategie im Veränderungsprozess vorgeben, aber für sich genommen kaum zu positiven Modernisierungseffekten beitragen.

Als Gesamtergebnis der deskriptiven Auswertung lässt sich festhalten, dass der Umsetzungsstatus, der Einführungsanlass, die Einsatzintensität und die damit erzielten effizienz- sowie effektivitätsgerichteten Verbesserungen sich abhängig vom spezifischen Instrument erheblich unterscheiden. Damit verdeutlicht sich nochmals der problemorientierte Selektionsbedarf für die einzelnen Elemente.

## 5.2  Überprüfung der Thesen

Die in Kapitel 4.6 aufgestellten Hypothesen sollen im Folgenden auf Grundlage der empirischen Befragungsergebnisse überprüft werden, um damit die mit der Evaluation verfolgten Ziele erreichen zu können. Dabei besteht in Bezug auf die Thesen allerdings ein Kausalitätsproblem, da die Kausalität als Konstrukt nicht messbar ist. Aus diesem Grund müssen statistische Verfahren verwendet werden, damit Aussagen zur Verifizierung der Annahmen möglich sind. Zur analytischen Auswertung kommt das Statistikprogramm SPSS in der Version 14.0 zum Einsatz.

### 5.2.1  Statistische Auswertungsmethoden

Es finden drei verschiedene Verfahren zur Überprüfung der Thesen Verwendung: Der Mittelwertvergleich für Unterschiede von zwei Vergleichsgruppen mit Hilfe des t-Tests, die Varianzanalyse, um Unterschiede zwischen mehr als zwei Gruppen erkennen zu können, und die Regressionsanalyse, um Wirkungszusammenhänge zwischen abhängigen und unabhängigen Variablen zu ermitteln. Welches Verfahren zum Testen der Hypothesen verwendet wird, hängt von der speziellen Fragestellung ab und wird im Rahmen des Hypothesen-Tests jeweils erläutert.

Als bivariates Verfahren wird zur Verifizierung der Hypothesen die statistische Analyse von *Mittelwertunterschieden* verwendet. Hierbei können zwei Gruppen gebildet, und in Abhängigkeit vom Skalenniveau kann mit Hilfe des t-Tests ermittelt werden, inwieweit sich diese beiden Gruppen statistisch signifikant voneinander unterscheiden.

Es ist allerdings anzumerken, dass dieses Verfahren nicht in der Lage ist, die multidimensionale Struktur gleichzeitig zu erfassen, was angesichts der aufgestellten Thesen vielfach ohnehin nicht notwendig erscheint. Zudem ist es oftmals nicht möglich, eindeutig zwischen Ursache und Wirkung zu unterscheiden.[817] Hier werden daher theoretische Annahmen über die Beziehungsrichtung als Grundlage der Untersuchung und der Interpretation verwendet.

Während der t-Test geeignet ist, zwei Mittelwerte zu vergleichen und ihre mögliche Differenz auf Signifikanz zu prüfen, können mit der *Varianzanalyse* mehrere Mittelwerte zugleich untersucht werden. Dieses Verfahren prüft mittels des F-Tests, ob die Gleichheit der Gruppen gegeben ist (Nullhypothese).[818] Auch wenn es theoretisch möglich wäre, alle Vergleiche der Gruppen einzeln durchzuführen, ergäbe sich das Problem der Fehlerkumulierung und einer sich verringernden Teststärke bei Tests.[819] Liegt bei der Varianzanalyse ein signifikantes Ergebnis vor, führt dies zur Ablehnung der Nullhypothese und damit zur Annahme der Alternativhypothese. Dabei ist diese völlig unspezifisch: Sie macht keine Aussage darüber, welche Gruppen sich voneinander unterscheiden, sondern sie umfasst alle Möglichkeiten, die nicht der Nullhypothese entsprechen. Post-Hoc-Verfahren analysieren die Struktur der Alternativhypothese genauer. Innerhalb dieser Arbeit wird für diese simultanen Mehrfachvergleiche der Bonferroni-Test[820] verwendet, da dieser auch bei ungleich großen Vergleichsgruppen ein exaktes Ergebnis liefert.[821]

Weiterhin werden *Regressionsanalysen* angewandt, wenn der (lineare) Wirkungszusammenhang zwischen Variablen untersucht werden soll. Hierbei handelt es sich um ein multivariates Verfahren. Diese Analysen ermöglichen Aussagen darüber, wie stark die einzelnen unabhängigen Variablen die abhängige beeinflussen. Dabei wird sowohl die Intensität als auch die Richtung des Zusammenhangs untersucht. Zur Beurteilung der Ergebnisse kann das sogenannte Bestimmtheitsmaß $r^2$ verwendet werden; das ist der Quotient aus erklärter Streuung und Gesamtstreuung der abhängigen Variablen. Dieser fungiert damit als Maßstab für die Erklärungskraft des Regressionsmodells. Zur Überprüfung der gesamten Regressionsfunktion auf Signifikanz kann der F-Test und zur Überprüfung der einzelnen Regressionskoeffizienten der t-Test herangezogen werden.[822] Gegenüber bivariaten Verfahren wie der Mittelwertanalyse oder der hier nicht

---

[817] Vgl. Berekoven, L./Eckert, W./Ellenrieder, P. (2004), S. 204.
[818] Vgl. Backhaus, K. et al. (2006), S. 129. Das Signifikanzniveau α bestimmt dabei die Irrtumswahrscheinlichkeit.
[819] Siehe dazu auch Rasch, B. et al. (2006), S. 2.
[820] Vgl. dazu Janssen, J./Laatz, W. (2007), S. 367.
[821] Vgl. Rasch, B. et al. (2006), S. 45.
[822] Vgl. Fürst, A. (2005), S. 86; Homburg, C./Krohmer, H. (2003), S. 257.

verwendeten Korrelationsanalyse[823] besitzt die Regressionsanalyse den Vorteil, dass eine eindeutige Trennung von Ursache und Wirkung erfolgt und die unabhängigen Variablen gleichzeitig in die Analyse eingehen.[824]

## 5.2.2 Analyse der Behördencharakteristika

Zur Analyse der Behördencharakteristika in der Landesverwaltung NRW sollen zunächst die entsprechenden Thesen überprüft werden. Auf dieser Grundlage und ergänzt um eine Regressionsanalyse, sollen aus den fünf vorgestellten Merkmalen die wesentlichen für den Modernisierungserfolg in der Landesverwaltung empirisch bestimmt werden. Daran schließt sich eine Beschreibung der ermittelten Typen an. Diese beinhaltet neben der Darstellung der spezifischen Verbesserungsergebnisse auch die typenspezifische Ermittlung von besonders aussichtsreichen Instrumenten. Die Implikationen, die aus den Typen für die Ausgestaltung der Verwaltungsreform entstehen, sollen am Beispiel der KLR beschrieben werden. Dieses Element wird ausgewählt, da es eine Schlüsselrolle innerhalb der Verwaltungsmodernisierung einnimmt, die Grundlage für weitere Instrumente darstellt und zudem hierbei ohnehin ein selektiverer Einsatz gefordert wird. Vielfach bietet es sich an, dieses aufwendige Instrumentarium nur dort umfassend zu implementieren, wo sich ein hoher Nutzen erwarten lässt.[825]

### 5.2.2.1 Überprüfung der Thesen zu den Behördencharakteristika

Zunächst ist der angenommene positive Einfluss der *Größe* der Verwaltung auf die erzielten Verbesserungen durch die Verwaltungsmodernisierung zu überprüfen. Um eine ausreichende Anzahl an Behörden in jeder Gruppe zu haben, werden die sechs abgefragten Behördengrößen in drei Gruppen überführt[826]: kleinere Behörden mit 100 Mitarbeitern oder weniger, mittelgroße Behörden mit 101 bis 300 Mitarbeitern und große Verwaltungen mit mehr als 300 Beschäftigten. Für die erzielten Ergebnisse durch die Reform ergibt sich, dass in kleinen Behörden die geringsten Verbesserungen erzielt wurden, dies entspricht der aufgestellten Hypothese 1. Dabei nehmen die Ergebnisse in diesen Behörden in Bezug auf alle Verbesserungsbereiche den jeweils

---

[823] Zur Korrelationsanalyse siehe ausführlich Bortz, J. (1988), S. 213 oder Götze, W./Deutschmann, C./Link, H. (2002), S. 84 ff.

[824] Vgl. Albers, S./Skiera, A. (2000), S. 203 ff.

[825] Vgl. Seeger, T. et al. (1999), S. 10; Rechnungshof Baden-Württemberg (2007), S. 38.

[826] Sofern sich Merkmalsausprägungen sowohl analytisch als auch in Bezug auf die Verbesserungen sehr ähnlich sind, werden hier und im Folgenden diese Gruppen zusammengefasst. Dies ermöglicht neben einer übersichtlicheren Darstellung auch weniger komplexe statistische Modelle für das Testen der Thesen.

schlechtesten Durchschnittswert an (siehe dazu die Tabelle 1). Bei einem Vergleich der kleinen Behörden mit den größten, die über 300 Mitarbeiter haben, ergibt sich allerdings nur für die Verbesserungen der Wirtschaftlichkeit ein signifikant positiver Einfluss.[827] Für die anderen Verbesserungskategorien liegen die Durchschnittswerte zwar auch höher als bei den Behörden mit maximal 100 Mitarbeitern, allerdings sind diese Unterschiede nicht statistisch signifikant. Bei der Mitarbeiterzufriedenheit sind zwischen den drei Gruppen sogar fast gar keine Unterschiede in Bezug auf die Verbesserung festzustellen. Eine genauere Analyse bestätigt die Vermutung, wonach die Ergebnisse der Mitarbeiterorientierung relativ unabhängig von der Behördengröße sind, während bei den fünf anderen Verbesserungskategorien Abhängigkeiten zur Größe bestehen.[828] Gerade in kleineren Behörden ist der Kontakt zwischen Behördenleitung und Beschäftigten direkter, und es findet ein stärkerer Einbezug der Mitarbeiter statt, so dass die Größe kaum Einfluss auf die Mitarbeiterzufriedenheit durch die NPM-Reformen hat.

| Anzahl Mitarbeiter | Gesamtverbesserungen (mit „5": sehr große Verbesserungen und „1": gar keine Verbesserungen) | | | | | | | |
|---|---|---|---|---|---|---|---|---|
| | Wirtschaft-lichkeit | Interne Prozesse | Leistungs-potenziale | Kundenzu-friedenheit | Mitarbeiter-zufriedenh. | Gesellsch. Wirkungen | Durch-schnitt | N |
| unter 101 | 2,553 | 2,947 | 2,842 | 2,605 | 2,632 | 2,079 | 2,610 | 38 |
| 101-300 | 3,051 | 3,333 | 3,308 | 3,205 | 2,897 | 2,590 | 3,064 | 39 |
| über 300 | 3,071 | 3,143 | 3,000 | 2,750 | 2,679 | 2,357 | 2,833 | 28 |
| Gesamt | 2,876 | 3,143 | 3,078 | 2,874 | 2,757 | 2,359 | 2,838 | 105 |

*Tabelle 1: Verbesserungen in Abhängigkeit von der Mitarbeiterzahl*

Besonders positiv sind die Ergebnisse in den mittelgroßen Behörden. Im Vergleich zu den kleineren Behörden sind alle Kategorien signifikant besser, auch hier wieder mit Ausnahme der Mitarbeiterzufriedenheit. Dies entspricht der von HERRMANN geäußerten Annahme, dass mittelgroße Verwaltungen besonders positive Ergebnisse erzielen können, da sie außerordentlich beweglich sind und dennoch ein großes Potenzial und genügend Initiativen für Verbesserungen haben.[829] Das führt sogar zu besseren Ergebnissen im Vergleich zu den großen Behörden mit mehr als 300 Beschäftigten, allerdings ergeben sich hier, mit Ausnahme der Kundenzufriedenheit, keine statistisch eindeutigen Mittelwertunterschiede.

---

[827] Durch den t-Test für den Mittelwertvergleich der Gruppe mit weniger als 101 Mitarbeitern und der Gruppe mit über 300 Mitarbeitern lassen sich die Mittelwertdifferenzen feststellen, die auf einem 5%-Niveau signifikant sind.

[828] Hierzu wurde eine Varianzanalyse durchgeführt. Dabei ergab sich für die Mitarbeiterzufriedenheit gemäß F-Test ein Wert von p = 0,428, während die anderen Werte deutlich darunter lagen und die Gruppenunterschiede bei den Verbesserungen der Leistungspotenziale, der Wirtschaftlichkeit und der Kundenzufriedenheit sogar signifikant sind ($\alpha = 10\%$).

[829] Vgl. Herrmann, D. (2004), S. 52.

Zur genaueren Analyse der Unterschiede der Verbesserungen soll ergänzend auf die Anzahl der eingesetzten Instrumente in den unterschiedlichen Größengruppen eingegangen werden. Hier stellt sich heraus, dass die großen Behörden durchschnittlich 12,0 der 19 Instrumente im Einsatz haben, während dies bei den mittelgroßen 10,6 und bei den kleinen Verwaltungen nur 7,4 sind. Während damit die Verwaltungen mit über 300 Mitarbeitern zwar die meisten Instrumente einsetzen, liegen die durch die Führungskräfte eingeschätzten Verbesserungen nicht in entsprechender Weise vor. Hier liegt also weniger ein Implementierungsdefizit sondern eher ein Umsetzungsdefizit vor, was sich vor allem in den Ergebnissen der internen Prozesse und Leistungspotenziale sowie der unterdurchschnittlichen Kundenzufriedenheit zeigt. Die *Hypothese 1*, wonach mit einem Anstieg der Behördengröße die erzielten Ergebnisse besser werden, kann also insgesamt *nicht bestätigt werden*. Dennoch ist ein Einfluss der Behördengröße auf das Erreichen der Modernisierungsziele vorhanden, und eine gewisse Mindestgröße wirkt sich positiv auf die effizienz- und effektivitätsgerichteten Ziele aus, wobei die besten Resultate durch mittelgroße Behörden erreicht werden.

Zur Überprüfung der zweiten Hypothese wird der Einfluss der *Tätigkeitsstruktur* auf die insgesamt erzielten Verbesserungen untersucht. Hierbei lassen sich die Behörden sowohl inhaltlich als auch in Bezug auf die erzielten Ergebnisse in zwei Gruppen unterteilen: Auf der einen Seite handelt es sich dabei um Behörden mit einigen wiederkehrenden Aufgaben, dazu eher geringen Fallzahlen sowie Behörden mit individuellen Projekten ohne Standardisierbarkeit. Auf der anderen Seite sind dies Verwaltungen mit vorwiegend repetitiven Tätigkeiten und hohen Fallzahlen sowie Behörden mit weitgehend ähnlichen Tätigkeiten und vielen wiederkehrenden Aufgaben. Die Ergebnisse der Institutionen mit eher repetitiven Tätigkeiten sind dabei besser als die derjenigen mit individuellen Aufträgen und Projekten; dies entspricht der aufgestellten Hypothese 2. Allerdings sind die Ergebnisse nicht in dem Maße positiv, wie es aufgrund der theoretischen Vorüberlegungen vermutet wurde (siehe dazu Tabelle 2). Gerade in Bezug auf die effizienzgerichteten Kategorien der Leistungspotenziale und im geringeren Maße auch für die Wirtschaftlichkeit stellen sich nicht die erwarteten Effekte ein. Einzig die Verbesserungen der internen Prozesse sind bei den Behörden mit standardisierten Aufgaben signifikant[830] besser, während in den anderen Verbesserungskategorien die Unterschiede relativ gering sind und bei der Mitarbeiterzufriedenheit sogar ein entgegengesetzter Effekt zu beobachten ist.[831] Die Prozessverbesserungen überraschen insofern nicht, weil bei vielen wiederkehrenden Aufgaben bereits kleine Verbesserungen in Bezug auf die Tätigkeiten deutliche Effekte haben, während bei individuellen Pro-

---

[830] Die Unterschiede der Mittelwerte sind hierbei auf dem 10%-Niveau signifikant.

[831] Eine mögliche Erklärung liegt in der steigenden Verantwortung der Mitarbeiter in Behörden mit vielen individuellen Aufträgen. Die Verwaltungsmodernisierung eröffnet in diesem Sinne bei wenig gleichartigen Tätigkeiten eine noch stärkere Dezentralisierung.

jekten sich die Veränderungen der Arbeitsstruktur durchschnittlich weniger positiv auswirken. Bestätigt wird dies zudem durch den überproportionalen Einsatz des Instrumentes Prozessmanagement in diesen Behörden, während in den Verwaltungen mit wenig standardisierten Aufgaben das Projektmanagement überproportional häufig eingesetzt wird. Hinsichtlich der Kostenrechnung können keine wesentlichen Unterschiede zwischen diesen Gruppen festgestellt werden. Die *Hypothese 2*, wonach sich mit weitgehend standardisierten Tätigkeiten bessere Ergebnisse durch die Verwaltungsreform erzielen lassen, kann also nur für den Bereich der internen Prozesse *bestätigt* werden, für die meisten Verbesserungskategorien sind die Ergebnisse zwar besser, aber es liegen *keine signifikanten* Mittelwertunterschiede vor.

| Tätigkeits-struktur | Gesamtverbesserungen | | | | | | | |
|---|---|---|---|---|---|---|---|---|
| | Wirtschaft-lichkeit | Interne Prozesse | Leistungs-potenziale | Kundenzu-friedenheit | Mitarbeiter-zufriedenh. | Gesellsch. Wirkungen | Durch-schnitt | N |
| Individuelle Aufträge, geringe Fallzahlen/ Individuelle Projekte | 2,738 | 2,976 | 3,024 | 2,786 | 2,833 | 2,262 | **2,770** | 63 |
| Hohe Fallzahlen, repetitiv/ Viele wiederkehrende Aufgaben | 2,968 | 3,254 | 3,079 | 2,921 | 2,683 | 2,397 | **2,884** | 42 |

*Tabelle 2: Verbesserungen in Abhängigkeit von der Tätigkeitsstruktur*

Als besonders wichtig im Zuge der Modernisierung gilt das *Wettbewerbsumfeld*. Es kann hierbei eine Einteilung in drei Gruppen vorgenommen werden. Als erstes Behörden ohne Wettbewerb, als zweites Verwaltungen, die in Teilbereichen Quasi-Wettbewerb haben, und als drittes Behörden, die überwiegend externem oder dem Quasi-Wettbewerb ausgesetzt sind. Die Ergebnisse in Abhängigkeit von den Kategorien zur Gesamtverbesserungen enthält Tabelle 3. Die mit Abstand besten Ergebnisse erzielen die Behörden, die überwiegend externem oder dem Quasi-Wettbewerb ausgesetzt sind. Diese Verbesserungen sind in nahezu allen Bereichen signifikant besser als in den Gruppen mit weniger Wettbewerb.[832] Demnach führt faktischer Wettbewerb nicht nur zu einer besseren Effizienz durch Einsparungen[833], durch bessere Prozessabläufe und durch das Heben von Leistungspotenzialen, sondern auch für die Kunden, die Gesellschaft und die Mitarbeiter ergeben sich positive Effekte. Die Verbesserun-

---

[832] Der Mittelwertvergleich der dritten Gruppe (externer oder Quasi-Wettbewerb) mit der zweiten (in Teilbereichen Quasi-Wettbewerb) ergibt nur für die Verbesserungen der internen Prozesse und Kundenzufriedenheit keine signifikanten Unterschiede, auch wenn die absoluten Werte hier über denen der zweiten Gruppe liegen. Im Vergleich der ersten mit der dritten Gruppe sind die Mittelwertunterschiede ebenfalls statistisch eindeutig, die Verbesserung der Mitarbeiterzufriedenheit aber nur mit $\alpha = 0,10$.

[833] Dies entspricht auch der Annahme von STAHLBERG, nach der sich bei einer Produktion unter Wettbewerb Produktivitätsgewinne von 5 bis 25% erzielen lassen, unabhängig davon, ob die Leistungen privat oder öffentlich ausgeführt werden. Vgl. Stahlberg, K. (1997), S. 93.

gen in Bezug auf die Beschäftigten überraschen insofern, als Wettbewerb bisweilen als zusätzliche Belastung empfunden wird.[834] Die zweite Gruppe von Behörden kann als Mischform der beiden übrigen aufgefasst werden. Hier liegen die erzielten Verbesserungen jeweils zwischen den Gruppen mit überwiegend Wettbewerb und der Gruppe ohne Konkurrenz. Da sich allerdings auch diese Gruppe signifikant von der ohne Wettbewerb unterscheidet, außer bei den Leistungspotenzialen und der Mitarbeiterzufriedenheit, soll auch diese Gruppe gesondert aufgeführt werden. Insgesamt kann demnach die *Hypothese 3 bestätigt* werden, dass bei einem stärkeren Wettbewerb bessere Ergebnisse durch die Verwaltungsmodernisierung erzielt werden können und die geringsten Verbesserungen bislang in den Behörden erreicht wurden, bei denen kein Markt besteht und zudem das Benchmarking der Leistungen nicht möglich erscheint.

| Wettbewerbs-umfeld | Gesamtverbesserungen | | | | | | | |
|---|---|---|---|---|---|---|---|---|
| | Wirtschaft-lichkeit | Interne Prozesse | Leistungs-potenziale | Kundenzu-friedenheit | Mitarbeiter-zufriedenh. | Gesellsch. Wirkungen | Durch-schnitt | N |
| Keinerlei Wettbe-werb | 2,452 | 2,742 | 2,774 | 2,258 | 2,645 | 1,742 | **2,435** | 31 |
| In Teilbereichen Quasi-Wettbewerb | 2,887 | 3,245 | 3,038 | 3,019 | 2,642 | 2,434 | **2,877** | 53 |
| Überwiegend externer oder Quasi-Wettbewerb | 3,476 | 3,476 | 3,524 | 3,381 | 3,143 | 3,000 | **3,333** | 21 |

*Tabelle 3: Verbesserungen in Abhängigkeit von dem Wettbewerbsumfeld*

Das nächste Verwaltungsmerkmal, zu dem eine Hypothese aufgestellt worden ist, ist die *Entgeltorientierung*. Hier können wiederum drei Gruppen unterschieden werden. Behörden, die für ihre Leistungen keinerlei Entgelte kalkulieren, Verwaltungen, die Gebühren verlangen oder Verrechnungen mit anderen Behörden durchführen, und Behörden, die Leistungen zu Marktpreisen bewerten. Wie der Tabelle 4 zu entnehmen ist, ergeben sich bei Behörden, die zu Marktpreisen ihre Produkte bewerten, die besten Ergebnisse. Besonders positiv wirkt sich das auf die Kundenzufriedenheit aber auch auf die Mitarbeiterzufriedenheit und die Wirtschaftlichkeit aus.[835] Während eine günstigere Leistungserstellung durch externe Preise und die dadurch erzielte größere Zufriedenheit der Abnehmer unmittelbar nachvollziehbar ist, überrascht die hohe Mitarbeiterzufriedenheit; denn es steht zu vermuten, dass externe Preise in den betroffenen Behörden nur durch wachsende Arbeitsbelastung der Beschäftigten und durch Personalabbau zu erzielen sind. Allerdings schränkt die geringe Anzahl der an Marktpreisen

---

[834] Vgl. Musil, A. (2005), S. 44.
[835] Auch wenn der Mittelwertvergleich durch die sehr unterschiedliche Anzahl an Fällen eingeschränkt ist, ergeben sich bei der Kundenzufriedenheit auch statistisch signifikante unterschiedliche Mittelwerte, für die anderen Verbesserungskategorien allerdings nicht ($\alpha = 0{,}10$).

orientierten Behörden diese Auswertung etwas ein. Die Unterschiede zwischen Behörden, die Gebühren erheben bzw. Verrechnungen durchführen, und Institutionen ohne Entgeltorientierung sind dagegen nur unwesentlich. Deutlich bessere Ergebnisse liegen bei internen Prozessen und gesellschaftlichen Wirkungen vor, schlechtere beim Vergleich dieser Gruppen in Bezug auf die Mitarbeiterzufriedenheit. Unterschiede in den Umsetzungsquoten einer KLR lassen sich bei diesen beiden Gruppen ebenfalls nicht feststellen, obwohl sich für die Ermittlung von Gebühren und die Durchführung von Verrechnungen das Instrument eigentlich anbieten würde.[836] Zusammenfassend kann die *Hypothese 4 nicht bestätigt* werden, wobei zumindest die Bewertung zu Marktpreisen wesentlich bessere Ergebnisse verspricht, allerdings trifft dies bislang nur auf wenige Behörden in NRW zu.

| Entgelt-orientierung | Gesamtverbesserungen | | | | | | | |
|---|---|---|---|---|---|---|---|---|
| | Wirtschaft-lichkeit | Interne Prozesse | Leistungs-potenziale | Kundenzu-friedenheit | Mitarbeiter-zufriedenh. | Gesellsch. Wirkungen | Durch-schnitt | N |
| Keinerlei Entgelte/ Verrechnungen | 2,867 | 3,067 | 3,022 | 2,822 | 2,800 | 2,222 | 2,800 | 45 |
| Gebühren erho-ben/ Verrechnun-gen durchgeführt | 2,907 | 3,241 | 3,074 | 2,852 | 2,667 | 2,444 | 2,864 | 54 |
| Bewertung zu Marktpreisen | 3,250 | 3,000 | 3,250 | 4,000 | 3,250 | 2,750 | 3,250 | 4 |

*Tabelle 4: Verbesserungen in Abhängigkeit von der Entgeltorientierung*

Als letztes Kategorisierungsmerkmal wird der Einfluss des *Kundenkontaktes* untersucht. Auch hier lassen sich drei Gruppen unterscheiden. Neben einer Gruppe, die keinerlei Kundenkontakt hat und demnach vor allem für die Koordination von Behörden oder für die Entwicklung von Methoden zuständig ist, gibt es ebenfalls Verwaltungen, die interne und externe bzw. nur interne Kunden haben, und schließlich die dritte Gruppe mit nur externen Kunden. Durch die Analyse der Ergebnisse (siehe Tabelle 5) wird der nur geringe Unterschied deutlich zwischen Behörden, die ausschließlich externen Kundenkontakt haben, und Behörden, die auch noch interne Kunden haben. Bezüglich der Mitarbeiterzufriedenheit bestehen deutliche Mittelwertunterschiede; bei der Kundenzufriedenheit und den internen Prozessen sind diese weniger ausgeprägt vorhanden. Wesentlich ausgeprägter ist die Abweichung von Behörden mit externen Kunden[837] im Vergleich zu der Gruppe, die nur internen oder sogar gar keinen Kundenkontakt hat. In letzterer Gruppe sind alle Verbesserungswerte deutlich geringer; bei der Wirtschaftlichkeit, den internen Prozessen und den Leistungspotenzialen, aber

---

[836] Vgl. Buchholtz, K. (2001), S. 95.
[837] Dies ist weitgehend unabhängig davon, ob ausschließlich externer Kundenkontakt besteht oder nur in einem gewissen Maße externe Kunden vorhanden sind. Allerdings sind die Ergebnisse insofern kritisch, weil die Gruppengrößen sehr verschieden sind.

auch in Bezug auf die Kundenzufriedenheit selber sind die Mittelwertabweichungen zudem statistisch signifikant.[838] Es scheint also gerade der Legitimations- und Modernisierungsdruck gegenüber Kunden außerhalb der Verwaltung zu sein, der zu deutlich positiveren Ergebnissen der Verwaltungsmodernisierung führt.[839] Der bestehende externe Kundenkontakt beeinflusst dabei vor allem die Effizienz in einer Behörde positiv, zudem auch die Kundenzufriedenheit, wobei dies überwiegend systemimmanent erscheint. Die *Hypothese 5* kann damit insoweit *bestätigt* werden, als dass sich nur durch externen Kundenkontakt bessere Ergebnisse erzielen lassen. Das Ausmaß von externem in Vergleich zu internem scheint dagegen kein bedeutsamer Einflussfaktor zu sein.

| Kundenkontakt | Gesamtverbesserungen | | | | | | | | |
|---|---|---|---|---|---|---|---|---|---|
| | Wirtschaft-lichkeit | Interne Prozesse | Leistungs-potenziale | Kundenzu-friedenheit | Mitarbeiter-zufriedenh. | Gesellsch. Wirkungen | Durch-schnitt | N |
| Nur interne Kun-den/ Keine Kun-den | 2,200 | 2,400 | 2,600 | 2,300 | 2,500 | 2,100 | **2,350** | 10 |
| Externe und in-terne Kunden | 2,934 | 3,148 | 3,082 | 2,852 | 2,639 | 2,377 | **2,839** | 61 |
| Nur externe Kun-den | 2,971 | 3,353 | 3,147 | 3,059 | 3,000 | 2,353 | **2,980** | 34 |

*Tabelle 5: Verbesserungen in Abhängigkeit von dem Kundenkontakt*

## 5.2.2.2  Ableitung von Behördentypen in der Landesverwaltung

Ein wesentliches Ziel dieser Arbeit ist die Ableitung von Verwaltungstypen für die Landesverwaltung in Bezug auf die Modernisierung. Durch den Prozess der Typenbildung sollen, wie bereits dargestellt, Verknüpfungen von Ausprägungen gefunden werden, die sich nicht logisch widersprechen, empirisch verifizierbar und praktisch brauchbar in Bezug auf das Untersuchungsziel sind. Es wird hier ein progressiver Prozess gewählt, bei dem gewisse Merkmale vorliegen und über deren sinnvolle Verknüpfung eine Typologie entsteht.[840] Hierzu sollen die Typen für weitgehend homogene Bearbeitungsstrategien der Verwaltungsmodernisierung verwendet werden können, und diese sollten sich überdies eignen, ein Benchmarking innerhalb der Typen zwischen Behörden vornehmen zu können. Dazu wurden zuvor fünf Merkmale identifiziert (Behördengröße, Tätigkeitsstruktur, Wettbewerbsumfeld, Entgeltorientierung und

---

[838]  Hier wurde wiederum der Mittelwertvergleich mit dem t-Test durchgeführt. Die Mittelwertdifferenzen sind auf einem 10%-Niveau signifikant.
[839]  Vgl. Vogel, R. (2006), S. 451.
[840]  Vgl. Welter, M. (2006), S. 115 f.

Kundenkontakt), die sich prinzipiell für die Ermittlung von Verwaltungstypen anbieten.[841] Zu jedem typenbeschreibenden Merkmal wurde anschließend eine weitgehend theoretisch begründete Hypothese aufgestellt, die den Einfluss und die Wirkungsrichtung der Ausprägungen auf die Reformergebnisse verdeutlichen sollte.

Die Überprüfung der Thesen ergab allerdings nicht bei allen Merkmalen eine statistische Relevanz in Bezug auf die erzielten Verbesserungen. Darüber hinaus würde eine Typisierung mit allen möglichen Merkmalen und Merkmalsausprägungen zu einer sehr geringen Gruppengröße führen. Eine so detaillierte Einteilung würde die Ableitung von Handlungsempfehlungen auf Basis der Besonderheiten und bisherigen Erfahrungen kaum ermöglichen, deshalb sind die Typisierungsmerkmale auf die wichtigsten zu beschränken. Dazu wird ergänzend zu den Thesen noch eine Regressionsanalyse durchgeführt. Diese untersucht den Einfluss der Merkmale auf Gesamtverbesserungen[842]. Als unabhängige Variablen werden dabei die fünf Merkmale mit den zur Überprüfung der Thesen verwendeten Ausprägungen genutzt. Aus den Ergebnissen kann gefolgert werden, dass das Wettbewerbsumfeld aber auch der Kundenkontakt einen wesentlichen Einfluss auf die Verbesserungen haben.[843] Das entspricht den Ergebnissen der Thesen, wonach sich die Ausprägungen dieser beiden Merkmale als signifikant unterschiedlich in Bezug auf die Verbesserungskategorien erwiesen haben. Daher wird im zweiten Schritt eine weitere Regression nur noch mit diesen beiden Merkmalen und den jeweils drei Kategorien durchgeführt, um damit den Anteil der erklärten Streuung zu erhalten. Dabei ergibt sich ein signifikantes Modell[844], mit dem sich 20,8% der gesamten Streuung erklären lassen. Eine objektive Aussage, ob der hier erzielte Anteil der erklärten Streuung ein guter oder ein schlechter Wert ist, lässt sich nicht treffen. Angesichts der vielfältigen Einflussfaktoren auf die eingeschätzten Ergebnisse der Verwaltungsmodernisierung[845] wird der Wert subjektiv als gut eingeschätzt. Durch die Regressionskoeffizienten lässt sich ermitteln, dass der Einfluss des Wettbewerbs

---

[841] Siehe dazu ausführlich Kapitel 4.3.2.

[842] Da der Einfluss der Merkmale auf die gesamten Verbesserungen durch die Reform untersucht werden soll, wird hier der Mittelwert aus den sechs Verbesserungskategorien als abhängige Variable verwendet.

[843] Auch eine alternativ durchgeführte Regressionsanalyse mit ausschließlich signifikanten unterschiedlichen Ausprägungen (wie die Einteilung der Behördengröße unter und über 100 Mitarbeiter) als unabhängige Variablen ergibt ausschließlich den signifikanten Einfluss der Wettbewerbsstruktur und des Kundenkontaktes.

[844] Das Gesamtmodell ist auf einem 1%-Niveau signifikant (F-Test). Damit kann die Nullhypothese, dass kein kausaler Zusammenhang zwischen unabhängiger und abhängiger Variablen besteht, verworfen werden. Auch hierbei nimmt der ß-Wert des Wettbewerbs einen höheren Wert an und hat damit einen größeren Einfluss auf die Gesamtverbesserungen als die Kundenkontakte, dabei haben beide Werte gemäß t-Test einen signifikanten Einfluss ($\alpha = 10\%$).

[845] Neben den nicht berücksichtigten drei Merkmalen können auch die persönliche Einschätzung und Einstellung der beantwortenden Führungskraft, die Länge und Intensität der Nutzung, die Akzeptanz der Mitarbeiter, die durchgeführten Strukturveränderungen, die vorhandenen Kenntnisse über das Thema und viele weitere Faktoren einen Einfluss auf die Ergebnisse ausüben.

(0,457) auf das Gesamtergebnis dabei stärker ist als der des Kundenkontaktes (0,273). Der Einfluss der beiden Regressoren kann mittels t-Test als signifikant bezeichnet werden. Somit sollen im Folgenden die beiden Merkmale Wettbewerbsumfeld und Kundenkontakt zur Typisierung von Verwaltungen in der Landesverwaltung NRW verwendet werden. Beide Kategorien haben jeweils drei polare und qualitative Ausprägungsmöglichkeiten, entsprechend dem Ansatz der Typisierung weisen diese dennoch mitunter unscharfe und verschwimmende Klassengrenzen auf.[846] Daraus ergeben sich die in Tabelle 6 abgetragenen neun verschiedenen Verwaltungstypen.

| Verwaltungstypen | | | |
|---|---|---|---|
| Nr. | Wettbewerb | Kundenkontakt | N |
| 1 | Keinerlei Wettbewerb | Nur interne Kunden bzw. keine Kunden | 4 |
| 2 | Keinerlei Wettbewerb | Externe und interne Kunden | 14 |
| 3 | Keinerlei Wettbewerb | Nur externe Kunden | 13 |
| 4 | In Teilbereichen Quasi-Wettbewerb | Nur interne Kunden bzw. keine Kunden | 5 |
| 5 | In Teilbereichen Quasi-Wettbewerb | Externe und interne Kunden | 33 |
| 6 | In Teilbereichen Quasi-Wettbewerb | Nur externe Kunden | 15 |
| 7 | Externer oder Quasi-Wettbewerb | Nur interne Kunden bzw. keine Kunden | 1 |
| 8 | Externer oder Quasi-Wettbewerb | Externe und interne Kunden | 14 |
| 9 | Externer oder Quasi-Wettbewerb | Nur externe Kunden | 6 |

*Tabelle 6: Identifizierte Verwaltungstypen*

Da es relativ wenige Verwaltungen gibt, die in der Befragung angegeben haben, ausschließlich internen oder sogar gar keinen Kundenkontakt zu haben, befinden sich auch nur rund 10% der Verwaltungen in diesen Gruppen (Nr. 1, 4 und 7). Die größte Gruppe sind dabei die Verwaltungen mit externem wie internem Kundenkontakt und Quasi-Wettbewerb in Teilbereichen. 31,4% aller Behörden gehören zu dieser Gruppe 5. Schon deutlicher weniger Behörden lassen sich dem Behördentyp 6 zuordnen (14,3%), der ebenfalls in Teilbereichen einem Quasi-Wettbewerb ausgesetzt ist, aber nur externe Kunden hat. Von der Häufigkeit der Nennungen folgen danach die Typen 2 und 8 mit jeweils einem Anteil von 13,3%. Diese Verwaltungen haben externen und internen Kundenkontakt, aber zum einen keinerlei Wettbewerb und zum anderen externen oder Quasi-Wettbewerb. Einen großen Anteil hat auch noch der Typ 3, der externe Kunden hat und sich keinem Wettbewerb ausgesetzt sieht (12,4%). Als „Exot" muss der Verwaltungstyp Nr. 7 bezeichnet werden, der zwar ausschließlich externem und Quasi-Wettbewerb ausgesetzt ist, aber keine bzw. nur interne Kunden hat. Dies ist

---

[846] Bspw. ist die hauptsächliche Einteilung in nur „Quasi-Wettbewerb" bzw. „in Teilbereichen Quasi-Wettbewerb" fließend und nicht immer eindeutig.

auch inhaltlich eine ungewöhnliche Kombination. Die Abbildung 27 enthält die graphische Darstellung der sich daraus ergebenden neun Verwaltungstypen.[847]

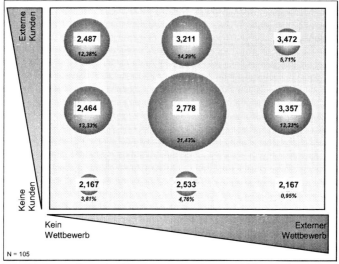

Abbildung 27: Darstellung der Verwaltungstypologie in Abhängigkeit vom Kundenkontakt und vom Wettbewerb[848]

Entsprechend den im Rahmen der Hypothesen-Überprüfung festgestellten Wirkungsrichtungen können auch in der Kombination von Wettbewerb und Kundenkontakt die besten Reformergebnisse, insbesondere bei externem Wettbewerb bzw. bei externem Kundenkontakt, festgestellt werden. Dabei überwiegt der Einfluss der für die Behörden vorhandenen Konkurrenz leicht. So haben die Institutionen vom Verwaltungstyp Nr. 9 mit einem Mittelwert von 3,472 den besten Wert. Sie liegen damit deutlich über dem Durchschnittswert von 2,838[849]. Bei den Verwaltungstypen 6 und 8 lassen sich mit Werten von 3,211 und 3,357 ebenfalls deutlich überdurchschnittliche Resultate durch die Modernisierung feststellen. Dagegen werden in Verwaltungstypen ohne Wettbewerb jeweils sehr schlechte Verbesserungswerte erzielt. Eine Besonderheit

---

[847] Zur graphischen Darstellung von Typologien siehe auch Welter, M. (2006), S. 115 f.

[848] Die Abbildung enthält nicht nur die 9 verschiedenen Typen (nummeriert mit „1" bis „9"), die auf Grundlage der beiden wesentlichen Klassifizierungsmerkmale gebildet werden können, sondern auch den Anteil, dieser Typen in der Befragung und den Mittelwert der in den Behörden erzielten Verbesserungen (kursiv dargestellt). Aus Darstellungsgründen sind jeweils nur die verbalen Extrempunkte auf den Achsen abgetragen. Die Größe der Kreise entspricht dabei dem Anteil der Behördentypen in der Befragung.

[849] Der leicht abweichende Wert im Vergleich zu Kapitel 5.1.2.2 (2,848) ergibt sich durch einen Fragebogen, der wegen fehlender Angaben zur Tätigkeitsstruktur nicht in diese Analyse einbezogen werden konnte.

stellt wiederum der Typ 7 dar, der trotz Wettbewerb kaum Verbesserungen erzielt. Allerdings gehört diesem Typ nur eine einzelne Behörde an, und die Aussagekraft ist daher eingeschränkt. Betrachtet man die Streuung[850] der Ergebnisse genauer, ist diese bei den Typen 1, 2 und 4 besonders groß. Daraus lässt sich schließen, dass hier einzelne Behörden sowohl deutlich über dem Durchschnitt liegende Werte angegeben haben als auch deutlich darunter liegende.

Betrachtet man die Ergebnisse in den sechs einzelnen Verbesserungskategorien genauer, fällt auf, dass sich bei den Typen 2 und 3 die Zufriedenheit der Kunden bisher nur wenig verbessert hat (2,357 bzw. 2,231) und sich auch bezüglich der erzielten gesellschaftlichen Wirkungen in diesen Behörden kaum positive Resultate ergeben haben (1,714 bzw. 1,769). Dabei haben beide Verwaltungstypen zumindest teilweise externen Kundenkontakt. Positiv herauszustellen sind in diesem Zusammenhang die positiven Effekte des Typs 6 auf die Zufriedenheit seiner externen Kunden (3,600). Hier scheint der teilweise vorhandene Quasi-Wettbewerb für Verbesserungen in Bezug auf die externen Leistungsabnehmer zu sorgen. Die größte Gruppe von Behörden, Typ 5, hat jeweils nur geringe Abweichungen vom Durchschnitt der sechs Verbesserungsdimensionen. Positiv fallen die internen Prozesse (3,121) auf, negativ hingegen sind die unterdurchschnittlichen Ergebnisse bei der Mitarbeiterzufriedenheit (2,545) zu bewerten. Dagegen weist der Typ 9 mit ausschließlich externen Kunden und einer hohen Wettbewerbsintensität nicht nur gute Effizienz- und Effektivitätswerte aus, sondern gerade die Resultate der Zufriedenheit der Mitarbeiter sind weit überdurchschnittlich positiv (3,333). Demnach scheint hier die stärkere Konkurrenzsituation keinen negativen Einfluss auf die Mitarbeiter zu haben, sondern eher das Gegenteil ist der Fall. Allerdings sind bei den anderen Typen, die im Wettbewerb stehen, entsprechende Effekte kaum oder gar nicht zu beobachten, so dass diesbezüglich keine klare Aussage über den Einfluss auf die Mitarbeiterzufriedenheit getroffen werden kann.

### 5.2.2.3 Implikationen für die ermittelten Behördentypen

Entsprechend der gewählten Typisierung nach den Merkmalen Wettbewerb und Kundenkontakt können daraus für die Verwaltungsmodernisierung typenspezifisch unterschiedliche Implikationen abgeleitet werden.[851] Hier stehen insbesondere der Instru-

---

[850] Als Streumaß wird die Standardabweichung bzw. hier der relativierte Variationskoeffizient verwendet. Vgl. dazu ausführlich Bortz, J. (1988), S. 54 ff.

[851] Etwas einschränkend muss allerdings angemerkt werden, dass sich die Behörden nur zum überwiegenden Teil in diese Merkmalsausprägungen eingestuft haben und demnach die Verwaltung nicht immer vollständig einem einzigen Typ zugeordnet werden kann.

menteneinsatz und die Konsequenzen für das „Basisinstrument der Verwaltungsreform", die Kosten- sowie Leistungsrechnung, im Mittelpunkt der Analyse.[852]

Bei dem *Typ 1* handelt es sich um Verwaltungen, in denen keinerlei Wettbewerb stattfindet und entweder kein Kundenkontakt besteht oder ausschließlich verwaltungsinterne Kunden die Leistungen empfangen. Das können damit Behörden sein, die vorwiegend für die Erstellung von politischen Konzepten oder Strategien zuständig sind. Auf diese Weise sind die Verwaltungen kaum einem Konkurrenzdruck ausgesetzt und müssen ihre Leistungen zudem nicht gegenüber Kunden rechtfertigen. Dies spiegelt sich ebenfalls in dem geringen durchschnittlichen Verbesserungswert wider (2,167). Im Vergleich zu den anderen Typen ohne Wettbewerb werden in diesen Verwaltungen allerdings überdurchschnittlich viele Instrumente eingesetzt (7,8), meistens sogar weil selber Probleme und Chancen erkannt wurden. Demnach scheint in diesen Verwaltungen vor allem ein Umsetzungsdefizit vorzuherrschen. Eine KLR ermöglicht für diesen Typ die Durchführung interner Betriebsvergleiche, indem Daten in Zeitreihen gespeichert werden oder Kennzahlen dargestellt werden können.[853] Allerdings ist die Interpretation dieser Werte oftmals schwierig, da viele individuelle Leistungen erstellt werden und mangels eines vorhandenen Marktes oder weitgehend ähnlichen Behörden die Vergleichbarkeit stark eingeschränkt ist. Entsprechend sollte ein nicht zu umfangreiches und ein nicht mit zu detaillierten Verrechnungen versehenes Kostenrechnungssystem als Grundlage verwendet werden. Als Abrechnungsobjekte für eine Kostenrechnung in Behörden ohne externen Kundenkontakt und ohne intensiven Wettbewerb bieten sich Projekte an.[854] Für detailliertere Wirtschaftlichkeitskontrollen können die geplanten Projektkosten, die auf der Grundlage von zugehörigen Arbeitspaketen und Aktivitäten ermittelt werden können, mit den tatsächlich entstandenen Kosten verglichen werden.[855] Dieses Vorgehen wird auch gestützt durch die überdurchschnittlichen Verbesserungen, die diese Verwaltungen durch den Einsatz eines Projektmanagements und einer Kostrechnung erzielt haben.

Der *Typ 2* zeichnet sich durch keinerlei Wettbewerb und durch externe wie interne Kunden aus. Während in allen Verwaltungen durchschnittlich etwa 9,8 Instrumente eingesetzt werden, sind dies bei dieser Gruppe nur 7,0 Instrumente. Demnach scheint

---

[852] Vgl. Adamaschek, B. (2005), S. 361. Durch die KLR werden automatisch auch noch weitere Instrumente wie das zur adressatengerechten Aufbereitung benötigte Berichtswesen, die Produktdefinitionen, die mit den Kostenträgern abgestimmt werden sollten, oder das Benchmarking, das Daten aus der KLR nutzt, beeinflusst. Wenn also im Folgenden von einer detaillierteren oder einer weniger detaillierten KLR die Rede ist, trifft das gleichzeitig auf weitere Elemente zu, die aber nicht jeweils gesondert erwähnt werden sollen.

[853] Vgl. Nöthen, J./Pichlbauer, M./Eisenstecken, E. (2004), S. 71.

[854] Zum Begriff des Projektes siehe Kapitel 4.5.16.

[855] Vgl. Arthur D. Little (1997), S. 36.

sich der nicht vorhandene Wettbewerb auch in der Implementierung von Steuerungselementen widerzuspiegeln. Zudem wird das Element der Kostenrechnung bislang nur in 21,4% der Behörden eingesetzt, die Leistungsrechnung sogar nur in 7,1%. Hier zeigen sich deutliche Implementierungsdefizite. Eine Kostenrechnung wird in diesem Typ vorwiegend für interne Zwecke benötigt und sollte nicht zu differenziert ausgestaltet sein. Die Darstellung der KLR-Ergebnisse sollte allerdings aussagekräftig genug sein, um zur Sensibilisierung der Mitarbeiter und der Führungskräfte im Umgang mit den Ressourcen beizutragen.[856] Diese Informationen können obendrein für interne Zielvereinbarungen genutzt werden. Die Wichtigkeit dieses Elementes zeigt sich in den damit erzielten überdurchschnittlichen Verbesserungen.[857] Darüber hinaus kann durch eine ausreichende Kostentransparenz in Verbindung mit der Angabe des Leistungsumfanges und der Leistungsqualität eine Abwägung mit den Erwartungsbedürfnissen der Kunden stattfinden.[858] Demnach sollte eine flächendeckende und übersichtliche KLR mit einem adressatenorientierten Berichtswesen vermehrt auch bei dem Typ 2 implementiert werden, allerdings ohne zu komplexe Verrechnungsmodelle und Leistungskataloge sowie zunächst auf Vollkostenbasis.

Sowohl in Bezug auf die erzielten Verbesserungen als auch auf die Anzahl der Behörden ist der *Typ 3* ähnlich zur vorherigen Gruppe. Diese Verwaltungen befinden sich ebenfalls in keiner Konkurrenzsituation, dafür haben sie allerdings ausschließlich externen Kundenkontakt. Verwunderlich ist hier die sehr geringe Zahl an eingesetzten Instrumenten, nur 4,8 werden durchschnittlich in diesen Behörden genutzt. Besonders negativ fällt auf, dass in keiner Institution ein Qualitätsmanagement implementiert ist. Dabei soll gerade der Kunde zur Überprüfung der Qualität der angebotenen Leistungen genutzt werden.[859] Ferner werden die weiteren Instrumente zur outputorientierten Verwaltungssteuerung bislang in diesen Behörden kaum genutzt, obwohl gerade die Budgetierung bei diesem Typ zu positiven Veränderungen geführt hat. Auch der Einsatz der Kosten- bzw. Leistungsrechnung ist mit jeweils 7,7% noch deutlich ausbaufähig. Die internen Instrumente für Wirtschaftlichkeitsanalysen werden kaum genutzt, obgleich eine Berücksichtigung der Kundenzufriedenheit im Rahmen einer qualitätsorientierten Leistungsrechnung für diesen Typ positive Auswirkungen haben sollte.[860] Eine so verstandene ganzheitliche Kosten- und Leistungsbeurteilung kann ferner die durch das Verwaltungshandeln ausgelösten Wirkungen berücksichtigen, insbesondere,

---

[856] Für interne Analysen ist neben den Abrechnungsobjekten (Kostenträger) auch der Entstehungsort (Kostenstelle) wesentlich. Schon bei eher groben Kostenrechnungssystemen sollte daher auf eindeutige Abgrenzungsmöglichkeiten geachtet werden.
[857] Der Verbesserungswert aus Effizienz und Effektivität beträgt für den Typ 2 3,500 im Vergleich zu 3,300 im Durchschnitt aller Behörden.
[858] Vgl. Raffetseder, G. (2001), S. 38.
[859] Vgl. Schedler, K./Proeller, I. (2006), S. 68.
[860] Vgl. Buchholtz, K. (2001), S. 96.

wenn, wie in diesem Fall, zwar externer Kundenkontakt, aber kaum Wettbewerb vorhanden ist. Dies kann durch die Integration einer Wirkungsrechnung geschehen, um so genauere Aussagen über die Zielerreichung einer Behörde treffen zu können.[861] Eine stärkere Ausrichtung auf die Leistungsempfänger könnte darüber hinaus durch den Einsatz eines E-Governments geschaffen werden, allerdings sind die damit erzielten Ergebnisse von Behörden dieses Leistungstyps bislang auch noch unterdurchschnittlich (2,625 im Vergleich zu 3,600 über alle Behörden).

Der *Typ 4* hat keinerlei externe Kunden und ist in einigen Bereichen einem Quasi-Wettbewerb ausgesetzt. Mit 9,6 Instrumenten werden in dieser Gruppe durchschnittlich fast zwei Instrumente mehr eingesetzt als beim Typ 1. Die Möglichkeit, Vergleiche von Leistungen durchzuführen, scheint einen positiven Einfluss auf die Anzahl der eingesetzten Elemente zu haben. Entsprechend ist bei diesen Behörden der Einsatz eines Benchmarking deutlich ausgeprägter. Mehr als die Hälfte der Behörden dieser Gruppe wenden es an, um damit die Unterschiede systematisch zu analysieren und Verbesserungspotenziale zu erkennen. Um für die Vergleiche aussagekräftige Kostendaten für einzelne Leistungen liefern zu können, sind die Personalkosten, die im öffentlichen Sektor traditionell einen hohen Anteil haben, outputorientiert zu erfassen und so weit wie möglich als Einzelkosten den Kostenträgern direkt zuzurechnen.[862] Sofern ähnliche Fachverwaltungen vorliegen, können rein mengenmäßige Leistungsvergleiche durchgeführt werden, da umfangreiche Indikatorensysteme für diese Behördengruppe nicht zwingend notwendig sind. Darüber hinaus sollten die KLR-Systeme der Vergleichspartner in Bezug auf Produkte, Kostenbestandteile und Verrechnungsverfahren ähnlich ausgestaltet sein.[863] Bislang hat die Kostenrechnung in den Behörden dieses Leistungstyps zwar eine durchschnittliche Umsetzungshäufigkeit, die damit erzielten Ergebnisse sind allerdings unterdurchschnittlich. Dies kann neben konzeptionellen Defiziten, durch eine zu geringe Abstimmung mit dem Instrument des Benchmarking, an der bislang kaum vorhandenen Leistungsrechnung in den Behörden dieses Typs liegen.

Die Gruppe mit den meisten Behörden ist der *Typ 5*. Im Vergleich zum vorigen Typus besteht dabei sowohl interner als auch externer Kundenkontakt. Während ein großer Teil eine Kostenrechnung (69,7%) und ein Berichtswesen (72,7%) implementiert hat, besteht bezüglich der Leistungsrechnung noch deutlicher Einführungsbedarf (33,3%). Es scheint dabei zwar Interesse an der Ermittlung der Inputs zu bestehen, die damit erzielten Outputs werden hingegen bislang kaum erfasst, obwohl gerade das für die

---

[861] Vgl. Adamaschek, B. (2005), S. 366 f.
[862] Vgl. Buchholtz, K. (2001), S. 112; Pfaff, D./Weber, J. (1998), S. 152.
[863] Vgl. Künzer, A. (2002), S. 42 ff. Dieses Vorgehen gilt dabei in ähnlicher Weise auch für die folgenden Typen mit Quasi-Wettbewerb bzw. externem Wettbewerb.

Leistungen, die einem Quasi-Wettbewerb ausgesetzt sind, von besonderem Interesse wäre. So ermöglicht die KLR in dieser Gruppe nicht nur die Durchführung interner Betriebsvergleiche sondern auch externe Vergleiche, bei denen die Input- und Output-Daten ins Verhältnis mit anderen Behörden gesetzt werden. Da diese Behörden sowohl verwaltungsinterne als auch -externe Kunden haben, kann die KLR über die Lieferung von Daten für ein Benchmarking hinaus genutzt werden, um Informationen zur Festlegung interner Verrechnungspreise bereitzustellen.[864] Für solche Informationen ist allerdings der Aufbau einer aufwendigeren KLR mit verursachungsgerechten Verrechnungsverfahren notwendig. Überproportional im Einsatz bei Verwaltungen des Typs 5 sind die Elemente für ein Kontraktmanagement und die Produktdefinitionen; jeweils mehr als 60% der Behörden dieser Gruppe setzen diese Instrumente ein. Allerdings erfolgt die Nutzung abgesehen von den Zielvereinbarungen mehrheitlich wegen dirigistischer Vorgaben und nicht durch eigene Motive aus der Verwaltung heraus. Besonders wenig wird, obwohl externer Kundenkontakt vorliegt, das E-Government hier eingesetzt. Vergleichsweise gering ist bislang auch der Einsatz eines Benchmarking (45,5%), dabei ist der teilweise vorhandene Quasi-Wettbewerb dafür prädestiniert. Positiv sind der häufige Einsatz und die damit erzielten Verbesserungen durch ein Projektmanagement für diesen Leistungstyp zu vermerken.

Ein in Teilbereichen vorhandener Quasi-Wettbewerb und externe Kunden zeichnen den *Typ 6* aus. Diese Kombination ermöglicht dabei deutlich größere Verbesserungen (3,211) als in den Gruppen 3 und 5, die jeweils bei einem Merkmal die gleiche Ausprägung haben. Gerade die Kombination ermöglicht offensichtlich für die jeweiligen Behörden größere Effekte durch die Verwaltungsreform. Dies zeigt sich auch in den eingesetzten Instrumenten: Durchschnittlich 11,7 werden angewendet. Als sehr positiv kann die hohe Verbreitung der Leistungsrechnung (46,7%) aufgefasst werden. Weiterhin werden hier besonders häufig Kundenbefragungen (80,0%) und ein Beschwerdemanagement (60,0%) eingesetzt, beide zudem mit jeweils überzeugenden Ergebnissen. Ebenfalls überdurchschnittliche Ergebnisse erzielen die Behörden dieses Leistungstyps bei dem Einsatz einer Wirkungsrechnung. Hiermit zeigt sich der Einfluss der ausschließlich externen Kunden, die von den Verwaltungen entsprechend berücksichtigt werden. Ferner erklären sich hierdurch die zuvor aufgezeigten positiven Effekte auf die Steigerung der Kundenzufriedenheit, die sogar noch größer eingeschätzt wird als bei den Typen 8 und 9. Für Behörden mit Quasi-Wettbewerb wird von der KLR häufig eine Bereitstellung von Verrechnungsverfahren und -preisen verlangt. Dazu müssen vergleichbare Kosten- und Leistungsinformationen vorliegen. Gewährleistet werden kann dies durch eindeutige Beschreibungen von Leistungsstandards und Kostenbe-

---

[864] Vgl. Buchholtz, K. (2001), S. 122.

standteilen.[865] Für eine exaktere Verteilung der Personalkosten auf die im Quasi-Wettbewerb stehenden Leistungen kann eine Zeitaufschreibung genutzt werden. Hierbei muss jedoch eine Abwägung hinsichtlich der Relevanz stattfinden, insbesondere bei diesem Typ 6, da hier nur in Teilbereichen Quasi-Wettbewerb vorzufinden ist.

Angesichts der geringen Aussagekraft von nur einer Behörde, die zu *Typ 7* gehört, lassen sich auf dieser Grundlage keine belastbaren Erfahrungen ableiten. Acht Instrumente hat diese Behörde im Einsatz und liegt damit unter dem Durchschnitt. Dazu passt, dass hier bislang kaum Gesamtverbesserungen erzielt wurden. Eingesetzt werden neben einer Kostenrechnung mit einem Berichtswesen auch ein Benchmarking und eine Budgetierung. Gerade für Letzteres kann die Kostenrechnung in der Zukunft ein wichtiger Informationslieferant sein sowohl für die Aufstellung als auch für Abweichungskontrollen von Budgets.[866] Dies gilt allerdings auch für die anderen Behördentypen.

Sowohl externer als auch interner Kundenkontakt und Quasi-Wettbewerb oder ein bestehender externer Markt für einen überwiegenden Teil der Leistungen zeichnen *Typ 8* aus. Der durch Kunden und Konkurrenten ausgeübte externe Druck führt zu einem Einsatz von vielen Modernisierungselementen; 11,8 werden hier durchschnittlich genutzt. Die hohe Wettbewerbsintensität soll bei dieser Gruppe vor allem als Antriebs- oder Anreizfunktion fungieren. Dadurch können sich Produktivitäts-, Qualitäts- oder Innovationseffekte einstellen.[867] Alle zugehörigen Verwaltungen setzen eine Kostenrechnung ein; eine Leistungsrechnung und ein Berichtswesen finden ebenfalls sehr häufig Anwendung (64,3% bzw. 78,6%). Bei externem Wettbewerb bieten sich die an den marktlichen Strukturen orientierten Kostenträger an, die als Basis für Kalkulationen und zur Ermittlung von Preisen und Gebühren verwendet werden können.[868] Zudem ist eine prozessorientierte Ausrichtung der KLR wünschenswert, mit der der oftmals hohe Anteil der Gemeinkosten beanspruchungsgerecht den Produkten zugeordnet werden kann.[869] Besonders positiv sind neben den Ergebnissen der Kostenrechnung[870] auch die der Leistungsrechnung. In diesen Verwaltungen liegt der Wert mit 3,944 deutlich über dem durchschnittlichen Verbesserungswert von 3,162 und unterstreicht damit die Wichtigkeit nicht nur einer genauen Kostenanalyse sondern zudem einer differenzierten Erfassung der Leistungen in Zeit-, Mengen- und Qualitätsgrößen für

---

[865]  Vgl. Buchholtz, K. (2001), S. 121 f.
[866]  Vgl. Pook, M./Fischer, E. (2002), S. 45.
[867]  Vgl. Busch, V. (2005), S. 68. Sollen die Wünsche der Bürger schon in die Preisgestaltung integriert werden, bietet sich der „Public Target Costing"-Ansatz als Ergänzung zur KLR an. Vgl. dazu ausführlich Siems, C. (2005).
[868]  Vgl. Nöthen, J./Pichlbauer, M./Eisenstecken, E. (2004), S. 71.
[869]  Vgl. Horváth, P. et al. (1993), S. 612.
[870]  Der Durchschnittswert aus Effizienz- und Effektivitätsverbesserungen der Kostenrechnung beträgt bei diesen Behörden 3,464 im Vergleich zu 3,213 bei allen Behörden.

diesen Typ. In fast allen Behörden dieser Gruppe erfolgt der Einsatz von Produktdefinitionen oder von Zielvereinbarungen. Auffällig niedrig ist hingegen der Umsetzungsstand im Beschwerdemanagement. Obwohl Kunden innerhalb der Landesverwaltung als auch außerhalb vorhanden sind, setzen bislang nur 21,4% dieses Instrument ein.

Der *Typ 9* beinhaltet die Erstellung von Leistungen für externe Kunden sowie den externen bzw. Quasi-Wettbewerb in den Verwaltungen. Diese Behörden scheinen demnach die meisten externen Anreize für die Einführung der Elemente der Verwaltungsmodernisierung zu haben. Dies zeigt sich nicht nur in dem höchsten Verbesserungswert aller Typen (3,472), sondern auch in dem mit Abstand umfangreichsten Instrumenteneinsatz. 14,2 der neunzehn abgefragten Instrumente werden hier durchschnittlich angewendet. Die Kostenrechnung mit einem Berichtswesen wird dementsprechend in fast allen Behörden eingesetzt, die Leistungsrechnung allerdings bislang erst in der Hälfte der Verwaltungen. Die Anforderung an eine KLR dieser Gruppe unterscheidet sich kaum von denen erwerbswirtschaftlicher Unternehmen. Diese soll vergleichbare Daten bereitstellen und in der Lage sein, Deckungsbeiträge sowie Angebotspreise für im marktlichen Wettbewerb befindliche Produkte zu ermitteln.[871] Im besonderen Maße ist für diese Behördengruppe eine detaillierte Plankostenrechnung notwendig, um Abweichungen schnell feststellen und Anpassungen vornehmen zu können. Auch die anderen Elemente einer outputorientierten Verwaltungssteuerung haben beim Typ 9 eine große Verbreitung gefunden. Positiv ist zudem festzustellen, dass zwei Drittel der Behörden ein Benchmarking durchführen, selbiges gilt für das Qualitätsmanagement, mit dem in diesem Behördentyp besonders positive Resultate erzielt werden. Auch der Anteil der kundenbezogenen Instrumente, wie der Kundenbefragungen oder des E-Governments, liegt in diesen Behörden bezüglich des Einsatzes und der Auswirkungen deutlich über dem Durchschnitt. Angesichts der vorzufindenden Kundenstruktur überrascht dies allerdings nicht und trägt der Annahme Rechnung, dass insbesondere dieser Behördentyp den Nutzen der Leistungsempfänger in das Zentrum der Bemühungen stellen sollte.[872]

### 5.2.3 Überprüfung der Thesen zu den Einsatzrahmenbedingungen

Nach den Thesen zu den Behördentypen und zu den Implikationen für die Verwaltungstypen soll nun der Einfluss der Rahmenbedingungen des Instrumenteneinsatzes auf die erzielten Verbesserungen betrachtet werden. Die Hypothese 6 behandelt den

---

[871] Vgl. Buchholtz, K. (2001), S. 121. Dazu gehören auch Kostenträgerstück- und Kostenträgerzeitrechnungen, um die Produkte genauer kalkulieren zu können. Vgl. dazu bspw. Coenenberg, A. (1999), S. 117 ff.

[872] Vgl. Goldbach, A. (2003), S. 126.

Einfluss der beigemessenen *Bedeutung* auf die erzielten Ergebnisse. Die Tabelle 7 zeigt die Mittelwerte der Verbesserungen[873] in Abhängigkeit von den eingeschätzten Bedeutungswerten aller Instrumente. Es lässt sich feststellen, dass bei einer sehr hohen zugemessenen Bedeutung („5") der Verbesserungsmittelwert mit 3,674 deutlich über dem Durchschnittswert von 3,243 liegt. Auch für die anderen Bedeutungswerte lässt sich ein umso größerer Mittelwert der Verbesserung feststellen, je wichtiger die Bedeutung eingeschätzt wird. Bei acht Instrumenten zeigt sich das daran, dass diese als unbedeutend eingeschätzt werden („1") und sich demzufolge hier auch keine Verbesserungen eingestellt haben. Die univariate Varianzanalyse bestätigt die Vermutung der unterschiedlichen Mittelwerte, und der a-posteriori Bonferroni-Test weist alle Bedeutungswerte als untereinander signifikant verschieden aus.[874] Die *Hypothese 6* kann somit *bestätigt* werden. Für die zukünftigen Verwaltungsmodernisierungsmaßnahmen bedeutet dies, die Führungskräfte aber auch die Mitarbeiter von der Bedeutung und der Wirksamkeit der Instrumente zu überzeugen, damit entsprechende Wirkungen erzielt werden können. Dabei bleibt allerdings unklar, ob bei den Befragten mitunter gewisse Vorbehalte gegenüber Instrumenten bestehen und daher die Verbesserungen von ihnen bewusst relativ schlecht eingeschätzt werden, und umgekehrt, ob Instrumente, die als bedeutend angesehen werden, bewusst sehr positiv dargestellt werden. Insgesamt ist damit von einer zur Teilen subjektiv gefärbten Bedeutung auszugehen, wodurch dem Projektmarketing besondere Bedeutung zukommen lässt.

| Verbesserungen der Einzelinstrumente | | | |
|---|---|---|---|
| **Bedeutung** („1": „unbedeutend" und „5": „sehr bedeutsam") | Mittelwert | Standard-abweichung | N |
| 1 | 1,125 | 0,354 | 8 |
| 2 | 2,158 | 0,679 | 38 |
| 3 | 2,583 | 0,719 | 145 |
| 4 | 3,220 | 0,816 | 465 |
| 5 | 3,674 | 0,802 | 382 |
| **Gesamt** | 3,243 | 0,911 | 1038 |

*Tabelle 7: Vergleich der eingeschätzten Bedeutung mit der Verbesserung der Einzelinstrumente*[875]

---

[873] Die Verbesserungen in Bezug auf ein Instrument wurden von den Befragten immer durch einen Effizienz- und einen Effektivitäts-Wert angegeben. Das würde für den Vergleich mit anderen Abfragekategorien immer zwei Auswertungen erfordern, deshalb wird hier und im Weiteren jeweils der Mittelwert der beiden Werte als gesamte „Verbesserung" verwendet. Dies erscheint auch deshalb möglich, weil die Unterschiede zwischen den beiden Werten von den Führungskräften insgesamt sehr gering eingestuft wurden.

[874] Abgesehen von dem Vergleich von Bedeutung „2" und „3" (Signifikanzniveau $\alpha = 0,05$) unterscheiden sich alle Werte auf einem 1%-Signifikanzniveau.

[875] Die angegebene Standardabweichung wird hier der Vollständigkeit halber mit angegeben, eine genauere Analyse erfolgt auf dieser Grundlage allerdings nicht. Ausführlicher dazu bei Bortz, J. (1988), S. 54 ff. Bei dieser und den folgenden Thesen werden wie bei den Gesamtverbesserungen auch drei Nachkommastellen angegeben, um genauere Analysen zu ermöglichen.

Mit der nächsten Hypothese soll die Verbindung zwischen dem *Einführungsanlass* und den erzielten Verbesserungen untersucht werden. Wie der Tabelle 8 zu entnehmen ist, ist der erzielte Mittelwert der Verbesserung deutlich besser, wenn aus intrinsischen denn aus dirigistischem Anlass die Implementierung vorgenommen wurde. Dies bestätigt demnach die theoretische Erkenntnis, nach der diese Reformen nicht nur „von oben" durchsetzbar sind.[876] Die geringsten Verbesserungen treten bei dem Einführungsanlass „zentrale Landesvorgabe" auf. Ein Vergleich der Mittelwerte zeigt dabei statistisch signifikant[877] auf, dass sich die Verbesserungen danach unterscheiden, ob die Einführung extern beschlossen oder von der Behörde selber durchgesetzt wurde. Etwas überraschend ist der Unterschied zwischen den Defiziten und den vermuteten Chancen. Gewisse „Selbstdarstellungseffekte" sind allerdings gerade bei dieser Fragestellung zu vermuten, was bei der Beurteilung der Ergebnisse beachtet werden muss. Insgesamt kann die *Hypothese 7* damit ebenfalls *bestätigt* werden. In einer genaueren Analyse zeigt sich, dass zudem die Einsatzintensität der Instrumente dann am größten ist, wenn von den Behörden Chancen vermutet werden; bei den erkannten Defiziten wurden die Instrumente schon deutlich weniger intensiv eingesetzt. Mit Abstand die geringste Einsatzintensität wird bei den Landesvorgaben erzielt. Damit entsprechen diese Werte denen der erzielten Verbesserungen. Insgesamt verdeutlichen diese Ergebnisse nochmals, dass es von besonderer Bedeutung ist, den Führungskräften die bestehenden Defizite in den Behörden und die Chancen der unterschiedlichen Instrumente aufzuzeigen.

| Verbesserungen der Einzelinstrumente | | | |
|---|---|---|---|
| Einführungsanlass | Mittelwert | Standard-abweichung | N |
| Erkannte Defizite (1) | 3,536 | 0,819 | 233 |
| Vermutete Chancen (2) | 3,301 | 0,856 | 391 |
| Ressortvorgabe (3) | 3,099 | 0,965 | 303 |
| Landesvorgabe (4) | 2,794 | 0,916 | 107 |
| Gesamt | 3,242 | 0,913 | 1034 |

*Tabelle 8: Vergleich des Einführungsanlasses mit der Verbesserung der Einzelinstrumente[878]*

Die nächste Hypothese beinhaltet den Zusammenhang zwischen dem *Umsetzungsstatus* und den erzielten Resultaten. Die Tabelle 9 zeigt die diesbezüglich erhaltenen Er-

---

[876] Vgl. Reichard, C. (2005), S. 231 f.
[877] Die Mittelwertunterschiede mit dem t-Test sind auf einem 5%-Niveau signifikant.
[878] Im Vergleich zu dem angegebenen Prozentwert in Bezug auf den Einführungsanlass in Kapitel 5.1.2.4 weichen die Anteile der einzelnen Anlässe in dieser Tabelle leicht ab, da hier der Anlass nur berücksichtigt wurde, sofern der Instrumenteneinsatz schon stattfindet und nicht nur geplant ist. Das führt dazu, dass der Anteil der Landesvorgaben hier rund 3% niedriger liegt, was vor allem mit den zentral geplanten Einführungen im Zusammenhang mit dem EPOS.NRW-Projekt zu erklären ist.

gebnisse. Mit Instrumenten, die bereits überprüft und optimiert wurden, lassen sich demnach bessere Ergebnisse erzielen als mit Instrumenten, die bislang zwar eingesetzt werden, aber bisher noch nicht evaluiert wurden. Zwar wurden deutlich weniger Instrumente bislang einer Evaluation unterzogen, aber diese erzielten insgesamt bessere Resultate. Eine Überprüfung durch einen Mittelwertvergleich ergibt, dass sich die These, nach der sich mit „bereits evaluierten" Instrumenten die größeren Verbesserungen erzielen lassen, demnach signifikant[879] bestätigt werden kann. Da bezüglich dieser Antwortmöglichkeiten angenommen wurde, dass die Angabe, ein Instrument sei bereits evaluiert, einen Rückschluss auf die bisherige Einsatzdauer erlaubt, bleibt allerdings unklar, ob die positiven Veränderungen nur auf den optimierten Instrumenteneinsatz zurückzuführen sind oder ob dies zumindest teilweise in einer längeren Einsatzzeit und in einem damit zusammenhängenden kontinuierlichen Verbesserungsprozess begründet ist. Eine weitere Analyse zeigt zudem auf, dass den Instrumenten, die evaluiert wurden, durchschnittlich eine höhere Bedeutung beigemessen wird und demnach die Evaluation an sich eine gewisse Positivselektion beinhaltet.[880] Im Gegensatz dazu werden andere eingesetzte Elemente offensichtlich nicht für wesentlich genug gehalten, um sie einer genaueren Anwendungsbeurteilung zu unterziehen. Trotz dieser die Interpretierbarkeit beeinflussenden Einschränkungen kann die *Hypothese 8 bestätigt* werden, und es ist davon auszugehen, dass eine durchgeführte Optimierungen insgesamt deutlich bessere Instrumentenergebnisse verspricht.

| Verbesserungen der Einzelinstrumente | | | |
|---|---|---|---|
| Umsetzungsstatus | Mittelwert | Standard-abweichung | N |
| Bereits evaluiert (1) | 3,685 | 0,939 | 170 |
| Im Einsatz (2) | 3,157 | 0,881 | 868 |

*Tabelle 9: Vergleich des Umsetzungsstatus mit der Verbesserung der Einzelinstrumente*

Auch die *Einsatzintensität* übt gemäß Hypothese 9 einen Einfluss auf die erzielten Verbesserungen bei den Instrumenten aus. Die Ergebnisse in Tabelle 10 machen deutlich, dass mit steigender Intensität das durchschnittliche Ergebnis ebenfalls ansteigt. Mit Abstand der beste Wert wird bei den Instrumenten erreicht, die im Alltag der Behörde integriert sind und demnach die Ergebnisse der Instrumente auch unmittelbar in die Arbeitsweise einbezogen werden. Das Gesamtmodell der Varianzanalyse bestätigt den Einfluss der Intensität auf die Instrumentenergebnisse. Durch die nachgeschaltete

---

[879] Die Unterschiede der Mittelwerte sind hierbei auf dem 1%-Niveau signifikant.

[880] Während bereits evaluierten Instrumenten ein Bedeutungsmittelwert von 4,46 zugewiesen wird, ist der Wert mit 4,07 für die eingesetzten Instrumente deutlich geringer. Die Unterschiede mittels t-Test sind auf einem 1%-Niveau signifikant. Die hohen Bedeutungswerte kommen zustande, weil hier nur die eingesetzten Instrumente enthalten sind.

Post-Hoc-Analyse kann zudem bestätigt werden, dass sich alle Merkmalsausprägungen in Bezug auf die Verbesserungen signifikant voneinander unterscheiden. Nur zwischen den definierten Zeitpunkten und dem anlassbezogenen Einsatz ist das Ergebnis nicht signifikant. Das kann allerdings daran liegen, dass ein zeitpunktbezogener Einsatz nicht zwingend auch intensiver ist als ein anlassbezogener. Insofern ist die Abstufung zwischen diesen beiden Kategorien nur gering. Hinsichtlich der Einsatzintensität lässt sich festhalten, dass die Instrumente möglichst weit in die Arbeitsweise der Beschäftigten integriert werden sollten, um „Gegenstand eines Kulturwandels" in den Verwaltungen zu werden und damit bessere Resultate erzielbar sind.[881] Allerdings muss auch hier nochmals darauf hingewiesen werden, dass teilweise ein sporadischer Einsatz spezifisch für ein Instrument ist und sich diese Resultate damit nicht auf alle abgefragten Instrumente übertragen lassen. Insgesamt kann die *Hypothese 9 bestätigt* werden. Ein intensiverer Instrumenteneinsatz führt zu besseren Ergebnissen.

| Verbesserungen der Einzelinstrumente | | | |
|---|---|---|---|
| **Einsatzintensität** | Mittelwert | Standard-abweichung | N |
| In Behördenalltag integriert | 3,548 | 0,820 | 461 |
| Zu definierten Zeitpunkten | 3,176 | 0,856 | 213 |
| Anlassbezogener Einsatz | 3,099 | 0,807 | 272 |
| Unsystematischer Einsatz | 2,143 | 0,869 | 77 |
| **Gesamt** | 3,245 | 0,907 | 1023 |

*Tabelle 10: Vergleich der Einsatzintensität mit der Verbesserung der Einzelinstrumente*

Die letzte Hypothese der Rahmenbedingungen zum Einsatz der Instrumente unterscheidet sich insofern von den anderen Thesen aus diesem Bereich, dass hierbei nicht mehr die Einführungs- und Einsatzspezifika und deren Einfluss auf das Ergebnis der Einzelinstrumente im Mittelpunkt stehen, sondern die Anzahl *der eingesetzten Instrumente* in einer Behörde und deren Einfluss auf die gesamten Verbesserungen untersucht wird. Wie bereits zuvor festgestellt, setzt jede Behörde durchschnittlich 9,8 der hier abgefragten 19 Instrumente ein. Dabei reicht die Spannweite von nur zwei Instrumenten, die eine Behörde im Einsatz hat, bis zu 18 Instrumenten, die aktuell in zwei Behörden eingesetzt werden. Als Indiz für die Bestätigung der These kann dabei schon der Wert der durchschnittlichen Gesamtverbesserungen in diesen beiden Gruppen gelten. In der Behörde mit nur zwei im Einsatz befindlichen Instrumenten liegt dieser bei 2,167 und bei den beiden Behörden mit dem Einsatz von fast allen abgefragten Instrumenten bei 3,750.

---

[881] Reichard, C. (2001), S. 35.

Für eine genauere Analyse werden die Behörden in drei Gruppen eingeteilt: Behörden mit weniger als sieben Instrumenten, Behörden mit sieben bis zwölf implementierten Instrumenten und Behörden, die mehr als zwölf der abgefragten Instrumente verwenden. Die Ergebnisse in den verschiedenen Verbesserungskategorien zeigt Tabelle 11. Die Auswertung ergibt, wie zuvor mittels der Hypothese formuliert, dass die Behörden mit den meisten Elementen auch die besten Ergebnisse durch die Verwaltungsreform erzielen. Im Gegensatz dazu haben die Behörden mit geringerem Instrumenteneinsatz deutlich schlechtere Werte. Mittels einer Varianzanalyse mit einer nachgeschalteten Post-Hoc-Analyse ergibt sich dabei die Signifikanz dieser Ergebnisse. Besonders positive Effekte scheint die Anzahl der Instrumente auf die Wirtschaftlichkeit, die Kundenzufriedenheit und die gesellschaftlichen Wirkungen zu haben. Gerade in diesen Bereichen ermöglichen offensichtlich die Nutzung von besonders vielen Instrumenten und diesbezüglich gewisse Kombinationen besonders positive Effekte.[882] Dies gilt allerdings nicht für die Mitarbeiterzufriedenheit; hier sind im Vergleich zu den anderen Bereichen kaum Unterschiede feststellbar. Es kann daher davon ausgegangen werden, dass sich die Effizienz und die Effektivität durch einen vermehrten Einsatz deutlich steigern lassen, aber für die Mitarbeiter sich kaum Verbesserungen ergeben. Hierbei könnten sich zwei gegenläufige Effekte neutralisieren. Zum einen können viele Instrumente mit positiven Veränderungen für die Mitarbeiter verbunden sein wie mehr Verantwortung für die Beschäftigten oder die Möglichkeit, diese stärker in Entscheidungen einzubeziehen. Auf der anderen Seite kann die Implementierung von Instrumenten nicht nur zu dem Gefühl von mehr Überwachung führen, sondern vor allem eine steigende Arbeitsbelastung mit sich bringen; denn vielfach sind die zusätzlichen Aufgaben für den Betrieb der Instrumente neben den eigentlichen Tätigkeiten durchzuführen.

| | Gesamtverbesserungen | | | | | | | |
|---|---|---|---|---|---|---|---|---|
| Anzahl der eingesetzten Instrumente | Wirtschaft- lichkeit | Interne Prozesse | Leistungs- potenziale | Kundenzu- friedenheit | Mitarbeiter- zufriedenh. | Gesellsch. Wirkungen | Durch- schnitt | N |
| Unter 7 In- strumente | 2,250 | 2,750 | 2,643 | 2,250 | 2,714 | 1,821 | 2,405 | 28 |
| 7-12 Instru- mente | 2,841 | 3,045 | 3,000 | 2,705 | 2,705 | 2,227 | 2,754 | 44 |
| Über 12 Instrumente | 3,455 | 3,606 | 3,485 | 3,606 | 2,818 | 2,939 | 3,318 | 33 |

*Tabelle 11: Gesamtverbesserungen in Abhängigkeit von der Anzahl der eingesetzten Instrumente*

---

[882] Zur Kombination von Instrumenten ausführlich in Kapitel 4.6.3 in Verbindung mit Kapitel 5.2.4.

Eine weitere Analyse beinhaltet nur die mitarbeiterbezogenen Instrumente[883] und deren Einfluss auf die Zufriedenheit der Beschäftigten. Hierbei kann der zu erwartende Effekt festgestellt werden, dass die Anwendung von Instrumenten aus dem Personalbereich die Zufriedenheit der Mitarbeiter steigert. Allerdings ist dieser Effekt nicht statistisch signifikant.[884] Insgesamt kann die *Hypothese 10 bestätigt* werden. Je mehr Instrumente also in der Verwaltung eingesetzt werden, desto bessere Ergebnisse lassen sich erzielen. Dies gilt allerdings nicht für die Mitarbeiterzufriedenheit, die davon kaum beeinflusst wird. Diese scheint, zumindest im gewissen Maße, von der Anzahl der implementierten Personalinstrumente beeinflusst zu werden. Dennoch kann nicht nur die absolute Zahl an eingesetzten Instrumenten Hinweise auf erfolgreiche Modernisierungsresultate versprechen, sondern gerade die Kombination von gewissen Instrumenten verspricht positive Effekte.

### 5.2.4  Überprüfung der Thesen zum kombinierten Instrumenteneinsatz

Die erste Hypothese zur Kombination von Instrumenten soll den gemeinsamen Einsatz der *Kostenrechnung* mit der *Leistungsrechnung* und zusätzlich mit einem *Berichtswesen* zur Aufbereitung der Informationen untersuchen.[885] Dazu wird die Kostenrechnung als Grundlage genommen, da diese wie bereits festgestellt, meistens der Ausgangspunkt für den Einsatz weiterer Instrumente ist.[886] Eine Kostenrechnung ohne die Einbindung der beiden anderen Instrumente wird vergleichsweise selten eingesetzt (siehe dazu Tabelle 12), zudem sind hierbei die erzielten Ergebnisse miι 2,500 unterdurchschnittlich. Wesentlich häufiger erfolgt neben der Kostenrechnung auch die Nutzung eines Berichtswesens. Nicht nur die Häufigkeit, sondern auch die erzielten Verbesserungen sprechen für eine Kombination.[887] Die besten Ergebnisse (3,617) lassen sich allerdings erzielen, wenn neben der Input-Seite auch die Outputs ermittelt werden und

---

[883]  Dazu gehören das Personalentwicklungskonzept, strukturierte Mitarbeitergespräche, Mitarbeiterbefragungen und die Mitarbeiterfortbildung.

[884]  Sofern nur ein Instrument aus dem Personalbereich vorhanden ist, liegt der Wert für die Verbesserung der Mitarbeiterzufriedenheit bei 2,500 (14 Behörden), bei zwei Instrumenten bei 2,686 (35 Behörden), bei drei liegt es bei 2,806 (36 Behörden) und, sofern alle vier Elemente eingesetzt werden, bei 2,900 (20 Behörden).

[885]  Hier kann allerdings nicht untersucht werden, wie weit die Instrumente in der Behördenpraxis verbunden sind. Es wird davon ausgegangen, wenn zwei Instrumente eingesetzt werden, die sich gegenseitig ergänzen, dass diese Chancen von den Behörden entsprechend genutzt werden. Dies gilt nicht nur für die Hypothese 11, sondern auch für die folgenden Thesen zu den Instrumentenkombinationen.

[886]  Überdies gibt es jeweils eine Behörde, die nur eine Leistungsrechnung bzw. eine Leistungsrechnung mit einem Berichtswesen ohne eine Kostenrechnung einsetzt; diese geringe Anzahl ermöglicht allerdings keine statistisch signifikanten Effekte und beide werden daher nicht in diese Analyse einbezogen.

[887]  Dies entspricht dem im kommunalen Bereich festgestellten Zusammenhang, dass Kämmerer von Kommunen mit einem Berichtswesen der Kostrechnung eine deutlich höhere Qualität zuordnen als Kämmerer von Kommunen ohne Berichtswesen. Vgl. Fischer, E./Weber, J. (2001), S. 14.

zudem noch eine adressatengerechte Aufbereitung durch ein Berichtswesen erfolgt. Eine Varianzanalyse ergibt, dass keine Gleichheit der drei Gruppen besteht und der a-posteriori Test bestätigt, dass die Unterschiede zwischen den drei Gruppen auf einem 10%-Signifikanzniveau liegen. Demnach kann die *Hypothese 11 bestätigt* werden, da sich durch eine Kostenrechnung bessere Ergebnisse ergeben, wenn diese um eine Leistungsrechnung ergänzt wird, aber auch schon die kombinierte Nutzung mit einem Berichtswesen führt zu deutlich besseren Werten.

| Verbesserungen Kostenrechnung | | | |
|---|---|---|---|
| Eingesetzte Instrumente | Mittelwert | Standard-abweichung | N |
| Nur Kostenrechnung | 2,500 | 0,433 | 9 |
| Kostenrechnung mit Berichtswesen | 3,048 | 0,805 | 21 |
| Kostenrechnung mit Leistungsrechnung und Berichtswesen | 3,617 | 0,806 | 30 |

*Tabelle 12: Ergebnisse der Kostenrechnung in Kombination mit anderen Instrumenten[888]*

In Abhängigkeit von der entwickelten Leistungstypologie ergeben sich einige Besonderheiten bei dem kombinierten Einsatz dieser drei Instrumente. Sofern keinerlei Wettbewerb besteht, wird die Kombination aus allen Instrumenten nur bei einer der 31 möglichen Behörden eingesetzt. Besonders häufig erfolgt die Verbindung dieser Elemente bei Behörden, die externen Kundenkontakt und in Teilbereichen Quasi-Wettbewerb haben. 46,7% der Verwaltungen vom Typ 6 setzen die Kostenrechnung mit den anderen beiden Instrumenten ein. Die besten Resultate in Verbindung mit dem höchsten Umsetzungsstand stellen sich bei Typ 8 ein. Diese Behörden erzielen durch die Dreierkombination einen Verbesserungswert von 3,889. Insgesamt lässt sich festhalten, dass eine stärkere Konkurrenzsituation vielfach nicht nur zu einem ganzheitlichen KLR-Einsatz führt, sondern auch zu deutlich besseren Ergebnisse bezüglich einer Kostenrechnung.

Auch die Kombination von *Budgetierung, Zielvereinbarungen* und *Produktdefinitionen* soll untersucht werden. Allerdings lässt sich hierbei kein eindeutiges Instrument als Grundlage für die anderen identifizieren; denn die Instrumente können in verschiedenen Kombinationen eingesetzt werden. In der Landesverwaltung kommen sieben verschiedene Kombinationen vor (siehe dazu Tabelle 13). Die geringsten Verbesse-

---

[888] Neben diesen Kombinationen wird auch in einer Behörde eine KLR ohne Berichtswesen eingesetzt, mangels statistischer Relevanz soll diese Variante nicht einbezogen werden. Als Mittelwert ergibt sich dabei 2,000 für die Verbesserung der Kostenrechnung.

rungswerte werden durch den Einsatz der Produktdefinitionen ohne die Budgetierung oder die Zielvereinbarungen erzielt, entsprechend selten wird das Instrument auf diese Weise eingesetzt. Die Ergebnisse bei einem alleinigen Einsatz der Budgetierung oder der Zielvereinbarung sind demgegenüber deutlich besser (3,000 bzw. 3.136). Bei der Kombination der Budgetierung und den Definitionen der Produkte wird die Budgetierung im Vergleich deutlich positiver eingeschätzt. Dies entspricht auch der in Kapitel 5.1.2.4 geäußerten Vermutung, dass gerade die Produktdefinition nur im Verbund mit anderen Instrumenten ihre Wirkung entfaltet und die daraus entstehenden Effekte damit nicht ausschließlich diesem Element zugerechnet werden. Einen Verbesserungswert in gleicher Höhe (3,167) kann durch das Kontraktmanagement erreicht werden. Positiv ist die hohe Bewertung der Kombination aus Produkten und Zielvereinbarungen (3,313) und deren hohe Verbreitung in der Landesverwaltung zu bewerten. Die besten Resultate werden allerdings erreicht, wie auf Grundlage der Vorüberlegungen erwartet, bei der Kombination aus allen drei Instrumenten. Auch hier geht der Erfolg mit einer großen Anzahl einsetzender Behörden einher. Zwar liegen die Werte des kombinierten Einsatzes über denen, sofern ein Instrument ohne die beiden anderen eingesetzt wird, allerdings sind diese Werte außer im Vergleich mit den Produktdefinitionen nicht signifikant. Die *Hypothese 12* kann damit *nicht bestätigt* werden, obwohl durchaus eine Tendenz in diese Richtung erkennbar ist.

| Eingesetzte Instrumente | Verbesserungen der Einzelinstrumente | | | **Mittelwert** | N |
|---|---|---|---|---|---|
| | Budgetierung | Zielvereinbarungen | Produktdefinitionen | | |
| Nur Produktdefinitionen | - | - | 1,800 | 1,800 | 5 |
| Nur Budgetierung | 3,000 | - | - | 3,000 | 13 |
| Nur Zielvereinbarungen | - | 3,136 | - | 3,136 | 11 |
| Budgetierung, Produktdefinitionen | 3,750 | - | 2,583 | 3,167 | 6 |
| Budgetierung, Zielvereinbarungen | 3,167 | 3,167 | - | 3,167 | 12 |
| Produktdefinitionen, Zielvereinbarungen | - | 3,375 | 3,250 | 3,313 | 20 |
| Budgetierung, Produktdefinitionen, Zielvereinbarungen | 3,659 | 3,386 | 3,250 | 3,432 | 22 |

*Tabelle 13: Verbesserungen durch den Einsatz der Budgetierung, von Zielvereinbarungen und von Produktdefinitionen* [889]

---

[889] Die Verbesserungen beziehen sich auf die erzielten Ergebnisse durch die jeweiligen Einzelinstrumente, die auch hier durch den Mittelwert von Effizienz- und Effektivitätsverbesserungen gebildet werden.

Auch durch die Kombination aus Kontraktmanagement und Produktdefinitionen lässt sich hinsichtlich der Behördentypen ein vermehrter Einsatz mit besseren Ergebnissen feststellen, wenn eine höhere Wettbewerbsintensität vorliegt. Etwas überraschend ist hingegen die Erkenntnis, dass diese drei Instrumente nur bei 8,8% der Verwaltungen mit externem Kundenkontakt kombiniert verwendet werden. Dies könnte damit zusammenhängen, dass dort zunächst neben Elementen der KLR vor allem Instrumente zur Steigerung der Dienstleistungsqualität im Mittelpunkt stehen, entsprechend unterdurchschnittlich fallen in diesen Behörden die Gesamtverbesserungen im Bereich der Wirtschaftlichkeit aus.

Im Weiteren soll nun eine Kombination der beiden zuvor getesteten Hypothesen 11 und 12 durchgeführt werden. Da nur etwas über 9% der Verwaltungen alle sechs Instrumente gleichzeitig einsetzen, soll eine detailliertere Analyse vorgenommen werden. Die Tabelle 14 zeigt dabei die erzielten Ergebnisse in Abhängigkeit von der Anzahl der eingesetzten Instrumente. Wobei sich die Anzahl in diesem Fall nur auf die sechs Instrumente Kostenrechnung, Leistungsrechnung, Berichtswesen, Budgetierung, Zielvereinbarungen und Produktdefinition bezieht. Die besten Ergebnisse sowohl bei den Einzelinstrumenten als auch bei den Gesamtverbesserungen erzielen die Behörden, die alle Instrumente der outputorientierten Verwaltungssteuerung anwenden. Allerdings kann kein unmittelbarer Zusammenhang zwischen der Anzahl der Instrumente und den erzielten Verbesserungen festgestellt werden. Gerade bei den Verbesserungen durch die Einzelinstrumente ergeben sich keine signifikanten Unterschiede, wenn vier oder weniger Instrumente zum Einsatz kommen. Werden drei Elemente verwendet, werden die Ergebnisse sogar deutlich schlechter, als wenn nur eins oder zwei eingesetzt wird. Deutliche Unterschiede ergeben sich erst, wenn zumindest fünf der sechs Bestandteile der neuen Verwaltungssteuerung implementiert sind. Eine Mittelwertanalyse bestätigt diese Annahme.[890] Umfassende Verbesserungen sind demnach vor allem dann möglich, wenn zumindest nahezu alle Instrumente angewendet werden. Damit kann die *Hypothese 13 bestätigt* werden, wonach gerade eine Kombination dieser Instrumente besonders vorteilhaft ist. Allerdings können nicht aus jeder möglichen Kombination der betreffenden Elemente deutlich bessere Ergebnisse erwartet werden. Im Rahmen dieser Analyse ergibt sich überdies, dass ein Berichtswesen auch ohne die Verwendung der anderen fünf Instrumente Erfolg verspricht. Hier liegt der Wert mit 3,444 sogar über dem Durchschnittswert von 3,314. Allerdings ist das Berichtswesen

---

[890] Signifikante Mittelwertunterschiede zwischen den Gruppen „bis vier Instrumente" und „mehr als vier Instrumente" bestehen sowohl in Bezug auf die Verbesserungen bei den sechs einzelnen Instrumenten als auch für die durchschnittliche Gesamtverbesserung über alle Zieldimensionen. Das Signifikanzniveau mittels t-Test liegt bei $\alpha = 0,05$.

auf die zur Verfügung stehenden Informationsquellen angewiesen, die entsprechend aufbereitet den Nutzern der Informationen zugänglich gemacht werden sollen.[891]

| Anzahl Instrumente | Kosten-rechnung | Leistungs-rechnung | Berichts-wesen | Budge-tierung | Zielverein-barungen | Produkt-definition | Mittelwert | Gesamtver-besserung |
|---|---|---|---|---|---|---|---|---|
| **Verbesserungen der Einzelinstrumente** |
| 0 | - | - | - | - | - | - | - | 2,334 (6) |
| 1 | - | - | 3,444 (9) | 2,200 (5) | 3,143 (7) | 1,000 (1) | 2,955 (22) | 2,545 (22) |
| 2 | 2,167 (3) | 2,000 (1) | 2,929 (7) | 3,591 (11) | 2,750 (4) | 2,750 (2) | 3,036 (14) | 2,641 (13) |
| 3 | 2,389 (9) | 1,000 (1) | 3,200 (5) | 3,000 (4) | 2,857 (7) | 2,214 (7) | 2,606 (11) | 2,530 (11) |
| 4 | 2,917 (18) | 2,500 (7) | 2,917 (18) | 3,036 (14) | 3,235 (17) | 2,821 (14) | 2,949 (22) | 2,917 (22) |
| 5 | 3,571 (21) | 3,433 (15) | 3,333 (21) | 3,778 (9) | 3,525 (20) | 3,421 (19) | 3,486 (21) | 3,198 (21) |
| 6 | 4,050 (10) | 3,550 (10) | 4,200 (10) | 4,100 (10) | 3,600 (10) | 3,450 (10) | 3,825 (10) | 3,450 (10) |
| Gesamt | 3,213 (61) | 3,162 (34) | 3,314 (70) | 3,396 (53) | 3,300 (65) | 3,038 (53) | 3,247 (106) | 2,838 (105) |

*Tabelle 14: Einzel- und Gesamtverbesserungen durch die Einsatzkombinationen von sechs Instrumenten[892]*

Die Wichtigkeit der Leistungsrechnung scheint angesichts der geringen Verbreitung auch im Vergleich mit den anderen Instrumenten bislang noch nicht ausreichend genug wahrgenommen zu werden. Dabei hat gerade die Hypothese 11 den entscheidenden Einfluss dieses Instrumentes bestätigt. Ihr Einfluss nimmt aber durch den Übergang von der Regel- zur Ergebnis- und Produktsteuerung und von der hierarchischen Führung zur Verwaltungsführung über Kontrakte deutlich zu.[893]

Als letzte These soll die Verbindung zwischen den Instrumenten der Befragungen von Kunden und Mitarbeitern und dem Qualitätsmanagement untersucht werden (siehe dazu Tabelle 15). Es ist dabei festzustellen, dass die Befragungen sehr häufig gleichzeitig eingesetzt werden. Während nur 16,0% der Behörden diese Instrumente separat anwenden, setzen insgesamt 39,6% der Behörden beide Instrumente in Kombination

---

[891] Vgl. Speier-Werner, P. (2006), S. 68.

[892] In der Tabelle sind die Mittelwerte der sich ergebenden Verbesserungen bei den jeweiligen Instrumenten angegeben, dazu der Mittelwert, der sich aus den Einzelwertverbesserungen ergibt. Zudem sind dort die Gesamtverbesserungen in Abhängigkeit von der Anzahl der eingesetzten Instrumente abgetragen, die sich als Mittelwert der sechs abgefragten Zieldimensionen ergeben haben. In Klammer ist jeweils die Zahl der integrierten Werte angegeben.

[893] Vgl. Kuhlmann, S. (2004), S. 11.

ein. Doch nicht nur der Umsetzungsstand sondern auch die erzielten Ergebnisse sprechen dafür, beide Befragungstypen gemeinsam einzusetzen.[894] Besonders positive Ergebnisse lassen sich mit dem Einsatz eines Qualitätsmanagementsystems erzielen.
Hierbei führt die Anwendung in Kombination mit einem der beiden Befragungstypen
ebenfalls zu besseren Ergebnissen durch dieses Instrument, besonders die Kombination mit den Mitarbeiterbefragungen kann dabei überzeugen. Überraschend ist allerdings, dass sich diese Beurteilung nicht mit den Verbesserungen bei den Mitarbeiterbefragungen deckt. Demnach scheinen Befragungen einen positiven Einfluss auf das
Qualitätsmanagement zu haben, aber die Umfragen der Beschäftigten werden dadurch
nicht positiver wahrgenommen. Als einschränkend muss hier allerdings die geringe
Zahl an Untersuchungsfällen gesehen werden. Der beste Mittelwert ergibt sich durch
den gleichzeitigen Einsatz von allen drei Instrumenten. Diese Kombination führt gerade bei den Kunden- und den Mitarbeiterbefragungen zu hohen Werten. Durch einen
Mittelwertvergleich lassen sich diese Unterschiede auch statistisch belegen.[895] Trotz
positiver Tendenzen kann allerdings die *Hypothese 14*, nach der ein Qualitätsmanagement um beide Befragungstypen zu ergänzen ist, *nicht signifikant* bestätigt werden.

| Eingesetzte Instrumente | Verbesserungen der Einzelinstrumente | | | Mittelwert | N |
|---|---|---|---|---|---|
| | Mitarbeiterbefragungen | Kundenbefragungen | Qualitätsmanagement | | |
| Nur Mitarbeiterbefragungen | 2,500 | - | - | 2,500 | 8 |
| Nur Kundenbefragungen | - | 2,611 | - | 2,611 | 9 |
| Nur Qualitätsmanagement | - | - | 3,357 | 3,357 | 7 |
| Mitarbeiterbefragungen, Kundenbefragungen | 2,875 | 3,100 | - | 2,988 | 20 |
| Mitarbeiterbefragungen, Qualitätsmanagement | 2,333 | - | 3,833 | 3,083 | 6 |
| Kundenbefragungen, Qualitätsmanagement | - | 2,833 | 3,750 | 3,292 | 6 |
| Mitarbeiterbefragungen, Kundenbefragungen, Qualitätsmanagement | 3,250 | 3,682 | 3,659 | 3,530 | 22 |

*Tabelle 15: Verbesserungen durch den Einsatz der Mitarbeiter- und Kundenbefragungen sowie des Qualitätsmanagements* [896]

---

[894] Signifikante Mittelwertunterschiede können allerdings nur bei den Kundenbefragungen festgestellt
werden ($\alpha = 0,10$).

[895] Zwischen dem einzelnen Einsatz der Mitarbeiterbefragungen bzw. der Kundenbefragungen und der
Kombination aus den drei Elementen lassen sich die Unterschiede damit bestätigen ($\alpha = 0,05$).

[896] Die Verbesserungen beziehen sich auch hier auf die erzielten Ergebnisse bei den jeweiligen Einzelinstrumenten, die auch durch den Mittelwert von Effizienz- und Effektivitätsverbesserungen gebildet werden.

Sofern Behördentypen externen Kundenkontakt haben, werden in einem Drittel aller betroffenen Behörden die drei Instrumente kombiniert eingesetzt. Dabei steigt die Häufigkeit mit zunehmendem Wettbewerb. Liegt neben den externen Leistungsemp-fängern noch ein gewisser Wettbewerbsdruck in den Behörden vor, setzen über 90% der Verwaltungen beide Befragungstypen ein. Vielfach wird dazu auch noch ein sys-tematisches Qualitätsmanagement ergänzend genutzt.

Insgesamt konnten die meisten Thesen bestätigt werden, andere zeigten zwar positive Tendenzen, aber die Wirkungsstärke war zu schwach oder die Anzahl der Fälle zu ge-ring. Die deutlichsten Ergebnisse haben sich bei den Rahmenbedingungen des Einsat-zes ergeben. Das liegt u.a. daran, dass hier besonders viele Untersuchungsfälle vorla-gen. Außer bei der These zur Anzahl der verwendeten Instrumente stellte hier jeder Einsatz eines Instrumentes einen Untersuchungsfall dar. Die Abbildung 28 zeigt alle überprüften Thesen und die empirischen Ergebnisse. Einige dieser Resultate bilden auch den Gegenstand der folgenden Handlungsempfehlungen.

| | **Einfluss auf die Verbesserungen** | **Ergebnis** |
|---|---|---|
| **Behörden-charakteristika** | H 1: Behördengröße* | Keine Bestätigung, da zwar kleine Behörden sig. schlechter, aber mittlere besoders positiv |
| | H 2: Standardisierte Tätigkeiten* | Bestätigung nur für interne Prozessverbesserungen, Rest nicht signifikant |
| | H 3: Wettbewerbsumfeld* | Bestätigt |
| | H 4: Entgeltorientierung* | Keine Bestätigung, bessere Ergebnisse nur für marktpreiskalkulierende Behörden |
| | H 5: Externer Kundenkontakt* | Bestätigt |
| **Rahmen-bedingungen** | H 6: Eingeschätzte Bedeutung** | Bestätigt |
| | H 7: Eigene Problemerkenntnis** | Bestätigt |
| | H 8: Umsatzungsstatus** | Bestätigt |
| | H 9: Einsatzintensität** | Bestätigt |
| | H 10: Anzahl eingesetzte Instrumente* | Bestätigt |
| **Instrumenten-kombination** | H 11: Kostenrechnung, Leistungsrechnung, Berichtswesen** | Bestätigt |
| | H 12: Budgetierung, Produktdefinition, Zielvereibarungen** | Keine Bestätigung, aber zumindest Tendenz erkennbar |
| | H 13: KLR, Berichtswesen, Budgetierung, Produktdefinition, Zielvereinbarungen** | Grundsätzlich bestätigt, gilt aber nicht für alle möglichen Kombinationen |
| | H 14: Qualitätsmanagement, Kunden- und Mitarbeiterbefragungen** | Keine Bestätigung, aber zumindest Tendenz erkennbar |

\* Gesamtverbesserungen in der Behörde
\*\* Verbesserungen bei den Einzelinstrumenten

*Abbildung 28: Ergebnisse der Hypothesenauswertung*

## 5.3  Zusammenfassende Handlungsempfehlungen

Im Laufe der Zeit wurden in der hier betrachteten Landesverwaltung NRW viele Reformprojekte unter dem Schlagwort „Binnenmodernisierung" durchgeführt, darüber
hinaus sind eine Reihe weiterer Projekte konkret geplant. Durchschnittlich hat jede
Behörde inzwischen rund die Hälfte der abgefragten 19 Instrumente im Einsatz. Das
ist angesichts des Status der Landesverwaltung als „Nachzügler" verglichen mit den
Kommunen eine erfreuliche Entwicklung. Die damit erzielten Ergebnisse sind allerdings, gemessen an den Zielvorstellungen, weitaus kritischer zu beurteilen. Es sollen
daher Handlungsempfehlungen für die Ausgestaltung zukünftiger Modernisierungsaktivitäten abgegeben werden, die aber darüber hinaus auch für die Weiterentwicklung
und Anpassung bestehender Instrumente genutzt werden können. Schon durch die
Darstellung der Modernisierungsergebnisse und durch die Überprüfung der Thesen
ergaben sich einige wichtige Hinweise. Diese sollen noch um einige detailliertere
Auswertungen ergänzt werden. Die Ableitung von Empfehlungen soll zweigeteilt erfolgen. Zum einen werden allgemeine Handlungsempfehlungen in Bezug auf zukünftige Rahmenbedingungen, Einzelinstrumente und Instrumentenkombinationen gegeben, zum anderen erfolgen Empfehlungen für Verwaltungen mit speziellen Merkmalsausprägungen. Die vorgestellten Handlungsanleitungen haben dabei allerdings
keinen normativen Charakter, sondern bieten aufgrund der gewonnenen theoretischen
und empirischen Ergebnisse adäquate Leitlinien für potenzielle Lösungen existierender
Probleme in der Landesverwaltung NRW und ggf. auch weiterer Landesverwaltungen.[897] Dabei richten sich die Empfehlungen in erster Linie an die dezentralen Behörden; die Ergebnisse können darüber hinaus aber auch für übergreifende Strategien auf
zentralerer Ebene genutzt werden.

### 5.3.1  Grundlegende Handlungsempfehlungen

Als besonders wichtig für den Erfolg von einzelnen Reformprojekten hat sich die
durch die Führungskräfte eingeschätzte Bedeutung, die dem einzelnen Instrument beigemessen wurde, herausgestellt. Es kann daher davon ausgegangen werden, dass,
wenn die Verantwortlichen von einem Instrument überzeugt sind und sie ihre Unterstützung auch entsprechend kommunizieren, nur in diesem Fall sich die angestrebten
Verbesserungen erzielen lassen. Darüber hinaus sind die Beschäftigten auf anstehende
Projekte ausreichend vorzubereiten. Dazu ist es unerlässlich, alle von der Reform *Betroffenen* über die *Funktionsweise*, die *Ziele* und die notwendigen *Voraussetzungen* der
Reformelemente zu *informieren*. Schon bevor mit konkreten Planungen begonnen

---

[897] Vgl. Becker, M. (1993), S. 117.

wird, können diesbezügliche Schulungen in den Verwaltungen selber ein Verständnis für die bestehenden Mängel und instrumentellen Lösungsalternativen schaffen; denn Reformen, die vor allem aus intrinsischen Anlässen durchgeführt werden, sind grundsätzlich mit besseren Resultaten verbunden.[898] Als Indiz für eine grundsätzliche Unzufriedenheit mit dem allgemeinen Vorgehen der Verwaltungsmodernisierung kann gewertet werden, dass die Ergebnisse der einzelnen Instrumente besser sind als die Gesamteinschätzung der Binnenmodernisierung in NRW. Ursächlich hierfür können Effekte wie die zeitgleich erfolgte Strukturreform oder der Arbeitsplatzabbau in der Landesverwaltung sein. Dazu ist es notwendig, die Auswirkungen dieser Aspekte zukünftig weitgehend getrennt zu behandeln, da eine Verknüpfung zu einer latenten Unzufriedenheit der Beschäftigten führen kann und damit auch zu insgesamt schlechteren Modernisierungsresultaten.

Sind die Instrumente implementiert, ist es notwendig, diese *fortlaufend* zu überprüfen und bei Bedarf *Verbesserungen* durchzuführen. Gerade übertriebene Erwartungen hinsichtlich schneller Ergebnisse durch die Reformen führen zu einer Unzufriedenheit bei den Beschäftigten und zu Misstrauen sowie zu Zweifeln an den langfristigen Wirkungen der Veränderungsmaßnahmen. Das kann so weit führen, dass die Instrumente nur noch aus Gewohnheit Anwendung finden und somit von ihnen keine Steuerungswirkung mehr ausgeht. Hierbei sind vor allem die Anwender der Instrumente gefragt, die mit ihrem Erfahrungswissen wichtige Hinweise geben können, in welchen Bereichen gewisse Anpassungen vorgenommen werden sollten. Zu der kontinuierlichen Beurteilung und Optimierung von Instrumenten gehört ferner die Überprüfung der *Einsatzintensität*. Sofern nicht Instrumentenspezifika und unverhältnismäßig hohe Kosten dem entgegenstehen, sollten die Elemente in den Behördenalltag *integriert* werden bzw. in gewissen Rhythmen oder *anlassbezogen* durchgeführt werden. Nur durch eine derart konsequente Nutzung der Instrumente kann den alten Mechanismen der Haushaltswirtschaft entgegengewirkt werden, und sie können somit zu einem Kulturwandel in der Verwaltung beitragen.[899] Ansonsten besteht die Gefahr einer weitgehend symbolischen Nutzung und den damit verbundenen geringen Veränderungen durch die Elemente.

Für den Reformeinstieg bietet sich eine *inputorientierte Budgetierung* an, da diese Vorgehensweise für eine stärkere Dezentralisierung des Verwaltungshandelns schnelle Erfolge verspricht. Die erhaltenen Ergebnisse können dies ebenfalls bestätigen. Sollen

---

[898] Allerdings gibt es auch gewisse Reformelemente, die nur von zentraler Seite beschlossen werden können, weil dafür grundlegende Veränderungen notwendig sind und die Einführung in nur einer Behörde keine ausreichenden Ergebnisse versprechen würde. Die landesweite Einführung eines doppischen Rechnungswesens kann dafür beispielhaft genannt werden.

[899] Vgl. Rechnungshof Baden-Württemberg (2007), S. 39.

zu den ersten Effizienzergebnissen mit diesem Instrument auch noch grundlegende Verbesserungen bezüglich der Effektivität erreicht werden, so sollte die Budgetierung um Zielvereinbarungen und Produktdefinitionen ergänzt werden. Erfolgt zusätzlich noch eine stärkere Integration einer KLR zu einer *outputorientierten Verwaltungssteuerung*, lassen sich damit die Ergebnisse weiter verbessern.[900] Auf diesem Wege wird nicht nur die Planung, Entscheidung und Kontrolle optimiert, sondern damit geht darüber hinaus noch eine stärkere Zielorientierung einher, die zudem eine bessere Informationsbasis für strategische Entscheidungen bietet.[901] Auch wegen fehlender rechtlicher Rahmenbedingungen hat eine solche outputorientierte Steuerung bislang noch nicht ausreichend Verbreitung in der Landesverwaltung NRW gefunden. Die Bedeutung solcher Basisinstrumente wie der Produkte[902] oder der Kostenrechnung sollte angesichts der leicht unterdurchschnittlichen Resultate dennoch nicht unterschätzt werden. Nur wenn diese entsprechend ausgestaltet sind, können die angestrebten Veränderungen erzielt werden; denn diese beiden Instrumente beeinflussen direkt oder indirekt eine Reihe weiterer NPM-Elemente, auch über diejenigen der hier angesprochenen outputorientierten Verwaltungssteuerung hinaus.

Betrachtet man die Ergebnisse genauer, die sich bislang insgesamt durch die Modernisierung ergeben haben, so überwiegen die effizienzgerichteten Resultate. Gerade aufgrund der anhaltenden Finanzkrise in der öffentlichen Verwaltung wurden vielfach Instrumente implementiert, um möglichst kurzfristig Ressourceneinsparungen zu erzielen. Demnach haben sich besonders im Bereich der Binnenorganisation positive Resultate eingestellt. Zukünftig sollten vermehrt die Kunden und die Mitarbeiter sowie die damit zusammenhängenden Ziele bei der Einführung neuer Instrumente im Mittelpunkt stehen. Dazu bietet sich in besonderer Weise das *Qualitätsmanagement* an, da es sowohl bei den Beschäftigten als auch bei den Leistungsempfängern ansetzt. Diesem Instrument wird von den befragten Führungskräften die zweithöchste Bedeutung zugemessen und das drittbeste Ergebnis bezüglich der Effizienz- und Effektivitätsverbesserungen. Dennoch kommt es bisher nur in weniger als 40% aller befragten Behörden zum Einsatz. Als Ausgestaltungsformen bieten sich vor allem EFQM-Modelle oder das speziell für die öffentliche Verwaltung entwickelte und etwas weniger komplex gestaltete Konzept des CAF an; denn mit diesen beiden Verfahren wurden bislang die besten Ergebnisse in der Landesverwaltung erzielt.[903] Unabhängig von der konkreten

---

[900] Siehe dazu die Ergebnisse in Kapitel 5.2.4.

[901] Vgl. Bals, H. (2005), S. 336.

[902] Dazu gehört auch die in der Literatur geäußerte Annahme, nach der durch Produktdefinitionen Anpassungen der Prozesse und des Leistungsspektrums durchgeführt werden und diese ferner der Ausgangspunkt für die Qualitätsbestimmung und -sicherung sind. Vgl. Nöthen, J./Pichlbauer, M./Eisenstecken, E. (2004), S. 73.

[903] Die Verbesserungswerte liegen mit 3,917 (EFQM) bzw. 3,750 (CAF) über dem Durchschnittswert für alle Qualitätsmanagementsysteme von 3,646.

Methode ist zumindest längerfristig ein kontinuierlicher Prozess der Qualitätsverbesserung anzustreben und ferner die Integration von systemischen, strukturellen und kulturellen Aspekten in dieses Instrument wünschenswert.[904]

Die *Mitarbeiter* werden immer wieder als entscheidende Erfolgskomponente für eine verbesserte Zielorientierung und eine wirtschaftlichere Leistungserstellung genannt. Sie gelten daher auch als die wichtigste Ressource, aber auch noch als das bislang größte Defizit bei der Verwaltungsreform.[905] Entsprechend haben viele personalwirtschaftliche Instrumente einen hohen Umsetzungsstand in der Landesverwaltung erreicht wie die *Fortbildungen* oder die *Mitarbeitergespräche*. Zudem werden diese Elemente als bedeutsam eingeschätzt. Demgegenüber sind die damit erzielten Resultate insgesamt weitaus weniger überzeugend. Das gilt nicht nur für die Effizienz- und Effektivitätsergebnisse der Einzelinstrumente, sondern auch für die Gesamtauswirkungen bezüglich der Mitarbeiterzufriedenheit. Während die Leistungen der Mitarbeiter durchaus gesteigert werden konnten, was sich in den verbesserten internen Prozessen oder der gestiegenen Wirtschaftlichkeit manifestiert, wirken die zunehmende Arbeitsbelastung und eine nachlassende Motivation der Beschäftigten dem entgegen.[906] Die reine Einführung vieler mitarbeiterbezogener Instrumente scheint demnach nicht auszureichen, um Veränderungen zu erzielen, da eine steigende Anzahl diesbezüglicher Instrumente nur einen geringen Einfluss auf die Beschäftigtenzufriedenheit hat.[907] Demnach sind den Beschäftigten noch mehr die Vorzüge der Modernisierungen aufzuzeigen, und deren Wünsche und Befürchtungen sind ernst zu nehmen, um die Unterstützung möglichst aller Mitarbeiter zu erlangen. Dazu sollten stärkere Leistungsanreize über das Tarif- und Dienstrecht ermöglicht werden. Eine stärkere und frühzeitige Beteiligung der Mitarbeiter an den Reformprojekten ist wünschenswert, um bei Problemen gemeinsam Lösungsmöglichkeiten zu erarbeiten.[908]

Vielfach sind die Behörden zunächst bestrebt, die NPM-Instrumente zu nutzen, um die binnenstrukturelle Vorgehensweise zu verändern. Konkret gilt es, Prozesse zu verbessern, die Leistungspotenziale zu optimieren und die Wirtschaftlichkeit zu steigern. Über die „traditionellen" *effizienzgerichteten* Instrumente wie die Kostenrechnung mit einem adressatenorientierten Berichtswesen oder über das Benchmarking hinaus bieten

---

[904] Vgl. Vogel, R. (2006), S. 451.
[905] Vgl. dazu stellvertretend Naschold, F./Bogumil, J. (1998), S. 91.
[906] In dieser Studie wurden vor allem Führungskräfte befragt. Es ist zu befürchten, dass viele Mitarbeiter selber noch weniger Verbesserungen hinsichtlich ihrer eigenen Zufriedenheit sehen.
[907] Die in der Literatur geäußerte Annahme, dass mit Mitarbeitergesprächen und Zielvereinbarungen die Beschäftigten motiviert werden können, kann hier nicht signifikant bestätigt werden, auch wenn die Werte der Mitarbeiterzufriedenheit bei einem kombinierten Einsatz etwas höher sind. Vgl. dazu auch Ceylangoglu, S. (2002), S. 20.
[908] Vgl. Bogumil, J./Grohs, S./Kuhlmann, S. (2006), S. 62 f.

sich dafür noch weitere Elemente an. So werden die *Prozessanalysen* und -optimierungen nicht nur von den Führungskräften als sehr bedeutend wahrgenommen, sondern damit lassen sich zudem sehr positive Ergebnisse erzielen.[909] Da bislang erst etwa ein Drittel aller Behörden dieses Element verwenden, besteht hier ein Umsetzungsdefizit, das behoben werden sollte. Vielfach wird das *E-Government* mit solchen Analysen kombiniert eingesetzt, weil auf dieser Grundlage neue Interaktionsbeziehungen bspw. zwischen Behörden und den Bürgern festgelegt werden. Die Ergebnisse dieser Kombination sind sowohl in Bezug auf die beiden Einzelinstrumente als auch hinsichtlich der Veränderungen der internen Prozesse positiv.[910] Insgesamt deutlich häufiger eingesetzt wird das *Projektmanagement*, das ebenfalls positive Wirkungen auf die Effizienz einer Verwaltung besitzt.[911] Dieser weitgehend anlassbezogene Instrumenteneinsatz zur Planung, Steuerung und Kontrolle einzelner Projektaktivitäten sollte damit zukünftig im Zusammenhang mit weiteren Reformen möglichst noch vermehrt genutzt werden, um eine wirtschaftliche und termingerechte Implementierung zu erreichen.

Zur Steigerung der *Effektivität* bieten sich neben den schon angesprochenen Instrumenten des Qualitätsmanagements, den Mitarbeiterfortbildungen und den Prozessanalysen hauptsächlich die Wirkungsrechnung sowie das Beschwerdemanagement an, um damit eine stärkere Integration der Kundenwünsche in den Behördenalltag zu erreichen. Diesen Elementen ist systemimmanent, dass sie sich gerade bei externem Kundenkontakt anbieten und sie demnach Instrumente darstellen, die besonders von gewissen Behördenspezifika abhängen.[912]

Der Instrumenteneinsatz steht immer in einem Spannungsverhältnis zwischen erzielbaren Resultaten und dem dafür notwendigen Ressourceneinsatz. Besonders komplexe Systeme sollten vor allem dort eingesetzt werden, wo deutliche Verbesserungen zu erwarten sind. Im Sinne einer *Kosten-Nutzen-Analyse* soll sich demnach insgesamt ein positives Gesamtergebnis durch die Implementierung einstellen. Dabei gilt allerdings grundsätzlich, dass nicht das methodisch Machbare der Ausgangspunkt der Implementierung sein sollte, sondern die damit angestrebten Ziele sowie die Nutzung und die

---

[909] Durch den t-Test lassen sich in Bezug auf die internen Prozesse und die Leistungspotenziale signifikante Unterschiede dieser Kategorien in Abhängigkeit des Einsatzes der Prozessanalysen erzielen ($\alpha = 0,05$).

[910] Allerdings ergeben sich hier keine signifikanten Mittelwertunterschiede, nur die absoluten Verbesserungswerte sind bei der Kombination größer als bei einem isolierten Einsatz von einem der beiden Instrumente. Zur Kombination von Prozessmanagement und dem E-Government siehe ausführlich Becker, J./Algermissen, L./Niehaves, B. (2003), S. 859 ff.

[911] Signifikante Mittelwertunterschiede in Bezug auf interne Prozesse und die Wirtschaftlichkeit lassen sich hier auf einem 5%-Signifikanzniveau feststellen.

[912] Vgl. dazu Kapitel 5.3.2.

Steuerungswirkung der Instrumente. Hinsichtlich der Vorüberlegungen[913] zu dem Implementierungs- und dem laufenden Aufwand kann es sich nur um Tendenzaussagen handeln, da die spezifischen Behördenmerkmale eine große Rolle für die anfallenden Kosten spielen. Vielfach sind Elemente, mit denen deutlich positive Ergebnisse verbunden sind, auch relativ ressourcenintensiv in der Einführung und der Aufrechterhaltung des Betriebs; denn nur durch umfassende Veränderungen sind vielfach entsprechende Ergebnisse zu erzielen. Dies gilt neben dem Qualitätsmanagement auch für die Mitarbeiterfortbildungen, das E-Government oder für umfassende Kostenrechnungskonzepte. Eine besonders vorteilhafte Kosten-Nutzen-Relation versprechen dagegen *Produktdefinitionen*, ein einfach gestaltetes *Beschwerdemanagement* oder ein standardisiertes *Berichtswesen*. Ein *Projektmanagement* hängt hingegen stark von der Ausgestaltung des jeweiligen Objektes ab, allerdings lassen sich hier schon mit relativ geringem Aufwand gute Ergebnisse erzielen. Durch den Einsatz eines *Leitbildes* in den Behörden lassen sich deutlich bessere Erfolge erreichen, wenn das Instrument in den Behördenalltag integriert wird.[914] In dem Fall wird es als Orientierungsrahmen im Veränderungsprozess genutzt, und somit kann dieses Element eine eindeutig positive Kosten-Nutzen-Relation aufweisen.

### 5.3.2 Handlungsempfehlungen für spezifische Behördenmerkmale

Eine Verwaltung wie die Landesverwaltung des größten Bundeslandes ist ein sehr komplexes Gebilde; dies konnte durch die erhobenen Struktur- und Leistungsdaten bestätigt werden. Es ist allerdings nicht möglich, alle Behörden individuell zu untersuchen oder für alle Verwaltungen eine einheitliche Standardlösung zu definieren. Daher ist eine problemorientierte Auswahl einzelner Instrumente in Abhängigkeit von dem individuellen Behördenumfeld und von der Behördenstruktur als ein zentraler Erfolgsfaktor der Verwaltungsmodernisierung anzusehen. In diesem Rahmen wurden als wesentliche Typisierungsmerkmale für den Instrumenteneinsatz das Wettbewerbsumfeld und der Kundenkontakt identifiziert. Dabei konnte festgestellt werden, dass grundsätzlich der externe Kundenkontakt und ein verstärkter Wettbewerber zu positiven Ergebnissen führen.

Die konsequente *Kundenorientierung* hat bereits wesentlich zum wirtschaftlichen Erfolg des privaten Sektors beigetragen, und eine Vernachlässigung der Leistungsemp-

---

[913] Im Kapitel 4.5 wurden dazu Aussagen zum Aufwand des jeweiligen Instrumenteneinsatzes gemacht.

[914] Darüber hinaus wird das Leitbild besonders von Verwaltungen mit vielen individuellen Projekten ohne Standardisierbarkeit positiv eingeschätzt und auch entsprechend umgesetzt.

fänger wäre dort kaum noch vorstellbar.[915] Diese Sichtweise wurde lange Zeit von den Behörden des öffentlichen Sektors nicht übernommen. Mittlerweile gilt die Orientierung an den Kunden allerdings als eines der grundlegenden Schlagworte in der Debatte um die Modernisierung des öffentlichen Sektors.[916] Dies wird durch die Eigenschaft als Typisierungsmerkmal im Rahmen dieser Analyse bestätigt. Die Ergebnisse durch die Verwaltungsmodernisierung unterscheiden sich danach, ob keinerlei direkte Berührungspunkte mit Kunden vorliegen bzw. nur *interne Kunden in der Landesverwaltung* vorhanden sind oder ob externer Kundenkontakt mit den Bürgern besteht. Dabei sollten möglichst die Leistungsbeziehungen innerhalb der Landesverwaltung genutzt werden, um dadurch Verbesserungspotenziale zu heben. In diesem Zusammenhang bietet sich der Einsatz von Modernisierungsinstrumenten an, um damit die Leistungs-, Qualitäts- und Kundenorientierung der Verwaltungen zu stärken. Instrumentell kann das über externe Zielvereinbarungen oder Verrechnungen erfolgen. Weiterhin bietet sich der Einsatz eines Behördenleitbildes und einer Prozessanalyse an, mit denen positive Ergebnisse in diesen Behörden erzielt wurden. Ersteres kann hier für eine nach innen gerichtete Identifikations- und Motivationsfunktion genutzt werden. Letzteres Instrument ermöglicht eine Analyse der Arbeits- und Wertschöpfungsprozesse. Diese kritische Sichtweise kann damit erfahrungsgemäß einen gewissen externen Druck ersetzen.

Sofern *externer Kundenkontakt* vorliegt, ist hingegen ein insgesamt ausgeprägterer Instrumenteneinsatz notwendig, als wenn nur interne Kunden die Leistungsabnehmer sind. Demnach sollten in diesen Bereichen zunehmend mehr NPM-Elemente Anwendung finden, um dem Legitimations- und Modernisierungsdruck durch die Bürger standhalten zu können. Eine direkte Steigerung der Kundenzufriedenheit lässt sich vor allem über die Einführung von *Kundenbefragungen* oder eines *Beschwerdemanagements* erreichen. Sofern eines dieser beiden Instrumente eingesetzt wird oder sogar beide, ergibt sich ein signifikant positiver Einfluss auf die Zufriedenheit der Leistungsempfänger. Gerade für die Behörden mit externem Kundenkontakt, aber ohne echten Wettbewerb, würde sich diesbezüglich ein deutlich vermehrter Einsatz anbieten; denn die Konsumentensouveränität ist in diesem Fall stark eingeschränkt, und somit ist ein Anbieterwechsel als Reaktion der Leistungsempfänger nicht möglich. Indirekte Effekte zur Steigerung der Kundenorientierung beruhen auf dem Einsatz einer KLR oder einem E-Government, bei denen man an den Kosten und den Leistungen ansetzt oder an der Informations- und Dienstleistungsbereitstellung, ohne allerdings unmittelbar die Meinungen und Anregungen der Empfänger einzubeziehen.

---

[915] Vgl. Nöthen, J./Pichlbauer, M./Eisenstecken, E. (2004), S. 91.
[916] Vgl. Vogel, R. (2006), S. 451.

Gerade aus der besonderen Bedeutung des Wettbewerbs erwächst die Anforderung zukünftig insbesondere die Behörden, die sich bislang *keinerlei Wettbewerb* gegenübersehen, in eine nicht-marktliche Konkurrenzsituation zu bringen. So können durch externen Wettbewerb oder durch einen bestehenden Quasi-Wettbewerb zahlreiche Potenziale aufgedeckt werden, zudem lässt sich dadurch eine bessere Ressourcenallokation erreichen. Das ist bei einer unflankierten Bereitstellung betriebswirtschaftlich geprägter Instrumente nur bedingt erzielbar.[917] Neben dem angesprochenen und auch in der Landesverwaltung durch Behördenvergleiche geplanten *Benchmarking* können dies vor allem Leistungsvergleiche sein; hierfür bietet sich der Einsatz einer *Leistungsrechnung* an. Da in diesen Bereichen ohne bisherige Wettbewerbsformen vielfach sehr individuelle Projekte vorliegen, können nur spezielle Teilbereiche oder grundlegende Vorgehensweisen als Vergleichsobjekt betrachtet werden. Zudem sind die erhaltenen Ergebnisse anschließend der individuellen Struktur der Verwaltungen anzupassen.

Liegt in den Behörden zumindest in *Teilbereichen Quasi-Wettbewerb* vor, werden Vergleiche nahezu unerlässlich. Dennoch setzen bislang fast 50% dieser Behörden das Element des Benchmarking noch nicht ein. Dabei sind die damit erzielten Ergebnisse gerade in diesen Verwaltungen positiv, und die meisten Einführungsprojekte mussten nicht von zentraler Ebene verordnet werden, sondern die Institutionen haben selber die Notwendigkeit von vergleichenden Analysen erkannt. Zudem weisen die durch eine Kosten- und eine Leistungsrechnung erzielten Resultate zwar erste positive Ergebnisse auf, aber gerade in Bezug auf den Umsetzungsstand lassen sich hier weitere deutliche Verbesserungen erzielen. Ausgeprägter ist der Umsetzungsstatus der Instrumente wie auch die damit erzielten Ergebnisse bei *Quasi-Wettbewerb bzw. externem Wettbewerb* in der gesamten Behörde. Weitaus aufwendigere Verfahren können in diesen Verwaltungen zum Einsatz kommen, weil die damit generierten detaillierten Informationen später für Steuerungsentscheidungen und für das Bestehen im Wettbewerb benötigt werden. Allerdings ist insbesondere bei der Leistungsrechnung und der Budgetierung in diesen Behörden trotz der Analogien zum privatwirtschaftlichen Sektor noch ein Implementierungsdefizit vorhanden.

Weiterhin zeigt eine genauere Analyse der Auswertungsdaten, dass nicht nur der Wettbewerb oder mögliche Benchmarkpartner eine Rolle spielen, sondern oftmals reicht die bloße Erkenntnis, dass scheinbar keine geeigneten Partner vorhanden sind, dafür aus, dass weniger Instrumente eingesetzt werden und damit schlechtere Resultate erzielt werden. So gaben Behörden an, über keinerlei Wettbewerbsmechanismen zu verfügen, andere Behörden gleicher Verwaltungsart, die sich nur an einem anderen Ort befanden, beantworteten die Frage hingegen mit dem Vorliegen von Quasi-

---

[917] Vgl. Ambrosy, R./Hinsenkamp, M. (2001), S. 124; Hopp, H./Göbel, A. (2004), S. 86 f.

Wettbewerb. Bei denjenigen, die angaben, einem gewissen Wettbewerb ausgesetzt zu sein, war der Einsatz der Instrumente höher und die Ergebnisse besser.[918] Daraus ist zu folgern, dass die Behörden noch stärker als bisher auf *mögliche Wettbewerbsstrukturen hinzuweisen* sind, um damit die Anreize für die Einführung von Verwaltungsmodernisierungsmaßnahmen zu stärken und einen möglichst landesweiten Benchmarkingansatz zu etablieren. Die aufgezeigte Typisierung in Verbindung mit den geplanten Vergleichsringen in der Landesverwaltung verspricht diesbezüglich große Fortschritte.

Für den Bereich der *KLR* lassen sich darüber hinaus gewisse Aussagen in Abhängigkeit von den Behördentypen tätigen. Allerdings können das immer nur Tendenzaussagen für verschiedene Gruppen von Behörden sein, da stets eine Anpassung an die verwaltungsspezifischen Besonderheiten erfolgen sollte. Gewisse Standardisierungen in Bezug auf Kostenarten oder Verrechnungsmöglichkeiten sollten dennoch für die Landesverwaltung vorgegeben werden, damit nicht nur die grundsätzliche Vergleichbarkeit gegeben ist, sondern auch die Erfahrungen bereits umgestellter Behörden genutzt und erkannte konzeptionelle Defizite weitgehend vermieden werden können. Grundsätzlich führt das Vorhandensein von Wettbewerb und Kundenkontakt zu einer erhöhten Anforderung an die KLR: Gebühren oder Marktpreise müssen bestimmt, Kosten für Prozesse offengelegt und umfangreiche Daten sowie Kennzahlen ermittelt werden. Das erfordert je nach Ausprägung der Typisierungsmerkmale einen unterschiedlichen Detaillierungsgrad bspw. der definierten Produkte, der ausgewiesenen Kosten und der erbrachten Leistungen sowie der Gemeinkostenverteilung und der internen Leistungsverrechnungen. Ein relativ vielschichtiges Element wie die KLR sollte demnach auf die spezifischen Anforderungen der Behörden zugeschnitten[919] werden und neben dem zusätzlichen Nutzen komplexerer Systeme auch den dafür notwendigen Ressourcenaufwand nicht außer Acht lassen.

Für eine stärkere Zielorientierung und ein besseres Verständnis von Ursache-Wirkungs-Zusammenhängen bietet sich bei externen Leistungsempfängern ein vermehrter Einsatz der *Wirkungsrechnung* an.[920] Auch wenn der Umsetzungsstatus in der Landesverwaltung gering ist und die Verbesserungen bislang nur als durchschnittlich einzustufen sind, sollten gerade Verwaltungen, die nur *wenig Konkurrenz* ausgesetzt sind, aber dennoch *externen Kundenkontakt* haben, den Einsatz dieses Instrumentes in Erwägung ziehen; denn die Wirkungsrechnung setzt gerade bei der vermehrt geforderten Legitimation gegenüber den Bürgern an. Schließlich hat dieses Element einen posi-

---

[918] Da es sich hier allerdings nur um wenige Ausnahmefälle handelt, lassen sich dazu keine signifikanten statistischen Angaben machen.

[919] Vgl. dazu auch Rechnungshof Baden-Württemberg (2007), S. 38 ff.

[920] Insbesondere hier bietet sich eine in den Behördenalltag integrierte Einführung an, da auf diese Weise deutlich bessere Ergebnisse erzielt wurden.

tiven Einfluss auf die Verbesserung der bislang geringer eingeschätzten Effektivitäts-veränderungen, vor allem auf die Zieldimension der gesellschaftlichen Wirkungen.[921] Es bietet sich in diesem Zusammenhang an, zunächst Erfahrungen mit der Leistungs-rechnung zu sammeln, bevor die Outcomes näher analysiert werden. So haben fast 90% der Verwaltungen, die eine Wirkungsrechnung implementiert haben, auch eine Leistungsrechnung im Einsatz.[922]

Auf Grundlage der *Behördengröße* lassen sich ebenfalls einige Empfehlungen zum Instrumenteneinsatz ableiten. Es lässt sich diesbezüglich generell sagen, dass eine ge-wisse Mindestgröße der Verwaltung einen positiven Einfluss auf die Anzahl der einge-setzten Instrumente und die damit erzielten Ergebnisse hat. Erklären lässt sich dies durch das geringere absolute Ressourceneinsparpotenzial. Daher sollten kleinere Be-hörden eine möglichst pragmatische Vorgehensweise wählen. Dazu gehört die selekti-ve Auswahl von besonders Erfolg versprechenden Instrumenten. Hierfür können bspw. die vorgestellten Behördenmerkmale und Instrumentenergebnisse genutzt werden. Je kleiner eine Behörden ist, umso weniger werden umfassende Instrumente wie die *Kos-tenrechnung* oder das *E-Government* eingesetzt. Die dort erzielten Ergebnisse fallen im Vergleich zu größeren Behörden ebenfalls schlechter aus. Dies lässt den Schluss zu, dass neben den beiden Kategorisierungsmerkmalen Wettbewerb und Kundenkon-takt auch die Behördengröße ein Selektionskriterium für den Instrumenteneinsatz dar-stellen kann. Dies gilt besonders für sehr komplexe Instrumente. Alternativ sind diese in kleineren Behörden entsprechend einfacher zu gestalten, wobei dadurch die Ergeb-nisse im Regelfall ebenfalls beeinträchtigt werden.

Als letzte Phase der Evaluation sollte nach der erfolgten Bewertung und dem abschlie-ßenden Bericht noch die Umsetzung der aufgezeigten Möglichkeiten erfolgen. Diese ergeben sich aus den deskriptiven Auswertungen, den überprüften Hypothesen und den zuvor abgeleiteten Handlungsempfehlungen. Für die weitere Umsetzung dieser Empfehlungen ist allerdings die Unterstützung durch entsprechende Promotoren in-nerhalb der Verwaltung notwendig Dies können vorgesetzte Ebenen oder politische Akteure sein. In diesem Zusammenhang entsteht mitunter auch noch Bedarf an vertie-fenden oder ergänzenden Analysen.[923] Dieser Evaluationsschritt ist allerdings nicht mehr Gegenstand der vorliegenden Untersuchung.

---

[921] Der Mittelwert ergab einen signifikanten Unterschied der gesellschaftlichen Wirkungen ($\alpha = 0,05$). Diejenigen Behörden, die die Wirkungsrechnung in Einsatz hatten, erzielten deutlich bessere Er-gebnisse (2,87 zu 2,26).

[922] Andersherum haben die Behörden, die eine Leistungsrechnung einsetzen, zu weniger als 40% eine Wirkungsrechnung im Einsatz.

[923] Vgl. Thom, N./Ritz, A. (2006), S. 206.

## 6 Resümee und Ausblick

Verwaltungsmodernisierungen nach den Vorstellungen des NPM sind mittlerweile selbstverständlich im deutschen Behördenalltag geworden. Nach den Kommunen haben diese Bestrebungen zunehmend auch den staatlichen Sektor erfasst. Zwar werden schon seit mehr als zehn Jahren solche Projekte durchgeführt, doch die damit erzielten Veränderungen und die Wirkungen sind bislang kaum ermittelt worden. Dieser Mangel an empirischen Untersuchungen gilt in besonderer Weise für die Landesverwaltungen; und das, obwohl diese Modernisierungen eigentlich eine vermehrte Transparenz über das Verwaltungshandeln schaffen sollen und die Ergebnisorientierung diesbezüglich im Mittelpunkt steht. Dabei können nicht erfolgreiche Reformprojekte ebenso schädliche Auswirkungen haben wie die generelle Weigerung, überhaupt Modernisierungen durchzuführen. Evaluationen sollen in diesem Zusammenhang dazu beitragen, fehlgeleitete Bemühungen zu verhindern bzw. aufzuhalten.

Vor dem Hintergrund der vorgestellten Probleme war das in *Kapitel 1* formulierte übergeordnete Ziel der vorliegenden Arbeit die Erweiterung des Kenntnisstandes in Bezug auf Evaluierungen umfassender Reformprojekte. Dieses Oberziel ließ sich dabei in mehrere Unterziele aufteilen. Erstens sollte ein grundlegendes Evaluationskonzept entwickelt werden, das den Schwerpunkt auf die instrumentelle Ausgestaltung in den einzelnen Behörden legt. Zweitens sollte damit ein Nachweis über den aktuellen Umsetzungsstand und die damit erzielten Ergebnisse in der Landesverwaltung NRW erbracht werden. Und drittens sollten aus diesen empirischen Daten anwendungsorientierte Empfehlungen abgeleitet werden, um insgesamt einen Beitrag zur Verbesserung der Binnenmodernisierung leisten zu können.

Aufbauend auf diesen Zielen galt es in *Kapitel 2*, die Grundlagen der Verwaltungsmodernisierung und der internationalen Ausprägung des NPM zu legen. Um ein einheitliches Verständnis der Thematik zu schaffen, erfolgte zunächst die Definition der in diesem Zusammenhang wesentlichen Begriffe. Vorwiegend entstanden diese Reformen durch gesellschaftlichen Wandel, technologischen Fortschritt sowie durch eine geringere finanzielle Ressourcenausstattung. Diesen aufgezeigten Problemen sollte durch die Integration von Managementkonzepten in Anlehnung an die Privatwirtschaft und die Schaffung von marktlichen Anreizstrukturen entgegen getreten werden. Im Einzelnen ging es dabei um eine stärkere Berücksichtigung der erbrachten Leistungen, die Wahrnehmung der Bürger als Kunden, die Erzielung einer angemessenen Qualität, die Schaffung von Wettbewerb und eine stärkere Orientierung an den Mitarbeitern. An diese zentralen Zieldimensionen schloss sich eine Analyse des aktuellen aus- und inländischen Umsetzungsstandes der Verwaltungsmodernisierung an. Dabei konnten die angelsächsischen Staaten als Vorreiter dieser Reformentwicklung identifiziert werden. Denen gegenüber gilt Deutschland und dort vor allem die staatliche Ebene der Länder und des Bundes immer noch als Nachzügler. Den Abschluss dieses Kapitels bildeten die wesentlichen Probleme bisheriger Reformprojekte. Dazu gehörten die übertriebenen Erwartungen, auch bedingt durch nur wenige vorliegende empirische Studien über die Wirksamkeit dieser Reformen, die Unzufriedenheit bei den Mitarbeitern und die teilweise unreflektierten sowie nicht die individuellen Gegebenheiten berücksichtigenden Reformen.

Aus den aufgezeigten Problembereichen entstand die Notwendigkeit der Evaluierung von Modernisierungsprojekten. In diesem Zusammenhang war es notwendig, die Grundlagen des Instrumentes der Evaluation im *Kapitel 3* näher vorzustellen. Nicht zuletzt, um diesen vielschichtigen Begriff genauer zu erfassen, erfolgte nach der Darstellung der Entstehungsgeschichte eine Abgrenzung gegenüber anderen Ansätzen der Erfolgskontrolle wie dem Controlling oder dem Monitoring. Als wesentliche Ziele der Evaluation konnten der Erkenntnisgewinn, die Kontrollmöglichkeiten, die Dialog- und Lernfunktion sowie die nachträgliche Legitimation ermittelt werden. Allerdings sind diese Ziele sehr stark von dem jeweiligen Evaluationsgegenstand und dem Bewertungszeitpunkt abhängig. Für die eigentliche Anwendung dieses Instrumentes wurden zunächst die unterschiedlichen Evaluationsstandards und der grundsätzliche Prozess dargestellt, die auch die Basis für das theoretische Konzept dieser Evaluation bilden sollten. Im Anschluss daran erfolgte eine Übertragung der zuvor erarbeiteten allgemeinen Grundlagen auf den Bereich der Verwaltungsmodernisierung. Neben den verschiedenen Möglichkeiten einer solchen Analyse wurden zudem die dabei zu lösenden Probleme definiert, dazu gehörten die schlechte Qualität der verfügbaren Daten und die fehlenden Indikatoren für die Ermittlung der Zielerreichung. Abschließend erfolgte eine Vorstellung von drei besonders positiven Beispielen von Reformevaluationen, um die dort verwendeten Methoden und die gemachten Erfahrungen für die weitere Durchführung nutzen zu können.

Das *Kapitel 4* widmete sich der theoretischen Herleitung eines extern durchgeführten und formativ sowie quantitativ angelegten Konzeptes für eine Reformevaluation in der Landesverwaltung NRW. Dazu wurde zunächst der ausgewählte Evaluationsgegenstand näher vorgestellt; dies beinhaltete die sich im Zeitablauf geänderten Reformkonzepte, da diese mitverantwortlich für den aktuellen Umsetzungsstand sind. Die konkreten Evaluationsziele wurden eng angelehnt an die Ziele der vorliegenden Arbeit. Es sollte der Umsetzungsstand und die bislang erzielten Veränderungen offengelegt werden. Zudem galt es, die Wirksamkeit von Instrumenten sowie Instrumentenkombinationen zu bestimmen, und schließlich sollten in Bezug auf die Modernisierung weitgehend homogene Behördentypen bestimmt werden. Für Letzteres mussten relevante Leistungs- und Größenmerkmale identifiziert werden. In Anlehnung an Typisierungen von Dienstleistungen in der Privatwirtschaft boten sich die folgenden Merkmale an: Behördengröße, Tätigkeitsstruktur, Wettbewerbsumfeld, Entgeltorientierung und Kundenkontakt. Eine Weiterentwicklung bestehender Evaluationen musste ebenfalls im Bereich der Zieldimensionen erfolgen. Für ein umfassendes Bild der bislang erzielten Resultate erfolgte eine Übertragung der zentralen Ziele der Verwaltungsmodernisierung auf die abzufragenden Zieldimensionen; zudem wurden die Effizienz und die Effektivität als die wesentlichen Kategorien für die erreichten Verbesserungen durch die Einzelinstrumente herausgearbeitet. Nach der Instrumentenauswahl wurde eine Beschreibung jedes Instrumentes vorgenommen, auch die Vorgehensweise bei der Einführung, die Ziele und die Problembereiche wurden jeweils erörtert. Zur Komplettierung des Reformkonzeptes wurden verschiedene theoretisch hergeleitete Hypothesen ermittelt, die es im weiteren Verlauf der Arbeit durch die erhobenen Daten zu bestätigten oder zu verwerfen galt. Entsprechend den Zielsetzungen waren dieses Thesen zu den Behördencharakteristika, zu den Rahmenbedingungen des Instrumenteneinsatzes und zur Kombination von Einzelinstrumenten.

Das *Kapitel 5* beinhaltete die sich auf Basis des Evaluationskonzeptes ergebenden empirischen Ergebnisse. Durch die Beteiligung von mehr als 100 Behörden an dieser Umfrage und der hohen hierarchischen Stellung der Teilnehmer ließ sich auf insgesamt valide Daten schließen. Bei der deskriptiven Auswertung der Befragung wurde offenbar, dass mittlerweile viele institutionelle Veränderungen stattgefunden haben; so wendet durchschnittlich jede Behörde etwa die Hälfte der abgefragten 19 Instrumente an. Die damit bislang erzielten Ergebnisse konnten die Erwartungen allerdings nicht ganz erfüllen. Gerade im Bereich der Mitarbeiterzufriedenheit und der Zielorientierung des Verwaltungshandelns wurden deutliche Schwachstellen festgestellt, auch in anderen Bereichen, wie der Wirtschaftlichkeit, beginnen die eingesetzten Elemente erst langsam zu wirken. Demgegenüber standen positive Resultate bei den internen Prozessen und Leistungspotenzialen. Einen hohen Umsetzungsstand konnten neben mitarbeiterbezogenen Instrumenten auch das Berichtswesen, die Zielvereinbarungen oder das Projektmanagement verzeichnen. Angesichts der zugemessenen Bedeutung wurde eine Implementierungslücke vor allem bei dem Qualitätsmanagement, den Prozessanalysen, den Personalentwicklungskonzepten und bei der Budgetierung ermittelt.

Ferner ergab sich hinsichtlich der Behördenstruktur ein heterogenes Bild der Landesverwaltung, was die Bedeutung der Einteilung dieser Behörden in verschiedene Gruppen noch einmal unterstrich. Einen signifikanten Einfluss auf die Ergebnisse der Modernisierungen üben die Wettbewerbsstruktur und der Kundenkontakt aus; demnach wurden diese Merkmale auch für die Typisierung verwendet. Bei jeweils drei Gruppen ergaben sich daraus neun verschiedene Typen. Besonders positive Resultate ließen sich erzielen, wenn externer Wettbewerb und Kundenkontakt mit Leistungsempfängern außerhalb der Landesverwaltung vorlag. Im gegenteiligen Fall traten weitaus weniger positive Reformwirkungen ein. Für Behörden ohne externe Kunden und/oder Wettbewerb sollten demnach eine besonders starke Instrumentenselektion und eine pragmatische Umsetzung im Mittelpunkt stehen; dies gilt zudem auch für sehr kleine Behörden.

Insgesamt stellte sich heraus, dass die Führungskräfte das bisher Erreichte durchaus kritisch sehen und folglich noch viel Spielraum für Verbesserungen vorhanden ist. Dazu können die Rahmenbedingungen des Einsatzes beitragen. Dazu gehört u.a., dass die Führungskräfte die Bedeutung eines Instrumentes betonen, die Behörden selber die damit zusammenhängenden Chancen und Risiken erkennen und es möglichst intensiv genutzt wird. Häufig lassen sich Verbesserungen im besonderen Maße durch gewisse Kombinationen von Instrumenten erzielen. Diese Verknüpfung fehlt vielfach und führt im Ergebnis zu einem suboptimalen Einsatz der Instrumente. Grundsätzlich ist es wichtig, eine längerfristige Modernisierungsstrategie zu verfolgen, die frühzeitig die Wechselwirkungen zwischen Instrumenten, ferner die zur Verfügung stehenden Ressourcen und die Zufriedenheit der Mitarbeiter berücksichtigt. Darüber hinaus ergaben sich vielfältige Hinweise und Anregungen für weitere Modernisierungsmaßnahmen und Rahmenbedingungen, die zu schaffen sind, um den hohen Anforderungen, die an solche Reformen gestellt werden, auch gerecht zu werden.

Die vorliegende Untersuchung leistet damit einen Beitrag zur Entwicklung eines Evaluationskonzeptes für Verwaltungsreformen und bietet zudem Hinweise zu der instrumentellen Ausgestaltung in einzelnen Behördentypen. Die Ausführungen und die Empfehlungen orientieren sich daher stark an den Ergebnissen der durchgeführten empirischen Untersuchung. Aufgrund dessen sind zahlreiche Anknüpfungspunkte vorhanden, die einen weiteren Forschungsbedarf nach sich ziehen.

Aus dem anfangs konstatierten Mangel an Reformevaluationen entsteht auch über diese Untersuchung hinaus ein Bedarf an *weiteren umfassenden Beurteilungen von Modernisierungsprojekten*. Dabei gilt es, diesen komplexen Evaluationsgegenstand der NPM-Reformen durchaus aus unterschiedlichen Perspektiven und mit verschiedenen Methoden näher zu analysieren. Auch bezüglich des Evaluationsobjektes bieten sich mannigfaltige weitere Möglichkeiten wie die Bundesverwaltung, weitere Landesverwaltungen oder spezielle Behördengruppen an. Eine wiederholte Durchführung der vorliegenden Evaluation zu einem späteren Zeitpunkt verspricht im Sinne einer Zeitreihenanalyse ebenfalls wertvolle Hinweise. Alle erhaltenen Ergebnisse von Reformevaluationen sollten dabei nicht nur für die Wissenschaft von Interesse sein, sondern insbesondere einen Mehrwert für die Verwaltungspraxis generieren.

Problematisch erscheint bei dieser Art der Modernisierungsanalysen zudem die *positive Selektion* der an Umfragen teilnehmenden Behörden. Gerade zentral in Auftrag gegebene Studien können dies durch eine Teilnahmeverpflichtung umgehen, um möglichst alle Behörden an einer solchen Evaluationsstudie zu beteiligen. Darüber hinaus beeinflussen *Selbstdarstellungseffekte* der Befragten, die bei einer solch umfangreichen Befragung auf schriftlicher Basis nicht auszuschließen sind, die Ergebnisse. Hierzu ist eine Integration von weiteren Personen, die dem Projekt grundsätzlich kritisch gegenüberstehen (z.B. der Personalvertretung) notwendig. Alternativ können neutrale Evaluatoren Abhilfe schaffen, indem diese die erzielten Ergebnisse in ausgewählten Behörden selber analysieren und bewerten. Im Sinne einer *Kosten-Wirkungs-* oder *Kosten-Nutzen-Analyse* wird die Ermittlung der monetären Auswirkungen aus Legitimationsgründen zwar häufig gewünscht, angesichts der vielfältigen externen Störeffekte und der unklaren Ursache-Wirkungsbeziehungen wird das allerdings auch zukünftig nur selten möglich sein. Stattdessen gilt es, geeignete Indikatoren zu finden, die Rückschlüsse auf die Kosten und vor allem den Nutzen ermöglichen.

Darüber hinaus sollten in einer Analyse nicht nur die intendierten Wirkungen und damit die positiven Veränderungen einbezogen werden, sondern auch die *nicht-intendierte Wirkungen* sollten Berücksichtigung in einer solchen Analyse finden. Dabei handelt es sich vielfach um negative Folgen, die durch die zentralen Reformziele nicht abgedeckt sind. Daher ist es allerdings notwendig, eine gewisse Grundkenntnis über die entstandenen Effekte zu besitzen, um diese dann mittels Kenngrößen oder über direkte Abfragen ermitteln zu können. Ein grundlegender und häufig genannter negativer Effekt ist die sinkende Mitarbeiterzufriedenheit. Dieser ist allerdings auch Bestandteil der vorliegenden Arbeit.

Die Verwaltungsmodernisierung nach NPM-Vorstellungen wird auch in den nächsten Jahren eines der beherrschenden Themen im öffentlichen Sektor sein. Dadurch wird die Notwendigkeit der Entwicklung von spezifischen Ansätzen zur Erfolgskontrolle zunehmen, das gilt für geplante wie auch für bereits durchgeführte Reformmaßnahmen.

**Anhang**

Anhang: Eingesetzter Fragebogen

## Forschungsprojekt „Verwaltungsmodernisierung in der Landesverwaltung NRW"

### I. Struktur und Leistungsangebot

**(1) Position:** Welche Funktion haben Sie in der Behörde?

☐ Behördenleitung   ☐ Controller(in)/ Führungsunterstützung   ☐ Sonstige: [　　　　　]

**(2) Mitarbeiter:** Wie viele Mitarbeiter hat Ihre Behörde (ohne Referendarinnen/Referendare, Beamtenanwärterinnen/-anwärter, Auszubildende)?

☐ <50   ☐ 51-100   ☐ 101-300   ☐ 301-500   ☐ 501-1000   ☐ >1000

Die **folgenden vier Fragen** sollen den Typ Ihrer Behörde grob charakterisieren. Da diese Aussagen niemals 100%ig zutreffen werden, bitten wir Sie **Tendenzaussagen** für Ihre Behörde zu machen.

**(3) Tätigkeitsstruktur:** Welche der beschriebenen Tätigkeitsstrukturen trifft auf Sie am ehesten zu (Hauptaufgaben)?

☐ In der Regel repetitiv, hohe Fallzahlen, recht standardisiert
☐ Weitgehend ähnliche Tätigkeiten, viele wiederkehrende Aufgaben
☐ Individuelle Aufträge, geringe Fallzahlen, einige wiederkehrende Aufgaben
☐ Individuelle Projekte ohne große Standardisierbarkeit

**(4) Wettbewerb:** Welche Wettbewerbsstruktur herrscht für Ihre Behörde hauptsächlich vor?

☐ Externer Wettbewerb (bestehender Markt für überwiegenden Teil der Produkte)
☐ Externer oder Quasi-Wettbewerb (einige Leistungen vergleichbar mit Anbietern auf dem Markt oder es ist ein Benchmarking der Leistungen mit anderen vergleichbaren Behörden möglich)
☐ In Teilbereichen Quasi-Wettbewerb (Benchmarking der Leistungen der Behörde möglich)
☐ Keinerlei Wettbewerb (es besteht kein Markt; auch Benchmarking der Leistungen scheint nicht möglich)

**(5) Entgelt:** Welche Form von Entgelt spielt für Sie hauptsächlich eine Rolle?

☐ Marktpreise (Leistungen werden zu Marktpreisen bewertet)
☐ Gebühren werden kostenorientiert ermittelt und erhoben
☐ Verrechnungen mit anderen Behörden erfolgen
☐ Keinerlei Verrechnung oder Entgelte

**(6) Kunden:** Wie lassen sich Ihre Leistungen in Bezug auf den Kundenkontakt am besten beschreiben?

☐ Erstellung von Leistungen nur für externe Kunden
☐ Erstellung von Leistungen für externe Kunden und für Kunden in der Landesverwaltung
☐ Erstellung von Leistungen nur für Kunden in der Landesverwaltung
☐ Kein direkter Kundenkontakt (Koordination, Methoden, Entwicklung)

### II. Allgemeine Einschätzung

**(1) Wirtschaftlichkeit:** Welche Auswirkungen hat die bisherige Einführung von Maßnahmen der Verwaltungsmodernisierung auf die Wirtschaftlichkeit in Ihrer Behörde gehabt?

Sehr deutliche Verbesserungen                     Gar keine Verbesserungen
☐ (1)     ☐ (2)     ☐ (3)     ☐ (4)     ☐ (5)

**(2) Interne Prozesse:** Welche Auswirkungen hat die bisherige Einführung von Maßnahmen der Verwaltungsmodernisierung auf die Entwicklung der internen Prozesse in Ihrer Behörde gehabt?

Sehr deutliche Verbesserungen                     Gar keine Verbesserungen
☐ (1)     ☐ (2)     ☐ (3)     ☐ (4)     ☐ (5)

- 1 -

*Anhang: Eingesetzter Fragebogen*

**(3) Leistungspotenziale:** Welche Auswirkungen hat die bisherige Einführung von Maßnahmen der Verwaltungsmodernisierung auf die Leistungspotenziale Ihrer Behörde gehabt?

Sehr deutliche Verbesserungen                                                 Gar keine Verbesserungen
☐(1)         ☐(2)         ☐(3)         ☐(4)         ☐(5)

**(4) Kundenzufriedenheit:** Welche Auswirkungen hat die bisherige Einführung von Maßnahmen der Verwaltungsmodernisierung auf die Zufriedenheit der Kunden Ihrer Behörde gehabt?

Sehr deutliche Verbesserungen                                                 Gar keine Verbesserungen
☐(1)         ☐(2)         ☐(3)         ☐(4)         ☐(5)

**(5) Gesellschaftliche Wirkungen:** Welche Auswirkungen hat die bisherige Einführung von Maßnahmen der Verwaltungsmodernisierung auf gesellschaftliche Wirkungen gehabt?

Sehr deutliche Verbesserungen                                                 Gar keine Verbesserungen
☐(1)         ☐(2)         ☐(3)         ☐(4)         ☐(5)

**(6) Mitarbeiterzufriedenheit:** Welche Auswirkungen hat die bisherige Einführung von Maßnahmen der Verwaltungsmodernisierung auf die Zufriedenheit der Mitarbeiter in Ihrer Behörde gehabt?

Sehr deutliche Verbesserungen                                                 Gar keine Verbesserungen
☐(1)         ☐(2)         ☐(3)         ☐(4)         ☐(5)

## III. Einzelinstrumente

### 1. Leitbild

**(1) Bedeutung:** Wie schätzen Sie allgemein die Bedeutung des Instrumentes Leitbild ein (klar gegliederte, langfristige Zielvorstellung einer Behörde)?

Sehr hohe Bedeutung                                                 Relativ unbedeutend
☐(1)         ☐(2)         ☐(3)         ☐(4)         ☐(5)

**(2) Status:** Wie ist der Umsetzungsstand in Ihrer Behörde beim Instrument Leitbild?

☐ Bereits evaluiert     ☐ Praktiziert     ☐ In Planung     ☐ Beabsichtigt     ☐ Bislang nicht

**(3) Anlass:** Was war der Hauptanlass zur Einführung des Instrumentes Leitbild?

☐ Erkannte Defizite     ☐ Vermutete Chance     ☐ Ressortvorgabe ☐ Zentrale Landesvorgabe

**(4) Intensität:** Wie häufig wird in Ihrer Behörde auf das Leitbild Bezug genommen?

☐ In Behördenalltag integriert ☐ Zu defin. Zeitpunkten ☐ Anlassbezogen ☐ Sporadisch/Unsystematisch

**(5) Effizienz-Ergebnis:** Hat die Einführung eines Leitbildes dazu geführt, die Effizienz (Wirtschaftlichkeit, interne Prozesse und Leistungspotenziale) Ihrer Behörde zu verbessern?

Sehr deutliche Verbesserungen                                                 Gar keine Verbesserungen
☐(1)         ☐(2)         ☐(3)         ☐(4)         ☐(5)

**(6) Effektivitäts-Ergebnis:** Hat die Einführung eines Leitbildes dazu geführt, die Effektivität (Wirksamkeit, Kundenzufriedenheit, gesellschaftliche Wirkungen) Ihrer Behörde zu verbessern?

Sehr deutliche Verbesserungen                                                 Gar keine Verbesserungen
☐(1)         ☐(2)         ☐(3)         ☐(4)         ☐(5)

### 2. Personalentwicklungskonzept

**(1) Bedeutung:** Wie schätzen Sie allgemein die Bedeutung des Instrumentes Personalentwicklungskonzept ein (ganzheitlicher Ansatz einer Behörde zur Förderung der Mitarbeiter)?

Sehr hohe Bedeutung                                                 Relativ unbedeutend
☐(1)         ☐(2)         ☐(3)         ☐(4)         ☐(5)

**(2) Status:** Wie ist der Umsetzungsstand des Instrumentes Personalentwicklungskonzept in Ihrer Behörde?

☐ Bereits evaluiert     ☐ Praktiziert     ☐ In Planung     ☐ Beabsichtigt     ☐ Bislang nicht

**(3) Anlass:** Was war der Hauptanlass zur Einführung eines Personalentwicklungskonzeptes?

☐ Erkannte Defizite     ☐ Vermutete Chance     ☐ Ressortvorgabe ☐ Zentrale Landesvorgabe

*Fortsetzung Anhang*

**(4) Intensität:** Wie häufig werden Maßnahmen der Personalentwicklung bei Ihnen eingesetzt?

☐ In Behördenalltag integriert ☐ Zu defin. Zeitpunkten ☐ Anlassbezogen ☐ Sporadisch/Unsystematisch

**(5) Effizienz-Ergebnis:** Hat die Einführung des Personalentwicklungskonzeptes dazu geführt, die Effizienz (Wirtschaftlichkeit, interne Prozesse und Leistungspotenziale) in Ihrer Behörde zu verbessern?

Sehr deutliche Verbesserungen                                              Gar keine Verbesserungen
☐ (1)                    ☐ (2)                    ☐ (3)                    ☐ (4)                    ☐ (5)

**(6) Effektivitäts-Ergebnis:** Hat die Einführung des Personalentwicklungskonzeptes dazu geführt, die Effektivität (Kundenzufriedenheit, gesellschaftliche Wirkungen) in Ihrer Behörde zu verbessern?

Sehr deutliche Verbesserungen                                              Gar keine Verbesserungen
☐ (1)                    ☐ (2)                    ☐ (3)                    ☐ (4)                    ☐ (5)

## 3. Strukturierte Mitarbeitergespräche

**(1) Bedeutung:** Wie schätzen Sie allgemein die Bedeutung des Instrumentes Mitarbeitergespräche ein (Ansatz zum Führen und Fördern der Mitarbeiter einer Behörde)?

Sehr hohe Bedeutung                                                        Relativ unbedeutend
☐ (1)                    ☐ (2)                    ☐ (3)                    ☐ (4)                    ☐ (5)

**(2) Status:** Wie ist der Umsetzungsstand in Ihrer Behörde beim Instrument Mitarbeitergespräche?

☐ Bereits evaluiert   ☐ Praktiziert   ☐ In Planung   ☐ Beabsichtigt   ☐ Bislang nicht

**(3) Anlass:** Was war der Hauptanlass zur Einführung des Instrumentes Mitarbeitergespräche?

☐ Erkannte Defizite        ☐ Vermutete Chance   ☐ Ressortvorgabe ☐ Zentrale Landesvorgabe

**(4) Intensität:** Wie häufig sind strukturierte Mitarbeitergespräche bei Ihnen in der Behörde im Einsatz?

☐ In Behördenalltag integriert ☐ Zu defin. Zeitpunkten ☐ Anlassbezogen ☐ Sporadisch/Unsystematisch

**(5) Effizienz-Ergebnis:** Hat die Einführung des Instrumentes Mitarbeitergespräche dazu geführt, die Effizienz (Wirtschaftlichkeit, interne Prozesse und Leistungspotenziale) in Ihrer Behörde zu verbessern?

Sehr deutliche Verbesserungen                                              Gar keine Verbesserungen
☐ (1)                    ☐ (2)                    ☐ (3)                    ☐ (4)                    ☐ (5)

**(6) Effektivitäts-Ergebnis:** Hat die Einführung des Instrumentes Mitarbeitergespräche dazu geführt, die Effektivität (Kundenzufriedenheit, gesellschaftliche Wirkungen) in Ihrer Behörde zu verbessern?

Sehr deutliche Verbesserungen                                              Gar keine Verbesserungen
☐ (1)                    ☐ (2)                    ☐ (3)                    ☐ (4)                    ☐ (5)

## 4. Mitarbeiterbefragungen

**(1) Bedeutung:** Wie schätzen Sie allgemein die Bedeutung von Mitarbeiterbefragungen ein (Ansatz zur Erhebung eines repräsentativen Bildes der Meinungen von den Mitarbeiter/innen einer Behörde)?

Sehr hohe Bedeutung                                                        Relativ unbedeutend
☐ (1)                    ☐ (2)                    ☐ (3)                    ☐ (4)                    ☐ (5)

**(2) Status:** Wie ist der Umsetzungsstand in Ihrer Behörde beim Instrument Mitarbeiterbefragungen?

☐ Bereits evaluiert   ☐ Praktiziert   ☐ In Planung   ☐ Beabsichtigt   ☐ Bislang nicht

**(3) Anlass:** Was war der Hauptanlass zur Einführung des Instrumentes Mitarbeiterbefragungen?

☐ Erkannte Defizite        ☐ Vermutete Chance   ☐ Ressortvorgabe ☐ Zentrale Landesvorgabe

**(4) Intensität:** Wie häufig sind Mitarbeiterbefragungen bei Ihnen in der Behörde im Einsatz?

☐ In Behördenalltag integriert ☐ Zu defin. Zeitpunkten ☐ Anlassbezogen ☐ Sporadisch/Unsystematisch

**(5) Effizienz-Ergebnis:** Hat die Einführung des Instrumentes Mitarbeiterbefragungen dazu geführt, die Effizienz (Wirtschaftlichkeit, interne Prozesse und Leistungspotenziale) in Ihrer Behörde zu verbessern?

Sehr deutliche Verbesserungen                                              Gar keine Verbesserungen
☐ (1)                    ☐ (2)                    ☐ (3)                    ☐ (4)                    ☐ (5)

*Fortsetzung Anhang*

**(6) Effektivitäts-Ergebnis:** Hat die Einführung des Instrumentes Mitarbeiterbefragungen dazu geführt, die Effektivität (Kundenzufriedenheit, gesellschaftliche Wirkungen) in Ihrer Behörde zu verbessern?

Sehr deutliche Verbesserungen                                                         Gar keine Verbesserungen
☐ (1)              ☐ (2)              ☐ (3)              ☐ (4)              ☐ (5)

## 5. Mitarbeiterfortbildung

**(1) Bedeutung:** Wie schätzen Sie allgemein die Bedeutung des Instrumentes Mitarbeiterfortbildung ein (Instrument zur Qualifizierung und Kompetenzsteigerung der Mitarbeiter)?

Sehr hohe Bedeutung                                                                   Relativ unbedeutend
☐ (1)              ☐ (2)              ☐ (3)              ☐ (4)              ☐ (5)

**(2) Status:** Wie ist der Umsetzungsstand in Ihrer Behörde beim Instrument Mitarbeiterfortbildung?
☐ Bereits evaluiert      ☐ Praktiziert      ☐ In Planung      ☐ Beabsichtigt      ☐ Bislang nicht

**(3) Anlass:** Was war der Hauptanlass zur Einführung des Instrumentes Mitarbeiterfortbildung?
☐ Erkannte Defizite      ☐ Vermutete Chance      ☐ Ressortvorgabe      ☐ Zentrale Landesvorgabe

**(4) Intensität:** Wie häufig sind Mitarbeiterfortbildungen bei Ihnen in der Behörde im Einsatz?
☐ In Behördenalltag integriert      ☐ Zu defin. Zeitpunkten      ☐ Anlassbezogen      ☐ Sporadisch/Unsystematisch

**(5) Effizienz-Ergebnis:** Hat die Einführung des Instrumentes Mitarbeiterfortbildung dazu geführt, die Effizienz (Wirtschaftlichkeit, interne Prozesse und Leistungspotenziale) in Ihrer Behörde zu verbessern?

Sehr deutliche Verbesserungen                                                         Gar keine Verbesserungen
☐ (1)              ☐ (2)              ☐ (3)              ☐ (4)              ☐ (5)

**(6) Effektivitäts-Ergebnis:** Hat die Einführung des Instrumentes Mitarbeiterfortbildung dazu geführt, die Effektivität (Kundenzufriedenheit, gesellschaftliche Wirkungen) in Ihrer Behörde zu verbessern?

Sehr deutliche Verbesserungen                                                         Gar keine Verbesserungen
☐ (1)              ☐ (2)              ☐ (3)              ☐ (4)              ☐ (5)

## 6. Budgetierung

**(1) Bedeutung:** Wie schätzen Sie allgemein die Bedeutung des Instrumentes Budgetierung ein (Ansatz zur gezielten eigenverantwortlichen Bewirtschaftung von Haushaltsmitteln)?

Sehr hohe Bedeutung                                                                   Relativ unbedeutend
☐ (1)              ☐ (2)              ☐ (3)              ☐ (4)              ☐ (5)

**(2) Status:** Wie ist der Umsetzungsstand in Ihrer Behörde beim Instrument Budgetierung?
☐ Bereits evaluiert      ☐ Praktiziert      ☐ In Planung      ☐ Beabsichtigt      ☐ Bislang nicht

**(3) Anlass:** Was war der Hauptanlass zur Einführung einer Budgetierung?
☐ Erkannte Defizite      ☐ Vermutete Chance      ☐ Ressortvorgabe      ☐ Zentrale Landesvorgabe

**(4) Intensität:** Wie häufig ist die Budgetierung bei Ihnen in der Behörde im Einsatz?
☐ In Behördenalltag integriert      ☐ Zu defin. Zeitpunkten      ☐ Anlassbezogen      ☐ Sporadisch/Unsystematisch

**(5) Effizienz-Ergebnis:** Hat die Einführung des Instrumentes Budgetierung dazu geführt, die Effizienz (Wirtschaftlichkeit, interne Prozesse und Leistungspotenziale) in Ihrer Behörde zu verbessern?

Sehr deutliche Verbesserungen                                                         Gar keine Verbesserungen
☐ (1)              ☐ (2)              ☐ (3)              ☐ (4)              ☐ (5)

**(6) Effektivitäts-Ergebnis:** Hat die Einführung des Instrumentes Budgetierung dazu geführt, die Effektivität (Kundenzufriedenheit, gesellschaftliche Wirkungen) in Ihrer Behörde zu verbessern?

Sehr deutliche Verbesserungen                                                         Gar keine Verbesserungen
☐ (1)              ☐ (2)              ☐ (3)              ☐ (4)              ☐ (5)

*Fortsetzung Anhang*

## 7. Produktdefinition

**(1) Bedeutung:** Wie schätzen Sie allgemein die Bedeutung des Instrumentes Produktdefinition ein (Instrument zur outputorientierten Beschreibung und Steuerung der Leistungen einer Behörde)?

Sehr hohe Bedeutung                                                                Relativ unbedeutend
☐(1)            ☐(2)            ☐(3)            ☐(4)            ☐(5)

**(2) Status:** Wie ist der Umsetzungsstand in Ihrer Behörde beim Instrument Produktdefinition?

☐ Bereits evaluiert    ☐ Praktiziert    ☐ In Planung    ☐ Beabsichtigt    ☐ Bislang nicht

**(3) Anlass:** Was war der Hauptanlass zur Einführung des Instrumentes?

☐ Erkannte Defizite        ☐ Vermutete Chance    ☐ Ressortvorgabe    ☐ Zentrale Landesvorgabe

**(4) Intensität:** Wie häufig sind Produktdefinition bei Ihnen in der Behörde im Einsatz?

☐ In Behördenalltag integriert ☐ Zu defin. Zeitpunkten ☐ Anlassbezogen ☐ Sporadisch/Unsystematisch

**(5) Effizienz-Ergebnis:** Hat die Einführung des Instrumentes Produktdefinition dazu geführt, die Effizienz (Wirtschaftlichkeit, interne Prozesse und Leistungspotenziale) in Ihrer Behörde zu verbessern?

Sehr deutliche Verbesserungen                                          Gar keine Verbesserungen
☐(1)            ☐(2)            ☐(3)            ☐(4)            ☐(5)

**(6) Effektivitäts-Ergebnis:** Hat die Einführung des Instrumentes Produktdefinition dazu geführt, die Effektivität (Kundenzufriedenheit, gesellschaftliche Wirkungen) in Ihrer Behörde zu verbessern?

Sehr deutliche Verbesserungen                                          Gar keine Verbesserungen
☐(1)            ☐(2)            ☐(3)            ☐(4)            ☐(5)

## 8. Zielvereinbarungen (*innerhalb* einer Behörde)

**(1) Bedeutung:** Wie schätzen Sie allgemein die Bedeutung des Instrumentes Zielvereinbarungen ein (Ansatz zur Festlegung von konkretisierten Zielsetzungen innerhalb einer Behörde)?

Sehr hohe Bedeutung                                                                Relativ unbedeutend
☐(1)            ☐(2)            ☐(3)            ☐(4)            ☐(5)

**(2) Status:** Wie ist der Umsetzungsstand in Ihrer Behörde beim Instrument Zielvereinbarungen (innerhalb der Behörde)?

☐ Bereits evaluiert    ☐ Praktiziert    ☐ In Planung    ☐ Beabsichtigt    ☐ Bislang nicht

**(3) Anlass:** Was war der Hauptanlass zur Einführung von Zielvereinbarungen (innerhalb der Behörde)?

☐ Erkannte Defizite        ☐ Vermutete Chance    ☐ Ressortvorgabe    ☐ Zentrale Landesvorgabe

**(4) Intensität:** Wie häufig sind Zielvereinbarungen innerhalb Ihrer Behörde im Einsatz?

☐ In Behördenalltag integriert ☐ Zu defin. Zeitpunkten ☐ Anlassbezogen ☐ Sporadisch/Unsystematisch

**(5) Effizienz-Ergebnis:** Hat die Einführung von Zielvereinbarungen innerhalb der Verwaltung dazu geführt, die Effizienz (Wirtschaftlichkeit, interne Prozesse und Leistungspotenziale) in Ihrer Behörde zu verbessern?

Sehr deutliche Verbesserungen                                          Gar keine Verbesserungen
☐(1)            ☐(2)            ☐(3)            ☐(4)            ☐(5)

**(6) Effektivitäts-Ergebnis:** Hat die Einführung von Zielvereinbarungen innerhalb der Verwaltung dazu geführt, die Effektivität (Kundenzufriedenheit, gesellschaftliche Wirkungen) in Ihrer Behörde zu verbessern?

Sehr deutliche Verbesserungen                                          Gar keine Verbesserungen
☐(1)            ☐(2)            ☐(3)            ☐(4)            ☐(5)

## 9. Benchmarking

**(1) Bedeutung:** Wie schätzen Sie allgemein die Bedeutung des Instrumentes Benchmarking (Vergleich von Kosten, Leistungen, Prozessen usw. mit anderen Behörden)ein?

Sehr hohe Bedeutung                                                                Relativ unbedeutend
☐(1)            ☐(2)            ☐(3)            ☐(4)            ☐(5)

**(2) Status:** Wie ist der Umsetzungsstand in Ihrer Behörde beim Instrument Benchmarking?

☐ Bereits evaluiert    ☐ Praktiziert    ☐ In Planung    ☐ Beabsichtigt    ☐ Bislang nicht

- 5 -

*Fortsetzung Anhang*

(3) **Anlass:** Was war der Hauptanlass zur Einführung des Instrumentes Benchmarking?

☐ Erkannte Defizite ☐ Vermutete Chance ☐ Ressortvorgabe ☐ Zentrale Landesvorgabe

(4) **Intensität:** Wie häufig ist Benchmarking bei Ihnen in der Behörde im Einsatz?

☐ In Behördenalltag integriert ☐ Zu defin. Zeitpunkten ☐ Anlassbezogen ☐ Sporadisch/Unsystematisch

(5) **Effizienz-Ergebnis:** Hat die Einführung des Instrumentes Benchmarking dazu geführt, die Effizienz (Wirtschaftlichkeit, interne Prozesse und Leistungspotenziale) in Ihrer Behörde zu verbessern?

Sehr deutliche Verbesserungen                         Gar keine Verbesserungen
☐ (1)          ☐ (2)          ☐ (3)          ☐ (4)          ☐ (5)

(6) **Effektivitäts-Ergebnis:** Hat die Einführung des Instrumentes Benchmarking dazu geführt, die Effektivität (Kundenzufriedenheit, gesellschaftliche Wirkungen) in Ihrer Behörde zu verbessern?

Sehr deutliche Verbesserungen                         Gar keine Verbesserungen
☐ (1)          ☐ (2)          ☐ (3)          ☐ (4)          ☐ (5)

(7) Falls Sie ein Benchmarking einsetzen, welche Verwaltungen werden hier seit wann miteinander verglichen und um welche Daten handelt es sich dabei?

Verwaltungen: _____

Daten: _____

## 10. Kostenrechnung (ohne Leistungsrechnung!)

(1) **Bedeutung:** Wie schätzen Sie allgemein die Bedeutung der Kostenrechnung ein (Instrument zur Ermittlung von strukturierten Kosteninformationen einer Behörde)?

Sehr hohe Bedeutung                         Relativ unbedeutend
☐ (1)          ☐ (2)          ☐ (3)          ☐ (4)          ☐ (5)

(2) **Status:** Wie ist der Umsetzungsstand in Ihrer Behörde beim Instrument Kostenrechnung?

☐ Bereits evaluiert ☐ Praktiziert ☐ In Planung ☐ Beabsichtigt ☐ Bislang nicht

(3) **Anlass:** Was war der Hauptanlass zur Einführung einer Kostenrechnung?

☐ Erkannte Defizite ☐ Vermutete Chance ☐ Ressortvorgabe ☐ Zentrale Landesvorgabe

(4) **Intensität:** Wie häufig ist die Kostenrechnung bei Ihnen in der Behörde im Einsatz?

☐ In Behördenalltag integriert ☐ Zu defin. Zeitpunkten ☐ Anlassbezogen ☐ Sporadisch/Unsystematisch

(5) **Effizienz-Ergebnis:** Hat die Einführung des Instrumentes Kostenrechnung dazu geführt, die Effizienz (Wirtschaftlichkeit, interne Prozesse und Leistungspotenziale) in Ihrer Behörde zu verbessern?

Sehr deutliche Verbesserungen                         Gar keine Verbesserungen
☐ (1)          ☐ (2)          ☐ (3)          ☐ (4)          ☐ (5)

(6) **Effektivitäts-Ergebnis:** Hat die Einführung des Instrumentes Kostenrechnung dazu geführt, die Effektivität (Kundenzufriedenheit, gesellschaftliche Wirkungen) in Ihrer Behörde zu verbessern?

Sehr deutliche Verbesserungen                         Gar keine Verbesserungen
☐ (1)          ☐ (2)          ☐ (3)          ☐ (4)          ☐ (5)

## 11. Leistungsrechnung/-analyse

(1) **Bedeutung:** Wie schätzen Sie allgemein die Bedeutung der Leistungsrechnung/-analyse ein (Instrument zur Ermittlung von Leistungskennzahlen und zur Verdichtung von Informationen in einer Behörde)?

Sehr hohe Bedeutung                         Relativ unbedeutend
☐ (1)          ☐ (2)          ☐ (3)          ☐ (4)          ☐ (5)

(2) **Status:** Wie ist der Umsetzungsstand in Ihrer Behörde beim Instrument Leistungsrechnung?

☐ Bereits evaluiert ☐ Praktiziert ☐ In Planung ☐ Beabsichtigt ☐ Bislang nicht

(3) **Anlass:** Was war der Hauptanlass zur Einführung des Instrumentes Leistungsrechnung/-analyse?

☐ Erkannte Defizite ☐ Vermutete Chance ☐ Ressortvorgabe ☐ Zentrale Landesvorgabe

- 6 -

*Fortsetzung Anhang*

(4) **Intensität:** Wie häufig ist die Leistungsrechnung/-analyse bei Ihnen in der Behörde im Einsatz?

☐ In Behördenalltag integriert ☐ Zu defin. Zeitpunkten ☐ Anlassbezogen ☐ Sporadisch/Unsystematisch

(5) **Effizienz-Ergebnis:** Hat die Einführung des Instrumentes Leistungsrechnung/-analyse dazu geführt, die Effizienz (Wirtschaftlichkeit, interne Prozesse und Leistungspotenziale) in Ihrer Behörde zu verbessern?

Sehr deutliche Verbesserungen                               Gar keine Verbesserungen
☐ (1)          ☐ (2)          ☐ (3)          ☐ (4)          ☐ (5)

(6) **Effektivitäts-Ergebnis:** Hat die Einführung des Instrumentes Leistungsrechnung/-analyse dazu geführt, die Effektivität (Kundenzufriedenheit, gesellschaftliche Wirkungen) in Ihrer Behörde zu verbessern?

Sehr deutliche Verbesserungen                               Gar keine Verbesserungen
☐ (1)          ☐ (2)          ☐ (3)          ☐ (4)          ☐ (5)

## 12. Berichtswesen

(1) **Bedeutung:** Wie schätzen Sie allgemein die Bedeutung des Instrumentes Berichtswesen ein (Aufbereitung von entscheidungsrelevanten Informationen in einer Behörde)?

Sehr hohe Bedeutung                               Relativ unbedeutend
☐ (1)          ☐ (2)          ☐ (3)          ☐ (4)          ☐ (5)

(2) **Status:** Wie ist der Umsetzungsstand in Ihrer Behörde beim Instrument Berichtswesen?

☐ Bereits evaluiert    ☐ Praktiziert    ☐ In Planung    ☐ Beabsichtigt    ☐ Bislang nicht

(3) **Anlass:** Was war der Hauptanlass zur Einführung eines Berichtswesens?

☐ Erkannte Defizite    ☐ Vermutete Chance    ☐ Ressortvorgabe ☐ Zentrale Landesvorgabe

(4) **Intensität:** Wie häufig ist das Berichtswesen bei Ihnen in der Behörde im Einsatz?

☐ In Behördenalltag integriert ☐ Zu defin. Zeitpunkten ☐ Anlassbezogen ☐ Sporadisch/Unsystematisch

(5) **Effizienz-Ergebnis:** Hat die Einführung des Instrumentes Berichtswesens dazu geführt, die Effizienz (Wirtschaftlichkeit, interne Prozesse und Leistungspotenziale) in Ihrer Behörde zu verbessern?

Sehr deutliche Verbesserungen                               Gar keine Verbesserungen
☐ (1)          ☐ (2)          ☐ (3)          ☐ (4)          ☐ (5)

(6) **Effektivitäts-Ergebnis:** Hat die Einführung des Instrumentes Berichtswesens dazu geführt, die Effektivität (Kundenzufriedenheit, gesellschaftliche Wirkungen) in Ihrer Behörde zu verbessern?

Sehr deutliche Verbesserungen                               Gar keine Verbesserungen
☐ (1)          ☐ (2)          ☐ (3)          ☐ (4)          ☐ (5)

## 13. Wirkungsrechnung

(1) **Bedeutung:** Wie schätzen Sie allgemein die Bedeutung des Instrumentes Wirkungsrechnung ein (Messung der gesellschaftlichen Wirkungen des Verwaltungshandelns (Outcome))?

Sehr hohe Bedeutung                               Relativ unbedeutend
☐ (1)          ☐ (2)          ☐ (3)          ☐ (4)          ☐ (5)

(2) **Status:** Wie ist der Umsetzungsstand in Ihrer Behörde beim Instrument Wirkungsrechnung?

☐ Bereits evaluiert    ☐ Praktiziert    ☐ In Planung    ☐ Beabsichtigt    ☐ Bislang nicht

(3) **Anlass:** Was war der Hauptanlass zur Einführung der Wirkungsrechnung in Ihrer Behörde?

☐ Erkannte Defizite    ☐ Vermutete Chance    ☐ Ressortvorgabe ☐ Zentrale Landesvorgabe

(4) **Intensität:** Wie häufig ist die Wirkungsrechnung bei Ihnen in der Behörde im Einsatz?

☐ In Behördenalltag integriert ☐ Zu defin. Zeitpunkten ☐ Anlassbezogen ☐ Sporadisch/Unsystematisch

(5) **Effizienz-Ergebnis:** Hat die Einführung des Instrumentes Wirkungsrechnung dazu geführt, die Effizienz (Wirtschaftlichkeit, interne Prozesse und Leistungspotenziale) in Ihrer Behörde zu verbessern?

Sehr deutliche Verbesserungen                               Gar keine Verbesserungen
☐ (1)          ☐ (2)          ☐ (3)          ☐ (4)          ☐ (5)

*Fortsetzung Anhang*

**(6) Effektivitäts-Ergebnis:** Hat die Einführung des Instrumentes Wirkungsrechnung dazu geführt, die Effektivität (Kundenzufriedenheit, gesellschaftliche Wirkungen) in Ihrer Behörde zu verbessern?

Sehr deutliche Verbesserungen □ (1) □ (2) □ (3) □ (4) Gar keine Verbesserungen □ (5)

## 14. Systematisches Qualitätsmanagement

**(1) Bedeutung:** Wie schätzen Sie allgemein die Bedeutung des Instrumentes Qualitätsmanagement ein (Instru-ment zur Optimierung von Prozessen und Produkten einer Behörden)?

Sehr hohe Bedeutung □ (1) □ (2) □ (3) □ (4) Relativ unbedeutend □ (5)

**(2) Status:** Wie ist der Umsetzungsstand in Ihrer Behörde beim Instrument Qualitätsmanagement?

□ Bereits evaluiert □ Praktiziert □ In Planung □ Beabsichtigt □ Bislang nicht

**(3) Anlass:** Was war der Hauptanlass zur Einführung eines systematischen Qualitätsmanagements?

□ Erkannte Defizite □ Vermutete Chance □ Ressortvorgabe □ Zentrale Landesvorgabe

**(4) Intensität:** Wie häufig ist Qualitätsmanagement bei Ihnen in der Behörde im Einsatz?

□ In Behördenalltag integriert □ Zu defin. Zeitpunkten □ Anlassbezogen □ Sporadisch/Unsystematisch

**(5) Effizienz-Ergebnis:** Hat die Einführung des Instrumentes Qualitätsmanagement dazu geführt, die Effizienz (Wirtschaftlichkeit, interne Prozesse und Leistungspotenziale) in Ihrer Behörde zu verbessern?

Sehr deutliche Verbesserungen □ (1) □ (2) □ (3) □ (4) Gar keine Verbesserungen □ (5)

**(6) Effektivitäts-Ergebnis:** Hat die Einführung des Instrumentes Qualitätsmanagement dazu geführt, die Effektivität (Kundenzufriedenheit, gesellschaftliche Wirkungen) in Ihrer Behörde zu verbessern?

Sehr deutliche Verbesserungen □ (1) □ (2) □ (3) □ (4) Gar keine Verbesserungen □ (5)

**(7)** Arbeitet Ihre Verwaltung mit einem speziellen Instrument für systematisches Qualitätsmanagement?

□ EFQM □ CAF □ DIN ISO 9001 □ Sonstiges: _____

## 15. Prozessanalyse und -optimierung

**(1) Bedeutung:** Wie schätzen Sie allgemein die Bedeutung der Prozessanalyse ein (Systematische Optimierung einzelner Prozesse (z.B. durch Software oder sog. Workflow-Diagramme) in einer Behörde)?

Sehr hohe Bedeutung □ (1) □ (2) □ (3) □ (4) Relativ unbedeutend □ (5)

**(2) Status:** Wie ist der Umsetzungsstand in Ihrer Behörde beim Instrument Prozessanalyse?

□ Bereits evaluiert □ Praktiziert □ In Planung □ Beabsichtigt □ Bislang nicht

**(3) Anlass:** Was war der Hauptanlass zur Einführung einer Prozessanalyse in Ihrer Verwaltung?

□ Erkannte Defizite □ Vermutete Chance □ Ressortvorgabe □ Zentrale Landesvorgabe

**(4) Intensität:** Wie häufig ist das Instrument Prozessanalyse und -optimierung bei Ihnen im Einsatz?

□ In Behördenalltag integriert □ Zu defin. Zeitpunkten □ Anlassbezogen □ Sporadisch/Unsystematisch

**(5) Effizienz-Ergebnis:** Hat die Einführung von Prozessanalysen und -optimierungen dazu geführt, die Effizienz (Wirtschaftlichkeit, interne Prozesse und Leistungspotenziale) in Ihrer Behörde zu verbessern?

Sehr deutliche Verbesserungen □ (1) □ (2) □ (3) □ (4) Gar keine Verbesserungen □ (5)

**(6) Effektivitäts-Ergebnis:** Hat die Einführung des Instrumentes Prozessanalyse und -optimierung dazu geführt, die Effektivität (Kundenzufriedenheit, gesellschaftliche Wirkungen) in Ihrer Behörde zu verbessern?

Sehr deutliche Verbesserungen □ (1) □ (2) □ (3) □ (4) Gar keine Verbesserungen □ (5)

*Fortsetzung Anhang*

## 16. Projektmanagement

**(1) Bedeutung:** Wie schätzen Sie allgemein die Bedeutung des Instrumentes Projektmanagement ein (Ansatz zur Planung, Koordination, Steuerung und Kontrolle eines Projektes in einer Behörde)?

Sehr hohe Bedeutung                                           Relativ unbedeutend
☐ (1)        ☐ (2)        ☐ (3)        ☐ (4)        ☐ (5)

**(2) Status:** Wie ist der Umsetzungsstand in Ihrer Behörde beim Instrument Projektmanagement?

☐ Bereits evaluiert    ☐ Praktiziert    ☐ In Planung    ☐ Beabsichtigt    ☐ Bislang nicht

**(3) Anlass:** Was war der Hauptanlass zur Einführung eines Projektmanagements in Ihrer Behörde?

☐ Erkannte Defizite    ☐ Vermutete Chance    ☐ Ressortvorgabe ☐ Zentrale Landesvorgabe

**(4) Intensität:** Wie häufig ist das Instrument Projektmanagement bei Ihnen in der Behörde im Einsatz?

☐ In Behördenalltag integriert ☐ Zu defin. Zeitpunkten ☐ Anlassbezogen ☐ Sporadisch/Unsystematisch

**(5) Effizienz-Ergebnis:** Hat die Einführung des Instrumentes Projektmanagement dazu geführt, die Effizienz (Wirtschaftlichkeit, interne Prozesse und Leistungspotenziale) in Ihrer Behörde zu verbessern?

Sehr deutliche Verbesserungen                               Gar keine Verbesserungen
☐ (1)        ☐ (2)        ☐ (3)        ☐ (4)        ☐ (5)

**(6) Effektivitäts-Ergebnis:** Hat die Einführung des Instrumentes Projektmanagement dazu geführt, die Effektivität (Kundenzufriedenheit, gesellschaftliche Wirkungen) in Ihrer Behörde zu verbessern?

Sehr deutliche Verbesserungen                               Gar keine Verbesserungen
☐ (1)        ☐ (2)        ☐ (3)        ☐ (4)        ☐ (5)

## 17. Kundenbefragungen

**(1) Bedeutung:** Wie schätzen Sie allgemein die Bedeutung von Kundenbefragungen ein (Instrument zur Ermittlung der Einstellung und der Zufriedenheit der Leistungsempfänger einer Behörde)?

Sehr hohe Bedeutung                                           Relativ unbedeutend
☐ (1)        ☐ (2)        ☐ (3)        ☐ (4)        ☐ (5)

**(2) Status:** Wie ist der Umsetzungsstand in Ihrer Behörde beim Instrument Kundenbefragungen?

☐ Bereits evaluiert    ☐ Praktiziert    ☐ In Planung    ☐ Beabsichtigt    ☐ Bislang nicht

**(3) Anlass:** Was war der Hauptanlass zur Einführung des Instrumentes Kundenbefragungen?

☐ Erkannte Defizite    ☐ Vermutete Chance    ☐ Ressortvorgabe ☐ Zentrale Landesvorgabe

**(4) Intensität:** Wie häufig sind Kundenbefragungen bei Ihnen in der Behörde im Einsatz?

☐ In Behördenalltag integriert ☐ Zu defin. Zeitpunkten ☐ Anlassbezogen ☐ Sporadisch/Unsystematisch

**(5) Effizienz-Ergebnis:** Hat die Einführung des Instrumentes Kundenbefragungen dazu geführt, die Effizienz (Wirtschaftlichkeit, interne Prozesse und Leistungspotenziale) in Ihrer Behörde zu verbessern?

Sehr deutliche Verbesserungen                               Gar keine Verbesserungen
☐ (1)        ☐ (2)        ☐ (3)        ☐ (4)        ☐ (5)

**(6) Effektivitäts-Ergebnis:** Hat die Einführung des Instrumentes Kundenbefragungen dazu geführt, die Effektivität (Kundenzufriedenheit, gesellschaftliche Wirkungen) in Ihrer Behörde zu verbessern?

Sehr deutliche Verbesserungen                               Gar keine Verbesserungen
☐ (1)        ☐ (2)        ☐ (3)        ☐ (4)        ☐ (5)

## 18. Beschwerdemanagement

**(1) Bedeutung:** Wie schätzen Sie allgemein die Bedeutung des Instrumentes Beschwerdemanagement ein (Ansatz zur Ermittlung von Maßnahmen bei artikulierter Unzufriedenheit von Kunden einer Behörde)?

Sehr hohe Bedeutung                                           Relativ unbedeutend
☐ (1)        ☐ (2)        ☐ (3)        ☐ (4)        ☐ (5)

**(2) Status:** Wie ist der Umsetzungsstand in Ihrer Behörde beim Instrument Beschwerdemanagement?

☐ Bereits evaluiert    ☐ Praktiziert    ☐ In Planung    ☐ Beabsichtigt    ☐ Bislang nicht

- 9 -

*Fortsetzung Anhang*

(3) **Anlass:** Was war der Hauptanlass zur Einführung des Instrumentes Beschwerdemanagement?

☐ Erkannte Defizite   ☐ Vermutete Chance   ☐ Ressortvorgabe ☐ Zentrale Landesvorgabe

(4) **Intensität:** Wie häufig ist das Beschwerdemanagement bei Ihnen in der Behörde im Einsatz?

☐ In Behördenalltag integriert ☐ Zu defin. Zeitpunkten ☐ Anlassbezogen ☐ Sporadisch/Unsystematisch

(5) **Effizienz-Ergebnis:** Hat die Einführung des Instrumentes Beschwerdemanagement dazu geführt, die Effizienz (Wirtschaftlichkeit, interne Prozesse und Leistungspotenziale) in Ihrer Behörde zu verbessern?

Sehr deutliche Verbesserungen                                                                 Gar keine Verbesserungen
☐ (1)                      ☐ (2)            ☐ (3)                 ☐ (4)            ☐ (5)

(6) **Effektivitäts-Ergebnis:** Hat die Einführung des Instrumentes Beschwerdemanagement dazu geführt, die Effektivität (Kundenzufriedenheit, gesellschaftliche Wirkungen) in Ihrer Behörde zu verbessern?

Sehr deutliche Verbesserungen                                                                 Gar keine Verbesserungen
☐ (1)                      ☐ (2)            ☐ (3)                 ☐ (4)            ☐ (5)

### 19. eGovernment (keine reinen Informationsangebote)

(1) **Bedeutung:** Wie schätzen Sie allgemein die Bedeutung von eGovernment ein (Vereinfachung und Verbesserung von Prozessen zur Information, Kommunikation und Transaktion zwischen staatlichen Institutionen sowie zwischen diesen Institutionen und Bürgern durch den Einsatz von IT) ein?

Sehr hohe Bedeutung                                                                          Relativ unbedeutend
☐ (1)                      ☐ (2)            ☐ (3)                 ☐ (4)            ☐ (5)

(2) **Status:** Wie ist der Umsetzungsstand in Ihrer Behörde beim Instrument eGovernment?

☐ Bereits evaluiert   ☐ Praktiziert   ☐ In Planung   ☐ Beabsichtigt   ☐ Bislang nicht

(3) **Anlass:** Was war der Hauptanlass zur Einführung des eGovernment?

☐ Erkannte Defizite   ☐ Vermutete Chance   ☐ Ressortvorgabe ☐ Zentrale Landesvorgabe

(4) **Intensität:** Wie häufig ist das eGovernment bei Ihnen in der Behörde im Einsatz?

☐ In Behördenalltag integriert ☐ Zu defin. Zeitpunkten ☐ Anlassbezogen ☐ Sporadisch/Unsystematisch

(5) **Effizienz-Ergebnis:** Hat die Einführung des Instrumentes eGovernment dazu geführt, die Effizienz (Wirtschaftlichkeit, interne Prozesse und Leistungspotenziale) in Ihrer Behörde zu verbessern?

Sehr deutliche Verbesserungen                                                                 Gar keine Verbesserungen
☐ (1)                      ☐ (2)            ☐ (3)                 ☐ (4)            ☐ (5)

(6) **Effektivitäts-Ergebnis:** Hat die Einführung des Instrumentes eGovernment dazu geführt, die Effektivität (Kundenzufriedenheit, gesellschaftliche Wirkungen) in Ihrer Behörde zu verbessern?

Sehr deutliche Verbesserungen                                                                 Gar keine Verbesserungen
☐ (1)                      ☐ (2)            ☐ (3)                 ☐ (4)            ☐ (5)

## Vielen Dank für Ihre Mithilfe!

Wir danken Ihnen ganz herzlich dafür, dass Sie sich die Zeit genommen haben, an unserer Befragung teilzunehmen. Für den Erfolg unserer Untersuchung sind Ihre Aussagen von hoher Bedeutung.
Gerne stellen wir Ihnen daher nach Abschluss des Projektes die Ergebnisse, die wir erarbeitet haben, zur Verfügung. Für den Fall, dass Sie eine Zusendung der Ergebnisse wünschen, geben Sie bitte an, wie wir Sie kontaktieren dürfen.

☐ *Zusendung erwünscht*

Name: 

☐ Per E-Mail: 

☐ Postalisch: 

*Fortsetzung Anhang*

# Literaturverzeichnis

Adam, D. (1996): Planung und Entscheidung. Modelle - Ziele – Methoden, 4. Auflage, Wiesbaden 1996.

Adamaschek, B. (1997): Interkommunaler Leistungsvergleich, Leistung und Innovation durch Wettbewerb, Gütersloh 1997.

Adamaschek, B. (2000): Die Zukunft der öffentlichen Rechnungslegung: Leistung und Innovation durch Neue Steuerung?, in: Töpfer, A. (Hrsg.), Die erfolgreiche Steuerung öffentlicher Verwaltungen. Von der Reform zur konzinuierlichen Verbesserung, Wiesbaden 2000, S. 177-186.

Adamaschek, B. (2005): Kosten- und Leistungsrechnung für den öffentlichen Sektor, in: Blanke B. et al. (Hrsg.), Handbuch zur Verwaltungsreform, 3. Auflage, Wiesbaden 2005, S. 360-373.

AGEVAL (1991): Die Wirkungen staatlichen Handelns besser ermitteln – Probleme, Möglichkeiten, Vorschläge, in: Eidgenössisches Justiz- und Polizeidepartement (Hrsg.), Gesetzesevaluation, Bern 1991.

Albers, S./Skiera, A. (2000): Regressionsanalyse, in: Herrmann, A./Homburg, C. (Hrsg.), Marktforschung: Methoden, Anwendungen, Praxisbeispiele, Wiesbaden 2000, S. 203 - 236.

Alonso, A. (2006): Die Umstrukturierung der Verwaltung und das New Public Management, in: Verwaltung & Management, 1/2006, S. 14-23.

Ambrosy, R./Hinsenkamp, M. (2001): Kosten- und Leistungsrechnung als Voraussetzung für ein effektives Controlling, in: Wallerath, M. (Hrsg.), Verwaltungserneuerung - Eine Zwischenbilanz der Modernisierung öffentlicher Verwaltungen, Baden-Baden 2001, S. 123-148.

Amshoff, B. (1993): Controlling in deutschen Unternehmen - Realtypen, Kontext und Effizienz, 2. Auflage, Wiesbaden 1993.

Andersch, B./Belzer, V. (2005): Prozessmanagement in der öffentlichen Verwaltung, in: Blanke B. et al. (Hrsg.), Handbuch zur Verwaltungsreform, 3. Auflage, Wiesbaden 2005, S. 183-192.

Andersen, U. (2006): Landesverwaltung I, in: Walkenhaus, R./Voigt, R. (Hrsg.), Handwörterbuch zur Verwaltungsreform, Wiesbaden 2006, S. 207-211.

Armstrong, J. S./Overton, T. S. (1977): Estimating nonresonse bias in mail surveys, in: Journal of Marketing Research, Vol. 24 (1977), No. 3, S. 396-402.

Arthur D. Little (1997): Entwicklung einer standardisierten Kosten- und Leistungsrechnung für die Bundesverwaltung (KLR-Handbuch), Wiesbaden 1997.

Bachmann, P. (2004): Controlling für die öffentliche Verwaltung - Grundlagen, Verfahrensweisen, Einsatzgebiete, Wiesbaden 2004.

Backhaus, K. et al. (2006): Mulitvariate Analysemethoden - Eine anwendungsorientierte Einführung, 11. Auflage, Berlin 2006.

Becker, J./Algermissen, L./Niehaves, B. (2003): Prozessmodellierung als Grundlage des E-Government - Ein Vorgehensmodell zur prozessorientierten Organisationsgestaltung am Beispiel des kommunalen Baugenehigungsverfahrens, in: Uhr, W./Esswein, W./Schoop, E. (Hrsg.), Proceedings of the Wirtschaftinformatik 2003. Medien. Märkte. Mobilität, Dresden 2003, S. 859-878.

Bademer, S. von (2005a): Benchmarking, in: Blanke B. et al. (Hrsg.), Handbuch zur Verwaltungsreform, 3. Auflage, Wiesbaden 2005, S. 444-451.

Bademer, S. von (2005b): Qualitätsmanagement, in: Blanke B. et al. (Hrsg.), Handbuch zur Verwaltungsreform, 3. Auflage, Wiesbaden 2005, S. 452-460.

Bähr, U. (2002): Controlling in der öffentlichen Verwaltung, Sternenfels 2002.

Bak, B. (1998): Funktionen und Wirkungen von Kennzahlen: Grundlagen für den Einsatz in der öffentlichen Verwaltung, in: VOP 4/1998, S. 21-24.

Bals, H. (2005): Neue Haushaltssteuerung, in: Blanke B. et al. (Hrsg.), Handbuch zur Verwaltungsreform, 3. Auflage, Wiesbaden 2005, S. 329-341.

Balthasar, A. (1997): Arbeitsschritte, in: Bussmann, W./Klöti, U./Knoepfel, P. (Hrsg.), Einführung in die Politikevaluation, Basel 1997, S. 175-184.

Balthasar, A. et al. (2001): Evaluation FLAG – Schlussbericht, Luzern 2001.

Balzer, K. (2005): Produkte als Informationsträger, in: Blanke B. et al. (Hrsg.), Handbuch zur Verwaltungsreform, 3. Auflage, Wiesbaden 2005, S. 422-430.

Balzer, L./Frey, A./Nenniger, P. (1999): Was ist und wie funktioniert Evaluation?, in: Empirische Pädagogik 4/1999, S. 393-413.

Banner, G. (1991): Von der Behörde zum Dienstleistungsunternehmen, in: VOP 1/1991, S. 6 – 11.

Banner, G. (1994): Neue Trends im kommunalen Management, in: VOP, 1/1994, S. 5-12.

Banner, G. (1997): Die Kommunale Modernisierungsbewegung, in: Wissenschaftsförderung der Sparkassenorganisation e.V. (Hrsg.), Kommunales Management im Wandel, Stuttgart 1997, S. 11-37.

Banner, G. (2001): Kommunale Verwaltungsreform: Wie erfolgreich waren die letzten 10 Jahre, in: Schröter, E. (Hrsg.), Empirische Policy- und Verwaltungsforschung: lokale, nationale und internationale Perspektiven, Opladen 2001, S. 279-303.

Bartsch, M./Kaiser, S. (2007): Fass ohne Boden, in: Der Spiegel 32/2007, S. 38-39.

Becker, M. (1993): Personalentwicklung: Die personalwirtschaftliche Herausforderung der Zukunft, Bad Homburg 1993.

Becker, R./Bögelein, T. (2001): Strategie bei der Einführung neuer Steuerungsinstrumente in der Landesverwaltung Baden-Württemberg, in: Horvath, P. (Hrsg.), Strategien erfolgreich umsetzen, Stuttgart 2001, S.327-341.

Benkenstein, M./Güthoff, J. (1996): Typologisierung von Dienstleistungen: Ein Ansatz auf der Grundlage system- und käuferverhaltenstheoretischer Überlegungen, in: Zeitschrift für Betriebswirtschaft, Heft 12, 1996, S. 1493-1510.

Benzmann, H-G. (1999): Modernisierung der Landesverwaltung in Hamburg, in: Bogumil, J. (Hrsg.), Modernisierung der Landesverwaltungen, polis Nr. 42/1999, Hagen 1999, S. 29-46.

Berekoven, L./Eckert, W./Ellenrieder, P. (2004): Marktforschung: Methodische Grundlagen und praktische Anwendung, 10. Auflage, Wiesbaden 2004.

Berens, W./Bertelsmann, R. (2002): Controlling, in: Küpper, H.-U./Wagenhofer, A. (Hrsg.), Handwörterbuch Unternehmensrechnung und Controlling, 4. Auflage, Stuttgart 2002, Sp. 280-288.

Berens, W./Bücker, H.-H./Finken, T. (1998): Einführung der KLR in Landeseinrichtungen Nordrhein-Westfalens, in: KRP 6/1998, S. 373-380.

Berens, W. et al. (2004): Outcome-orientiertes Management in der öffentlichen Verwaltung: Evolutionspfade zu einem wirkungsorientierten Controlling, in: BFuP 4/2004, S. 323-341.

Berens, W. et al. (2007): Erfolgsfaktoren für die Gestaltung von Reformprojekten - Ergebnisse aus der Analyse der NSI-Projektes in Baden-Württemberg, in: Innovative Verwaltung 7-8/2007, S. 11-14.

Berens, W./Hoffjan, A./Strack, M. (1995): Ökologiebezogenes Controlling - Umweltorientierte Koordination in kommunalen Versorgungsunternehmen, in: Zeitschrift für öffentliche und gemeinwirtschaftliche Unternehmen, Band 18, 1995, Heft 2, S. 143-160.

Berens, W./Karlowitsch, M./Mertes, M. (2000): Die Balanced Scorecard als Controllinginstrument in Non-Profit-Organisationen, in: Controlling 1/2000, S. 23-28.

Bertelsmann, R. (2005): Entwicklung einer Controlling-Konzeption im verallgemeinerten Neuen Steuerungsmodell für Trägerorganisationen der gesetzlichen Unfallversicherung, Frankfurt 2005.

Beywl, W. (2006): Evaluationsmodelle und qualitative Methoden, in: Flick, U. (Hrsg.), Qualitative Evaluationsforschung, Reinbek 2006, S. 92-116.

Beywl, W./Speer, S./Kehr, J. (2004): Wirkungsorientierte Evaluation im Bereich der Armuts- und Reichtumsberichterstattung (Perspektivstudie), Köln 2004.

Blanke, B. (2005): Verwaltungsreform als Aufgabe des Regierens, in: Blanke B. et al. (Hrsg.) Handbuch zur Verwaltungsreform, 3. Auflage, Wiesbaden 2005, S. XIII-XIX.

Blanke, B. et al. (2005): Modernes Management für die Verwaltung - Ein Handbuch, 2. Auflage, Hannover 2005.

Blanke, B./Schridde, H. (2001): Wenn Mitarbeiter ihre Orientierung verlieren. Change Management und Verwaltungskultur im Lichte einer Mitarbeiterbefragung in der Landesverwaltung Niedersachsen, in: ZfP 3/2001, S. 336-356.

Bock, C. (2004): New Public Management und E-Government, in: Verwaltung & Management 5/2004, S. 234-240.

Bogumil, J. (1999): Modernisierung der Landesverwaltungen - Institutionelle Ausgangslage, Implementationsstand und Zukunftsperspektiven, in: Kißler, L./Lange, H.-J./Kersting, N. (Hrsg.), Politische Steuerung und Reform der Landesverwaltung, Baden-Baden 1999, S. 123-134.

Bogumil, J. (2002): Verwaltungsmodernisierung und aktivierender Staat, in: „Perspektiven des demokratischen Sozialismus", Heft 1/2002, S. 43-65.

Bogumil, J. (2004): Probleme und Perspektiven der Leistungsmessung in Politik und Verwaltung, in: Kuhlmann, S./Bogumil, J./Wollmann, H. (Hrsg.), Leistungsmessung und -vergleich in Politik und Verwaltung. Konzepte und Praxis, Wiesbaden 2004, S. 392-298.

Bogumil, J. (2007): Verwaltungspolitik im Bundesländervergleich – Große Entwürfe statt inkrementalistische Reformen? in: Bandelow, N. C./Bleek, W. (Hrsg.): Einzelinteressen und kollektives Handeln in modernen Demokratien. Festschrift für Ulrich Widmaier, Wiesbaden 2007, S. 111-123.

Bogumil, J. et al. (2007): Zehn Jahre Neues Steuerungsmodell: Eine Bilanz kommunaler Verwaltungsmodernisierung, Berlin 2007.

Bogumil, J./Grohs, S./Kuhlmann, S. (2006): Ergebnisse und Wirkungen kommunaler Verwaltungsmodernisierung in Deutschland, in: Politik und Verwaltung, PVS Sonderheft 37/2006, S. 151-184.

Bogumil, J./Kuhlmann, S. (2004): Zehn Jahre kommunale Verwaltungsmodernisierung - Ansätze einer Wirkungsanalyse, in: Jann, W. et al. (Hrsg.), Status-Report Verwaltungsreform - Eine Zwischenbilanz nach 10 Jahren, Berlin 2004, S. 51-64.

Bogumil, J./Kuhlmann, S. (2006): Wirkungen lokaler Verwaltungsreformen, in: Jann, W. et al. (Hrsg.), Public management - Grundlagen, Wirkungen, Kritik. Festschrift für Christoph Reichard zum 65. Geburtstag, Berlin 2006, S. 349-370

Böhret, C. (2005): Verwaltungspolitik als Führungsauftrag in: Blanke B. et al. (Hrsg.), Handbuch zur Verwaltungsreform, 3. Auflage, Wiesbaden 2005, S. 44-50.

Böllhoff, D./Wewer, G. (2005): Zieldefinition in der Verwaltung, in: Blanke B. et al. (Hrsg.), Handbuch zur Verwaltungsreform, 3. Auflage, Wiesbaden 2005, S. 147-153.

Borins, S./Grüning, G. (1998): New Public Management – Theoretische Grundlagen und problematische Aspekte der Kritik, in: Budäus, D./Conrad, P./Schreyögg, G. (Hrsg.), Managementforschung, Band 8 – New Public Management, Berlin 1998, S. 11-53.

Bortz, J. (1988): Statistik für Sozialwissenschaftler, 3. Auflage, Berlin 1988.

Bortz, J./Döring, N. (2006): Forschungsmethoden und Evaluation. für Human- und Sozialwissenschaftler, 4. Auflage, Berlin 2006.

Bouckaert, G. (2006): Renewing Public Sector Performance Measurement, in: Jann, W. et al.(Hrsg.), Public management: Grundlagen, Wirkungen, Kritik. Festschrift für Christoph Reichard zum 65. Geburtstag, Berlin 2006, S. 119-131.

Boyne, G. et al. (2003): Evaluating Public management reforms - Principles and practice (Managing the public service), Buckingham 2003.

Bräuning, D./Simon, B. (1998): Betriebsfunktionen und Dienstleistungstypen von Berufsgenossenschaften, in: Zeitschrift für die gesamte Versicherungswirtschaft, Vol. 87 (1998), S. 27-53.

Brede, H. (2005): Grundzüge der öffentlichen Betriebswirtschaftslehre, 2. Auflage, München 2005.

Breisig, T./ Krone, F. (1999): Jobrotation bei der Führungskräfteentwicklung: Ergebnisse einer Unternehmensbefragung, in: Personal: Zeitschrift für Human Ressource Management, 8/1999, S. 410-414.

Brenski, C./Liebig, A. (2006): Aktivitäten auf dem Gebiet der Staats- und Verwaltungsmodernisierung in den Ländern und beim Bund 2004/2005, Speyerer Forschungsbericht 250, Speyer 2006.

Bretschneider, M. (2004): Der Beitrag kommunaler Umfragen zur Leistungsmessung und Evaluation in öffentlichen Verwaltungen, in: Kuhlmann, S./Bogumil, J./Wollmann, H. (Hrsg.), Leistungsmessung und -vergleich in Politik und Verwaltung. Konzepte und Praxis, Wiesbaden 2004, S. 61-79.

Brinckmann, H. (1994): Strategien für eine effektivere und effizientere Verwaltung, in: Naschold, F./Pröhl, M. (Hrsg.), Produktivität öffentlicher Dienstleistungen, Vol. 1 (1994), Gütersloh 1994, S. 167-242.

Brüggemeier, M. (1998): Controlling in der Öffentlichen Verwaltung, 3. Auflage, München 1998.

Brüggemeier, M. (2004): Public Management - Modernisierung des öffentlichen Sektors, in: WISU, 3/2004, S. 333-337.

Brüggemeier, M. (2005): Externe Beratung öffentlicher Verwaltungen im Modernisierungsprozess, in: Verwaltung & Management, 11/2005, S. 86-91.

Bruhn, M. (2006): Qualitätsmanagement für Dienstleistungen - Grundlagen, Konzepte, Methoden, 6. Auflage, Berlin 2006.

Bruns, H.-J./Ridder, H.-G. (2005): Qualifizierung und Fortbildung, in: Blanke B. et al. (Hrsg.), Handbuch zur Verwaltungsreform, 3. Auflage, Wiesbaden 2005, S. 302-311.

Buchholtz, K. (2001): Verwaltungssteuerung mit Kosten- und Leistungsrechnung: Internationale Erfahrungen, Anforderungen und Konzepte, Diss., Wiesbaden 2001.

Budäus, D. (1996): Produktbildung als zentrales Element der Verwaltungsreform - Funktionen, Probleme und Kritiken, in: Deutscher Städtetag (Hrsg.), Produkte im Mittelpunkt. Städte auf dem Weg zur besseren Leistung, Köln 1996, S. 27-57.

Budäus, D. (1998): Von der bürokratischen Steuerung zum New Public Management –
Eine Einführung, in: Budäus, D./Conrad, P./Schreyögg, G. (Hrsg.), Managementforschung, Band 8 – New Public Management, Berlin 1998, S. 1-10.

Budäus, D. (2002): Operatives und strategisches Verwaltungscontrolling im aktuellen
Reformprozess des öffentlichen Sektors (Teil 1), in: Controlling 4-5/ 2002, S. 205-
211.

Budäus, D. (2003): Erfolgreiches New Public Management, in: Zerres, M./Zerres, C.
(Hrsg.), Innovative Ansätze einer marktorientierten Unternehmensführung, Stuttgart 2003, S. 306-314.

Budäus, D. (2006): Entwicklung und Perspektiven eines Public Management in
Deutschland, in: Jann, W. et al. (Hrsg.), Public Management: Grundlagen, Wirkungen, Kritik. Festschrift für Christoph Reichard zum 65. Geburtstag, Berlin
2006, S. 173-186.

Budäus, D./Behm, C./Adam, B. (2004): Reformen des öffentlichen Haushalts- und
Rechnungswesens in Deutschland (Teil I), in: Verwaltung & Management 5/2004,
S. 228-233.

Budäus, D./Behm, C./Adam, B. (2005): Reformen des öffentlichen Haushalts- und
Rechnungswesens in Deutschland (Teil III), in: Verwaltung & Management
1/2005, S. 48-53.

Budäus, D./Buchholtz, K. (1997): Konzetionelle Grundlagen des Controlling in der
öffentlichen Verwaltung, in: Die Betriebswirtschaft 3/1997, S. 322-337.

Budäus, D./Grüning, G. (1998): New Public Management – Entwicklung und Grundlagen einer »Revolution« des öffentlichen Sektors, in: zfo 1/1998, S. 4-9.

Bühler, B. (2002): Von Outputs zu Outcomes. Internationale Erfahrungen mit outcomeorientierter Steuerung. in: Verwaltung & Management, 5/2002, S. 273-278.

Bühner, R. (2005): Personalmanagement, 3. Auflage, München 2005.

Bundesministerium des Innern (2004): Modernisierung der Bundesverwaltung - Strategie für die 2. Phase des Regierungsprogramms „Moderner Staat – Moderne
Verwaltung", Berlin 2004.

Bundesministerium des Innern (2005): Fortschrittsbericht 2005 des Regierungsprogramms "Moderner Staat - Moderne Verwaltung", Berlin 2005.

Bundesrechnungshof (2006): Bericht nach § 99 Bundeshaushaltsordnung über die Modernisierung des staatlichen Haushalts- und Rechnungswesens, Bonn 2006.

Bürsch, M./Müller, B. (1999): Verwaltungsreformen in den deutschen Bundesländern, Bonn 1999.

Busch, V. (2005): Wettbewerbsbezogene Controllinginstrumente im Rahmen des New Public Management: Möglichkeiten und Grenzen einer kompetitiven Ausgestaltung der Controllingfunktion in hoheitlich dominierten Leistungsbereichen kommunaler Verwaltungen, Diss., Dortmund 2004.

Busch, V./Wehrmann, S. (2002): Qualitätssicherung von Verwaltungsreformprozessen, in: Controlling 4-5/2002, S. 257-263.

Buschor, E. (1993): Wirkungsorientierte Verwaltungsführung, Wirtschaftliche Publikationen, Heft 52, Zürich 1993.

Buschor, E. (1996): Der Beitrag der Evaluationen zur wirksameren Verwaltungsführung, in: Verwaltung & Management 3/1996, S. 141-143.

Buschor, E. (2002): Evaluation und New Public Management, in: Zeitschrift für Evaluation, 1/2002, S. 61-73.

Bussmann, W. (1995): Instrumente der Erfolgskontrolle, in: VOP 6/1995, S. 345-351.

Ceylangoglu, S. (2002): Über Zielvereinbarungen die Beschäftigten motivieren, in: Innovative Verwaltung 5/2002, S. 20-22.

Coenenberg, A. (1999): Kostenrechnung und Kostenanalyse, 4. Auflage, Landsberg am Lech 1999.

Collings, A. (2002): So wird das Leitbild nicht zum "Leidbild" der Verwaltung, in: Innovative Verwaltung 11/2002, S. 16-19.

Corsten, H. (1997): Dienstleistungsmanagement, München 1997.

Corsten, H. (2000): Projektmanagement, München 2000.

Cowper, J./Samuels, M. (1997): Performance Benchmarking in the Public Sector: The United Kingdom Experience, London 1997.

Czybulka, D. (1989): Die Legitimation der öffentlichen Verwaltung unter Berücksichtigung ihrer Organisation sowie der Entstehungsgeschichte zum Grundgesetz, Heidelberg 1989.

Damkowski, W./Precht, C. (1998): Moderne Verwaltung in Deutschland, Stuttgart 1998.

Deckert, R./Schmid, A. (2003): Die KLR greift ohne Ziel- und Wirkungsorientierung zu kurz, in: Innovative Verwaltung 10/2003, S. 22-25.

DeGEval (2002): Standards für Evaluation, Köln 2002.

Deubel, I./Keilmann, U. (2005): Der rheinland-pfälzische Weg der betriebswirtschaftlichen Ausrichtung der Landesverwaltung, in: Verwaltung & Management 5/2005, S. 236-243.

Deutscher, I./Ostrander, S. (1985): Sociology and Evaluation Research: Some past und future links, in: History of Sociology, 1985, S. 11-32.

Difu (2005): Verwaltungsmodernisierung in deutschen Kommunalverwaltungen: Eine Bestandsaufnahme, Bd. 6/2005, Berlin 2005.

Domsch, M./Ladwig, D. (2006): Mitarbeiterbefragungen - Stand und Entwicklung, in: Domsch, M./Ladwig, D. (Hrsg.), Handbuch Mitarbeiterbefragung, 2. Auflage, Berlin 2006, S. 3-24.

Drumm, H.-J. (2005): Personalwirtschaft, 5. Auflage, Berlin 2005.

Eibelshäuser, M. (2002): Neue Steuerung in der hessischen Kommunalverwaltung – Erfahrungsbericht, in: Eibelshäuder, M. (Hrsg.) Finanzpolitik und Finanzkontrolle - Partner für Veränderung, Gedächtnisschrift für Prof. Udo Müller, Baden-Baden 2002.

Eichhorn, P. (2001): Öffentliche Betriebswirtschaftslehre als spezielle BWL, in: WiSt 8/2001, S. 409-416.

Eichhorn, P. (2003a): Verwaltungslexikon, 3. Auflage, Baden-Baden 2003.

Eichhorn, P. (2003b): Öffentliche Verwaltung, in: Verwaltungslexikon, Eichhorn, P. et al. (Hrsg.), 3. Auflage, Baden-Baden 2003, S. 760-763.

Eichhorn, P./Friedrich, P. (1976): Verwaltungsökonomie, Schriften zur öffentlichen Verwaltung und öffentlichen Wirtschaft, Baden-Baden 1976.

Ellis, K./Mitchell, S. (2002): Outcomefocused Management in the United Kingdom, in: OECD Journal on Budgeting 1/2002, S. 111-128.

Ellwein, T. (1994): Das Dilemma der Verwaltung: Verwaltungsstruktur und Verwaltungsreformen in Deutschland, Mannheim 1994.

Engelhardt, W./Kleinaltenkamp, M./Reckenfelderbäumer, M. (1993): Leistungsbündel als Absatzobjekte. Ein Ansatz zur Überwindung der Dichotomie von Sach- und Dienstleistungen, in: Zeitschrift für betriebswirtschaftliche Forschung 1993, S. 395-426.

Eschenbach, R./Diers, K. (2002): Benchmarking im öffentlichen Dienst - Leistungsvergleich von Personalverwaltungen, in: Finanzwirtschaft 3/2002, S. 63-65.

Felix, J. (2003): Besonderheiten eines Qualitätsmanagements in der öffentlichen Verwaltung, Diss., Bamberg 2003.

Fiebig, H./ Junker, H. (2004): Korruption und Untreue im öffentlichen Dienst. Erkennen - Bekämpfen - Vorbeugen, 2. Auflage, Berlin 2004.

Finanzministerium NRW (2005a): Fachliches Rahmenkonzept zur Einführung des Produkthaushalts auf der Basis der Integrierten Verbundrechnung, Düsseldorf 2005.

Finanzministerium NRW (2005b): Kosten und Nutzenunterschiede zwischen der Einführung von erweiterter Kameralistik und Doppik, Gutachterliche Stellungnahme, Düsseldorf 2005.

Fischer, E./Weber, J. (2001): Nutzen der Kostenrechnung für Kommunen. Eine empirische Studie zu Gestaltung, Nutzung und Erfolg der Kostenrechnung, Benchmarking-Bericht für die Teilnehmer, 2001.

Fischer, E./Weber, J./Hunold, C. (2002): Wie erfolgreich ist die Kostenrechnung in Kommunen?, in: Innovative Verwaltung 1-2/2002, S. 50-54.

Flacke, K. (2007): Controlling in mittelständischen Unternehmen: Ausgestaltung, Einflussfaktoren auf die Instrumentennutzung und Einfluss auf die Bankenkommunikation, Diss., Münster 2007.

Flick, U. (2006): Qualitative Evaluationsforschung zwischen Methodik und Pragmatik - Einleistung und Überblick, in: Flick, U. (Hrsg.), Qualitative Evaluationsforschung, Reinbek 2006, S. 9-29.

Freudenberg, D. (1997): Das Neue Steuerungsmodell in einer Landesverwaltung, Vorschläge zur Modernisierung der hessischen Landesverwaltung, in: Verwaltung & Management 2/1997, S. 76-83.

Frey, H.-E. (1994): Agonie des Bürokratiemodells? Wo fehlt der politische Wille, wo hemmen Vorschriften die Reform des öffentlichen (kommunalen) Sektors? in: Steger, U. (Hrsg.): Lean-Administration. Die Krise der öffentlichen Verwaltung als Chance, Frankfurt 1994, S.23-48.

Friedrichs, J. (1990): Methoden empirischer Sozialforschung, 14. Auflage, Opladen 1990.

Fröhling, O. (2001): Typologisierung von Dienstleistungen im Kontext der Leistungskonfiguration, 2001. [http://www.competence-site.de/dienstleistung.nsf/3258C0 DA8D61FAB7C1256ACD005A660E/$File/dienstleistungstypologisierung.pdf, Online-Zugriff am: 18.12.2007].

Fürst, A. (2005): Beschwerdemanagement - Gestaltungsfaktoren und Erfolgsauswirkungen, Diss., Wiesbaden 2005.

Gaitanides, M./ Scholz, R./ Vrohlings, A. (1994): Prozeßmanagement - Grundlagen und Zielsetzungen, in: Gaitanides, M./Scholz, R./Vrohlings, A./Raster, M. (Hrsg.): Prozeßmanagement - Konzepte, Umsetzungen und Erfahrungen des Reengineering, München 1994, S. 1-19.

Gerhards, R. (2001): Konzeption für eine Kosten- und Leistungsrechnung öffentlicher Verwaltungen, Diss., Frankfurt 2001.

Glinder, P./Meister, J./Wensing, S. (2005): Einführung neuer Steuerungsinstrumente (NSI) in der Landesverwaltung Baden-Württemberg : Ziele, Konzeption und Evaluation der bisherigen Umsetzung, in: Controller-Magazin 30/2005, S. 270-279.

Göbel, M. (2000): Beratung und Verfahren - Beratergestützte Verwaltungsmodernisierung am Beispiel des Business Reengineerings, in: Zeitschrift Führung und Organisation 5/2000, S. 277-282.

Goetze, K.-U./Kniese, M. (2007): Empowerment der Verwaltungsmitarbeiter im Fokus des Reformprozesses, in: Verwaltung & Management 1/2007, S. 16-21.

Goldbach, A. (2003): Die Leistungsrechnung im Rahmen der öffentlichen Kosten- und Leistungsrechnung, in: Verwaltung & Management 9/2003, S. 122-126.

Götze, W./Deutschmann, C./Link, H. (2002): Statistik - Lehr- und Übungsbuch mit Beispielen aus der Tourismus- und Verkehrswirtschaft, München 2002.

Graf, R./Rohn. S. (2004): Erfolgreiche Aufgabenkritik in der Landesverwaltung, in: Verwaltung & Management 10/2004, S. 317-323.

Greve, G. (2006): Erfolgsfaktoren von Customer-Relationship-Management-Implementierung, Diss., Wiesbaden 2006.

Grieble, O./Scheer, A.-W. (2000): Grundlagen des Benchmarkings öffentlicher Dienstleistungen, Heft 166, 2000.

Grommas, D. (2006): Interne Budgetierung in öffentlichen Betrieben und Verwaltungen, in: Verwaltung & Management 2/2006, S. 89-96.

Grüning, G. (2000): Grundlagen des New Public Management, Münster 2000.

Günter, T./Niepel, M./Schill, O. (2002): Herausforderungen an die Umsetzung des Neuen Steuerungsmodells aus der Perspektive des Controllings, in: Controlling, Controlling 4-5/2002, S. 219-231.

Haering, B. (2002): Erfahrungen mit und aus WOV-Evaluationen, in: LeGes 1/2002, S. 9-21.

Haiber, T. (1997): Controlling für öffentliche Unternehmen, Diss., München 1997.

Haldemann, T. (1997): Evaluation von Politik- und Verwaltungsreformen: Institutionelle und materielle Auswirkungen von NPM- und WOV-Projekten, in: LeGes 3/1997, S. 63-109.

Hartmann, J. (2005): Wege zur modernen Verwaltung, in: Verwaltung & Management 11/2005, S. 27-30.

Heiß, H.-J. (2000): Konzeption und Erfahrungen kommunaler Leistungsvergleiche in Baden-Württemberg, in: Büdäus, D. (Hrsg.), Leistungserfassung und Leistungsmessung in öffentlichen Verwaltungen, Wiesbaden 2000, S. 181-206.

Hentze, J./Kammel, A. (2001): Personalwirtschaftslehre, 7. Auflage, Bern 2001.

Herrmann, D. (2004): „... und sie bewegt sich doch!" – Öffentliche Verwaltung im kontinuierlichen Veränderungsprozess, in: Wirtschaftspsychologie aktuell 1/2004, S. 48-53.

Hesse, J./Ellwein, T. (1997): Das Regierungssystem der Bundesrepublik Deutschland, 8. Auflage, Wiesbaden 1997.

Hessische Staatskanzlei (2005): Reformkurs Hessen, Wiesbaden 2005.

Hilbertz, H.-J. (2001): Der richtige Weg, aber noch nicht am Ziel!, in: VOP 10/2001, S. 9-12.

Hill, H. (1997): Eine moderne Verwaltung erfordert ein neues Recht, in: VOP 1-2/1997, S. 28-29.

Hill, H. (1999): Qualitätsmanagement in der öffentlichen Verwaltung, in: Masing, W. (Hrsg.), Handbuch Qualitätsmanagement, München 1999, S. 799-809.

Hill, H. (2000): Über Binnenmodernisierung zu Good Governance, in: Verwaltung, Organisation, Personal 12/2000, S. 9-12.

Hoecker, B. (2006): E-Government, in: Walkenhaus, R./Voigt, R. (Hrsg.), Handwörterbuch zur Verwaltungsreform, Wiesbaden 2006, S. 84-89.

Hoffjan, A. (1998): Entwicklung einer verhaltensorientierten Controlling-Konzeption für die Arbeitsverwaltung, 2. Auflage, Wiesbaden 1998.

Hoffjan, A. (2000): Budgetierung in der öffentlichen Verwaltung, in: Finanzwirtschaft 2/2000, S. 25-28.

Homann, W. (1998): Niedersachsen: Verstärkte Nutzung betriebswirtschaftlicher Elemente bei der Steuerung und Bewirtschaftung des Haushalts, in: Homann, W. (Hrsg.), Moderne Verwaltung in Deutschland, Stuttgart 1998, S. 59-78.

Homburg, C./Fürst, A. (2007): Beschwerdeverhalten und Beschwerdemanagement, in: DBW 1/2007, S. 41-74.

Homburg, C./Krohmer, H. (2003): Marketingmanagement, Wiesbaden 2003.

Hopp, H./Göbel, A. (2004): Management in der öffentlichen Verwaltung- Organisations- und Personalarbeit in modernen Kommunalverwaltungen, 2. Auflage, Stuttgart 2004.

Hoque, Z./James, W. (2000): Linking Balanced Scorecard Measures to Size and Market Factors: Impact on Organizational Performance, in: Journal of Management Accounting Research 12/2000, S. 205-238.

Horváth, P. (2000): Leistungserfassung und Leistungsmessung im neuen öffentlichen Rechnungswesen, in: Budäus, D. (Hrsg.), Leistungserfassung und Leistungsmessung in öffentlichen Verwaltungen, 2. Norddeutsche Fachtagung zum New Public Management, Wiesbaden 2000, S. 31-45.

Horváth, P. (2003): Controlling, 9. Auflage, München 2003.

Horváth, P. et al. (1993): Prozeßkostenrechnung – oder wie die Praxis die Theorie überholt, in: Die Betriebswirtschaft 5/1993, S. 609-628.

Hurrle, B./Kieser, A. (2005): Sind Key Informants verlässliche Datenlieferanten, in: Die Betriebswirtschaft 6/2005, S. 584-602.

Ingenlath, H. J. (2006): Mitarbeitergespräche als Beitrag zur Krisenbewältigung. Ein Praxisbericht, in: Organisationsberatung Supervision Coaching 4/2006, S. 386-390.

Innenministerium Baden-Württemberg (1999): Rahmenkonzeption Controlling, Schriftenreihe der Stabsstelle für Verwaltungsreform Band 20, Stuttgart 1999.

Innenministerium NRW (2003): Vision 2008. Fahrplan zur Verwaltungsmodernisierung in NRW. [http://www.im.nrw.de/vm/doks/fahrplan_2005.pdf, Online-Zugriff am: 18.12.2007]

Innenministerium NRW (2005): Verwaltungsbefragung 2005. NRW-Verwaltung im Umbruch. [http://www.im.nrw.de/vm/7.htm, Online-Zugriff am: 18.12.2007]

Innenministerium NRW (2006): Binnenmodernisierung ab 2006. [http://www.im.nrw.de/vm /17.htm, Online-Zugriff am: 18.12.2007]

Jacoby, K.-P. (2002): Möglichkeiten und Grenzen von der Evaluation in der Verwaltungspolitik, in: Zeitschrift für Evaluation 1/2002, S. 115-126.

Jaedicke, W./Thrun, T./Wollmann, H. (1999): Modernisierung der Kommunalverwaltung. Evaluierungsstudie zur Verwaltungsmodernisierung im Bereich Planen, Bauen und Umwelt, Stuttgart 1999.

Jann, W. (2004a): Einleitung: Instrumente, Resultate und Wirkungen – die deutsche Verwaltung im Modernisierungschub? in: Jann, W. et al. (Hrsg.), Status-Report Verwaltungsreform - Eine Zwischenbilanz nach zehn Jahren, Berlin 2004, S. 9-21.

Jann, W. (2004b): Verwaltungsmodernisierung der Bundesebene, in: Jann, W. et al. (Hrsg.), Status-Report Verwaltungsreform - Eine Zwischenbilanz nach zehn Jahren, Berlin 2004, S. 100-111.

Jann, W. (2005): Neues Steuerungsmodell, in: Blanke, B. et al. (Hrsg.), Handbuch zur Verwaltungsreform, 3. Auflage, Wiesbaden 2005, S. 74-83.

Jann, W. (2006): Wandlung von Verwaltungsmanagement und Verwaltungspolitik in Deutschland, in: Jann, W. et al.(Hrsg.), Public Management: Grundlagen, Wirkungen, Kritik - Festschrift für Christoph Reichard zum 65. Geburtstag, Berlin 2006, S. 35-48.

Janssen, J./Laatz, W. (2007): Statistische Datenanalyse mit SPSS für Windows, 6. Auflage, Berlin 2007.

Jones, L.R./ Kettl, D.F. (2004): Assessing Public Management Reform in an international context, in: Jones, L. et al. (Hrsg.), Strategies for Public Management Reform, Volume 13, Oxford 2004, S. 453-474.

Jung, M. (2000): Bürger- und Mitarbeiterbefragungen: Wer sich gezielt verändern will, muss wissen, wo er steht, in: Töpfer, A. (Hrsg.), Die erfolgreiche Steuerung öffentlicher Verwaltungen. Von der Reform zur kontinuierlichen Verbesserung, Wiesbaden 2000, S. 283-298.

Kamiske, G./Brauer, J.-P. (2002): ABC des Qualitätsmanagements, 2. Auflage, München 2002.

Kaplan, R./Norton, D. (1992): The Balanced Scorecard - Measures that drive performance, in: Harvard Business Review January-February 1992, S. 71-79.

Kaplan, R./Norton, D. (1996): Using the Balanced Scorecard as a Strategic Management System, in: Harvard Business Review January-February 1996, S. 75-85.

Keilmann, U. (2005): Perspektiven des Haushalts- und Finanzmanagements aus der Sicht des Landes Rheinland-Pfalz, in: Hill, H. (Hrsg.), Bestandsaufnahme und Perspektiven des Haushalts- und Finanzmanagements, 2005, S. 131-139.

Keller, M. (1995): Kommunal Controlling - Voraussetzungen zur Einführung, in: VOP 6/1995, S. 380-388.

Kettl, D. (2000): The global public management revolution - a report on the transformation of governance, Washington 2000.

KGSt (1993): Das Neue Steuerungsmodell. Begründung, Konturen, Umsetzung. KGSt-Bericht 5/1993, Köln 1993.

KGSt (1995): Qualitätsmanagement, KGSt-Bericht 6/1995, Köln 1995.

KGSt (2007): Das Neue Steuerungsmodell: Bilanz der Umsetzung, KGSt-Bericht 2/2007, Berlin 2007.

Kibblewhite, A./Ussher, C. (2002): Outcome-focused Management in New Zealand, OECD Working Paper, Vol. 1, No. 4, Paris 2002, S. 85-109.

Kiesel, B. (2005): Wirkungsorientierte Steuerung einer Landesverwaltung - Strategische Steuerung einer Landesverwaltung, Diss., Wiesbaden 2005.

Kieser, A. (2006): Organisationstheorien, 6. Auflage, Stuttgart 2006.

Klausegger, C./Scharitzer, D. (2000): Der Bürger als Kunde. Spezifika öffentlicher Kundenbeziehungen am Beispiel der Kundenzufriedenheit bei Finanzämtern, in: Jahrbuch der Absatz- und Verbrauchsforschung, Nr. 3/2000, S. 280-300.

Klingebiel, N. (1997): Leistungscontrolling im New Public Management, in: BFuP 6/1997, S. 629-652.

Klose, M. (1999): Entwurf einer Leistungstypologie für Finanzdienstleistungen, in: Corsten, H./Hilke, W. (Hrsg.), Integration von Finanzdienstleistungen, Wiesbaden 1999, S. 29-52.

Klöti, U. (1997): Inhaltliche und methodische Anforderungen an wissenschaftliche Politikevaluationen, in: Bussmann, W./Klöti, U./Knoepfel, P. (Hrsg.), Einführung in die Politikevaluation, Basel 1997, S. 39-57.

Klöti, U./Widmer, T. (1997): Untersuchungsdesigns, in: Bussmann, W./Klöti, U./Knoepfel, P. (Hrsg.), Einführung in die Politikevaluation, Basel 1997, S. S. 185-213.

Knaap, P. van der (2000): Performance Management and Policy Evaluation in the Nederlands: Towards an Integrated Approach, in: Evaluation 6/2000, S. 335-350.

Knill, C./Riepe, M. (2006): Evaluation, in: Handwörterbuch zur Verwaltungsreform, Wiesbaden 2006, S. 109-112.

Koci, M./Schedler, K. (2004): Der gleichzeitige Einsatz von Mitarbeiter- und Kundenbefragungen, in: Verwaltung & Management 2/2004, S. 73-78.

König, K. (1995): „Neue" Verwaltung oder Verwaltungsmodernisierung: Verwaltungspolitik in den 90er Jahren, in: Die Öffentliche Verwaltung, 9/1995, S. 349-358.

König, S./Rehling, M. (2007): Das Mitarbeitergespräch als Daueraufgabe, in: Verwaltung & Management 1/2007, S. 10-15.

Konzendorf, G. (2005): Gesetzesfolgenabschätzung, in: Blanke B. et al. (Hrsg.), Handbuch zur Verwaltungsreform, 3. Auflage, Wiesbaden 2005, S. 460-469.

Korunka, C. et al. (2002), Die wahrgenommene Kundenorientierung von Mitarbeitern in der öffentlichen Verwaltung, in: Der Markt 4/2002, S. 144-156.

Kosiol, E. (1976): Organisation der Unternehmung, 2. Auflage, Wiesbaden 1976.

Kristensen, J./Groszyk, W./Bühler, B. (2002): Outcomefocused Management and Budgeting, in: OECD journal on budgeting, Vol. 1, No. 4 (2001), S. 7-34.

Kudo, H. (2002): Performance Measurement for Governance: From TQM to Strategic Management and Programme Budgeting, in: Bräuning, D./Eichhorn, P. (Hrsg.), Evaluation and Accounting Standards in Public Management, Baden-Baden 2002, S. 94-103.

Kuhlmann, S. (2004): Einleitung: Leistungsmessung und Evaluation in Politik und Verwaltung, in: Kuhlmann, S./Bogumil, J./Wollmann, H. (Hrsg.), Leistungsmessung und -vergleich in Politik und Verwaltung. Konzepte und Praxis, Wiesbaden 2004, S. 11-17.

Kühnlein, G./Wohlfahrt, N. (1994): Zwischen Mobilität und Modernisierung: Personalentwicklungs- und Qualifizierungsstrategien in der Kommunalverwaltung, Berlin 1994.

Kumar, N./Stern, L. W./Anderson, J.C. (1993): Conducting Interorganizational Research Using Key Informants, in: Academy of Management Journal, 36, Vol. 6, 1993, S. 1633-1651.

Künzer, A. (2002): Welchen Beitrag liefert die KLR zur Wirtschaftlichkeit?, in: Innovative Verwaltung 7-8/2002, S. 41-44.

Lachnit, L. (2000): Struktur eines Qualitätscontrolling-Systems für die öffentliche Verwaltung, in: krp-Sonderheft 1/2000, S. 29-41.

LDS (2005): Personal in der Landesverwaltung, 2005.
[https://www.regionalstatistik.de/genesis/online/dWerteabruf_Page;jsessionid=317
36A22AED936EA87942A8C50663ED8.worker1, Online-Zugriff: 18.12.2007]

Leuenberger, D. (2005): FLAG für die Bundesverwaltung - eine Standortbestimmung,
in: Lienhard, A. et al. (Hrsg.), 10 Jahre New Public Management in der Schweiz:
Bilanz, Irrtümer und Erfolgsfaktoren, Bern 2005, S. 25-33.

Lienhard, A. (2005): Beurteilung und Potential von FLAG, in: Lienhard, A. et al.
(Hrsg.), 10 Jahre New Public Management in der Schweiz: Bilanz, Irrtümer und
Erfolgsfaktoren, Bern 2005, S. 35-45.

Löffler, E. (1998): Verwaltungsmodernisierung im internationalen Vergleich – Messkriterien und Implementierungsstrategien in Deutschland, Großbritannien und den
USA, Diss., Stuttgart 1998.

Löffler, E. (2001): Governance – die neue Generation von Staats- und Verwaltungsmodernisierung, in: Verwaltung & Management 4/2001, S. 212-215.

Lucke, J. von/Reinermann, H. (2000): Speyerer Definition von Electronic Government. [http://www.foev-speyer.de/ruvii/Sp-EGov.pdf, Online-Zugriff: 18.12.2007]

Lüder, K. (1989): Öffentliche Verwaltungen, in: Chmielewicz, K. (Hrsg.), Handwörterbuch der Öffentlichen Betriebswirtschaft, Stuttgart 1989, Sp. 1152-1164.

Lüder, K. (2001): Neues öffentliches Haushalts- und Rechnungswesen: Anforderungen, Konzept, Perspektiven, Berlin 2001.

Mariß, C. (1999): Modernisierung der Landesverwaltung in Nordrhein-Westfalen, in:
Bogumil, J. (Hrsg.), Modernisierung der Landesverwaltungen, polis Nr. 42/1999,
Hagen 1999, S. 61-75.

Matheson, A./Scanlan, G./Tanner, R. (1999): Strategic Management in Government:
Extending the Reform Model in New Zealand, OECD Paper, 1999.

Meffert, H. (1994): Marktorientierte Führung von Dienstleistungsunternehmen - neue-
re Entwicklungen in Theorie und Praxis, in: Die Betriebswirtschaft, 4/1994, S.
519-542.

Meffert, H./Bruhn, M. (2006): Dienstleistungsmarketing: Grundlagen - Konzepte – Methoden, 5. Auflage, Wiesbaden 2006.

Mentzel, W. (2005): Personalentwicklung: erfolgreich motivieren, fördern und weiterbilden, 2. Auflage, München 2005.

Merchant, K.A. (1984): Influences on departmental budgeting: an empirical examination of a contingency model, in: Accouting, Organizations and Society 9/1984, S. 291-310.

Meyer, R./Hammerschmid, G. (2001): Leitbilder in der öffentlichen Verwaltung Österreichs, in: Verwaltung & Management 4/2001, S.207-211.

Mosiek, T. (2002): Interne Kundenorientierung des Controlling, Diss., Frankfurt am Main 2002.

Mosiek, T. et al. (2003): Wirkungsorientiertes Controlling, in: Controlling 1/2003, S. 27-35.

Mosiek, T./Preuß, A. (2004): Ergebnis- und wirkunsorientierte Steuerung der amtlichen Lebensmitteluntersuchung, in: Verwaltung & Management 10/2004, S. 152-157.

Mühlenkamp, H. (1994): Kosten-Nutzen-Analyse, München 1994.

Müller-Kohlenberg, H./Beywl, W. (2003): Standards der Selbstevaluation, in: Zeitschrift für Evaluation 3/2003, S. 79-93.

Musil, A. (2005): Wettbewerb in der staatlichen Verwaltung, Tübingen 2005.

Naschold, F./Bogumil, J. (1998): Modernisierung des Staates - New Public Management und Verwaltungsreform, Opladen 1998.

Neubach, B. et al. (2001): Erweiterung von Controlling um das strategische Ziel Mitarbeiterorientierung, in: Verwaltung & Management 6/2001, S. 350-354.

Niedermeyer, R. (1994): Entwicklungsstand des Controlling, System, Kontext und Effizienz, Wiesbaden 1994.

Nideröst, B. (2002): Erfolgsbedingungen für Evaluationen, in: LesGe 1/2002, S. 39-55.

Niedersächsisches Finanzministerium (2005): Leistungsorientierte Haushaltswirtschaft Niedersachsen – LoHN-Steuerungskonzept mit Übersicht der Leitfäden und Konzepte, Hannover 2005.

Niedersächsisches Ministerium für Inneres und Sport (2005): eGovernment-Masterplan des Landes Niedersachsen 2005, Hannover 2005.

Niskanen, W. (1971): Bureaucracy and representative government, 2. Auflage, Chicago 1971.

Nöthen, J./Pichlbauer, M./Eisenstecken, E. (2004): New Public Management - Aufgaben, Erfahrungen und Grenzen der Verwaltungsmodernisierung in Deutschland, in: Moldaschl, M./Hinz, A./Wex, T. (Hrsg.), Reorganisation im Non-Profit-Sektor, Modernisierungsstrategien am Beispiel hochschulbezogener Dienstleistungen, München 2004, S. 59-98.

Nullmeier, F. (2005): Output-Steuerung und Performance Measurement, in: Blanke B. et al. (Hrsg.), Handbuch zur Verwaltungsreform, 3. Auflage, Wiesbaden 2005, S. 431-443.

Ochlast, S. (2002): Kontraktmanagement, in: Controlling 10/2002, S. 579-580.

Ohlde, K./Olthoff, M. (2005): Verwaltungsmodernisierung und Gender Mainstreaming, in: Blanke B. et al. (Hrsg.), Handbuch zur Verwaltungsreform, 3. Auflage, Wiesbaden 2005, S. 312-322.

Oppen, M. (1995): Qualitätsmanagement - Grundverständnisse, Umsetzungsstrategien und ein Erfolgsbericht: Die Krankenkassen, Berlin 1995.

Osborne, D./Gaebler, T. (1993): Reinventing Government - How the Entrepreneurial Spirit is Transforming the Public Sector, New York 1993.

Osner, A. (2001): Kommunale Organisations-, Haushalts- und Politikreform. Ökonomische Effizienz und poltische Steuerung, Berlin 2001.

Ösze, D. (2000): Managementinformationen im New Public Management, Diss., St. Gallen 2000.

Padberg, T./Werner, T. (2005): Data Envelopment Analysis, in: WISU 3/2005, S. 332-336.

Palm, H. (2005): Verwaltungsmodernisierung und Mitbestimmung, in: Blanke B. et al. (Hrsg.), Handbuch zur Verwaltungsreform, 3. Auflage, Wiesbaden 2005, S. 297-301.

Pamme, H./Eßing, M. (2005): Personalentwicklung in den Kommunen, in: Verwaltung & Management 6/2005, S. 318-323.

Paratsch, F./Theymann, W. (2001): Die Chancen des Beschwerdemanagements: Den Bürger ernst nehmen und Verbesserungsbedarf besser erkennen, in: Innovative Verwaltung 2/2002, S. 18-21.

Parkinson, C. (1957): Parkinson's law or pursiut of progress, 8. Auflage, Cambridge 1957.

Patton, M. (1997): Utilization-Focused Evaluation, 3. Auflage. Thousand Oaks 1997.

Pede, L. (1999): Externe, wirkungsorientierte Prüfung der öffentlichen Verwaltung im Sinne des New-Public-Managements, Diss., St. Gallen 1999.

Pfaff, D./Weber, J. (1998): Zweck der Kostenrechnung? Eine neue Sicht auf ein altes Problem, in: Die Betriebswirtschaft 2/1998, S. 151-165.

Pfeiffer, U./Faller, B. (1997): Qualität des Verwaltungshandelns - Zur Modernisierung der Bundesministerien, Gutachten im Auftrag der Friedrich-Ebert-Stiftung, Bonn 1997.

Pickenäcker, B. (2006): Das Dilemma der Bezirksregierung in NRW zwischen Tradition und Transformation – Ansätze für eine pragmatische Modernisierungsperspektive, Diss., Düsseldorf 2006.

Pieper, T. (2008): Wirkungsorientiertes Controlling staatlichen Handelns – Systematische Identifikation und Bewertung der gesamtgesellschaftlichen Wirkungen staatlichen Handelns, Diss., Frankfurt 2007.

Pinkwart, A. (2000): New Public Management in Deutschland, in: Günther, A. (Hrsg.): Verwaltungsmodernisierung: Anforderungen - Erfahrungen - Perspektiven, 2000, S. 43-58.

Pippke, W. (1997): Zielvereinbarungen, in: Verwaltung & Management 5/1997, S. 290-294.

Pitschas, R. (2006): Verwaltungsführung und Personalentwicklung: Führungskräfte der öffentlichen Verwaltung "entwickeln": Coaching für wirkliche Verwaltungsmodernisierung, in: Verwaltung & Management 12/2006, S. 172-176.

Plamper, H. (2000): Kontraktmanagement, in: Verwaltung & Management 4/2000, S. 234-239.

Pollitt, C. (1998): Evaluation in Europe: Boom or Bubble?, in: Evaluation 2/1998, S. 214-224.

Pollitt, C./Bouckaert, G. (2004): Public Management Reform: A Comparative Analyse, 2. Auflage, Oxford 2004.

Pook, M./Fischer, E. (2002): Controlling in der öffentlichen Verwaltung: Entwicklungsstand und Perspektiven für die Kommunalverwaltung, in: krp-Sonderheft 2/2002, S. 43-53.

Prase, O. (2005): Auf dem Weg zu einem effektiven und effizienten Controlling in der öffentlichen Verwaltung, in: DÖD 1/2005, S. 5-8.

Proeller, I. (2006): Strategische Steuerung für den Staat: Internationale Ansätze im Vergleich, Gütersloh 2006.

Promberger, K./Bernhard, J./Niederkofler, C. (2006): Grundlagen zur Evaluation von Verwaltungsreformen, Wien 2006.

Promberger, K./Koler, D./Koschar, D. (2005): Leistungs- und wirkungsorientierte Steuerung in der Polizei: Grundlagen und internationale Fallstudien, Wien 2005.

Raffetseder, G. (2001): Erfolgs- und Misserfolgsfaktoren der Verwaltungsmodernisierung zur Steuerung von Reformprozessen, Diss., Frankfurt am Main 2001.

Rasch, B. et al. (2006): Quantitative Methoden Band 2 - Einführung in die Statistik, Heidelberg 2006.

Rechnungshof Baden-Württemberg (2007): Wirtschaftlichkeit des Projektes NSI in der Landesverwaltung - Beratende Äußerung nach §§ 88 Absatz 2 Landeshaushaltsordnung, Stuttgart 2007.

Reichard, C. (1994): Umdenken im Rathaus, Neue Steuerungsmodelle in der deutschen Kommunalverwaltung, Berlin 1994.

Reichard, C. (1999): Interdependenzen zwischen öffentlicher Betriebswirtschaftslehre und Public Management, in: Bräuning, D. (Hrsg.), Stand und Perspektiven der öffentlichen Betriebswirtschaftslehre: Festschrift für Prof. Dr. Peter Eichhorn zur Vollendung des 60. Lebensjahres, Berlin 1999, S. 47-54.

Reichard, C. (2001): Verwaltungsmodernisierung in Deutschland in internationaler Perspektive, in: Wallerath, M. (Hrsg.): Verwaltungserneuerung. Eine Zwischenbilanz der Modernisierung öffentlicher Verwaltungen, Baden-Baden 2001, S. 13-35.

Reichard, C. (2004a): Modernisierung der Landesverwaltungen, in: Jann, W. et al. (Hrsg.), Status-Report Verwaltungsreform - Eine Zwischenbilanz nach 10 Jahren, Berlin 2004, S. 87-99.

Reichard, C. (2004b): Ansätze zu Performance Measurement in deutschen Kommunen - eine Bewertung ihres Entwicklungsstandes und ihre Wirksamkeit, in: Leistungsmessung und -vergleich in Politik und Verwaltung. Konzepte und Praxis; Kuhlmann, S./Bogumil, J./Wollmann, H. (Hrsg.), Wiesbaden 2004, S. 341-355.

Reichard, C. (2005): Personalmanagement, in: Blanke B. et al. (Hrsg.), Handbuch zur Verwaltungsreform, 3. Auflage, Wiesbaden 2005, S. 229-234.

Reichard, C./Röber, M. (2001): Konzept und Kritik des New Public Management, in: Schröter, E. (Hrsg.), Empirische Policy- und Verwaltungsforschung : lokale, nationale und internationale Perspektiven, Opladen 2001, S. 371-392.

Reiners, M. (2004): Modernisierung der Landesverwaltung Baden-Württemberg, in: Verwaltung & Management 2/2004, S. 98-104.

Reschenthaler, G.B./Thompson, F. (1996): The Information Revolution and the New Public Management, in: Journal of Public Administration Research and Theory 6/1996, S. 125-143.

Richter, M. (2000): Controllingkonzeption für öffentliche Verwaltungsbetriebe, Diss., Hamburg 2000.

Ridder, H.-G. (2005): Materielle und immaterielle Leistungsanreize, in: Blanke B. et al. (Hrsg.), Handbuch zur Verwaltungsreform, 3. Auflage, Wiesbaden 2005, S. 270-280.

Rieder, S./Lehmann, L. (2002): Evaluation of New Public Management Reforms in Switzerland: Empirical results and reflections on methodology, in: International Public Management Review 3/2002, S.25-43.

Ritz, A. (2003a): Evaluation von New Public Management - Grundlagen und empirische Ergebnisse der Bewertung von Verwaltungsreformen in der Schweizerischen Bundesverwaltung, Diss., Bern 2003.

Ritz, A. (2003b): Was bewirken NPM-Reformen? Die Evaluation von New Public Management-Reformen auf Bundesebene, in: Unipress, Nr. 117, 2003, S. 14-17.

Röhrig, A. (2008): Wirkungsorientiertes Controlling im politisch-administrativen System unter besonderer Berücksichtigung der Gestaltungsmöglichkeiten von öffentlichen Verwaltungen, Diss., Frankfurt 2008.

Rossi, P./Libsey, M./Freemann, H. (2004): Evaluation: a systematic approach, 7. Auflage, 2004.

Rupp, T. (2002): Multiperspektivisches Controlling für die öffentliche Verwaltung, Hamburg 2002.

Rürup, B. (2000): Effizienzrevolution in der öffentlichen Verwaltung: Wann, wenn nicht jetzt?, in: Verwaltung & Management 5/2000, S. 544-552.

Sander, L./Langer, C. (2004): New Public Management: Der Übergang zur outputorientierten Verwaltung, in: WiSt 2/2004, S. 88-94.

Sanders, J./Beywl, W. (2000): Handbuch der Evaluationsstandards, 2. Auflage, Opladen, 2000.

Schachner, M./Speckbacher, G./Wentges, P. (2006): Steuerung mittelständiger Unternehmen: Größeneffekte und Einfluss der Eigentums- und Führungsstruktur, in: Zeitschrift für Betriebswirtschaft 6/2006, S. 589-614.

Schedler, K. (2006): Wie entwickelt sich die internationale Debatte um das New Public Management?, in: Jann, W. et al. (Hrsg.), Public Management: Grundlagen, Wirkungen, Kritik - Festschrift für Christoph Reichard zum 65. Geburtstag, Berlin 2006, S. 95-108.

Schedler, K./Proeller, I. (2000): New Public Management, 1. Auflage, Bern 2000.

Schedler, K./Proeller, I. (2006): New Public Management, 3. Auflage, Bern 2006.

Schedler, K./Summermatter, L./Schmidt, B. (2003): Electronic Government einführen und entwickeln. Von der Idee zur Praxis, Bern 2003.

Schill, S./Herle, H. (2005): Prüfung der Haushaltsrechnung in Rheinland-Pfalz, Speyer 2005.

Schindera, F. (2001): E-Business und die Steuerung teilautonomer Organisationseinheiten, Diss., Wiesbaden 2001.

Schmelzer, H./Sesselmann, W. (2006): Geschäftsprozessmanagement in der Praxis, 5. Auflage, München 2006.

Schmidt, J. (2006): Wirtschaftlichkeit in der öffentlichen Verwaltung - Grundsätze der Wirtschaftlichkeit und Sparsamkeit, 7. Auflage, Berlin 2006.

Schmidt, U. (2002): Methodenkompetenz in der Evaluation, in: Zeitschrift für Evaluation 1/2002, S. 197-202.

Schröter, E./Wollmann, H. (2005): New Public Management, in: Blanke B. et al. (Hrsg.), Handbuch zur Verwaltungsreform, 3. Auflage, Wiesbaden 2005, S. 63-74.

Schubert, K./Klein, M. (2003): Das Politiklexikon, 3. Auflage, Bonn 2003.

Schuppert, G. (2001): Der moderne Staat als Gewährleistungsstaat, in: Schröter, E. (Hrsg.), Empirische Policy- und Verwaltungsforschung: lokale, nationale und internationale Perspektiven, Opladen 2001, S. 399-414.

Schweitzer, M./Küpper, H.-U. (2003): Systeme der Kosten- und Erlösrechnung, 8. Auflage, München 2003.

Seeger, T. et al. (1999): Kosten-, Leistungsrechnung und Controlling. Ein Erfahrungsbericht über die Einführung der Standard-KLR am Beispiel der Bundesverwaltung, Heidelberg 1999.

Seibel, W. (1998): Verwaltungsreform, in: König, K./Siedentopf, H. (Hrsg.), Öffentliche Verwaltung in Deutschland, Baden-Baden 1998, S. 87-106.

Semmler, J./Wewer, G. (2005): Mitarbeitergespräche, in: Blanke B. et al. (Hrsg.), Handbuch zur Verwaltungsreform, 3. Auflage, Wiesbaden 2005, S. S. 290-297.

Seyfried, P. (2003): Regieren als Rechenaufgabe? Die Neue Steuerung setzt sich durch, allerdings angepasst an die Erfordernisse von Politik und Regierung, in: Verwaltung & Management 4/2003, S. 172-182.

Siems, C. (2005): Public Target Costing. Zielkostenmanagement als Controllinginstrument für die öffentliche Verwaltung, Diss., Frankfurt 2005.

Siepmann, H./Siepmann, U. (1992): Verwaltungsorganisation, 4. Auflage, Köln 1992.

Singh, J. (1990): Voice, Exit, and Negative Word-of-Mouth Behaviors: An Investigation Across Three Service Categories, in: Journal of the Academy of Marketing Science, Winter 1990, S. 1-15.

Smeddinck, F. (1998): Verwaltungsmodernisierung in Hamburg: dezentrale Ressourcenverwaltung und neue Steuerungsinstrumente, in: Damkowski, W./Precht, C. (Hrsg.), Moderne Verwaltung in Deutschland, Berlin 1998, S. 111-119.

Spannagl, P. (2005): Personalmanagement: Kundenorientierte Personalentwicklung, in: Handbuch Kundenzufriedenheit, Berlin 2005, S. 73-94.

Speier-Werner, P. (2006): Public Change Management: Erfolgreiche Implementierung neuer Steuerungsinstrumente im öffentlichen Sektor, Diss., Wiesbaden 2006.

Staatskanzlei NRW (2004): Verwaltungsmodernisierung in Nordrhein-Westfalen – Kundenbefragungen, Düsseldorf 2004.

Stahlberg, K. (1997): Alternative Organisation öffentlicher Dienstleistungen in der skandinavischen Debatte: Skandinavien zwischen Behörden und Wahlfreiheits-modell, in: Riegler, C./Naschold, F. (Hrsg.), Reformen des öffentlichen Sektors in Skandinavien: Eine Bestandsaufnahme, Baden-Baden 1997, S. 89-123.

Stein, A. (2007): Mit CAF gelingt der Einstieg ins Qualitätsmanagement, in: Innovati-ve Verwaltung 3/2007, S. 17-19.

Steward, J./Walsh, K. (1992): Change in the management of public services, in: Public Administration, Vol. 70, 1992, S. 499-518.

Stöbe-Blossey, S. (2005): Mitarbeiterbeteiligung, in: Blanke B. et al. (Hrsg.), Hand-buch zur Verwaltungsreform, 3. Auflage, Wiesbaden 2005, S. 280-289.

Stock, R. (2003): Der Zusammenhang zwischen Mitarbeiter- und Kundenzufrieden-heit. Direkte, indirekte und moderierende Effekte, 2. Auflage, Wiesbaden 2003.

Stockmann, R. (2006): Qualitätsmanagement und Evaluation im Vergleich, in: Bött-cher, W./Holtappels, H. G./Brohm, M. (Hrsg.), Evaluation im Bildungswesen - Ei-ne Einführung in Grundlagen und Praxisbeispiele, Weinheim 2006, S. 23-38.

Stockmann, R. (2002): Was ist eine gute Evaluation?, CEval-Arbeitspapiere Nr. 9, Saarbrücken 2002.

Stockmann, R. (2000): Evaluation in Deutschland, in: Stockmann, R. (Hrsg.), Evalua-tionsforschung. Grundlagen und ausgewählte Forschungsfelder, Opladen 2000, S. 11-40.

Thierau, H./Wottawa, H. (1998): Lehrbuch Evaluation, 2. Auflage, Bern 1998.

Thom, N./Ritz, A. (2006): Public Management. Innovative Konzepte zur Führung im öffentlichen Sektor, 3. Auflage, Wiesbaden 2006.

Thom, N./Ritz, A. (2003): Verwaltungsmodernisierung, in: Eichhorn, P. et al. (Hrsg.), Verwaltungslexikon, 3. Auflage, Baden-Baden 2003, S. 1143-1144.

Töpfer, A. (2000): Gestaltung des Wandels - Erfolgskonzepte zur Steuerung: Fünf Thesen, in: Töpfer, A.(Hrsg.), Die erfolgreiche Steuerung öffentlicher Verwaltungen. Von der Reform zur kontinuierlichen Verbesserung, Wiesbaden 2000, S. 41-62.

Trube, A. (2005): Ansätze zur Evaluierung und Messung beraterischer Dienstleistung in öffentlichen Verwaltungen, in: Verwaltungs & Management 11/2005, S. 67-73.

Unterreitmeier, A. (2003): Auswirkungen alternativer Skalierungsarten auf das Antwortverhalten von Befragten, in: Planung & Analyse 3/2003, S. 65-71.

Vedung, E. (1999): Evaluation im öffentlichen Sektor Public policy and program evaluation, Wien 1999.

Vedung, E. (2000): Evaluation Research und Fundamental Reserach, in: Stockmann, R. (Hrsg.), Evaluationsforschung. Grundlagen und ausgewählte Forschungsfelder, Opladen 2000, S. 103-126.

Vogel, R. (2003): Leitbilder und ihre Grenzen, in: Verwaltung & Management 2/2003, S. 96-99.

Vogel, R. (2006): Zur Institutionalisierung von new public management - Disziplindynamik der Verwaltungswissenschaft unter dem Einfluss ökonomischer Theorie, Diss, Wiesbaden 2006.

Wagner, D. (2006): Personalmanagement in Öffentlichen Organisationen, In: Public Management: Grundlagen, Wirkungen, Kritik - Festschrift für Christoph Reichard zum 65. Geburtstag; Jann, W. et al.(Hrsg.), Berlin 2006, S. 221-233.

Walkenhaus, R./Voigt, R. (2006): Verwaltungsreformen – Einführung in ein Problemfeld, in: Walkenhaus, R./Voigt, R. (Hrsg.), Handwörterbuch zur Verwaltungsreform, Wiesbaden 2006, S. XI-XXVII.

Wallerath, M. (2001): Einführung, in: Wallerath, M. (Hrsg.), Verwaltungserneuerung - Eine Zwischenbilanz der Modernisierung öffentlicher Verwaltungen, Baden-Baden 2001, S. 9-12.

Weber, M. (1976): Wirtschaft und Gesellschaft. Grundriss der verstehenden Soziologie, 5. Auflage, Tübingen 1976.

Wegener, A. (1997): Wettbewerb zwischen öffentlichen und privaten Dienstleistungsanbietern, in: Naschold, F./Oppen, M./Wegener, A. (Hrsg.), Innovative Kommunen. Internationale Trends und deutsche Erfahrungen, Stuttgart 1997, S. 77-106.

Wegener, A. (2004): Benchmarking-Strategien im öffentlichen Sektor Deutschland und Großbritannien im Vergleich, in: Leistungsmessung und -vergleich in Politik und Verwaltung. Konzepte und Praxis; Kuhlmann, S./Bogumil, J./Wollmann, H. (Hrsg.), Wiesbaden 2004, S. 251-266.

Welter, M. (2006): Die Forschungsmethode der Typisierung: Charakteristika, Einsatzbereiche und praktische Anwendung, in: WiSt 2/2006, S. 113-116.

Widmer, T. (2000): Qualität der Evaluation - Wenn Wissenschaft zur praktischen Kunst wird, in: Stockmann, R. (Hrsg.), Evaluationsforschung. Grundlagen und ausgewählte Forschungsfelder, Opladen 2000, S. 77-102.

Widmer, T. (2002): Staatsreformen und Evaluation: Konzeptionelle Grundlagen und Praxis bei den Schweizer Kantonen, in: Zeitschrift für Evaluation 1/2002, S. 101-114.

Widmer, T./Binder, H.-M. (1997): Forschungsmethoden, in: Bussmann, W./Klöti, U./Knoepfel, P. (Hrsg.), Einführung in die Politikevaluation, Basel 1997, S. 214-255.

Wimmer, F. (1985): Beschwerdepolitik als Marketinginstrument, in: Hansen, U./Schoenheit, I. (Hrsg.), Verbraucherabteilungen in privaten und öffentlichen Unternehmen, Frankfurt am Main 1985, S. 225-254.

Winter, C. (2003): Anforderungen und Voraussetzungen für die Effizienzrevolution in der öffentlichen Verwaltung, in: Verwaltungs & Management 1/2003, S. 21-30.

Witt-Bartsch, A./Enz, H. (2004): Projektmanagement - Kein Buch mit sieben Siegeln, in: Verwaltung & Management 2/2004, S. 92-97.

Wohlgemuth, A. (1989): Führung im Dienstleistungsbereich - Interaktionsintensität und Produktstandardisierung als Basis einer neuen Typologie, in: Zeitschrift für Organisation 5/1989, S. 339-345.

Wollmann, H. (2000): Evaluierung und Evaluationsforschung von Verwaltungspolitik und -modernisierung - zwischen Analysepotential und -defizit, in: Stockmann, R. (Hrsg.), Evaluationsforschung. Grundlagen und ausgewählte Forschungsfelder, Opladen 2000, S. 195-233.

Wollmann, H. (2001): Evaluation von Verwaltungspolitik: Reichweite und Grenzen - ein internationaler Überblick, Diskussionsbeitrag, 2001.

Wollmann, H. (2002): Verwaltungspolitik und Evaluierung: Ansätze, Phasen und Beispiele im Ausland und in Deutschland, in: Zeitschrift für Evaluation 1/2002, S. 75-100.

Wollmann, H. (2003): Evaluation in public-sector reform: Toward a 'third wave' of evaluation?, in: Wollmann, H. (Hrsg.), Evaluation in Public Sector Reform, Cheltenham 2003, S. 1-11.

Wollmann, H. (2004): Leistungsmessung ("performance measurement") in Politik und Verwaltung: Phasen, Typen und Ansätze im internationalen Überblick, in: Kuhlmann, S./Bogumil, J./Wollmann, H. (Hrsg.), Leistungsmessung und -vergleich in Politik und Verwaltung. Konzepte und Praxis, Wiesbaden 2004, S. 21-45.

Wollmann, H. (2005): Evaluierung von Verwaltungsmodernisierung, in: Handbuch zur Verwaltungsreform, Blanke B. et al. (Hrsg.), 3. Auflage, Wiesbaden 2005, S. 502-510.

Wrage, C. (2005): Reform des staatlichen Haushalts- und Rechnungswesens - Das Projekt Doppik der Freien und Hansestadt Hamburg, in: Verwaltung & Management 5/2005, S. 261-266.

Wutscher, W./Hammerschmid, G. (2005): Status der Verwaltungsreform in Österreich, in: Verwaltung & Management, 3/2005, S. 116-122.

Ziekow, J./Windoffer, A. (2007): Public Private Partnership - Struktur und Erfolgsbedingungen von Kooperationsarenen, Baden-Baden 2007.

Zimmermann, F. (2006): Verwaltungsmodernisierung in den Niederlanden, in: Hill, H. (Hrsg.), Verwaltungsmodernisierung in den Staaten Europas - Länderberichte II, Speyrer Arbeitsheft Nr. 185, S. 343- 372.

Zimmermann, G. (1993): Die Leistungsfähigkeit von Kostenrechnungssystemen für den managementorientierten Informationsbedarf, in: Brede, H./Buschor, E. (Hrsg.), Das neue öffentliche Rechnungswesen. Betriebswirtschaftliche Beiträge zur Haushaltsreform in Deutschland, Österreich und der Schweiz, Baden-Baden 1993, S. 167-198.

Zimmermann, J./Stark, C./Rieck, J. (2006): Projektplanung - Modelle, Methoden, Management, Berlin 2006.

**Beiträge zum Controlling**

Herausgegeben von Wolfgang Berens

www.peterlang.de